プログレッシブ トライリンガル

中日英
日中英
辞典

三宅登之 監修

Shogakukan
Chinese-Japanese-English
Japanese-Chinese-English
Dictionary

JN299466

SHOGAKUKAN

3か国語を学ぶということ

　この辞典は、初学者を対象として、中日辞典と日中辞典にそれぞれ英語をつけた、中日英・日中英の3か国語辞典です。初めて中国語を学ぶ人が見ても、すぐ日本語の訳や英語が見つかるよう、3段に分けたレイアウトにも工夫しています。中国語にはカナ発音やピンインをつけました。また中国語の検定試験にも対応できるよう、中国語の見出し語をランク別に分けています。辞書としてだけではなく、ボキャブラリーを増やすための単語帳としても使うことができます。

　本辞典のもう1つの大きな特長が英語です。

　中国語辞典にどうして英語が？と思われるかもしれません。しかし、中国語学習者のほとんどが英語の既習者で、中国語を学んでいる人の多くが英語も何らかの形で同時に学んでいるであろう現在、中国語を覚えるときにそれに対応する英語も一緒に覚えた方が便利であることは言うまでもありません。

　英語が事実上の国際語であり、中国のめざましい経済発展に伴って中国語の重要性も高まっているとすれば、この2つの言語に習熟することはとても意義があると言えます。

　中国人とコミュニケーションを取っていて中国語がうまく通じない場合、本辞典の中日英辞典に出ている英語が補助手段として役に立ちます。また、日本語で与えられた中国語の定義を英語で見直すとよりはっきりと中国語を理解することができます。

　本辞典の日中英辞典を見れば、この日本語は中国語と英語では何というのか、という疑問にも答えられます。中国関連の言葉は必ずしも和英辞典には載っておらず、もちろん日中辞典にも英訳は出ていないので、中国の事物を表す日本語を英語で何と言うか調べるのは、意外と困難です。例えば、「簡体字」と「繁体字」はそれぞれsimplified Chinese characters、traditional Chinese charactersと言いますが、このような、普通、小さな和英辞典には出ていない言葉も本辞典で調べることができます。中国の有名な料理名や地名も英語で載っています。

　読者の皆様が、母語である日本語を中心として、中国語と英語を身につけ、トライリンガル（3種類の言語を扱う人）になるためのお手伝いを本辞典ができれば、これに勝る喜びはありません。

2010年1月

　　　　　　　　　　　　　　　　　　　　　　　　　　　　三宅登之

この辞典の使い方

中日英辞典

1. 見出し語および検索
- ◆中国語の重要語約6000語(見出し漢字、熟語、成語、文型、常套句を含む)を収録した。また、副詞など使い方が必要と思われる見出しには、その下に例文を付した。語義や品詞の違いでセルを分けた場合、2番目からは〃(同上)記号で見出しを示した。
- ◆語の順番は、中国語発音表記法(ピンインローマ字)のアルファベット順(ローマ字が同じものは画数順)に配列した。ただし、見出し語は、同一の漢字で始まるものを一つのグループとしてまとめ、その中ではさらに2番目の漢字のローマ字順で並べている。
- ◆漢字のピンインローマ字が分からない場合は、前付けの総画索引(x~xxivページ)で、最初の1字目のピンインとその語が出てくるページを探せるようにした。

2. 見出し語のレベル
- ◆HSK(中国語能力認定標準化検定試験)の常用語彙(甲・乙)約3000語、中国語検定試験3、4級クラスの語彙約2000語、「新聞、ラジオ・テレビ、ネットニュース高頻度語彙リスト」(「中国語言生活状況報告2007」商務印書館)約1万1000語の中から選んだ。
- ◆「高頻度語彙リスト」566番まで(ここまでで新聞などの記事で使われる単語のほぼ50%をカバーする)の約500語を星印二つで示した。
- ◆上記567番から2171番まで(ここまでで新聞などの記事で使われる単語のほぼ70%をカバーする)の約1000語を星印一つで示した。

3. 発音(詳細は「中国語の発音と簡単な決まり」参照)
- ◆漢字の横にはピンインローマ字を併記し、正確に発音ができるようにした。また、漢字の上にはカタカナを載せ、発音する際の補助とした。
- ◆星印が二つついた語の発音を小学館外国語辞典のウェブサイト「小学館ランゲージワールド」(www.l-world.shogakukan.co.jp)でダウンロードし、発音を聞くことができる。
- ◆ピンイン表記は、音節が連続して読まれる場合に生じる声調変化は示さず、"不大 bùdà"のように、本来の声調を記している。
- ◆発音が基の声調でも、軽声でも良い場合は、"家具 jiā·jù"のように、音節の間に・(中黒)を置いた。

4. 品詞
- ◆「名詞」(方位詞を含む)、「動詞」(助動詞、動詞句を含む)、「形容詞」、「副詞」、「前置詞」、「接続詞」、「助詞」、「感嘆詞」、「数詞」、「量詞」、「代詞」の11に分類し、同じ見出しの言葉でも品詞が違う場合は、段を変えて別項目とした。記号は、「名詞」は 名 のように、各々最初の漢字1字で示した。
- ◆ただし、動詞と名詞の日本語訳がまとめて表記できる場合は、動名 と表示した上で、同一セル内で記した。例外として、"存款"(預金(する))の

iv

ように動詞が離合詞(二つの漢字の間に別の語を入れられる)になるものは、原則として名詞と別の行にし、ピンインも動詞と名詞で、cún//kuǎnとcúnkuǎnのように、ダブルスラッシュ(//)を入れる入れないで区別した。また、便宜上の処理として、同一セル内に動詞と名詞両方の日本語訳が入らない長いものは、やはり別の行に分けた。
- ◆固有名詞は最初のピンインローマ字を大文字にした。"南方"のように普通名詞と固有名詞がある場合は、nánfāngとNánfāngのように区別し、別の行にした。
- ◆また、品詞に準ずるものとして、コロケーション、四字成語、常套句も分類し、見出し語とした。コロケーションは《型》、四字成語は《成》、常套句は《套》としている。

5. **英語**
- ◆中国語に対応する基本的な英語を載せた。
- ◆重要な訳語が2語以上ある場合は、セミコロン(;)で区切り並列した。

6. **記号類**

( ) 省略可能なことや注記を表す	〔 〕直前の語と置き換え可能
// この部分に、他の漢字(成分)を挿入できる	[ ] 補足説明を示す

日中英辞典

1. **見出し語**
- ◆基本的な日本語約4000語を五十音順に配列した。
- ◆「ー(のばす音)」は直前の母音に置き換え配列した。
  例:オーケストラ→おおけすとら
- ◆同じかなの場合、清音、濁音、半濁音の順番に並べた。
- ◆促音の「っ」と拗音の「ゃ、ゅ、ょ」は直音の前に並べた。
- ◆「満足(する)」のように動詞と名詞を兼ねて見出しにした場合、配列順では(する)は無視した。
- ◆外国人の日本語学習者も使えるよう、日本語にローマ字をつけた。ローマ字表記に当たっては原則としてヘボン式を採用した。ただし、「ん」は常にnで表記した。また、カタカナ語を表記するため、ヘボン式にはない綴りを用いた。本辞典で採用した、ヘボン式にない綴りは以下の通り。

ウィ	ウェ	ウォ	シェ	ジェ	チェ	ティ	ディ	ファ	フィ	フェ	フォ
wi	we	wo	she	je	che	ti	di	fa	fi	fe	fo

- ◆長母音は、母音字を重ねて表記した。ただし、「おう」「えい」が「おー」「えー」と発音される場合はそれぞれoo、eeとした。

ああ、アー	いい、イー	うう、ウー	ええ、エー えい、エイ	おお、オー おう、オウ
aa	ii	uu	ee	oo

v

例：学校＝gakkoo、経済＝keezai
- ◆上の表記法に従った結果、同じ母音が3つ以上続く場合は、「'」で区切った。
  例：経営＝kee'ee

2. **中国語**
   - ◆原則として、日本語に対応する基本的な中国語で使用頻度の多いもの1語をあげた。重要な訳語が2語ある場合は、コンマ(,)で区切り並列した。訳語のニュアンスを示す必要があるものは、日本語見出しの後ろに〔 〕で説明を入れた。
   - ◆中国語にはピンインローマ字の発音をつけた。
   - ◆日本語の見出しが、「プラス(する)」のように、動詞、名詞を示している場合は、セミコロン(；)で区切り、前には動詞の訳語を置いた。

3. **英語**
   - ◆日本語に対応する基本的な英語を載せた。
   - ◆重要な訳語が2語ある場合は、コンマ(,)で区切り並列した。
   - ◆日本語の見出しが、「発展(する)」のように、動詞、名詞を示している場合は、セミコロン(；)で区切り、前には動詞の訳語を置いた。

中国語の発音と簡単なきまり

1. **中国語の発音**

   中国語では1つの音節は、子音と母音が結びつき(母音だけからなる音節もあります)、それに声の高低や上げ下げの調子である声調がかぶさって構成されます。人称代名詞"他 tā"(彼)を例にとって、音節の構成を、ローマ字による中国語の発音表記「ピンイン」で表すと以下のようになります。

他 tā ＝	t【子音】	-【声調】
		a【母音】

   (1) 声調

   中国語は1つ1つの音節が音の高さの上げ下げの調子を持っており、これを声調といいます。声調は次の4種類です。(さらに、本来の声調を失い軽く短く発音される軽声という音もあります。)

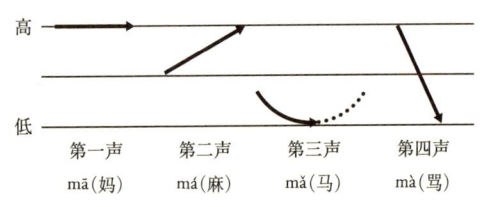

   高

   低
   第一声　　第二声　　第三声　　第四声
   mā(妈)　 má(麻)　 mǎ(马)　 mà(骂)

例えば同じ "ma" という音節でも、第一声では "妈 mā"（お母さん）、第二声では "麻 má"（麻・アサ）、第三声では "马 mǎ"（馬・ウマ）、第四声では "骂 mà"（罵る）のように、声調が異なることにより違う語になってしまいますので、声調を正しく発音することはとても大切です。

(2) 母音

中国語の母音には、単母音 "a、o、e、i、u、ü"、二重母音 "ai、ei、ao、ou、ia、ie、ua、uo、üe"、三重母音 "iao、iou、uai、uei" があります。さらに、"n" で終わる "an、ian、uan、üan、en、in、uen、ün"、"ng" で終わる "ang、iang、uang、eng、ing、ueng、ong、iong" も、音節の構成要素としては一般に母音のメンバーとして考えます。

母音の発音では "n" と "ng" の区別が重要です。例えば "an" は日本語の「アンナイ（案内）」の「アン」のように舌先を上の歯茎につけて、"ang" は「アンガイ（案外）」の「アン」のように、舌先を上の歯茎につけずに鼻から息をぬいて発音します。"rénmín" と発音すると "人民"（人民）ですが、"rénmíng" と発音すると "人名"（人名）と異なる語となってしまうので、注意が必要です。

(3) 子音

中国語の子音は "b、p、m、f、d、t、n、l、g、k、h、j、q、x、zh、ch、sh、r、z、c、s" の合計21種類あります。子音には「有気音」と「無気音」という重要な対立があり、明確に区別して発音する必要があります。例えば無気音 "b" を使った "bo" は、閉じた唇を母音 "o" で押し開く感じで、唇を開いたときに息が外にできるだけ流れ出ないように発音します。一方、有気音 "p" を使った "po" は、強い息を一気に強く吐き出して発音します。"白球 bái qiú" と言えば白いボールですが、"排球 páiqiú" と言えばバレーボールになります。

また、個別の子音の中では、「そり舌音」"zh、ch、sh、r" の発音が難しいとされることが多いようです。舌の先をそりあげて、上の歯茎の少し上にあてがい、舌の面はスプーンにようにくぼませたまま、無気音で「チ」を発音すれば "zh"、息を強く吐き出し発音すれば "ch" になります。舌の形は変えずに、舌を歯茎につけず隙間をあけたままそこから息を通し摩擦音を出すと "sh" になり、さらに声帯を震わせると "r" になります。

以上のことに気をつけて、中国語を聞いたり話したりすると、より上手にできることと思います。

2. 中国語の簡単なきまり

(1) 中国語の品詞

異なる文法的振る舞いに基づいて語をグループ分けしたものを品詞と言います。本書では、語自体が語彙的な意味を有している「実詞」である「名詞」、「動詞」、「形容詞」、「数詞」、「量詞」、「代詞」、そして文法的機能語「虚詞」である「副詞」、「前置詞」、「接続詞」、「助詞」、「感嘆詞」の、11の品詞に分類しています。

語に形態変化のない中国語では、文法的機能を基準にして品詞を定め

ます。文法的機能とは、その語がどの文成分に立つことができるかという点や、他のどのような品詞と結びつきうるかという点を指しています。以下の図は、『语法答问』(朱德熙著、商務印書館、1985年)の中で紹介されている、品詞と文成分の対応図で、名詞、動詞、形容詞、副詞のみ例にとり、それぞれの品詞が文中のどの文法的位置に立ちうるかを示しています。(点線は、一定の条件の下で対応することを表します。)

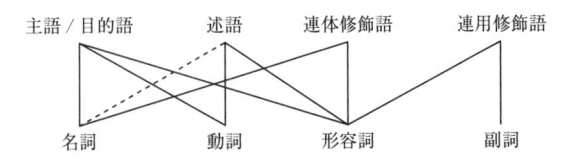

```
主語/目的語    述語    連体修飾語    連用修飾語


  名詞       動詞      形容詞       副詞
```

例えば、"刚刚"と"刚才"はいずれも「つい先ほど、たった今」のような似通った意味のように思えますが、"刚刚"は連用修飾語にしかなれないので副詞で、"刚才"は前置詞の目的語になったり("比刚才好多了"「さっきよりずっと良くなった」)、"的"を伴って連体修飾語になったりできるので("刚才的事"「先ほどの件」)名詞と見なされるというように、中国語では意味ではなくあくまでも文法的機能が品詞を定める上での基準となっています。

さて、1つの語が2つ以上の品詞の性質を併せ持つ現象を「兼類」と呼びます。例えば"方便"は、「便利である」という意味の形容詞と、「便宜をはかる」という意味の動詞の兼類です。多くの場合問題となるのは"研究、调查、分析、影响、出版、管理"等の2音節の動詞と名詞の関係です。例えば「研究する」という意味に対して「研究」という意味は、動作行為が名詞的に捉えられているだけで語彙的な意味に変わりはないので、兼類として扱うこともありますし、動詞と名詞の間ではこのタイプの語は非常に多いので、動詞の下位類を設定して、兼類とは扱わない考え方もあります。

(2) 語の組み合わせ——連語

さて、語を組み合わせて文を作っていく際、中国語では語を数多く羅列することで直接文を組み立てるわけではありません。まず2つの語を、ある文法的な一定の方式に基づいて組み合わせ、連語("词组")を構成します。実詞と実詞を組み合わせた主な連語には、

①主述連語: 我【主語】休息【述語】(私は休む)
②動賓連語: 洗【動詞】衣服【目的語】(服を洗う)
③動補連語: 洗【動詞】干净【補語】(洗ってきれいになる)
④修飾連語: 新【修飾語】房子【中心語】(新築家屋)
⑤並列連語: 老师【名詞1】和 学生【名詞2】(先生と学生)
⑥連述連語: 坐飞机【動詞句1】去【動詞句2】(飛行機に乗って行く)

などがあります。これらの連語は、いわば文になる前の素材の段階であると考えることができます。例えば、連述連語"去北极探险"(北極へ行っ

て探検する)は、"他们去北极探险。"(彼らは北極へ行って探検する)では述語に、"去北极探险一定挺有意思。"(北極へ行って探検するのはきっとすごく面白い)では主語に、また"他们打算去北极探险。"(彼らは北極へ行って探検するつもりだ)では動詞"打算"の目的語に、"去北极探险的人是很勇敢的。"(北極へ行って探検する人はとても勇敢だ)では"的"を介して連体修飾語になるというように、連語が他の連語の中に包含されて様々な文成分になり、さらに大きな連語を作り上げることができます。また、素材である連語はそれ自体にイントネーションがかぶさり、必要な場合は語気助詞が付け加われば、"去北极探险！"(北極へ行って探検しよう！)のように、そのままで文として使えることもあります。このように、中国語の連語と文は、連語という小さな部品が組み合わさって大きな文を作るのではなく、1つの抽象的な「型」としての連語が、具体的な場面において、実際の「例」である文として実現する、という関係になっています。つまり、句(フレーズ)と文の構造が異なる英語などと違って、中国語では連語と文は基本的には同じ構造で、文は独立して用いられた連語であるといっても過言ではないのです。

(3) 文

中国語の文を構造から分類すると、主語と述語から構成される「主述文」と、"下雨了。"(雨だ。)"小心汽车！"(車に気をつけて！)"多美的花呀！"(なんて綺麗な花でしょう！)のように主語のない「非主述文」に分かれます。また、1つの文を2つ以上組み合わせて、より長い文を作ることができますが、前者を「単文」、後者を「複文」といいます。

また、文はその果たす機能に基づくと、

①平叙文："她回来了。"(彼女は帰って来た。)
②疑問文："你去上海吗？"(あなたは上海に行きますか。)
③命令文："快走吧！"(早く出かけよう！)
④感嘆文："好极了！"(すばらしい！)
⑤呼びかけ文："老张！"(張くん！)

の5種類に分類することもできます。

以上、品詞と連語と文の関係をよく頭に入れておけば、中国語を読んだり書いたりするとき役立つことでしょう ——。

(三宅登之)

この辞典の編集に当たって、日本・小学館の「中日辞典第2版」「日中辞典第2版」「プログレッシブ中国語辞典」「ポケットプログレッシブ中日・日中辞典」「プログレッシブ単語帳　日本語から引く知っておきたい中国語」と中国・商務印書館の「現代漢語詞典第5版」「商務館学漢語詞典」「新漢英詞典」「新時代漢英大詞典」「漢英詞典」「新時代漢英小詞典」「精選英漢・漢英詞典」「英漢多功能学習詞典」「中国語言生活状況報告」を参考にさせていただきました。

日本語の字形からも引ける
中国漢字総画索引

この索引では中国語の漢字字形が総画数順に並び、同じ画数の中ではピンイン（中国語ローマ字）順に並べてある。それぞれの漢字には、ピンインとその字およびその字を頭に持つ語彙が最初に出てくるページを示した。（　）内の漢字は日本語の字形である。日中で漢字の画数が異なる場合は日本語の字形を[　]に入れ、矢印の後ろにその画数、ピンインを示した。

1画		
一	yī	301

2画		
八	bā	4
厂(廠)	chǎng	31
刀	dāo	55
儿(児)	ér	69
二	èr	69
几(幾)	jī	113
〃	jǐ	116
九	jiǔ	134
了	le	155
力	lì	157
了(瞭)	liǎo	161
七	qī	195
人	rén	211
入	rù	215
十	shí	228
又	yòu	317

3画		
才	cái	24
寸	cùn	47
大	dà	50
〃	dài	52
凡	fán	71
飞(飛)	fēi	74
干(乾)	gān	80
〃(幹)	gàn	82

个(個)	gè	84
工	gōng	86
广(広)	guǎng	93
及	jí	115
久	jiǔ	135
口	kǒu	147
马(馬)	mǎ	168
门(門)	mén	173
女	nǚ	186
千	qiān	198
三	sān	216
山	shān	218
上	shàng	220
勺(杓)	sháo	221
士	shì	231
土	tǔ	260
万	wàn	265
卫(衛)	wèi	268
习(習)	xí	274
下	xià	276
乡(郷)	xiāng	280
小	xiǎo	284
也	yě	300
已	yǐ	306
亿(億)	yì	307
于(於)	yú	317
与(与)	yǔ	318
丈	zhàng	330
之	zhī	338
子	zǐ	353

4画		
巴	bā	4
办(弁)	bàn	6
比(比)	bǐ	13
不	bù	19
仓(倉)	cāng	26
长(長)	cháng	30
〃	zhǎng	330
车(車)	chē	33
尺	chǐ	39
丑(醜)	chǒu	41
从(従)	cóng	45
订(訂)	dìng	62
斗(鬭)	dòu	64
队(隊)	duì	66
反	fǎn	71
方	fāng	72
分	fēn	74
〃	fèn	76
丰(豊)	fēng	76
风(風)	fēng	76
夫	fū	77
父	fù	78
公	gōng	87
互	hù	105
户	hù	105
化	huà	106
火	huǒ	112
计(計)	jì	117
见(見)	jiàn	121

介	jiè	129
斤	jīn	130
今	jīn	130
仅(僅)	jǐn	130
井	jǐng	133
巨(巨)	jù	136
开(開)	kāi	139
孔	kǒng	146
历(歴)	lì	157
六	liù	164
毛	máo	170
木	mù	178
内	nèi	183
牛	niú	185
匹	pǐ	191
片	piàn	192
气(気)	qì	197
欠	qiàn	200
切	qiē	202
〃	qiè	202
区	qū	206
劝(勧)	quàn	208
[欠]→缺(10)		quē
认(認)	rèn	212
仍	réng	213
日	rì	213
少	shǎo	221
〃	shào	222
什(甚)	shén	224
升(昇)	shēng	225
[収]→收(6)		shōu

x

手	shǒu 234	包(包)	bāo 7	乐(樂)	lè 155	[瓦]→瓦(4)	wǎ
书(書)	shū 236	北	běi 10	礼	lǐ 156	外	wài 263
双	shuāng 239	本	běn 12	厉(厲)	lì 157	未	wèi 268
水	shuǐ 239	[比]→比(4)	bǐ	立	lì 157	写(寫)	xiě 286
太	tài 245	必	bì 13	另	lìng 163	兄	xiōng 291
天	tiān 251	边(邊)	biān 14	龙(龍)	lóng 164	训(訓)	xùn 294
瓦(瓦)	wǎ 263	[弁]→辩(16)	biàn	矛	máo 170	[压]→压(6)	yā
为(為)	wéi 267	[氷]→冰(6)	bīng	灭(滅)	miè 175	业(業)	yè 301
〃	wèi 268	布	bù 23	民	mín 176	叶(葉)	yè 301
文	wén 269	册	cè 27	母	mǔ 178	仪(儀)	yí 305
乌(烏)	wū 271	出	chū 41	目	mù 178	[以]→以(4)	yǐ
无(無)	wú 271	处(處)	chǔ 43	奶	nǎi 181	议(議)	yì 308
五	wǔ 272	〃	chù 43	鸟(鳥)	niǎo 185	印(印)	yìn 310
午	wǔ 272	匆	cōng 45	宁(寧)	nìng 185	永	yǒng 312
心	xīn 286	打	dǎ 48	皮	pí 191	用	yòng 312
凶	xiōng 291	代	dài 52	平	píng 193	由	yóu 314
牙	yá 295	电(電)	diàn 60	扑(撲)	pū 195	右	yòu 317
以(以)	yǐ 306	东(東)	dōng 62	巧	qiǎo 201	幼	yòu 317
艺(藝)	yì 307	冬	dōng 63	去	qù 206	玉	yù 318
引	yǐn 309	对(對)	duì 66	让(讓)	ràng 209	占	zhàn 329
尤	yóu 314	发(發)	fā 69	扔	rēng 213	仗	zhàng 330
友	yǒu 315	〃(髪)	fà 71	闪(閃)	shǎn 218	召	zhào 331
元	yuán 319	犯	fàn 72	申	shēn 223	正	zhēng 335
[円]→圆(10)	yuán	付	fù 78	生	shēng 225	〃	zhèng 336
月	yuè 322	功	gōng 88	失	shī 227	只(隻)	zhī 339
云(雲)	yún 322	古	gǔ 89	石	shí 228	〃	zhǐ 341
允	yǔn 322	瓜(瓜)	guā 90	示	shì 231	主	zhǔ 347
扎	zhā 328	[广]→广(3)	guǎng	世	shì 231	仔	zǐ 353
支	zhī 339	汉(漢)	hàn 97	市	shì 231	左	zuǒ 358
止	zhǐ 341	号	hào 100	甩	shuǎi 238		
中	zhōng 343	汇(匯)	huì 110	帅(帥)	shuài 239	**6画**	
〃	zhòng 345	记(記)	jì 117	司	sī 240		
爪	zhuǎ 349	加	jiā 118	丝(絲)	sī 240	安	ān 2
专(專)	zhuān 349	叫(叫)	jiào 125	四	sì 241	百	bǎi 5
		节(節)	jié 128	他	tā 245	毕(畢)	bì 14
5画		纠(糾)	jiū 134	它(牠)	tā 245	闭(閉)	bì 14
		旧	jiù 135	台	tái 245	冰(冰)	bīng 17
艾	ài 1	句	jù 136	叹(嘆)	tàn 247	并(併/並)	
扒	bā 4	[巨]→巨(4)	jù	讨(討)	tǎo 248		bìng 17
白	bái 5	卡	kǎ 139	田	tián 252	产(產)	chǎn 30
半	bàn 7	可	kě 143	头(頭)	tóu 258	场(場)	cháng 31
[弁]→办(4)	bàn					〃	chǎng 31

xi

尘(塵)chén 34	观(觀)guān 92	考 kǎo 142	设(設)shè 222
成 chéng 35	[缶]→罐(23) guàn	扣 kòu 148	师(師)shī 228
吃(喫)chī 38	光 guāng 93	夸(誇)kuā 148	似(似)shì 232
池 chí 38	过(過)guò 95	扩(擴)kuò 150	〃(似)sì 241
冲(沖)/衝	〃 guo 96	老 lǎo 153	收(收)shōu 233
chōng 39	汗 hàn 98	[两]→两(7) liǎng	守 shǒu 235
充 chōng 39	行 háng 98	列 liè 161	[糸]→丝(5) sī
虫 chóng 40	〃 xíng 289	论(論)lùn 166	死 sǐ 241
传(傳)chuán 43	好 hǎo 98	妈(媽)mā 167	岁(歲)suì 243
闯(闖)chuǎng 44	〃 hào 100	吗(嗎)ma 168	她 tā 245
创(創)chuàng 44	合 hé 101	买(買)mǎi 169	汤(湯)tāng 247
此 cǐ 45	红(紅)hóng 103	迈(邁)mài 169	同 tóng 256
次 cì 45	后(後)hòu 103	忙 máng 170	吐 tǔ 260
存 cún 47	划(劃)huá 106	[每]→每(7) měi	〃 tù 260
达(達)dá 48	〃 huà 106	米 mǐ 173	团(團)tuán 260
当 dāng 54	华(華)huá 106	名 míng 176	托(託)tuō 262
〃 dàng 54	欢(歡)huān 107	那(那)nà 180	网(網)wǎng 266
导(導)dǎo 55	灰 huī 108	〃 nèi 183	危 wēi 267
地 de 57	回 huí 109	年 nián 184	伟(偉)wěi 268
〃 dì 59	会 huì 110	农(農)nóng 186	问(問)wèn 270
灯 dēng 58	〃 kuài 148	乒 pīng 193	污(汙)wū 271
吊 diào 61	伙(夥)huǒ 112	朴 pǔ 195	西 xī 273
丢 diū 62	机(機)jī 113	齐(齊)qí 196	吸 xī 274
动(動)dòng 63	吉 jí 115	企 qǐ 196	戏(戲)xì 275
多 duō 67	级(級)jí 115	[気]→气(4) qì	吓(嚇)xià 277
夺(奪)duó 68	纪(紀)jì 117	迁(遷)qiān 199	先 xiān 277
朵(朵)duǒ 68	夹(夾/挾)jiā119	庆(慶)qìng 205	纤(纖)xiān 278
而 ér 69	[仮]→假(11) jiǎ	曲 qū 206	向 xiàng 282
耳 ěr 69	价(價)jià 119	〃 qǔ 206	协(協)xié 285
防(防)fáng 73	尖 jiān 120	权(權)quán 207	血 xiě 286
仿(倣)fǎng 73	件 jiàn 122	全 quán 207	〃 xuè 294
访(訪)fǎng 73	江 jiāng 122	任 rèn 212	兴(興)xīng 289
份 fèn 76	讲(講)jiǎng 122	肉 ròu 214	〃 xìng 290
负(負)fù 78	交 jiāo 123	如 rú 214	休 xiū 291
妇(婦)fù 78	[叫]→叫(5) jiào	伞(傘)sǎn 216	许(許)xǔ 292
刚(剛)gāng 82	阶(階)jiē 126	扫(掃)sǎo 217	寻(尋)xún 294
各 gè 84	尽(儘)jǐn 130	〃(掃)sào 217	巡 xún 294
巩(鞏)gǒng 88	〃(盡)jìn 131	色 sè 217	迅 xùn 294
共 gòng 88	决(決)jué 137	杀(殺)shā 217	压(壓)yā 294
[瓜]→瓜(5) guā	军(軍)jūn 138	伤(傷)shāng 219	亚(亞)yà 295
关(關)guān 91	扛 káng 142	舌 shé 222	延(延)yán 295

xii

厌(厭)yàn	297	材 cái	24	更 gèng	86	冷 lěng	155
羊 yáng	298	灿(燦)càn	26	贡(貢)gòng	89	里(裏)lǐ	156
阳(陽)yáng	298	苍(蒼)cāng	26	估 gū	89	利 lì	158
爷(爺)yé	300	层(層)céng	28	还(還)hái	96	连(連)lián	158
页(頁)yè	301	肠(腸)cháng	31	〃 huán	107	良 liáng	159
衣 yī	304	抄 chāo	32	含 hán	97	两(兩)liǎng	160
异(異)yì	308	吵 chǎo	33	何 hé	101	邻(鄰)lín	161
囚 yīn	309	[車]→车(4) chē		护(護)hù	105	灵(靈)líng	162
阴(陰)yīn	309	扯 chě	34	花 huā	105	陆(陸)lù	164
[印]→印(5) yìn		彻(徹)chè	34	怀(懷)huái	107	乱(亂)luàn	166
优(優)yōu	313	沉(沈)chén	34	坏(壞)huài	107	[壳]→卖(8) mài	
有 yǒu	315	陈(陳)chén	34	鸡(鷄)jī	114	没 méi	171
羽 yǔ	318	迟(遲)chí	38	极(極)jí	115	每(每)měi	172
约(約)yuē	321	[沖]→冲(6) chōng		即 jí	115	免(免)miǎn	174
杂(雜)zá	323	初 chū	42	技 jì	117	妙 miào	175
再 zài	324	床 chuáng	44	系 jì	118	亩(畝)mǔ	178
在 zài	324	吹 chuī	44	忌 jì	118	[那]→那(6) nà	
早 zǎo	326	词(詞)cí	45	[夾]→夹(6) jiā		〃→那(6) nèi	
则(則)zé	327	村 cūn	47	坚(堅)jiān	120	男 nán	181
阵(陣)zhèn	335	呆 dāi	51	间(間)jiān	120	你 nǐ	184
争 zhēng	335	但 dàn	53	[見]→见(4) jiàn		扭(扭)niǔ	185
执(執)zhí	340	低 dī	58	角(角)jiǎo	125	弄 nòng	186
至 zhì	342	弟 dì	59	戒 jiè	129	努 nǔ	186
竹 zhú	347	冻(凍)dòng	64	进(進)jìn	131	判 pàn	189
庄(莊)zhuāng	350	豆 dòu	64	近 jìn	132	批 pī	190
自 zì	353	肚 dù	65	劲(勁)jìn	132	屁 pì	191
字 zì	354	兑(兌)duì	67	究 jiū	134	评(評)píng	194
		[對]→对(5) duì		拒(拒)jù	137	[岐]→歧(8) qí	
7画		吨(噸)dūn	67	[決]→决(6) jué		启(啓)qǐ	197
阿 ā	1	[兒]→儿(2) ér		均 jūn	138	汽 qì	198
[拔]→拔(8) bá		饭(飯)fàn	72	抗 kàng	142	抢(搶)qiǎng	201
把 bǎ	4	[防]→防(6) fáng		壳(殼)ké	143	穷(窮)qióng	205
吧 ba	4	纺(紡)fǎng	73	克 kè	145	求 qiú	205
扮 bàn	7	吩 fēn	75	坑 kēng	146	却 què	208
报(報)bào	9	纷(紛)fēn	75	块(塊)kuài	148	忍(忍)rěn	212
别(別)bié	16	否 fǒu	77	快 kuài	149	沙(砂)shā	218
〃 biè	16	扶 fú	77	况(況)kuàng	150	删(刪)shān	218
兵 bīng	17	附(附)fù	78	困 kùn	150	[杓]→勺(3) sháo	
伯 bó	18	改 gǎi	79	来 lái	151	社 shè	223
补(補)bǔ	19	肝 gān	80	劳(勞)láo	153	伸 shēn	223
步(步)bù	23	告 gào	83	牢 láo	153	身 shēn	223

xiii

声 shēng 227	运(運)yùn 322	[步]→步(7) bù	狗 gǒu 89
时(時)shí 228	灾(災)zāi 323	采(採)cǎi 25	构(構)gòu 89
识(識)shí 229	张(張)zhāng 329	参(參)cān 25	购(購)gòu 89
[似]→似(6) shì	找 zhǎo 331	厕(廁)cè 27	姑 gū 89
〃→似(6) sì	折 zhé 332	侧(側)cè 27	股 gǔ 89
私 sī 240	这(這)zhè 333	拆 chāi 29	刮 guā 90
[她]→它(5) tā	〃 zhèi 334	昌 chāng 30	乖 guāi 91
体 tǐ 250	针(針)zhēn 334	[长]→长(4) cháng	拐(柺)guǎi 91
条 tiáo 253	证(証)zhèng 338	〃→长(4) zhǎng	怪 guài 91
听(聽)tīng 254	纸(紙)zhǐ 342	炒 chǎo 33	官 guān 92
投 tóu 258	志 zhì 343	衬(襯)chèn 34	贯(貫)guàn 92
[图]→图(8) tú	助 zhù 348	诚(誠)chéng 37	规(規)guī 94
[兔]→兔(8) tù	住 zhù 348	承 chéng 37	国(國)guó 95
妥 tuǒ 262	抓 zhuā 349	抽 chōu 40	果 guǒ 95
完 wán 264	状 zhuàng 351	刺 cì 45	呵 hē 100
忘 wàng 266	灼 zhuó 352	担 dān 53	和 hé 101
违(違)wéi 267	走 zǒu 355	单(單)dān 53	河 hé 102
围(圍)wéi 267	足 zú 356	诞(誕)dàn 53	呼 hū 104
尾 wěi 268	阻(阻)zǔ 356	到 dào 55	忽 hū 104
位 wèi 269	作 zuò 358	的 de 57	[画]→划(6) huà
我 wǒ 270	坐(座)zuò 360	〃 dí 59	画(畫)huà 106
希 xī 274	**8画**	底 dǐ 59	话(話)huà 107
[希]→稀(12) xī		典 diǎn 60	环(環)huán 108
系 xì 275	哎 āi	钓(釣)diào 61	昏 hūn 111
闲(閑)xián 278	岸 àn 3	顶(頂)dǐng 62	或 huò 112
县(縣)xiàn 279	拔(拔)bá 4	定 dìng 62	货(貨)huò 113
辛 xīn 287	爸 bà 4	[东]→东(5) dōng	季 jì 118
形 xíng 289	败(敗)bài 5	[毒]→毒(9) dú	[价]→价(6) jià
呀 yā 295	[拜]→拜(9) bài	法 fǎ 70	驾(駕)jià 119
[亚]→亚(6) yà	板(板)bǎn 6	范(範)fàn 72	肩 jiān 120
呀 ya 295	饱(飽)bǎo 8	房 fáng 73	艰(艱)jiān 120
严(嚴)yán 295	宝 bǎo 8	放 fàng 73	拣(揀)jiǎn 120
医 yī 305	抱(抱)bào 10	非 fēi 74	建(建)jiàn 122
[芸]→艺(4) yì	杯 bēi 10	肥 féi 74	降(降)jiàng 123
饮(飲)yǐn 310	奔 bèn 12	肺(肺)fèi 74	郊(郊)jiāo 124
应(應)yīng 310	变(變)biàn 14	废(廢)fèi 74	姐 jiě 129
〃 yìng 311	表 biǎo 15	奋(奮)fèn 75	届 jiè 130
迎 yíng 311	[併]→亚]→	服 fú 77	金 jīn 130
邮(郵)yóu 314	并(6) bìng	[附]→附(7) fù	经(經)jīng 132
员(員)yuán 319	拨(撥)bō 18	该(該)gāi 79	净(净)jìng 134
远(遠)yuǎn 320	波 bō 18	供 gōng 88	居 jū 136

具(具) jù 137	朋 péng 190	玩 wán 264	侄(姪) zhí 340
[拒]→拒(7) jù	披 pī 191	往 wǎng 266	制 zhì 343
卷(卷) juǎn 137	贫(貧) pín 193	委 wěi 268	质(質) zhì 343
咖 kā 138	苹(蘋) píng 194	味 wèi 269	治 zhì 343
刻 kè 145	凭(憑) píng 194	武 wǔ 272	忠 zhōng 344
肯 kěn 146	坡 pō 194	[侮]→侮(9) wǔ	终(終) zhōng 344
空 kōng 146	迫 pò 194	物 wù 272	周(週) zhōu 346
〃 kòng 147	妻 qī 195	细(細) xì 275	注 zhù 348
苦 kǔ 148	[齐]→齐(6) qí	现(現) xiàn 279	转(轉) zhuǎn 350
矿(礦·鑛) kuàng 150	其 qí 196	限(限) xiàn 279	〃 zhuàn 350
[况]→况(7) kuàng	奇 qí 196	线(線) xiàn 279	[卓]→桌(10) zhuō
昆(崑) kūn 150	岐(岐) qí 196	详(詳) xiáng 281	宗 zōng 355
[拡]→扩(6) kuò	浅(淺) qiǎn 200	享 xiǎng 281	组(組) zǔ 356
垃 lā 151	枪(槍) qiāng 200	[効]→效(10) xiào	[阻]→阻(7) zǔ
拉 lā 151	茄 qié 202	些 xiē 285	
拦(攔) lán 152	青 qīng 203	[協]→协(6) xié	**9画**
例 lì 158	取 qǔ 206	泄(洩) xiè 286	按 àn 3
练(練) liàn 159	软(軟) ruǎn 215	欣 xīn 287	拜(拜) bài 5
录(錄) lù 165	丧(喪) sàng 217	幸 xìng 290	帮(幫) bāng 7
轮(輪) lún 166	舍(舍) shě 222	性 xìng 290	绑 bǎng 7
码(碼) mǎ 168	审(審) shěn 225	姓 xìng 290	保 bǎo 8
卖(賣) mài 169	[昇]→升(4) shēng	学 xué 293	背 bēi 10
妹 mèi 173	诗(詩) shī 228	沿 yán 296	〃 bèi 11
[門]→门(3) mén	实(實) shí 229	[延]→延(6) yán	扁 biǎn 14
[免]→免(7) miǎn	使 shǐ 231	夜 yè 301	便 biàn 15
庙(廟) miào 175	始 shǐ 231	依 yī 305	[変]→变(8) biàn
明 míng 176	事 shì 232	英 yīng 310	标(標) biāo 15
命 mìng 177	试(試) shì 232	拥(擁) yōng 312	饼(餅) bǐng 17
陌(陌) mò 177	受 shòu 235	油 yóu 314	玻 bō 18
闹(鬧) nào 183	叔 shū 236	鱼(魚) yú 317	残(殘) cán 26
呢 ne 183	刷 shuā 238	[於]→于(3) yú	草 cǎo 27
泥 ní 184	松 sōng 241	雨 yǔ 318	测(測) cè 27
念 niàn 185	所 suǒ 244	岳 yuè 322	差 chā 28
[扭]→扭(7) niǔ	抬(擡) tái 245	责(責) zé 327	〃 chà 29
欧 ōu 187	态(態) tài 246	沾(霑) zhān 328	茶 chá 28
爬 pá 188	贪(貪) tān 246	招 zhāo 331	查(查) chá 28
怕 pà 188	坦 tǎn 246	征 zhēng 336	尝(嘗) cháng 31
拍 pāi 188	[突]→突(9) tū	枝 zhī 340	城 chéng 37
泡(泡) pào 189	图(圖) tú 259	知 zhī 340	[乘]→乘(10) chéng
佩 pèi 190	兔(兔) tù 260	织(織) zhī 340	持 chí 39
	拖 tuō 262	直(直) zhí 340	重 chóng 40

XV

重 zhòng 346	恨 hèn 103	科 kē 142	前 qián 199
[臭]→臭(10) chòu	[紅]→红(6) hóng	咳 ké 143	[淺]→浅(8) qiǎn
除(除) chú 42	厚 hòu 104	客 kè 145	侵 qīn 202
穿(穿) chuān 43	[後]→后(6) hòu	枯 kū 148	亲(親) qīn 202
春 chūn 44	胡 hú 104	[昆]→昆(8) kūn	轻(輕) qīng 203
促 cù 47	皇 huáng 108	烂(爛) làn 153	秋 qiū 205
带(帶) dài 52	挥(揮) huī 108	姥 lǎo 155	染 rǎn 209
贷(貸) dài 52	恢 huī 109	类(類) lèi 155	饶(饒) ráo 210
待 dài 52	浑(渾) hún 111	厘 lí 156	绕(繞) rào 210
[單]→单(8) dān	活 huó 111	俩(倆) liǎ 158	荣(榮) róng 214
挡(擋) dǎng 54	[級]→级(6) jí	亮 liàng 160	柔 róu 214
点 diǎn 60	急 jí 116	临(臨) lín 161	洒 sǎ 216
[訂]→订(4) dìng	挤(擠) jǐ 116	律 lǜ 166	[砂]→沙(7) shā
洞 dòng 64	[計]→计(4) jì	蚂(螞) mǎ 168	神 shén 224
毒(毒) dú 65	[紀]→纪(6) jì	骂(罵) mà 168	[甚]→什(4) shén
独 dú 65	既(既) jì 118	冒 mào 170	甚 shèn 225
度 dù 65	[挾]→夹(6) jiā	贸(貿) mào 171	省 shěng 227
段 duàn 65	架 jià 119	眉 méi 172	胜(勝) shèng 227
俄 é 68	[建]→建(8) jiàn	美 měi 172	狮(獅) shī 228
[發]→发(5) fā	将(將) jiāng 122	迷 mí 173	施 shī 228
罚(罰) fá 70	姜 jiāng 122	勉(勉) miǎn 174	拾 shí 230
[飛]→飞(3) fēi	奖(獎) jiǎng 123	面 miàn 174	食 shí 230
费(費) fèi 74	浇(澆) jiāo 124	秒 miǎo 175	屎 shǐ 231
[肺]→肺(8) fèi	骄(驕) jiāo 124	[陌]→陌(8) mò	是 shì 232
[風]→风(4) fēng	[郊]→郊(8) jiāo	某 mǒu 177	适(適) shì 233
封 fēng 77	狡 jiǎo 125	哪 nǎ 179	首 shǒu 235
[負]→负(6) fù	饺(餃) jiǎo 125	〃 na 180	树(樹) shù 237
复(復/複) fù 78	结(結) jiē 126	耐 nài 181	耍 shuǎ 238
钢(鋼) gāng 82	〃 jié 128	南 nán 181	[帥]→帅(5) shuài
革 gé 84	洁(潔) jié 128	柠(檸) níng 185	顺(順) shùn 240
给(給) gěi 85	[勁]→劲(7) jìn	浓(濃) nóng 186	说(説) shuō 240
骨(骨) gǔ 90	[凈]→净(8) jìng	趴 pā 188	思 sī 241
故 gù 90	[糾]→纠(5) jiū	派(派) pài 189	送 sòng 241
挂(掛) guà 91	举(舉) jǔ 136	盼 pàn 189	虽(雖) suī 243
冠 guàn 92	[卷]→卷(8) juǎn	胖 pàng 189	[碎]→碎(13) suì
鬼(鬼) guǐ 94	觉(覺) jué 138	盆 pén 190	逃 táo 248
贵(貴) guì 94	绝(絕) jué 138	便 pián 192	挑 tiāo 253
孩 hái 97	[軍]→军(6) jūn	拼 pīn 192	〃 tiǎo 253
[海]→海(10) hǎi	看 kān 140	品 pǐn 193	贴(貼) tiē 254
很 hěn 102	〃 kàn 141	恰 qià 198	挺(挺) tǐng 255
狠 hěn 103	砍 kǎn 141	牵(牽) qiān 199	统(統) tǒng 257

xvi

突(突) tū 259	钥(鑰) yào 300	颁(頒) bān 6	[做]→仿(6) fǎng
退 tuì 261	[頁]→页(6) yè	班 bān 6	[紡]→纺(7) fǎng
挖 wā 262	音 yīn 309	倍 bèi 11	[紛]→纷(7) fēn
娃 wá 262	勇 yǒng 312	被 bèi 11	粉 fěn 76
哇 wa 263	语(語) yǔ 318	笔(筆) bǐ 13	浮 fú 77
歪 wāi 263	院(院) yuàn 321	宾(賓) bīn 17	赶 gǎn 80
弯(彎) wān 264	[約]→约(6) yuē	病 bìng 17	[剛]→刚(6) gāng
威 wēi 267	咱 zán 325	捕 bǔ 19	高 gāo 83
[為]→为(4) wéi	[則]→则(6) zé	部 bù 23	哥 gē 83
〃 →为(4) wèi	怎(怎) zěn 327	[殘]→残(9) cán	胳 gē 83
胃 wèi 269	炸 zhá 328	[倉]→仓(4) cāng	格 gé 84
闻(聞) wén 270	〃 zhà 328	[差]→差(9) chā	[個]→个(3) gè
屋 wū 271	战(戰) zhàn 329	〃 →差(9) chà	根 gēn 85
侮(侮) wǔ 272	珍 zhēn 334	[插]→插(12) chā	[貢]→贡(7) gòng
误(誤) wù 273	挣 zhēng 336	称(稱) chèn 34	[骨]→骨(9) gǔ
洗 xǐ 275	〃 zhèng 338	(稱) chēng 35	顾(顧) gù 90
咸(鹹) xián 278	政 zhèng 338	乘(乘) chéng 37	逛(逛) guàng 94
显(顯) xiǎn 278	[姪]→侄(8) zhí	翅 chì 39	[鬼]→鬼(9) guǐ
宪(憲) xiàn 279	指 zhǐ 342	臭(臭) chòu 41	海(海) hǎi 97
[縣]→县(7) xiàn	钟(鐘) zhōng	[除]→除(9) chú	害 hài 97
[限]→限(8) xiàn	(鍾) 344	[穿]→穿(9) chuān	航 háng 98
相 xiāng 280	[衷]→衷(10) zhōng	[從]→从(4) cóng	核 hé 102
〃 xiàng 282	种(種) zhǒng345	[帶]→带(9) dài	哼 hēng 103
香 xiāng 281	〃 zhòng 345	耽 dān 53	壶(壺) hú 105
响(響) xiǎng 281	柱 zhù 348	党 dǎng 54	[華]→华(6) huá
项(項) xiàng 282	祝 zhù 348	档 dàng 55	换(換) huàn 108
削 xiāo 283	[專]→专(4) zhuān	倒 dǎo 55	获(獲) huò 113
[洩]→泄(8) xiè	[莊]→庄(6) zhuāng	〃 dào 56	积(積) jī 114
信 xìn 288	追 zhuī 351	敌(敵) dí 59	继(繼) jì 118
星 xīng 289	咨(諮) zī 352	递(遞) dì 60	[記]→记(5) jì
修(修) xiū 291	总(總) zǒng 355	调(調) diào 61	[既]→既(9) jì
宣 xuān 292	祖 zǔ 357	〃 tiáo 253	家 jiā 119
选(選) xuǎn 292	昨 zuó 358	[凍]→冻(7) dòng	监(監) jiān 120
研 yán 296		都(都) dōu 64	捡(撿) jiǎn 121
咽(嚥) yàn 298	**10画**	逗 dòu 64	健(健) jiàn 122
洋 yáng 298	啊 ā 1	读(讀) dú 65	[將]→将(9) jiāng
养(養) yǎng 298	〃 a 1	顿(頓) dùn 67	[降]→降(8) jiàng
要 yāo 298	挨 āi 1	恶(惡) ě 68	胶(膠) jiāo 125
〃 yào 299	爱(愛) ài 1	〃 è 68	借 jiè 130
咬 yǎo 299	案 àn 3	饿(餓) è 68	紧(緊) jǐn 131
药(藥) yào 299	罢(罷) bà 4	烦(煩) fán 71	竞(競) jìng 134

xvii

酒 jiǔ 135	瓶(瓶)píng 194	涂(塗)tú 260	展 zhǎn 329
[拳]→举(9) jǔ	破 pò 194	托(託)tuō 262	站 zhàn 329
俱(俱)jù 137	起(起)qǐ 197	袜(襪)wà 263	涨(漲)zhǎng 330
剧(劇)jù 137	铅(鉛)qiān 199	顽 wán 265	哲 zhé 333
烤 kǎo 142	钱(錢)qián 200	蚊 wén 270	真(真)zhēn 334
课(課)kè 145	悄 qiāo 201	[烏]→乌(4) wū	[針]→针(7) zhēn
恐 kǒng 147	桥(橋)qiáo 201	牺(犧)xī 274	振 zhèn 335
哭 kū 148	倾(傾)qīng 203	夏 xià 277	[陣]→阵(6) zhèn
宽(寬)kuān 149	请(請)qǐng 204	陷(陷)xiàn 279	[隻]→只(5) zhī
捆(綑)kǔn 150	拳 quán 208	消 xiāo 283	值(値)zhí 340
狼 láng 153	缺(欠)quē 208	晓(曉)xiǎo 285	[紙]→纸(7) zhǐ
朗 lǎng 153	热(熱)rè 210	校 xiào 285	秩 zhì 343
浪 làng 153	容 róng 214	笑 xiào 285	衷(衷)zhōng 345
捞 lāo 153	润(潤)rùn 215	效(効)xiào 285	皱(皺)zhòu 347
离(離)lí 156	弱 ruò 215	胸 xiōng 291	逐 zhú 347
[倆]→俩(9) liǎ	[殺]→杀(6) shā	羞(羞)xiū 292	准(準)zhǔn 351
[連]→连(7) lián	晒 shài 218	[修]→修(9) xiū	捉 zhuō 352
恋 liàn 159	[閃]→闪(5) shǎn	袖 xiù 292	桌(卓)zhuō 352
凉(涼)liáng 159	扇 shàn 219	[訓]→训(5) xùn	资(資)zī 352
料 liào 161	烧(燒)shāo 221	烟(煙)yān 295	租 zū 356
铃(鈴)líng 162	射 shè 223	盐(鹽)yán 296	钻(鑽)zuān 357
留 liú 163	谁(誰)shéi 223	宴 yàn 298	zuàn 357
流 liú 163	[師]→师(6) shī	氧 yǎng 298	[座]→坐(7) zuò
[竜]→龙(5) lóng	[時]→时(7) shí	样(樣)yàng 298	
旅(旅)lǚ 166	[書]→书(4) shū	樱(櫻)yīng 311	**11画**
[馬]→马(3) mǎ	[搜]→搜(12) sōu	娱(娛)yú 318	[敗]→败(8) bài
埋 mái 168	速 sù 242	浴 yù 318	笨 bèn 12
[梅]→梅(11) méi	损(損)sǔn 244	预(預)yù 319	[畢]→毕(6) bì
秘 mì 174	谈(談)tán 246	原 yuán 319	[閉]→闭(6) bì
[勉]→勉(9) miǎn	倘 tǎng 247	圆(圓)yuán 320	菠 bō 18
[敏]→敏(11) mǐn	烫(燙)tàng 247	[員]→员(7) yuán	脖 bó 18
[畝]→亩(7) mǔ	桃 táo 248	[院]→院(9) yuàn	猜(猜)cāi 24
拿 ná 178	[討]→讨(5) tǎo	阅(閱)yuè 322	彩 cǎi 25
难(難)nán 182	套 tào 248	晕(暈)yūn 322	[採]→采(8) cǎi
脑(腦)nǎo 183	特 tè 248	″ yùn 323	菜 cài 25
能 néng 184	疼 téng 249	砸 zá 323	惭(慚)cán 26
娘 niáng 185	剔 tī 249	栽 zāi 323	惨 cǎn 26
旁 páng 189	铁(鐵)tiě 254	脏(髒)zāng 325	[側]→侧(8) cè
陪(陪)péi 189	[挺]→挺(9) tǐng	造 zào 326	[産]→产(6) chǎn
配 pèi 190	通 tōng 255	贼(賊)zéi 327	常 cháng 31
疲 pí 191	透 tòu 259	窄 zhǎi 328	唱 chàng 32

xviii

[陳]→陈(7) chén	[黑]→黑(12) hēi	[陸]→陆(7) lù	[設]→设(6) shè
盛 chéng 37	痕 hén 102	绿(綠)lǜ 166	深 shēn 224
崇 chóng 40	患 huàn 108	略 lüè 166	绳(繩)shéng 227
船 chuán 44	黄 huáng 108	萝(蘿)luó 167	[剩]→
[窗]→窗(12) chuāng	婚 hūn 111	麻 má 167	剩(12) shèng
凑(湊) còu 46	混 hùn 111	猫 māo 170	售 shòu 236
粗 cū 46	[貨]→货(8) huò	梅(梅) méi 172	梳 shū 236
措 cuò 47	基 jī 114	梦(夢)mèng 173	率 shuài 239
袋 dài 52	寄 jì 118	密 mì 174	爽 shuǎng 239
淡 dàn 53	假(伪) jiǎ 119	描 miáo 175	宿 sù 242
蛋 dàn 53	检(檢) jiǎn 121	敏(敏) mǐn 176	随(隨) suí 243
得 dé 56	减(減) jiǎn 121	[脳]→脑(10) nǎo	[貪]→贪(8) tān
〃 de 57	剪 jiǎn 121	[鳥]→鸟(5) niǎo	弹(彈) tán 246
〃 děi 57	渐(漸) jiàn 122	您 nín 185	探 tàn 247
第 dì 60	[健]→健(10) jiàn	偶 ǒu 187	掏 tāo 247
掉 diào 61	教 jiāo 125	排 pái 188	淘 táo 248
[釣]→钓(8) diào	〃 jiào 126	盘(盤) pán 189	添 tiān 252
[頂]→顶(8) dǐng	脚 jiǎo 125	培 péi 190	甜 tián 252
[動]→动(6) dòng	接 jiē 127	[陪]→陪(10) péi	停 tíng 255
[都]→都(10) dōu	[揭]→揭(12) jiē	捧 pěng 190	铜(銅) tóng 257
堵(堵) dǔ 65	[進]→进(7) jìn	啤 pí 191	桶 tǒng 257
断 duàn 65	惊(驚) jīng 133	偏 piān 191	偷 tōu 258
堆 duī 66	[經]→经(8) jīng	票 piào 192	推 tuī 261
[惡]→恶(10) ě	竟 jìng 134	[貧]→贫(8) pín	脱 tuō 262
〃→恶(10) è	救 jiù 135	[瓶]→瓶(10) píng	唾 tuò 262
[訪]→访(6) fǎng	据 jù 137	骑(騎) qí 196	晚(晚) wǎn 265
符 fú 77	[距]→距(7) jù 137	[啓]→启(7) qǐ	望 wàng 266
辅(輔) fǔ 78	康 kāng 141	[牽]→牵(9) qiān	维(維) wéi 268
副 fù 78	[殼]→壳(7) ké	[強]→强(12) qiáng	[問]→问(6) wèn
妇(婦) fù(6) 79	[渴]→渴(12) kě	〃→强(12) qiǎng	[習]→习(3) xí
盖(蓋) gài 79	控 kòng 147	清 qīng 203	细(細) xì(8)
[乾]→干(3) gān	啦 la 151	情 qíng 204	掀 xiān 278
敢(敢) gǎn 81	累 lèi 155	球 qiú 205	[現]→现(8) xiàn
[掛]→挂(9) guà	梨 lí 156	渠(渠) qú 206	[鄉]→乡(3) xiāng
[貫]→贯(8) guàn	理 lǐ 157	娶 qǔ 206	斜 xié 286
[逛]→逛(10) guàng	粒 lì 158	圈(圈) quān 207	[羞]→羞(10) xiū
[規]→规(8) guī	脸(臉) liǎn 159	[軟]→软(8) ruǎn	虚 xū 292
毫 háo 98	[涼]→凉(10) liáng	[掃]→扫(6) sǎo	[許]→许(6) xǔ
喝(喝)(12) hē	辆(輛) liàng 160	〃→扫(6) sào	旋 xuán 292
盒 hé 102	聊 liáo 160	商 shāng 219	雪 xuě 294
	领(領) lǐng 162	蛇 shé 222	淹 yān 295

xix

掩 yǎn 296	棒 bàng 7	跌 diē 62	集 jí 116
眼 yǎn 296	傍 bàng 7	董 dǒng 63	[極]→极(7) jí
痒(癢)yǎng 298	[報]→报(7) bào	堵(堵)dǔ 65	[堅]→坚(7) jiān
野 yě 301	悲 bēi 10	渡 dù 65	[間]→间(7) jiān
液 yè 301	辈(輩)bèi 11	短 duǎn 65	[揀]→拣(8) jiǎn
移 yí 306	逼 bī 12	[隊]→队(4) duì	[檢]→检(11) jiǎn
[異]→异(6) yì	[筆]→笔(10) bǐ	鹅(鵝)é 68	[減]→减(11) jiǎn
[陰]→阴(6) yīn	编(編)biān 14	[飯]→饭(7) fàn	揭(揭)jiē 127
银(銀)yín 309	遍 biàn 15	[廢]→废(8) fèi	街 jiē 128
婴(嬰)yīng 310	博 bó 18	[費]→费(9) fèi	[階]→阶(6) jiē
营(營)yíng 311	[補]→补(7) bǔ	愤(憤)fèn 76	[結]→结(9) jiē
庸 yōng 312	裁 cái 25	幅 fú 77	″ →结(9) jié
悠 yōu 314	[廁]→厕(8) cè	富 fù 79	敬 jìng 134
[郵]→邮(7) yóu	[測]→测(9) cè	[復]→复(9) fù	就 jiù 135
[魚]→鱼(8) yú	曾(曾)céng 28	[敢]→敢(11) gǎn	[距]→距(11) jù
[責]→责(8) zé	插(挿)chā 28	港(港)gǎng 82	[覺]→觉(9) jué
粘 zhān 328	[場]→场(6) cháng	搁(擱)gē 83	[絕]→绝(9) jué
章 zhāng 330	″ →场(6) chǎng	割 gē 83	[開]→开(4) kāi
[張]→张(7) zhāng	超 chāo 32	隔(隔)gé 84	棵 kē 143
着(着)zháo 331	朝 cháo 32	[給]→给(9) gěi	渴(渴)kě 144
″ zhe 334	趁 chèn 35	[貴]→贵(9) guì	裤(褲)kù 148
″ zhuó 352	程 chéng 38	锅(鍋)guō 95	款 kuǎn 150
[這]→这(7) zhè	[喫]→吃(6) chī	[過]→过(6) guò	筐 kuāng 150
″ →这(7) zhèi	迟(遲)chí	″ →过(6) guo	阔(闊)kuò 150
睁 zhēng 336	厨 chú 43	韩(韓)hán 97	联(聯)lián 159
职(職)zhí 340	储(儲)chǔ 43	寒 hán 97	量 liáng 160
[執]→执(6) zhí	喘 chuǎn 44	喊 hǎn 97	落 luò 167
[終]→终(8) zhōng	窗(窗)chuāng44	喝(喝)hē 101	[買]→买(6) mǎi
[週]→周(8) zhōu	[創]→创(6) chuàng	黑(黑)hēi 102	[滿]→满(13) mǎn
猪 zhū 347	[詞]→词(7) cí	猴 hóu 103	帽 mào 171
著 zhù 349	葱 cōng 45	湖 hú 105	[貿]→贸(9) mào
[轉]→转(8) zhuǎn	[湊]→凑(11) còu	[壺]→壶(10) hú	媒 méi 172
″ →转(8) zhuàn	[醋]→醋(15) cù	滑(滑)huá 106	棉 mián 174
综(綜)zōng 355	搭 dā 48	缓(緩)huǎn 108	牌 pái 189
[組]→组(8) zǔ	答 dā 48	[換]→换(10) huàn	赔(賠)péi 190
[醉]→醉(15) zuì	″ dá 48	慌 huāng 108	喷(噴)pēn 190
	[達]→达(6) dá	辉(輝)huī 110	脾 pí 191
12画	[貸]→贷(9) dài	[揮]→挥(9) huī	骗(騙)piàn 192
	道 dào 56	[渾]→浑(9) hún	[評]→评(7) píng
傲 ào 3	登 dēng 58	[幾]→几(2) jī	铺(鋪)pū 195
奥 ào 3	等 děng 58	″ →几(2) jǐ	葡 pú 195
[幫]→帮(9) bāng			

普	pǔ	195	[統]→统(9) tǒng	煮	zhǔ	348	[匯]→汇(5) huì
期	qī	195	痛 tòng 257	装	zhuāng	351	嫉 jí 116
欺	qī	195	[晚]→晚(11) wǎn	滋	zī	352	[繼]→继(10) jì
谦(謙) qiān 199			[偉]→伟(6) wěi	紫	zǐ	353	嫁 jià 119
强(強) qiáng 200			喂 wèi 269	最	zuì	357	简(簡) jiǎn 121
〃 qiǎng 201			温 wēn 269	尊	zūn	358	鉴(鑒) jiàn 122
[輕]→轻(9) qīng			握 wò 271				[獎]→奖(9) jiǎng
晴 qíng 204			[無]→无(4) wú	**13画**			酱(醬) jiàng 123
[渠]→渠(11) qú			稀(希) xī 274	矮	ǎi	1	[節]→节(5) jié
[圈]→圈(11) quān			喜 xǐ 275	[愛]→爱(10) ài			解(解) jiě 129
确(確) què 208			[閑]→闲(7) xián	暗	àn	3	谨(謹) jǐn 131
裙 qún 208			羡(羨) xiàn 279	摆(擺) bǎi		5	[僅]→仅(4) jǐn
然 rán 209			[項]→项(9) xiàng	搬	bān	6	禁 jìn 132
惹 rě 210			销(銷) xiāo 283	[頒]→颁(10) bān			舅 jiù 136
揉 róu 214			[曉]→晓(10) xiǎo	饱(飽) bǎo		8	窟 kū 148
散 sǎn 217			谢(謝) xiè 286	碑(碑) bēi		10	[誇]→夸(6) kuā
〃 sàn 217			雄 xióng 291	[蒼]→苍(7) cāng			筷 kuài 149
[傘]→伞(6) sǎn			[尋]→寻(6) xún	[腸]→肠(7) cháng			[塊]→块(7) kuài
[喪]→丧(8) sàng			[陽]→阳(6) yáng	[誠]→诚(8) chéng			宽(寬) kuān 150
嫂(嫂) sǎo 217			摇(搖) yáo 295	愁	chóu	40	[鉱]→矿(7) kuàng
森 sēn 217			[葉]→叶(5) yè	催	cuī	47	[綑]→捆(10) kǔn
善 shàn 219			遗(遺) yí 306	错(錯) cuò 47			蓝(藍) lán 152
稍 shāo 221			椅 yǐ 307	[電]→电(5) diàn			[樂]→乐(5) lè
[燒]→烧(10) shāo			[飲]→饮(7) yǐn	[頓]→顿(10) dùn			雷 léi 153
剩(剩) shèng 227			[營]→营(11) yíng	躲(躲) duǒ		68	[裏]→里(7) lǐ
[勝]→胜(9) shèng			硬 yìng 312	[煩]→烦(10) fán			粮 liáng 160
湿 shī 228			游(遊) yóu 315	[豐]→丰(4) fēng			零 líng 162
舒 shū 236			愉 yú 318	[該]→该(8) gāi			[鈴]→铃(10) líng
暑 shǔ 237			遇 yù 319	概(概) gài		80	楼 lóu 164
属 shǔ 237			越 yuè 322	[蓋]→盖(11) gài			路 lù 165
税 shuì 239			[雲]→云(4) yún	感	gǎn	81	[媽]→妈(6) mā
[順]→顺(9) shùn			[運]→运(7) yùn	[幹]→干(3) gàn			[嗎]→吗(6) ma
搜(搜) sōu 242			暂(暫) zàn 325	搞	gǎo	83	满(滿) mǎn 169
随(隨) suí 11			凿(鑿) záo 326	隔(隔) gé		84	煤 méi 172
锁(鎖) suǒ 244			掌 zhǎng 330	跟	gēn	85	[夢]→梦(11) mèng
弹(彈) tán 11			[着]→着(11) zháo	鼓	gǔ	90	[滅]→灭(5) miè
毯 tǎn 247			〃 →着(11) zhe	跪	guì	95	摸 mō 177
[湯]→汤(6) tāng			〃 →着(11) zhuó	滚(滾) gǔn		95	墓 mù 178
提 tí 249			[証]→证(7) zhèng	[漢]→汉(5) hàn			嗯 ńg 184
替 tì 251			植(植) zhí 341	滑(滑) huá		12	[農]→农(6) nóng
贴(貼) tiē 11			粥 zhōu 347	[話]→话(8) huà			暖 nuǎn 187

xxi

碰 pèng 190	嫌 xián 278	[读]→读(10) dú	歉 qiàn 200
签(簽/籤)	献 xiàn 280	端 duān 65	[枪]→枪(8) qiāng
qiān 199	[羡]→羡(12) xiàn	锻(鍛)duàn 66	墙(牆)qiáng 201
[铅]→铅(10) qiān	[详]→详(8) xiáng	[夺]→夺(6) duó	敲 qiāo 201
[抢]→抢(7) qiǎng	想 xiǎng 281	[罚]→罚(9) fá	[认]→认(4) rèn
勤 qín 202	像(像)xiàng 282	[发]→发(5) fà	赛(賽) sài 216
[倾]→倾(10) qīng	歇 xiē 285	[辅]→辅(11) fǔ	誓 shì 233
[劝]→劝(4) quàn	新 xīn 287	[复]→复(9) fù	[适]→适(9) shì
群 qún 209	靴 xuē 293	[概]→概(13) gài	瘦(瘦)shòu 236
塞 sāi 216	[烟]→烟(10) yān	歌 gē 83	摔 shuāi 238
嗓 sǎng 217	[盐]→盐(10) yán	[构]→构(8) gòu	[说]→说(9) shuō
[嫂]→嫂(12) sǎo	腰 yāo 298	[关]→关(6) guān	酸 suān 242
傻 shǎ 218	摇(摇)yáo 299	管 guǎn 92	算 suàn 242
[伤]→伤(6) shāng	[爷]→爷(6) yé	[滚]→滚(13) gǔn	缩(縮)suō 244
摄(攝)shè 223	[业]→业(5) yè	[划]→划(6) huá	[态]→态(8) tài
慎(慎)shèn 225	意 yì 308	〃划(6) huà	[铜]→铜(11) tóng
[诗]→诗(8) shī	[预]→预(10) yù	[伙]→伙(6) huǒ	[腿]→腿(13) tuǐ
[狮]→狮(9) shī	[远]→远(7) yuǎn	[渐]→渐(11) jiàn	[网]→网(6) wǎng
[试]→试(8) shì	[晕]→晕(10) yūn	[尽]→尽(6) jìn	[维]→维(11) wéi
输(輸)shū 236	〃晕(10) yùn	精 jīng 133	[闻]→闻(9) wén
数 shǔ 237	[贼]→贼(10) zéi	静 jìng 134	稳(穩)wěn 270
〃 shù 238	[战]→战(9) zhàn	聚 jù 137	舞(舞) wǔ 272
睡 shuì 239	照 zhào 332	颗(顆) kē 143	[误]→误(9) wù
塑 sù 242	蒸 zhēng 336	酷 kù 148	鲜(鮮)xiān 278
蒜 suàn 242	[准]→准(10) zhǔn	辣 là 151	[像]→
碎(碎)suì 244	[资]→资(10) zī	[历]→历(4) lì	像(13) xiàng
[岁]→岁(6) suì		[练]→练(8) liàn	熊 xióng 291
[损]→损(10) sǔn	**14画**	[领]→领(11) lǐng	需 xū 292
摊(攤)tān 246	熬 áo 3	漏 lòu 164	演 yǎn 297
[叹]→叹(5) tàn	榜 bǎng 7	[绿]→绿(11) lǜ	[厌]→厌(6) yàn
填(填)tián 252	[碑]→碑(13) bēi	嘛 ma 168	[样]→
跳 tiào 253	鼻(鼻) bí 13	馒(饅)mán 169	样(10) yàng
[铁]→铁(10) tiě	碧 bì 14	慢 màn 169	疑 yí 306
[涂]→涂(10) tú	[层]→层(7) céng	蜜 mì 174	[银]→银(11) yín
腿(腿) tuǐ 261	[尝]→尝(9) cháng	模 mó 177	[语]→语(9) yǔ
[顽]→顽(10) wán	[尘]→尘(6) chén	〃 mú 178	愿(願)yuàn 321
碗 wǎn 265	磁 cí 45	[墨]→墨(15) mò	[杂]→杂(6) zá
微(微)wēi 267	[聪]→聪(15) cōng	[宁]→宁(5) nìng	遭 zāo 325
[违]→违(7) wéi	[德]→德(15) dé	漂 piào 192	[增]→增(15) zēng
雾(霧)wù 273	滴 dī 58	旗 qí 196	摘 zhāi 328
媳 xí 274	碟 dié 62	[钱]→钱(10) qián	[涨]→涨(10) zhǎng

xxii

[種]→种(9) zhǒng	横 héng 103	[權]→权(6) quán	镇(鎮)zhèn 335
〃→种(9) zhòng	蝴 hú 105	[確]→确(12) què	震 zhèn 335
赚(賺)zhuàn 350	糊 hú 105	[熱]→热(10) rè	[質]→质(8) zhì
[綜]→综(11) zōng	[歡]→欢(6) huān	[潤]→润(10) rùn	[皺]→皱(10) zhòu
[總]→总(9) zǒng	[緩]→缓(12) huǎn	撒 sā 215	撞 zhuàng 351
粽 zòng 355	[輝]→辉(12) huī	[誰]→谁(10) shéi	[嘴]→嘴(16) zuǐ
	[駕]→驾(8) jià	[審]→审(8) shěn	醉(醉)zuì 358
15画	[監]→监(10) jiān	[繩]→绳(11) shéng	遵 zūn 358
懊 ào 3	[澆]→浇(9) jiāo	瘦→瘦(14) shòu	
[罷]→罢(10) bà	[膠]→胶(10) jiāo	蔬 shū 237	**16画**
磅 bàng 7	[餃]→饺(9) jiǎo	熟 shú 237	薄 báo 8
暴 bào 10	[潔]→洁(9) jié	撕 sī 241	避 bì 14
[輩]→辈(12) bèi	[緊]→紧(10) jǐn	艘(艘)sōu 242	辩(辯)biàn 15
[編]→编(12) biān	[劇]→剧(10) jù	踏 tā 245	餐(餐)cān 26
[標]→标(9) biāo	靠 kào 142	[談]→谈(10) tán	操 cāo 27
[賓]→宾(10) bīn	[課]→课(10) kè	躺 tǎng 247	[錯]→错(13) cuò
[餅]→饼(9) bǐng	[褲]→裤(12) kù	趟 tàng 247	[擋]→挡(9) dǎng
播 bō 18	[厲]→厉(5) lì	踢 tī 249	[噸]→吨(7) dūn
[撥]→拨(8) bō	[輛]→辆(11) liàng	[題]→题(10) tí	[繁]→繁(17) fán
踩 cǎi 25	潦 liáo 160	豌 wān 264	[奮]→奋(8) fèn
[慚]→惭(11) cán	[靈]→灵(7) líng	[舞]→舞(14) wǔ	[鋼]→钢(9) gāng
[藏]→藏(17) cáng	[輪]→轮(8) lún	膝 xī 274	[還]→还(7) hái
[廠]→厂(2) chǎng	[論]→论(6) lùn	[戲]→戏(6) xì	〃→还(7) huán
潮 cháo 33	[碼]→码(8) mǎ	瞎 xiā 276	[懷]→怀(7) huái
撤 chè 34	[罵]→骂(9) mà	[線]→线(8) xiàn	[壞]→坏(7) huài
[徹]→彻(7) chè	[廟]→庙(8) miào	箱 xiāng 281	[獲]→获(10) huò
[衝]→冲(6) chōng	摩 mó 177	橡(橡)xiàng 283	激 jī 114
聪(聰)cōng 45	墨(墨)mò 177	[銷]→销(12) xiāo	[機]→机(6) jī
醋(酢)cù 47	[鬧]→闹(8) nào	鞋 xié 286	[積]→积(10) jī
[誕]→诞(8) dàn	盘(盤)pán 11) pán	[選]→选(9) xuǎn	[撿]→捡(10) jiǎn
[導]→导(6) dǎo	[賠]→赔(12) péi	颜(顏)yán 296	[儘]→尽(6) jǐn
德(德)dé 57	[噴]→喷(12) pēn	[養]→养(9) yǎng	镜(鏡)jìng 134
[敵]→敌(10) dí	飘(飄)piāo 192	[儀]→仪(5) yí	橘 jú 136
[調]→调(10) diào	撲→扑(5) pū	[遺]→遗(12) yí	篮(籃)lán 152
〃→调(10) tiáo	[鋪]→铺(12) pū	[億]→亿(3) yì	懒(懶)lǎn 152
懂(懂)dǒng 63	[遷]→迁(6) qiān	樱(櫻)yīng 311	[鄰]→邻(7) lín
饿(餓)(10) è	潜 qián 200	影 yǐng 311	[錄]→录(8) lù
[範]→范(8) fàn	[請]→请(10) qǐng	[閱]→阅(10) yuè	蚂(螞)mǎ 9) mǎ
[憤]→愤(12) fèn	庆(慶)qìng	[暫]→暂(12) zàn	[邁]→迈(6) mài
[鞏]→巩(6) gǒng	[窮]→穷(7) qióng	赞(贊)zàn 16) zàn	磨 mó 177
嘿 hēi 102	趣 qù 207	增(增)zēng 328	[濃]→浓(9) nóng

xxiii

[憑]→凭(8) píng	[環]→环(8) huán	[簡]→简(13) jiǎn	[蘋]→苹(8) píng
[橋]→桥(10) qiáo	[擠]→挤(9) jǐ	糨 jiàng 123	[嚷] rǎng 209
[親]→亲(9) qīn	[艱]→艰(8) jiān	[醬]→酱(13) jiàng	[讓]→让(5) ràng
燃 rán 209	[講]→讲(6) jiǎng	[藍]→蓝(13) lán	[襪]→袜(10) wà
[輸]→输(13) shū	[謹]→谨(13) jǐn	[類]→类(9) lèi	[鹹]→咸(9) xián
[樹]→树(9) shù	[顆]→颗(14) kē	[臨]→临(9) lín	[響]→响(9) xiǎng
[艘]→艘(15) sōu	[闊]→阔(12) kuò	[難]→难(10) nán	[癢]→痒(11) yǎng
糖 táng 247	[聯]→联(12) lián	[檸]→柠(9) níng	[議]→议(5) yì
[燙]→烫(10) tàng	[臉]→脸(11) liǎn	[騎]→骑(11) qí	[贏] yíng(17)
[頭]→头(5) tóu	[瞭]→了(2) liǎo	[繞]→绕(9) rào	[鐘]→钟(9) zhōng
[衛]→卫(3) wèi	[謙]→谦(12) qiān	[鎖]→锁(12) suǒ	
穩 wěn(14)	[牆]→墙(14) qiáng	[題]→题(15) tí	21画
[憲]→宪(9) xiàn	瞧 qiáo 201	[顯]→显(9) xiǎn	[襯]→衬(8) chèn
[橡] xiàng(15)	[賽]→赛(14) sài	[顏]→颜(15) yán	[顧]→顾(10) gù
薪 xīn 288	[雖]→虽(9) suī	[鎮]→镇(15) zhèn	[爛]→烂(9) làn
[興]→兴(6) xīng	[縮]→缩(14) suō	[織]→织(8) zhī	露 lù 165
〃→兴(6) xìng	[擡]→抬(8) tái	[職]→职(11) zhí	[饒]→饶(9) ráo
醒 xǐng 290	[聽]→听(7) tīng		
邀 yāo 299	[犧]→牺(10) xī	19画	22画
[藥]→药(9) yào	[嚇]→吓(6) xià	爆 bào 10	[驕]→骄(9) jiāo
[擁]→拥(8) yōng	[纖]→纤(6) xiān	蹲 dūn 67	[驚]→惊(11) jīng
赞(贊) zàn 325	鮮 xiān(14)	[雞]→鸡(7) jī	[攤]→摊(13) tān
噪 zào 327	[謝]→谢(12) xiè	警 jǐng 134	[彎]→弯(9) wān
[霑]→沾(8) zhān	[嚴]→严(7) yán	[鏡]→镜(16) jìng	
整 zhěng 336	[邀] yāo(16)	[懶]→懒(16) lǎn	23画
[諮]→咨(9) zī	[嬰]→婴(11) yīng	[離]→离(10) lí	
嘴 zuǐ 357	赢(贏) yíng 311	[騙]→骗(12) piàn	罐(缶) guàn 93
	[優]→优(6) yōu	[簽]→签(13) qiān	[鑒]→鉴(13) jiàn
17画	糟 zāo 326	[識]→识(7) shí	[蘿]→萝(11) luó
癌 ái 1	[鍾]→钟(9) zhōng	[霧]→雾(13) wù	[籤]→签(13) qiān
辨(弁) biàn 15	[賺]→赚(14) zhuàn	[嚥]→咽(9) yàn	[髒]→脏(10) zāng
擦 cā 24		[願]→愿(14) yuàn	
[燦]→灿(7) càn	18画		25画
藏(藏) cáng 27	[擺]→摆(13) bǎi	20画	[鑰]→钥(9) yào
[醜]→丑(4) chǒu	[儲]→储(12) chǔ	[護]→护(7) hù	
戴 dài 52	[闖]→闯(6) chuǎng	[競]→竞(10) jìng	27画
[鍛]→锻(14) duàn	[鬥]→斗(4) dòu	[礦]→矿(8) kuàng	[鑽]→钻(10) zuān
繁(繁) fán 71	[鵝]→鹅(12) é	[攔]→拦(8) lán	〃→钻(10) zuàn
[擱]→搁(12) gē	翻 fān 71	[籃]→篮(16) lán	
[購]→购(8) gòu	[觀]→观(6) guān	[饅]→馒(14) mán	28画
[鍋]→锅(12) guō	[韓]→韩(12) hán	[飄]→飘(15) piāo	[鑿]→凿(12) záo

xxiv

A, a

中	日／ピンイン	英／例文訳
阿拉伯 Ālābó 名	アラブ, アラビア	Arabia
阿姨 āyí 名	おばちゃん；家政婦さん	auntie; nursemaid
★啊 ā 感	[驚きを示す] あっ	oh
★啊 a 助	感嘆・疑問などの意を示す	
挨 āi 動	隣りあう；そばに寄る	be next to; be close to
〃 前	順を追って, 順々に	in sequence; by turns
挨门挨户 āi mén āi hù	家ごとに, 1軒1軒	
哎呀 āiyā 感	[嘆き・驚きを示す] あれ, まあ	oh; ah; my god
癌症 áizhèng 名	癌	cancer
矮 ǎi 形	(高さなどが)低い	short; low
矮房子 ǎi fángzi	軒が低い家	
艾滋病 àizībìng 名	エイズ	AIDS
★爱 ài 動	1. 好きだ, かわいがる	love; like
〃	2. 大切に思う	hold dear; care for
爱好 àihào 動	好む；趣味とする	love; like
〃 名	好み；趣味	taste; hobby
爱护 àihù 動	大切に保護する	cherish; protect

中	日／ピンイン	英／例文訳
爱护树木	àihù shùmù	樹木を大事にする
★ 愛情 àiqíng 名	(男女間の)愛情	love
愛人 àiren 名	夫；妻；配偶者	husband; wife; spouse
我爱人	wǒ àiren	家内；主人
安 ān 動	取り付ける，付ける	fix; fit; install
安空调	ān kōngtiáo	エアコンを取り付ける
安定 āndìng 形	安定している	stable
生活很安定	Shēnghuó hěn āndìng.	生活がとても安定している
〃 動	安定させる	stabilize
安静 ānjìng 形	静かである，音がしない	quiet; noiseless
〃 動	静かにする，黙る	quiet
★ 安排 ānpái 動	[人や物を]うまく割りふる	arrange; fix up
安排工作	ānpái gōngzuò	仕事の手配をする
★ 安全 ānquán 形	安全である	safe; secure
安慰 ānwèi 動	慰める	comfort; console
安心 ān//xīn 動	[気持ちを]落ち着ける	set one's mind at rest
〃 ānxīn 形	[気持ちが]落ち着いている	calm
★ 安装 ānzhuāng 動	1.[器具などを]据え付ける	fix
〃	2.インストールする	install

中	日／ピンイン	英／例文訳
<ruby>岸<rt>アン</rt></ruby> àn　名	岸	bank; shore; coast
岸边	ànbiān	岸辺
★<ruby>按<rt>アン</rt></ruby> àn　動	押す，押さえる	press; push down
按电钮	àn diànniǔ	ボタンを押す
〃　前	…に基づき，…に準じて	according to
<ruby>按时<rt>アンシー</rt></ruby> ànshí　副	時間〔期日〕どおりに	on time
按时完成	ànshí wánchéng	期日どおりに仕上げる
★<ruby>按照<rt>アンジャオ</rt></ruby> ànzhào　前	…に照らして，…によって	according to
按照规定办事	Ànzhào guīdìng bànshì.	規定通り処理する
★<ruby>案件<rt>アンジエン</rt></ruby> ànjiàn　名	事件，訴訟事件	law case
<ruby>暗<rt>アン</rt></ruby> àn　形	暗い；人目にふれない	dark; hidden
<ruby>暗暗<rt>アンアン</rt></ruby> àn'àn　副	ひそかに，こっそり	secretly
<ruby>昂贵<rt>アングゥイ</rt></ruby> ángguì　形	(値段が)とても高い	very expensive
<ruby>熬<rt>アオ</rt></ruby> áo　動	煮つめる；ゆでる	stew; boil
熬粥	áo zhōu	おかゆを煮る
<ruby>熬夜<rt>アオイエ</rt></ruby> áo//yè　動	徹夜〔夜更かし〕する	stay up all night; stay up late
<ruby>傲慢<rt>アオマン</rt></ruby> àomàn　形	傲慢である	arrogant
★<ruby>奥运会<rt>アオユィンホイ</rt></ruby> Àoyùnhuì　名	オリンピック大会	the Olympic Games
<ruby>懊悔<rt>アオホイ</rt></ruby> àohuǐ　動	後悔する	regret

B, b

中	日/ピンイン	英/例文訳
★八 bā 数	8, 八	eight
八楼	bā lóu	8階
扒 bā 動	すがりつく, つかまる	hold on to; stick to
扒着墙向外看	Bāzhe qiáng xiàng wài kàn.	塀につかまって外を見る
巴士 bāshì 名	バス	bus
巴掌 bāzhang 名	平手; 手のひら	slap; palm
拔 bá 動	抜く, 引き抜く	draw; pull out
★把 bǎ 前	…を(…する)	
把书送给妹妹	Bǎ shū sònggěi mèimei.	本を妹に送る
〃 量	[柄のついた物]…本, …丁	
一把伞	yī bǎ sǎn	1本の傘
★把握 bǎwò 動	しっかり握る, つかむ	hold; grasp
★爸爸 bàba 名	お父さん, パパ	father; papa; dad
罢工 bà//gōng 動	ストライキをする	go on strike
〃 bàgōng 名	ストライキ	strike
罢了 bàle 助	…するだけだ	just; only
★吧 ba 助	文末につけ言い方を和らげる	

中	日／ピンイン	英／例文訳
快走吧!	Kuài zǒu ba!	早く行こうよ
★白 bái 形	白い	white
〃 副	むだに；ただで	in vain; free of charge
白菜 báicài 名	ハクサイ	Chinese cabbage
白话 báihuà 名	口語体，白話(はくわ)	vernacular Chinese
白酒 báijiǔ 名	パイチュウ[蒸留酒の総称]	white spirit
白领 báilǐng 名	ホワイトカラー	white-collar
白色 báisè 名	白い色，白	white
白天 báitiān 名	昼間，日中	daytime; day
★百 bǎi 数	100；百	hundred
百分点 bǎifēndiǎn 名	百分の一；ポイント	percentage point
百分之… bǎi fēn zhī... 型	…パーセント	percent
百分之百	bǎi fēn zhī bǎi	100パーセント；全部
百货大楼 bǎihuò dàlóu 名	デパート，百貨店	department store
摆 bǎi 動	1.(きちんと)並べる	place; arrange
〃	2.揺り動かす	sway; wave
摆脱 bǎituō 動	抜け出す，逃れる	get rid of; get out of
★败 bài 動	敗れる，負ける	be defeated; lose
拜访 bàifǎng 動	訪問する	pay a visit

bài//nián 拜班颁搬板办

中	日/ピンイン	英/例文訳
バイニエン 拜年 bài//nián 動	年始回りをする	pay a New Year call
バン ★班 bān 名	クラス, 班	class; team
〃 量	1. [仲間など]…グループ	bunch; group
〃	2. [交通機関の運行]…便	flight; trip
バンジャン 班长 bānzhǎng 名	班長;(クラスの)級長	team leader; class monitor
バンファー 颁发 bānfā 動	通達する;授与する	issue; award
バン 搬 bān 動	運ぶ;引っ越しする	take away; remove; move (house)
バンジィア 搬家 bān//jiā 動	引っ越す;場所を移す	move (house)
バンユィン 搬运 bānyùn 動	運送〔輸送〕する, 運ぶ	transport; carry
バン ★板 bǎn 名	板, 板状の物	board, plate
〃 動	(顔を)こわばらせる	put on a serious look
バンドン 板凳 bǎndèng 名	腰掛け, ベンチ	stool; wooden bench
バン ★办 bàn 動	1.処理する, 取り扱う	handle
办手续 bàn shǒuxù		手続きをする
〃	2.経営・運営する	run
バンファー ★办法 bànfǎ 名	方法, 手段, やり方	way; means
バンゴォン 办公 bàn//gōng 動	事務をとる, 執務する	handle official business; work (in one's office)
バンゴォンシー ★办公室 bàngōngshì 名	オフィス, 事務室	office
バンリー ★办理 bànlǐ 動	処理する, 取り扱う	handle; conduct

办半扮帮绑榜棒磅傍包　　　　　　　　　　　　　　　bāo

中	日／ピンイン	英／例文訳
バンシー **办事** bàn//shì　動	仕事〔用事〕をする	work; handle affairs
バン ★ **半** bàn　数	半分；半ば	half
バンダオティー **半导体** bàndǎotǐ　名	半導体	semiconductor
バンジュエサイ **半决赛** bànjuésài　名	準決勝	semi-finals
バンティエン **半天** bàntiān　名	半日；長い時間	half of the day; a long time
バンイエ **半夜** bànyè　名	真夜中，夜半	midnight
バンイエン **扮演** bànyǎn　動	演じる；役割を果たす	act; play the part of
バン ★ **帮** bāng　動	手伝う，助ける	help; assist
〃　量	［集団や グループ］…群れ	gang; band
バンマン **帮忙** bāng//máng　動	手伝う，手助けする	help; give a hand
バンジュー ★ **帮助** bāngzhù　動	援助する，手助けする	help; assist
バン **绑** bǎng　動	縛る，巻きつける	tie; bind
バンジィア **绑架** bǎngjià　動	誘拐する，拉致する	kidnap; abduct
バンヤン **榜样** bǎngyàng　名	手本，模範	good example; model
バン **棒** bàng　形	すばらしい；すごい	great; wonderful; excellent
バン **磅** bàng　量	［重さの 単位］ポンド	pound
バンワン **傍晚** bàngwǎn　名	夕方	late afternoon; evening
バオ ★ **包** bāo　動	1. 包む；囲む	wrap; surround
〃	2. 請け負う	undertake

中	日／ピンイン	英／例文訳
包 bāo 動	3. 借り切る	hire; charter
包车	bāo chē	車をチャーターする
包裹 bāoguǒ 名	包み；郵便小包	package
包含 bāohán 動	包含する, (内に)含む	contain; include
★包括 bāokuò 動	含む, 含める	include
包括水电费	bāokuò shuǐdiànfèi	水道・電気料を含む
包装 bāozhuāng 動・名	包装（する）	pack; wrapping
包子 bāozi 名	中華まんじゅう	steamed stuffed bun
薄 báo 形	薄い；貧弱である	thin; poor
饱 bǎo 形	腹がいっぱいである	full
吃饱了	chībǎo le	おなかいっぱいになった
宝贝 bǎobèi 名	宝物；かわいい子	treasure; darling; dear
宝贵 bǎoguì 形	貴重〔大切〕である	valuable; precious
★保 bǎo 動	請け合う, 保証する	ensure; guarantee
保安 bǎo'ān 動	治安を守る；警備する	ensure public security; guard
〃 名	警備員, ガードマン	guard; security guard
★保持 bǎochí 動	(現状を)保つ	keep; maintain
保存 bǎocún 動	保存する, 維持する	preserve; keep
★★保护 bǎohù 動	保護する, 大事にする	protect; take care of

中	日／ピンイン	英／例文訳
保护环境	bǎohù huánjìng	環境を保護する
保留 bǎoliú 動	1.[原形を]保つ,保存する	retain; keep
〃	2.留保する；残しておく	hold back; reserve
保卫 bǎowèi 動	防衛する,守る	defend; protect
★**保险** bǎoxiǎn 名	保険	insurance
人寿保险	rénshòu bǎoxiǎn	生命保険
〃 形	安全である,大丈夫だ	safe; secure
★**保障** bǎozhàng 動·名	保障(する)	ensure; guarantee; assurance
★**保证** bǎozhèng 動	保証する,請け合う	guarantee; assure
〃 名	保証物	guarantee
保重 bǎozhòng 動	[他人に対して]体を大事にする	take care of oneself
请多保重！	Qǐng duō bǎozhòng!	どうかお体をお大事に
★★**报** bào 動	報告〔通報〕する	announce; report
〃 名	新聞,…報	newspaper
报仇 bào//chóu 動	復讐〔リベンジ〕する	revenge
报到 bào//dào 動	到着〔着任〕を届ける	report for work; check in
★**报道** bàodào 動·名	報道〔ルポ〕(する)	report (news); news reporting
★★**报告** bàogào 動·名	報告〔レポート〕(する)	make known; report
报价 bào//jià 動	オファーする	offer

中	日／ピンイン	英／例文訳
报警 bào//jǐng 動	通報する；警報を出す	report to the police; give an alarm
★报名 bào//míng 動	申し込む，応募する	sign up
报纸 bàozhǐ 名	新聞（用紙）	newspaper
抱 bào 動	抱える；心に抱く	carry in one's arms; cherish
抱歉 bàoqiàn 動	申し訳なく思う	be sorry
暴露 bàolù 動	暴露する；露見する	expose; reveal
爆 bào 動	破裂する；はじける	explode; burst
爆发 bàofā 動	1. 爆発する	erupt
〃	2. （大事件が）勃発する	break out
★爆炸 bàozhà 動	1. 爆発する	explode
〃	2. （数量）が激増する	show a sudden increase
★杯 bēi 量	（液体の量）…杯	cup; glass
一杯啤酒	yī bēi píjiǔ	1杯のビール
杯子 bēizi 名	コップ，湯飲み	cup; glass
背 bēi 動	背負う；しょいこむ	carry on the back; bear; shoulder
碑 bēi 名	碑，石碑，石ぶみ	stone monument; stele
悲观 bēiguān 形	悲観的である	pessimistic
悲痛 bēitòng 形	悲痛である，悲しい	sad; sorrowful
★北 běi 名	北；北の；北へ	north; northern

中	日／ピンイン	英／例文訳
北边 běibian 名	北の方, 北側	northern part
北部 běibù 名	北部, 北の部分	northern part
北方 běifāng 名	北, 北方（の）	north
〃 Běifāng 名	（中国の）北方地域	the North
背 bèi 名	背中	back
〃 動	1. 背を向ける；陰に回る	turn away; do sth. behind sb.'s back
〃	2. 暗唱する	learn by heart
背后 bèihòu 名	背後, 後ろ；陰, 裏	back; behind; behind sb.'s back
背心 bèixīn 名	ランニングシャツ；ベスト	sleeveless undershirt; vest
★倍 bèi 量	…倍	times; -fold
增长了三倍	zēngzhǎngle sān bèi	3倍分増えた［4倍になった］
★被 bèi 前	…によって；…される	
他被警察抓住了	Tā bèi jǐngchá zhuāzhù le.	彼は警察に捕まった
我的钱包被偷了	Wǒ de qiánbāo bèi tōu le.	財布を盗まれた
被窝儿 bèiwōr 名	掛け布団, 布団	quilt; a quilt folded to form a sleeping bag
被子 bèizi 名	掛け布団	quilt
盖被子	gài bèizi	布団をかける
辈 bèi 名	（長幼順の）代, 世代	generation
辈子 bèizi 名	一生, 生涯；世代	lifetime; generation

中	日／ピンイン	英／例文訳
★ 本 běn　　量	(書籍類)…冊	copy; book
三本书	sān běn shū	本3冊
本地 běndì　　名	地元, 当地	this locality
★ 本来 běnlái　　形	本来の, もとの	original
本来面貌	běnlái miànmào	本来の姿
〃　　副	もともと, 元来	originally
我本来就不想参加	Wǒ běnlái jiù bù xiǎng cānjiā.	僕はもともと参加するつもりはない
本领 běnlǐng　　名	腕前, 能力, 技量	skill; ability
★ 本身 běnshēn　　代	それ自体, そのもの	itself
本事 běnshi　　名	腕前, 才能, 能力	skill; ability
本土 běntǔ　　名	本国；郷里	metropolitan territory; one's native place
★ 本月 běnyuè　　名	今月, 本月	this month
★ 本周 běnzhōu　　名	今週	this week
本子 běnzi　　名	ノート；冊子形証明書	notebook
奔 bèn　　動	…を目ざす, …に向かう	make straight for
〃　　前	…に向かって	toward
笨 bèn　　形	間抜けである；不器用だ	slow; stupid; clumsy
逼 bī　　動	無理やり…させる	force; compel
逼真 bīzhēn　　形	1.真に迫る	lifelike

中	日／ピンイン	英／例文訳
逼真 bīzhēn 形	2. はっきりしている	clear
鼻孔 bíkǒng 名	鼻の穴, 鼻孔	nostril
鼻涕 bítì 名	鼻水, 鼻汁	nasal mucus
流鼻涕	liú bítì	鼻水をたらす
鼻子 bízi 名	鼻	nose
★比 bǐ 前	…より；…に比べて	than; (superior or inferior) to
他比我高	Tā bǐ wǒ gāo.	彼は私より背が高い
★比分 bǐfēn 名	得点, スコア	score
★比较 bǐjiào 動	比較する, 比べる	compare
〃 副	比較的, わりに	comparatively; relatively
这个作品比较好	Zhèi ge zuòpǐn bǐjiào hǎo.	この作品はわりに良い
★比例 bǐlì 名	比例；割合, 比率	ratio; proportion; scale
★比如 bǐrú 接	たとえば	for example
★比赛 bǐsài 動・名	試合(する), 競技(する)	compete; competition; match
笔 bǐ 名	ペン類・筆記具	pen
笔记 bǐjì 名	筆記, メモ	note-taking
做笔记	zuò bǐjì	メモを取る
笔记本 bǐjìběn 名	ノート；ノートパソコン	notebook; notebook computer
必定 bìdìng 副	きっと, 必ず	certainly; surely

中	日／ピンイン	英／例文訳
必然 bìrán 形	必然的な, 避けられぬ	inevitable; certain
★**必须** bìxū 副	…しなければならない	must; have to
明天你必须来	Míngtiān nǐ bìxū lái.	明日, 君は来なければならない
必需 bìxū 動	必要とする	be necessary; be indispensable
★**必要** bìyào 形	必要である	requisite; necessary
★**毕竟** bìjìng 副	何といっても；つまり	after all
★**毕业** bì//yè 動	卒業する	graduate
闭 bì 動	(目・口などを)閉める	shut; close
闭嘴	bì zuǐ	口を閉じる
碧绿 bìlǜ 形	エメラルド色〔青緑〕の	emerald; blue-green
避 bì 動	避ける, よける；防ぐ	avoid; prevent
避雨	bì yǔ	雨宿りする
★**避免** bìmiǎn 動	避ける, 免れる, 防ぐ	avoid; prevent
边…边… biān...biān... (型)	…しながら…する	while
边吃饭边看电视	biān chīfàn biān kàn diànshì	ご飯を食べながらテレビを見る
★**编制** biānzhì 動	編む；編成する	weave; draw up
扁 biǎn 形	偏平〔ぺしゃんこ〕である	flat
★**变成** biàn//chéng 動	…に変わる；…に変える	become; change into
变动 biàndòng 動	変動〔変更〕する	change; modify

变便遍辩辨标表 biǎodá

中	日／ピンイン	英／例文訳
変更 biàngēng 動	変更する	change; modify
★**変化** biànhuà 動	変化する	change; vary
便利店 biànlìdiàn 名	コンビニ	convenience store
遍 biàn 動	広く行きわたる	spread all over
〃 量	[動作の初めから終わりまで]…回，…遍	time
请再说一遍	Qǐng zài shuō yī biàn.	もう一度言ってください
辩论 biànlùn 動	論じ合う，論争する	argue; debate
辫子 biànzi 名	お下げ(に編んだもの)	braid; plait
标 biāo 動	標示する	put a mark [label] on; label
标点 biāodiǎn 動·名	句読点(を付ける)	punctuate; punctuation
标语 biāoyǔ 名	スローガン	slogan
★**标志** biāozhì 名	標識，マーク	sign; mark
〃 動	表す，示す	indicate; mark
★**标准** biāozhǔn 名	標準，基準	criterion; standard
〃 形	標準的である	standard
★**表** biǎo 動	表す	show; express
表决心	biǎo juéxīn	決意を表明する
〃 名	時計；図表；メーター	watch; table; meter
★**表达** biǎodá 動	(考えや気持ちを)表す	express

15

中	日／ピンイン	英／例文訳
表面 biǎomiàn 名	表面；うわべ，外見	surface; appearance
★ 表明 biǎomíng 動	表明〔明らかに〕する	declare; make known; show
表情 biǎoqíng 名	表情	expression
★ 表示 biǎoshì 動	示す；示している	express; show
〃 名	気配，素振り	indication; manifestation
表态 biǎo//tài 動	態度で示す，表明する	make known one's position
★ 表现 biǎoxiàn 動・名	表現する，表す；態度	show; manifest; behavior
★ 表演 biǎoyǎn 動・名	演ずる，出演する；演技	perform; act; performance
表扬 biǎoyáng 動	表彰する；ほめる	commend; praise
★ 别 bié 副	［禁止を表す］…するな	don't
别生气	Bié shēngqì!	怒るなよ
别的 biéde 代	別の（もの，こと）	other
别管 biéguǎn 接	…にかかわらず〔を問わず〕	no matter (who; what; etc.)
★ 别人 biéren 代	他人	other people; others
别墅 biéshù 名	別荘；一戸建て	villa; house
别说 biéshuō 接	…は言うまでもなく	to say nothing of
别说一百块，十块也没有	Biéshuō yī bǎi kuài, shí kuài yě méiyǒu.	100元はおろか，10元さえ持っていない
别提 biétí 動	話にならない，あきれる	be out of the question
别扭 bièniu 形	1. ひねくれている	contrary

中	日／ピンイン	英／例文訳
别扭 bièniu 形	2. やっかいである	difficult to deal with
宾馆 bīnguǎn 名	ホテル	guesthouse; hotel
冰 bīng 動・名	氷で冷やす；氷	cool in the ice; ice
冰棍儿 bīnggùnr 名	アイスキャンデー	ice-lolly; popsicle
冰激凌 bīngjīlíng 名	アイスクリーム	ice cream
冰冷 bīnglěng 形	冷たい；冷ややかである	ice-cold; icy
冰箱 bīngxiāng 名	冷蔵庫	ice-box; refrigerator
兵 bīng 名	兵士, 軍人	soldier; serviceman
饼 bǐng 名	小麦粉で作った円盤状の食品	round flat cake
饼干 bǐnggān 名	ビスケット	biscuit; cracker
★并 bìng 動	合わせる, まとめる	combine; merge
〃 副	決して（…でない）	(not) at all
〃 接	また, その上	and
并购 bìnggòu 動・名	買収・合併（をする）	M & A; merger and acquisition
★并且 bìngqiě 接	しかも, その上に	and; besides
★病 bìng 動・名	病気（になる, かかる）	be ill; fall ill; disease
★病毒 bìngdú 名	ウイルス	virus
流感病毒	liúgǎn bìngdú	インフルエンザウイルス
病房 bìngfáng 名	病室；病棟	sickroom; ward

中	日／ピンイン	英／例文訳
病菌 bìngjūn 名	病原菌	germ
★病人 bìngrén 名	病人, 患者	the sick; patient
拨 bō 動	1.（棒などで）ほじる	poke
〃	2.（指などで）回す	stir
波动 bōdòng 動	揺れ動く；変動する	go up and down; be unstable
玻璃 bō·lí 名	ガラス	glass
玻璃杯 bōlibēi 名	グラス	glass
菠菜 bōcài 名	ホウレンソウ	spinach
菠萝 bōluó 名	パイナップル	pineapple
播 bō 動	広める；（種を）撒く	spread; sow
播放 bōfàng 動	放送する	broadcast
播送 bōsòng 動	（放送番組を）流す	broadcast; transmit
播音 bō//yīn 動	（ラジオで）放送する	broadcast; be on the radio
播音员 bōyīnyuán 名	（ラジオの）アナウンサー	announcer
伯父 bófù 名	[父の兄]おじ；おじさん	uncle
伯母 bómǔ 名	[父の兄の妻]おば；おばさん	aunt
脖子 bózi 名	首	neck
★博客 bókè 名	ブログ	blog
博览会 bólǎnhuì 名	博覧会, エクスポ	exposition

中	日／ピンイン	英／例文訳
博士 bóshì 名	博士	doctor
博物馆 bówùguǎn 名	博物館, ミュージアム	museum
★补 bǔ 動	1. 補充〔補給〕する	fill; supply
〃	2. 繕う, 修理する	mend; repair
补偿 bǔcháng 動	補償する, 償う	compensate; make up
补充 bǔchōng 動	補充〔補足〕する	supplement; add
补课 bǔ//kè 動	補講する〔を受ける〕	give〔take〕extra classes
★补贴 bǔtiē 動	(金銭などを)補助する	subsidize
〃 名	手当, 補助金	allowance; subsidy
补习 bǔxí 動	補習する	take supplementary lessons
补助 bǔzhù 動・名	補助する；補助金	subsidize; allowance; subsidy
捕 bǔ 動	捕まえる	catch; arrest
捕鱼	bǔ yú	魚をとる
★不 bù 副	…しない；…でない	not
我不是中国人	Wǒ bùshì Zhōngguórén.	僕は中国人ではない
她不去	Tā bù qù.	彼女は行かない
不安 bù'ān 形	1. 不安定である	unstable
〃	2. 落ち着かない	uneasy
不比 bùbǐ 動	…とは違う	unlike

中	日／ピンイン	英／例文訳
不必 bùbì 副	…する必要はない	need not; not have to
不必担心	bùbì dānxīn	心配には及ばない
不便 bùbiàn 形	不便である；不都合だ	inconvenient
不成 bùchéng 形	いけない，だめだ	won't do; not do
★**不错** bùcuò 形	よい，すばらしい	not bad; pretty good
不大 bùdà 副	あまり…でない	not very; not too
不大舒服	bùdà shūfu	具合があまりよくない
★**不但** bùdàn 接	…ばかりでなく	not only
不但会英语,而且会汉语	Búdàn huì Yīngyǔ, érqiě huì Hànyǔ.	英語ができるだけでなく、その上中国語もできる
★**不得不** bù dé bù 型	…せざるを得ない	have no choice but to; cannot but
★**不得了** bù déliǎo 形	1. たいへんだ	desperately serious
〃	2. …でたまらない	extremely
高兴得不得了	gāoxìng de bù déliǎo	うれしくてたまらない
不定 bùdìng 副	決まっていない	not for certain
★**不断** bùduàn 副	絶えず，絶え間なく	continually; always
情况在不断变化	Qíngkuàng zài búduàn biànhuà.	状況は刻々と変化している
不敢当 bù gǎndāng 套	どういたしまして	I am flattered; you flatter me
★**不够** bùgòu 動	不十分である	be not enough; be insufficient
人数不够	rénshù bùgòu	人数が足りない

中	日／ピンイン	英／例文訳
★**不管** bùguǎn 接	…にかかわらず	no matter (what; how; etc.); regardless of
不管有多贵，我都要买	Bùguǎn yǒu duō guì, wǒ dōu yào mǎi.	どんなに値段が高かろうが，僕は買う
★**不过** bùguò 副	ただ…(した)だけだ	only; merely
〃 接	ただ，でも，けど	but; however
★**不好** bù hǎo 型	…しにくい	be difficult to; be hard to
不好意思 bù hǎoyisi 套	恥ずかしい；面目ない	be ill at ease; find it embarrassing
不会 bù huì 型	1. [習っていなくて]…できない	be unable to
她不会日语	Tā bù huì Rìyǔ.	彼女は日本語はできない
〃	2. …のはずがない	can't; be unlikely
不见得 bùjiàn·dé 副	…とは思えない	not necessarily; not likely
★**不仅** bùjǐn 副	…にとどまらない	not the only one
这不仅是我个人的问题	Zhè bùjǐn shì wǒ gèrén de wèntí.	これは私個人だけの問題ではない
〃 接	…ばかりでなく	not only
不久 bùjiǔ 形	間もなく，やがて	soon; before long; soon after
不久前	bùjiǔ qián	(時間の)少し前
★**不可** bùkě 動	1. …してはいけない	must not
〃	2. …できない	can not
不客气 bù kèqi 套	1. どういたしまして	you're welcome
〃	2. おかまいなく	please don't bother

中	日／ピンイン	英／例文訳
不料 bùliào 接	思いがけず	unexpectedly; to one's surprise
不论 bùlùn 接	たとえ…であろうとも	no matter (what; how; etc.); regardless of
不满 bùmǎn 形	不満に思う〔である〕	resentful; dissatisfied
★不能不 bù néng bù (型)	…せざるを得ない	have to; cannot but
不平 bùpíng 形	不公平〔不合理〕である	unfair; unreasonable
不然 bùrán 接	さもなければ	or else; otherwise
不如 bùrú 動	…に及ばない	not as good as; be inferior to
我的成绩不如他	Wǒ de chéngjì bùrú tā.	私の成績は彼に及ばない
★不少 bùshǎo 形	多い；多くの	quite a few
不时 bùshí 副	折りにつけ；たびたび	from time to time
★不同 bùtóng 形	異なる，同じではない	different
不像话 bù xiànghuà (型)	話にならない	unreasonable; outrageous
不行 bùxíng 形	許されない；だめだ	out of the question; no good
不幸 bùxìng 形	不幸である；不幸にも	unfortunate; sad
〃 名	災い，災難	misfortune; adversity
不许 bùxǔ 動	許さない	not allow; must not
★不要 bùyào 副	してはいけない；するな	don't
不要跑！	Bùyào pǎo!	走るな
不要紧 bù yàojǐn (套)	差し支えない，大丈夫だ	it doesn't matter; never mind

中	日／ピンイン	英／例文訳
不一定 bù yīdìng (型)	必ずしも…ではない	not always
不用 bùyòng 副	…する必要がない	need not; can do without
不用客气	bùyòng kèqi	遠慮しないでくれ
不用说	bùyòng shuō	言うまでもない
不在乎 bùzàihu 動	気にかけない	not mind; not care
不怎么样 bù zěnmeyàng (型)	あまりよくない	not very good
不只 bùzhǐ 接	…ばかりでなく	not only; not merely
★**不足** bùzú 形	不十分である	insufficient
布 bù 名	布；織物	cloth
〃 動	まき散らす，分布する；置く	spread; arrange
布局 bùjú 動名	配置〔レイアウト〕(する)	arrange; place; layout
布置 bùzhì 動	1. 飾り付ける；しつらえる	arrange; lay out
〃	2. 手配〔段取り〕する	make arrangements for
步伐 bùfá 名	足並み，歩調	step; pace
★**部** bù 名	(官庁などの)省・部	ministry; department
外交部	wàijiāobù	外務省
部 bù 量	(書籍など)…部	
★**部队** bùduì 名	部隊；軍隊	troops; army
★**部分** bùfen 名	部分，一部	part; section

23

中	日／ピンイン	英／例文訳
★部门 bùmén 名	部門, 部署	department; branch
★部长 bùzhǎng 名	(組織の)部長, 長官	head of a department; minister
★不得 bude 助	…してはならない	must not
去不得	qùbude	行ってはいけない

C, c

中	日／ピンイン	英／例文訳
擦 cā 動	こする；塗る；拭く	rub; spread on; clean; wipe
擦皮鞋	cā píxié	靴を磨く
猜 cāi 動	推量する	guess; speculate
猜想 cāixiǎng 動	(…だろうと)推測する	suppose; guess
★才 cái 副	1. たった今, いましがた	just
她才结婚不久就要离婚	Tā cái jiéhūn bùjiǔ jiù yào líhūn.	彼女は結婚したばかりなのに, すぐ別れようとする
〃	2. (…して)やっと；ようやく	not until
她到年底才走	Tā dào niándǐ cái zǒu.	彼女は年末になってやっと出発した
才干 cáigàn 名	仕事の能力, 腕前	ability; competence
★才能 cáinéng 名	才能；能力	talent; ability
★材料 cáiliào 名	1. 材料, 原料	material
〃	2. 資料, データ	data
搜集材料	sōují cáiliào	資料を集める

中	日／ピンイン	英／例文訳
裁判 cáipàn 動	1. 裁判をする	judge
〃	2. 審判をする	judge; referee
〃 名	審判員	referee; umpire
采 cǎi 動	1. 摘み取る；採集する	pick; gather
采茶 cǎi chá		茶を摘む
〃	2. 掘り出す	mine; extract
★采访 cǎifǎng 動	取材する	gather news
★采购 cǎigòu 動	購入する，仕入れる	purchase
★采取 cǎiqǔ 動	(方針などを)採用する	adopt; take
★采用 cǎiyòng 動	採用する，取り入れる	employ; adopt; use
采用先进技术 cǎiyòng xiānjìn jìshù		先進技術を取り入れる
彩色 cǎisè 形	カラーの，多色の	colored; colorful
彩色印刷 cǎisè yìnshuā		カラー印刷，多色刷り
踩 cǎi 動	踏む，踏みつける	step on; tread
★菜 cài 名	おかず；料理	dish; course
做菜 zuò cài		料理を作る
买菜 mǎi cài		お総菜を買う
菜单 càidān 名	メニュー，献立表	menu
参观 cānguān 動	見学する	visit

中	日／ピンイン	英／例文訳
参观工厂	cānguān gōngchǎng	工場を見学する
★**参加** cānjiā 動	参加〔出席〕する	join; take part in
参加婚礼	cānjiā hūnlǐ	結婚式に出席する
★**参考** cānkǎo 動	参考にする	consult; refer to
参谋 cānmóu 名	参謀；相談相手	staff officer; adviser
〃 動	知恵を貸す	give advice
★**参与** cānyù 動	(仕事などに)関わる	take part in; be involved in
餐厅 cāntīng 名	レストラン，食堂	restaurant; dining room
残疾人 cán·jírén 名	身体障害者	the challenged; disabled person
残忍 cánrěn 形	残忍である	cruel
惭愧 cánkuì 形	恥ずかしい	ashamed
惨 cǎn 形	1. 悲惨である	miserable; tragic
〃	2. ひどい	terrible
灿烂 cànlàn 形	光り輝く，きらめく	bright; splendid
灿烂的阳光	cànlàn de yángguāng	きらめく太陽の光
仓库 cāngkù 名	倉庫，貯蔵庫	warehouse; storehouse
苍白 cāngbái 形	1. 青白い	pale
〃	2. 生気のない	feeble
苍蝇 cāngying 名	ハエ	fly

中	日／ピンイン	英／例文訳
藏 cáng 動	1. 隠れる；隠す	hide; conceal
藏钱	cáng qián	お金を隠す
〃	2. 貯蔵する	store; lay by
操场 cāochǎng 名	運動場, グラウンド	sports ground; play ground
操心 cāo//xīn 動	気を遣う, 心を煩わす	concern; worry about
★操作 cāozuò 動	(機械などを)操作する	operate; run
草 cǎo 名	草	grass
长草	zhǎng cǎo	草が生える
〃 形	大ざっぱである	careless; hasty
他做事有点儿草	Tā zuòshì yǒudiǎnr cǎo.	彼はやることが大ざっぱだ
★草案 cǎo'àn 名	(法令などの)草案	draft
草莓 cǎoméi 名	イチゴ	strawberry
草原 cǎoyuán 名	草原	grassland; prairie
册 cè 量	(帳面や冊子)…冊	copy
厕所 cèsuǒ 名	便所, トイレ	lavatory; toilet; W.C.
侧面 cèmiàn 名	側面, 横, わき	side
★测量 cèliáng 動	測量〔測定〕する, 測る	survey; measure
★测试 cèshì 動	テストする, 試す	test
测验 cèyàn 動	テストする, 実験する	test

céng　　　　　　　　　　　　　　　　　　　　　　　　　　　　层曾叉差插茶查

中	日／ピンイン	英／例文訳
★层 céng [ツォン] 量	[重なっていろもの]…階，…層	story; layer
★曾 céng [ツォン] 副	かつて，以前に	used to; once
曾经 céngjīng [ツォンジン] 副	かつて，以前，一度	once; formerly
他曾经在北京住过两年	Tā céngjīng zài Běijīng zhùguo liǎng nián.	彼はかつて北京に2年住んだことがある
叉子 chāzi [チャーズ] 名	フォーク(状のもの)	fork
差别 chābié [チャービエ] 名	格差，隔たり；区別	difference; gap; distinction
★差距 chājù [チャージュイ] 名	隔たり，格差	difference; gap
插 chā [チャー] 動	1. 差しはさむ	stick in; insert
插插头	chā chātóu	プラグを差し込む
〃	2. 組み入れる	interpose
插嘴 chā//zuǐ [チャーズゥイ] 動	口を出す，口をはさむ	interrupt; cut in
茶 chá [チャー] 名	お茶；(植物の)チャノキ	tea; tea plant
倒茶	dào chá	茶をつぐ
茶杯 chábēi [チャーベイ] 名	湯飲み茶碗，コップ	teacup
茶壶 cháhú [チャーフー] 名	茶瓶，ティーポット	teapot
茶水 cháshuǐ [チャーシュイ] 名	お茶	tea
茶碗 cháwǎn [チャーワン] 名	茶碗，湯飲み	teacup
茶叶 cháyè [チャーイエ] 名	茶の葉	tea; tealeaves
★查 chá [チャー] 動	1. [辞書などで]調べる，引く	look up; consult

28

中	日／ピンイン	英／例文訳
查地图	chá dìtú	地図で調べる
查 chá 動	2. チェックする	check; examine
查看 chákàn 動	調べる，点検する	look over; inspect; examine
★差 chà 形	1. 劣る，悪い	inferior; poor
质量太差	zhìliàng tài chà	質がとても悪い
〃	2. 隔たりがある；異なる	different
差得很远	chà de hěn yuǎn	大きな隔たりがある
〃 動	不足する，欠ける	fall short of
还差一个人	hái chà yī ge rén	あと一人足りない
差不多 chàbuduō 形	1. あまり違わない	about the same; similar
价钱差不多	jiàqián chàbuduō	値段はほぼ同じ
〃	2. だいたいよい	not far off; not bad
〃 副	ほぼ，だいたい	almost; nearly
差点儿 chà//diǎnr 副	危うく(…するところだった)	nearly; on the verge of
拆 chāi 動	1. 取り壊す	pull down; demolish
拆房子	chāi fángzi	家屋を解体する
〃	2. ばらばらにする	take apart
拆信	chāi xìn	手紙を開封する
馋 chán 形	食いしん坊である	greedy

中	日／ピンイン	英／例文訳
产量 chǎnliàng 名	生産高, 産出量	output; yield
★产品 chǎnpǐn 名	生産物, 生産品, 製品	product; produce
★产权 chǎnquán 名	財産権	property right
★产生 chǎnshēng 動	生み出す；生じる	produce; come into being
产生矛盾	chǎnshēng máodùn	矛盾が生じる
★产业 chǎnyè 名	産業；工業生産	industry
昌盛 chāngshèng 形	盛ん〔隆盛〕である	prosperous
繁荣昌盛	fánróng chāngshèng	富み栄える
★★长 cháng 形	（空間・時間的に）長い	long
这条河很长	Zhè tiáo hé hěn cháng.	この川はとても長い
长长的头发	chángcháng de tóufa	長い髪
长处 chángchu 名	長所, 特長	good qualities; strong points
长短 chángduǎn 名	長さ, サイズ	length
★长期 chángqī 形	長期の, 長い間の	long-term
长期以来	chángqī yǐlái	長きにわたり
长途 chángtú 形	長距離の	long-distance
长途汽车	chángtú qìchē	長距離バス
长远 chángyuǎn 形	長期の, 先々の	long-term; long-range
长远计划	chángyuǎn jìhuà	長期計画

中	日／ピンイン	英／例文訳
场 cháng 量	[行為など]…度，…回	
下了一场雨	xiàle yī cháng yǔ	ひと雨降った
肠 cháng 名	腸，はらわた；腸詰め	intestine; sausage
尝 cháng 動	1. 味わう，味をみる	taste
请尝尝	qǐng chángchang	食べてみてください
〃	2. 体験する	experience
尝试 chángshì 動	試す，試みる	attempt; try
常 cháng 副	いつも，常に	often; frequently
常常 chángcháng 副	しばしば；いつも	frequently; often
他常常上街看电影	Tā chángcháng shàngjiē kàn diànyǐng.	彼はよく町へ映画を見に行く
常年 chángnián 副	年じゅう；いつも	all the year round
〃 名	平年，例年	average year
常识 chángshí 名	常識，一般知識	common sense; common knowledge
厂家 chǎngjiā 名	メーカー，製造業者	maker; factory
场 chǎng 量	(上演回数)…回	
看了一场电影	kànle yī chǎng diànyǐng	映画を1回見た
场地 chǎngdì 名	更地；グラウンド	space; site; field
场合 chǎnghé 名	場合；場所	occasion; place
公开场合	gōngkāi chǎnghé	公の場所

中	日/ピンイン	英/例文訳
场面 chǎngmiàn 名	1. 場面, シーン	scene
〃	2. 情景, その場の様子	spectacle; scene
场所 chǎngsuǒ 名	場所, ところ	place
★唱 chàng 動	歌う; 鳴く	sing; cry
唱歌 chàng gē	歌を歌う	
抄 chāo 動	1. 書き写す	transcribe; copy
〃	2. 差し押さえる	search and confiscate
抄写 chāoxiě 動	書き写す, 清書する	transcribe; make a clean copy
超出 chāochū 動	(範囲を)超える	overstep; go beyond; exceed
超出预料 chāochū yùliào		予想を超える
超额 chāo'é 動	(ノルマなどを)超える	exceed the quota
超额完成任务 chāo'é wánchéng rènwu		ノルマを達成する
★超过 chāoguò 動	1. 追い越す	outstrip; overtake
〃	2. 上回る, 超える	surpass; exceed
★超级 chāojí 形	スーパー…, 超…	super
超级明星 chāojí míngxīng		スーパースター
超市 chāoshì 名	スーパーマーケット	supermarket
★朝 cháo 前	(…の方に)向かって	facing; toward
朝前走 cháo qián zǒu		前に向かって歩く

中	日／ピンイン	英／例文訳
朝 cháo 動	向ける；向く	face; look to
★朝鲜 Cháoxiān 名	朝鮮；(特に)北朝鮮	Korea; North Korea
潮 cháo 形	湿っている	damp; moist
潮湿 cháoshī 形	湿っぽい，じっとりする	moist; damp; wet
吵 chǎo 形	騒がしい，やかましい	noisy
音乐的声音太吵了	Yīnyuè de shēngyīn tài chǎo le.	音楽の音がうるさすぎる
〃 動	騒がしくする；言い争う	make a noise; disturb; quarrel
吵架 chǎo//jià 動	口論する，言い争う	quarrel; fall out
吵闹 chǎonào 動	(大声で)けんかする	wrangle
〃 形	騒々しい，やかましい	noisy
炒 chǎo 動	1. 油でいためる	stir-fry; fry
炒青菜	chǎo qīngcài	野菜をいためる
〃	2. 投機でもうける	speculate; promote
炒股票	chǎo gǔpiào	株の売買をする
炒面 chǎomiàn 名	焼きそば	fried noodles
★车 chē 名	車，車両	vehicle
开车	kāi chē	車を運転する
车祸 chēhuò 名	交通事故，輪禍	traffic accident; car crash
车间 chējiān 名	作業場，生産現場	workshop; shop

中	日／ピンイン	英／例文訳
★车辆 chēliàng 名 チョーリアン	（総称として）車	vehicle; car
车票 chēpiào 名 チョーピアオ	乗車券, 切符	ticket
车站 chēzhàn 名 チョージャン	駅, 停留所	station; stop
车子 chēzi 名 チョーズ	小型車；自転車	small vehicle; bicycle
扯 chě 動 チョー	引っ張る；引き破る	pull; tear
★彻底 chèdǐ 形 チョーディー	徹底している	thorough; thoroughgoing
撤 chè 動 チョー	1. 取り除く；職務を解く	remove
〃	2. 引き揚げる；撤回する	withdraw
尘土 chéntǔ 名 チェントゥー	ちり, 土ぼこり	dust
沉 chén 動 チェン	沈む, 陥没する	sink; subside
〃 形	重い；だるい	heavy
沉默 chénmò 形 チェンモー	口数が少ない	quiet
〃 動	沈黙する	be silent
沉重 chénzhòng 形 チェンジョォン	重い；甚だしい	heavy; serious
陈旧 chénjiù 形 チェンジウ	古い, 古くさい	out-of-date; old-fashioned
陈列 chénliè 動 チェンリエ	陳列〔展示〕する	display; exhibit
衬衫 chènshān 名 チェンシャン	ワイシャツ；ブラウス	shirt; blouse
衬衣 chènyī 名 チェンイー	下着, シャツ	underclothes; shirt
称心 chèn//xīn 形 チェンシン	意にかなう	desirable; satisfactory

中	日／ピンイン	英／例文訳
趁 chèn 〔前〕	…を利用し；…のうちに	take advantage of; while
趁暑假去旅行	chèn shǔjià qù lǚxíng	夏休みを利用して旅行に行く
★称 chēng 〔動〕	1. …と呼ぶ〔いう〕	call
我们都称他吴老师	Wǒmen dōu chēng tā Wú lǎoshī.	私たちは彼を呉先生と呼ぶ
〃	2. 量る，計測する	weigh; scale
称一下体重	chēng yīxià tǐzhòng	ちょっと体重を量る
称呼 chēnghu 〔動〕	呼ぶ	call
称呼他大哥	chēnghu tā dàgē	彼を兄貴と呼ぶ
〃 〔名〕	呼び名，呼称	form of address
称赞 chēngzàn 〔動〕	ほめたたえる	praise; acclaim
★成 chéng 〔動〕	1. 成し遂げる	accomplish; succeed
〃	2. …になる	become
沙漠成了绿洲	shāmò chéngle lǜzhōu	砂漠がオアシスになった
〃 〔形〕	1. 有能である	able; capable
〃	2. よろしい	all right; O.K.
〃 〔量〕	1割，10分の一	one tenth; ten percent
★成本 chéngběn 〔名〕	原価，コスト	cost
成分 chéng·fèn 〔名〕	成分，要素；身分	composition; element; basis; class
工人成分	gōngrén chéng·fèn	労働者出身

chénggōng 成

中	日/ピンイン	英/例文訳
★**成功** chénggōng 動	成功する	succeed
手术成功了	shǒushù chénggōng le	手術は成功した
〃 形	成功である	successful
戏演得很成功	xì yǎn de hěn chénggōng	上演は成功だった
成果 chéngguǒ 名	成果, たまもの	positive result; accomplishment
获得成果	huòdé chéngguǒ	実を結ぶ
★**成绩** chéngjì 名	成績, 記録	achievement; result
成绩单	chéngjìdān	成績表
成就 chéngjiù 名	成就, 達成; 業績	accomplishment; achievement
获得了很大的成就	huòdé le hěn dà de chéngjiù	大きな成果を収めた
〃 動	達成する, 成し遂げる	achieve; accomplish
★**成立** chénglì 動	創立する; 誕生する	found; set up; come into being
★**成熟** chéngshú 動	(実が)熟する	ripen; mature
〃 形	熟(成)している	ripe; mature
时机成熟	shíjī chéngshú	機が熟する
成天 chéngtiān 副	一日中, 終日	all day long; all the time
成天忙碌	chéngtiān mánglù	終日あくせくする
★**成为** chéngwéi 動	…になる, …となる	become; turn into
成为习惯	chéngwéi xíguàn	習慣となる

36

中	日／ピンイン	英／例文訳
成语 chéngyǔ 名	成語, ことわざ	idiom; proverb
★**成员** chéngyuán 名	構成員, メンバー	member
成员国	chéngyuánguó	加盟国
★**成长** chéngzhǎng 動	成長〔生長〕する	grow up
诚恳 chéngkěn 形	真心がこもっている	sincere
诚实 chéng·shí 形	まじめである	honest
态度诚实	tàidu chéng·shí	態度がまじめだ
★**承担** chéngdān 動	(職務などを)引き受ける	undertake; assume
★**承诺** chéngnuò 動	承諾する	promise; undertake
★**承认** chéngrèn 動	同意〔承認〕する	admit; recognize
承受 chéngshòu 動	1.(試練を)受ける	bear; endure
〃	2.(圧力に)耐える	bear; endure
★**城市** chéngshì 名	都市	town; city
乘 chéng 動	乗る	ride; take
乘飞机	chéng fēijī	飛行機に乗る
★**乘客** chéngkè 名	乗客	passenger
盛 chéng 動	1.(飲食物などを)盛る	fill; ladle
盛饭	chéng fàn	ご飯を盛る
〃	2.入れる, 収容する	hold; contain

中	日／ピンイン	英／例文訳
★程度 chéngdù 名	レベル, 程度, 水準	level; extent; degree
文化程度	wénhuà chéngdù	教養の程度；学歴
★程序 chéngxù 名	1. 順序, 手順	order; procedure
工作程序	gōngzuò chéngxù	仕事の手順
〃	2. コンピュータプログラム	program
程序设计	chéngxù shèjì	プログラミング
★★吃 chī 動	1. 食べる	eat
吃中餐	chī zhōngcān	中華料理を食べる
〃	2. (薬などを)飲む	take
吃奶	chī nǎi	お乳を飲む
吃饭 chī//fàn 動	食事をする	eat
吃惊 chī//jīng 動	驚く, びっくりする	be surprised
吃了一惊	chīle yījīng	びっくりした
吃苦 chī//kǔ 動	苦労をする	bear hardships; suffer
吃亏 chī//kuī 動	損をする, ばかをみる	suffer losses; pay for
吃大亏	chī dàkuī	大損をする
吃力 chīlì 形	骨が折れる	laborious
池塘 chítáng 名	池, ため池	pond; pool
迟到 chídào 動	遅刻する	be late; come late

中	日／ピンイン	英／例文訳
★持续 chíxù 動	続く，持続する	continue; last
尺 chǐ 量	[1"尺"は約33センチ]…尺(しゃく)	chi
尺寸 chǐ·cùn 名	サイズ，寸法	size; measurement
量尺寸	liáng chǐ·cùn	寸法を測る
尺子 chǐzi 名	物差し，定規	rule; ruler
翅膀 chìbǎng 名	羽，翼	wing
展开翅膀	zhǎnkāi chìbǎng	翼を広げる
★冲 chōng 動	1. 注ぐ；水でゆすぐ	pour (boiling) water on; rinse
冲咖啡	chōng kāfēi	コーヒーをいれる
〃	2. 突進〔突破〕する	charge; rush
冲击 chōngjī 動	突き当たる；突撃する	lash; charge
冲突 chōngtū 動	衝突する，ぶつかる	conflict; clash
★充分 chōngfèn 形	十分である；十分な	full; sufficient
★充满 chōngmǎn 動	満たす；満ちる	fill; be filled with
充实 chōngshí 形	充実している	substantial; rich
生活充实	shēnghuó chōngshí	生活が充実している
〃 動	充実させる	substantiate; enrich
充实内容	chōngshí nèiróng	内容を充実させる
充足 chōngzú 形	ふんだんにある	sufficient

中	日／ピンイン	英／例文訳
资金充足	zījīn chōngzú	資金が潤沢である
虫子 chóngzi 名	昆虫；虫	insect; worm
★**重** chóng 副	もう一度、重ねて	again; once more
重访北京	chóng fǎng Běijīng	再び北京を訪れる
〃 動	重複する、重なる	repeat; duplicate
重叠 chóngdié 動	同じものが重なる	overlap
重复 chóngfù 動	1. 重複する、重なる	duplicate
〃	2. 繰り返す	repeat
★**重新** chóngxīn 副	もう一度；改めて	again; anew; afresh
重新做人	chóngxīn zuòrén	真人間になる
崇拜 chóngbài 動	崇拝する、あがめる	worship; adore
崇高 chónggāo 形	崇高である、気高い	sublime; noble
抽 chōu 動	取り出す；抜き出す	extract; take out
抽空 chōu//kòng 動	暇を作る	manage to find time
抽屉 chōuti 名	引き出し	drawer
拉开抽屉	lākāi chōuti	引き出しを開ける
抽象 chōuxiàng 形	抽象的である	abstract
抽烟 chōu//yān 動	たばこを吸う	smoke
愁 chóu 動	心配する；心配させる	be worried; worry

中	日／ピンイン	英／例文訳
チョウ 丑 chǒu 形	醜い, 見苦しい	ugly
チョウアク 丑恶 chǒu'è 形	醜悪である	ugly; hideous
チョウロウ 丑陋 chǒulòu 形	醜い, ぶざまである	ugly
チョウ 臭 chòu 形	臭い；腐っている	smelly; foul
チュー ★★出 chū 動	出る；出す；生じる	come out; offer; produce
チューバン ★出版 chūbǎn 動	出版する	publish
チューチャイ 出差 chū//chāi 動	出張する	be on a business trip
出差到北京	chūchāi dào Běijīng	出張で北京に行く
チューファー 出发 chūfā 動	出発する	set out; start off
チューコウ ★出口 chū//kǒu 動	輸出する	export
出口创汇	chūkǒu chuànghuì	輸出による外貨稼ぎ
〃 chūkǒu 名	出口	exit
チューライ ★★出来 chū//·lái 動	(外に)出てくる	come out; emerge
请你出来一下	Qǐng nǐ chū·lái yīxià.	ちょっと出てきてください
チュールー 出路 chūlù 名	出口；活路；販路	way out; outlet
チューマイ 出卖 chūmài 動	1. 売る, 売り出す	sell; offer for sale
〃	2. 裏切る, 売り渡す	betray; sell out
チューメン 出门 chū//mén 動	外出する	go out
チューチイ ★出去 chū//·qù 動	(外へ)出て行く	go out; get out

中	日／ピンイン	英／例文訳
★出色 chūsè 形	非常にすぐれている	splendid; excellent
出生 chūshēng 動	生まれる	be born
出生于上海	chūshēng yú Shànghǎi	上海に生まれる
出事 chū//shì 動	事故が起きる	have an accident
★出售 chūshòu 動	売り出す，販売する	sell; sell off
★出席 chū//xí 動	出席する	attend; be present
出息 chūxi 名	前途，見込み	future; prospects
这孩子没出息	Zhè háizi méi chūxi.	この子は見込みがない
★出现 chūxiàn 動	出現する，現れる	appear; emerge
出现在眼前	chūxiàn zài yǎnqián	眼前に現れる
出院 chū//yuàn 動	退院する	leave hospital
★出租 chūzū 動	リース〔レンタル〕する	let; hire; rent out
出租汽车 chūzū qìchē 名	タクシー，ハイヤー	taxi; cab; limousine taxi
★初步 chūbù 形	初歩的な	initial; preliminary
初级 chūjí 形	初級の	elementary; primary
初级阶段	chūjí jiēduàn	初歩的な段階
初中 chūzhōng 名	中学校，初級中学	junior high school
★除 chú 動	取り除く	get rid of; remove
除害虫	chú hàichóng	害虫を取り除く

中	日／ピンイン	英／例文訳
★除了 chúle　[前]	…を除けば，…以外は	except for
除了钱, 他什么都不想	Chúle qián, tā shénme dōu bù xiǎng.	金のこと以外，彼は何も考えていない
厨房 chúfáng　[名]	台所，炊事場	kitchen
厨房用具	chúfáng yòngjù	台所用具
厨师 chúshī　[名]	コック，料理人	cook
处分 chǔfèn　[動・名]	処分〔処罰〕(する)	punish; punishment
受到处分	shòudào chǔfèn	処分を受ける
★处理 chǔlǐ　[動]	処理〔解決〕する	handle; deal with; dispose of
储备 chǔbèi　[動・名]	備蓄する；備蓄物	reserve; store
★处 chù　[量]	[場所や家]…戸，…箇所	
几处人家	jǐ chù rénjiā	数戸の住家
处处 chùchù　[副]	至る所；あらゆる面	everywhere; in all respects
★穿 chuān　[動]	着る；はく	wear; put on
穿裙子	chuān qúnzi	スカートをはく
★传 chuán　[動]	伝わる；伝える	spread; pass
传播 chuánbō　[動]	広く伝わる；振りまく	propagate; spread
★传统 chuántǒng　[名]	伝統	tradition
〃　[形]	伝統的な	traditional
传真 chuánzhēn　[名]	ファクス	facsimile; fax

中	日/ピンイン	英/例文訳
给他发传真	gěi tā fā chuánzhēn	彼にファクスを送る
★船 chuán 名	船	boat; ship
划船	huá chuán	船をこぐ
喘 chuǎn 動	あえぐ, 息を切らす	breathe heavily; pant
喘气 chuǎn//qì 動	呼吸する; 一服する	breathe deeply; gasp; have a break
窗户 chuānghu 名	窓	window
打开窗户	dǎkāi chuānghu	窓を開ける
床 chuáng 名	ベッド, 寝台	bed
〃 量	(布団などの寝具)…枚	
闯 chuǎng 動	突進する; 飛び込む	rush; burst into
★创新 chuàngxīn 動	新機軸を打ち出す	bring forth new ideas; innovate
〃 名	独創性	originality
★创造 chuàngzào 動	新たに作り出す	create; produce
创造新记录	chuàngzào xīn jìlù	新記録を樹立する
★创作 chuàngzuò 動	創作する	create
吹 chuī 動	吹く; 楽器を吹く	blow; play
吹小号	chuī xiǎohào	トランペットを吹く
吹风机 chuīfēngjī 名	ドライヤー	hair dryer
★春节 Chūnjié 名	旧正月, 春節	the Spring Festival

中	日／ピンイン	英／例文訳
春天 chūntiān 名	春	spring
词 cí 名	語句；言葉	word; term
词典 cídiǎn 名	辞書, 辞典	dictionary
查词典	chá cídiǎn	辞書を調べる
磁带 cídài 名	(録音・録画)テープ	(magnetic) tape
★此 cǐ 代	ここ；これ；この	here; this
★此次 cǐcì 名	このたび, 今回, 今度	this time; this moment
★此外 cǐwài 接	このほかに, それ以外	besides; in addition
★次 cì 形	劣っている	second-rate; inferior
手艺太次	shǒuyì tài cì	技量が劣る
〃 量	…回, …度, …遍	time; occasion
次要 cìyào 形	二次的な, 副次的な	less important; subordinate
次要问题	cìyào wèntí	副次的な問題
刺 cì 動	突き刺す；刺激する	stab; stimulate
刺激 cìjī 動	刺激する	stimulate
匆忙 cōngmáng 形	慌ただしい	in a hurry
葱 cōng 名	ネギ	onion
聪明 cōng·míng 形	聡明である, 賢い	clever; bright; intelligent
★从 cóng 前	…から, …より	from; through

中	日／ピンイン	英／例文訳
从全国各地来	cóng quánguó gèdì lái	全国各地から来る
从此 cóngcǐ 副	これから；ここから	from now on; since then
从…到… cóng...dào... (型)	…から…まで	from... to...
从早到晚	cóng zǎo dào wǎn	朝から晩まで
★从而 cóng'ér 接	したがって，それゆえ	thus; thereby
从来 cónglái 副	今まで，これまで	always; all along
从来没去过	cónglái méi qùguo	今まで行ったことがない
从前 cóngqián 名	以前，昔	before; in the past
★从事 cóngshì 動	携わる，従事する	go in for; be engaged in
从头 cóngtóu 副	1. 初めから(…する)	from the beginning
〃	2. 新たに(…する)	anew
从小 cóngxiǎo 副	小さい時から…	from childhood; as a child
凑 còu 動	寄せ集める；寄り集まる	collect; gather together
凑合 còuhe 動	集まる；寄せ集める	gather together; assemble
凑巧 còuqiǎo 形	都合がよい，折よく	luckily; by coincidence
粗 cū 形	1. 太い；粗い	thick; rough
〃	2. そそっかしい	careless
粗暴 cūbào 形	乱暴である；荒っぽい	rude; rough
粗糙 cūcāo 形	1. きめが粗い	rough; unrefined

中	日／ピンイン	英／例文訳
粗糙 cūcāo 形	2. 雑〔粗末〕である	crudely made
粗细 cūxì 名	太さ；細かさ	thickness; fineness
粗心 cūxīn 形	そそっかしい	careless; thoughtless
★促进 cùjìn 動	促進する，促す	promote; accelerate
醋 cù 名	酢	vinegar
催 cuī 動	催促する，せきたてる	hurry; urge; press
村子 cūnzi 名	村，村落	village; hamlet
存 cún 動	1. 保存する	keep; store
〃	2.（金品を）預ける	deposit
★存款 cún//kuǎn 動	預金する；金を預ける	save; deposit
〃 cúnkuǎn 名	預金；預け入れ	savings; deposit
★存在 cúnzài 動	存在する	exist
寸 cùn 量	[1寸は約3.3センチ]寸（すん）	cun
★措施 cuòshī 名	措置，処置，対策	measure; step
★错 cuò 動	（時間などを）ずらす	alternate; stagger
〃 形	まちがっている	wrong; mistaken
〃 名	まちがい，過ち	error; fault
错误 cuòwù 形	誤って〔まちがって〕いる	wrong; mistaken
〃 名	過失，まちがい	mistake; error

中	日／ピンイン	英／例文訳
犯错误	fàn cuòwù	過ちを犯す

D, d

中	日／ピンイン	英／例文訳
搭 dā　　動	1. 掛ける；掛けわたす	hang over; put over
搭梯子	dā tīzi	はしごを掛ける
〃	2. (乗り物に)乗る	take (a ship; plane; etc.)
搭车	dā chē	車に乗る
答应 dāying　　動	承諾する；応答する	agree; answer; reply
★★达到 dá//dào　　動	達する，到達する	achieve; reach
达到目的	dádào mùdì	目的を達成する
答案 dá'àn　　名	答え，答案，解答	answer
答复 dá·fù　　動	回答〔返答〕する	answer; reply
答卷 dá//juàn　　動	試験問題を解く	answer the questions in a test paper
〃 dájuàn　　名	答案用紙	an answered test paper
★★打 dǎ　　動	打つ，たたく	strike; hit; beat
打人	dǎ rén	人を殴る
打扮 dǎban　　動	装う，着飾る	dress up
〃　　名	いでたち，装い	the way one is dressed
打倒 dǎ//dǎo　　動	打倒する，打ち倒す	overthrow; fell

中	日／ピンイン	英／例文訳
打工 dǎ//gōng 動	働く；アルバイトをする	do manual work; work part-time
★打击 dǎjī 動	たたく；打撃を与える	strike; hit
打架 dǎ//jià 動	殴り合う；けんかをする	come to blows; fight
打交道 dǎ jiāodao (型)	付き合う，応対する	have contact with; deal with
打搅 dǎjiǎo 動	邪魔をする	disturb; trouble
★打开 dǎ//kāi 動	1. 開く，開ける	open; unfold
打开书本 dǎkāi shūběn		本を開く
〃	2. スイッチを入れる	turn on
打开电脑 dǎkāi diànnǎo		パソコンの電源を入れる
打扰 dǎrǎo 動	邪魔をする	disturb
打扰您了 dǎrǎo nín le		お邪魔しました
打扫 dǎsǎo 動	掃除〔清掃〕する	clean; sweep
打算 dǎ·suàn 動	…するつもり〔予定〕だ	be going to; plan; intend
〃 名	意図，考え	consideration; calculation
打听 dǎting 動	尋ねる，問い合わせる	ask about; inquire about
跟你打听一件事 gēn nǐ dǎting yī jiàn shì		ちょっとおうかがいします
打仗 dǎ//zhàng 動	戦争する	fight; go to war
打招呼 dǎ zhāohu (型)	あいさつする；知らせる	greet; notify
打针 dǎ//zhēn 動	注射する	give 〔have〕 an injection

dà 大

中	日／ピンイン	英／例文訳
大 dà 形	大きい；強い	big; large; heavy; strong
房子很大	fángzi hěn dà	家が大きい
〃 副	大いに；ひどく	greatly; fully
大胆 dàdǎn 形	大胆である	bold
大胆创新	dàdǎn chuàngxīn	大胆に新しいものを作り出す
大多数 dàduōshù 名	大多数	great majority; the bulk
大方 dàfang 形	鷹揚である；気前よい	generous
大概 dàgài 名	概略, あらまし	general idea; broad outline
〃 形	大概の, おおよその	general; approximate
〃 副	たぶん, おそらく	probably
他大概明天来	Tā dàgài míngtiān lái.	彼はたぶんあす来る
★大会 dàhuì 名	大会, 総会	mass meeting; general membership meeting
大伙儿 dàhuǒr 代	みんな, みなさん	everybody
★大家 dàjiā 代	みんな, みなさん	all; everybody
大街 dàjiē 名	大通り	main street; avenue
★大力 dàlì 副	強力に, 力いっぱい	considerably; energetically
★大量 dàliàng 形	大量〔多量〕である	a large number of
大楼 dàlóu 名	ビルディング, ビル	large building
大陆 dàlù 名	中国大陸；大陸	China's mainland; continent

中	日／ピンイン	英／例文訳
大门 dàmén 名	正門, 表門	front door
大米 dàmǐ 名	コメ, 白米	rice
大拇指 dà·muzhǐ 名	親指	thumb
大脑 dànǎo 名	大脳	cerebrum
大娘 dàniáng 名	おばさん	aunt
大批 dàpī 形	大量〔大勢〕の	large quantities of; a flood of
大人 dàren 名	おとな, 成人	adult
大蒜 dàsuàn 名	ニンニク	garlic
大小 dàxiǎo 名	大きさ; 長幼	size; degree of seniority
〃 副	いずれにせよ	more or less
★大型 dàxíng 形	大型の	large; large-scale
★大学 dàxué 名	大学	university; college
大衣 dàyī 名	オーバーコート	overcoat
大意 dàyì 名	あらすじ, 大すじ	general idea; main points
大意 dàyi 形	うかつ〔不注意〕である	careless
★大约 dàyuē 副	だいたい, およそ	approximately; about
大约十公里的路	dàyuē shí gōnglǐ de lù	およそ10キロの道
★大众 dàzhòng 名	一般庶民, 大衆	public; mass
呆 dāi 形	鈍い; ぼんやりする	slow-witted; dull; blank

51

中	日/ピンイン	英/例文訳
大夫 dàifu (ダイフ) 名	医者	doctor; physician
★**代** dài (ダイ) 動	代わる, 代わってする	take place of
我代你写	Wǒ dài nǐ xiě.	僕が君の代わりに書く
★**代表** dàibiǎo (ダイビアオ) 名	代表, 代表者	representative
〃 動	代表する; 体現する	represent; stand for
我代表公司向您祝贺	Wǒ dàibiǎo gōngsī xiàng nín zhùhè.	私が会社を代表してお祝いを申し上げます
代替 dàitì (ダイティー) 動	取って代わる; 代える	substitute; replace
★**带** dài (ダイ) 動	携帯する, 持つ	bring; take; carry
带雨伞	dài yǔsǎn	傘を携帯する
★**带来** dàilái (ダイライ) 動	持ってくる	bring
带领 dàilǐng (ダイリン) 動	引率する; 指揮する	lead; conduct
带头 dài//tóu (ダイトウ) 動	先頭に立つ; 率先する	be the first; take the initiative
★**贷款** dài//kuǎn (ダイクアン) 動	貸し付ける; 借り入れる	lend money; borrow money
〃 dàikuǎn 名	貸付金; ローン, 融資	loan
待 dài (ダイ) 動	遇する; もてなす	treat; entertain
袋 dài (ダイ) 名	袋	bag; sack
〃 量	(袋入りの物)…袋	bag; sack
戴 dài (ダイ) 動	身につける	put on; wear
戴眼镜	dài yǎnjìng	眼鏡をかける

中	日／ピンイン	英／例文訳
★担任 dānrèn 動	担任〔担当〕する	take charge of
★担心 dān//xīn 動	心配〔懸念〕する	worry; feel anxious
不必担心	bùbì dānxīn	心配する必要はない
★单 dān 形	単一の；片方の	single; odd
〃 副	ただ，単に	only; solely
单纯 dānchún 形	単純〔純粋〕である	simple; pure
〃 副	単に；ひたすら	alone; merely
单词 dāncí 名	単語	word
记单词	jì dāncí	単語を覚える
单调 dāndiào 形	単調である	monotonous
★单位 dānwèi 名	勤め先，所属先	unit (as an organization; department; section; etc.)
耽误 dānwu 動	遅らせる；手遅れになる	hinder; spoil sth. because of delay
★但 dàn 接	…(だ)が，しかし	but; yet; nevertheless
★但是 dànshì 接	しかし，けれども	but; still; nevertheless
诞生 dànshēng 動	誕生する，生まれる	come into being; be born
淡 dàn 形	淡い，薄い	light; thin
淡薄 dànbó 形	(味や印象が)薄い	light; faint; dim
蛋 dàn 名	卵	egg
下蛋	xià dàn	卵を産む

中	日／ピンイン	英／例文訳
蛋糕 dàngāo 名	ケーキ, カステラ	cake; sponge cake
★当 dāng 動	…になる；担当する	work as; be in charge of
当代表	dāng dàibiǎo	代表を務める
〃 前	1. …の時に；…の場で	when; while
当我八岁的时候…	dāng wǒ bā suì de shíhou...	私が8歳の時に…
〃	2. …を前に	facing
当面说清楚	dāng miàn shuō qīngchu	面と向かってはっきり言う
★当地 dāngdì 名	当地, その土地	in the locality
★当年 dāngnián 名	当時, 往年	in those years
★当前 dāngqián 名	目下, 当面；現段階	present; current
★当然 dāngrán 形	当然である	natural
〃 副	もちろん；当然	certainly; of course
我们当然参加	Wǒmen dāngrán cānjiā.	私たちはもちろん参加します
★当时 dāngshí 名	当時, その時	then; at that time
当心 dāngxīn 動	気をつける	look out; take care
挡 dǎng 動	さえぎる；覆う	block; keep off; cover
★党 dǎng 名	中国共産党；政党	the Communist Party of China; political party
★当 dàng 動	…とする；…に当たる	regard as; be equal to
★当年 dàngnián 名	その年, 当年	the same year

中	日／ピンイン	英／例文訳
★ 当天 dàngtiān 名	その日, 同日	the same day
当做 dàngzuò 動	…と見なす, …と思う	treat as; regard as
档案 dàng'àn 名	身上調書; 保存書類	files; archives; record
★ 刀 dāo 名	ナイフ, 刃物類	knife; sword
刀子 dāozi 名	ナイフ, 小刀	small knife; pocket knife
★ 导演 dǎoyǎn 動	演出〔監督〕する	direct
〃 名	映画監督, 演出家	director
导游 dǎoyóu 動	観光案内する	guide a tour
〃 名	ガイド, 旅行案内人	tourist guide
★ 导致 dǎozhì 動	[悪い結果を]導く, 招く	bring about; result in
★ 倒 dǎo 動	倒れる; つぶれる	fall; collapse
倒霉 dǎo//méi 形	不運である, ついてない	out of luck
★ 到 dào 動	1. 到着する; 達する	arrive; reach
〃	2. …へ行く〔来る〕	go to; leave for
到处 dàochù 副	至る所, あちこち	at all places; everywhere
到达 dàodá 動	到着する, 着く	arrive; get to
★ 到底 dàodǐ 副	いったい; ついに; 結局	why; what on earth; at last; finally
你到底想怎么样？	Nǐ dàodǐ xiǎng zěnmeyàng?	君はいったい, 何をしたいのか
〃 dào//dǐ 動	最後まで…する	... to the end; ... in the end

中	日／ピンイン	英／例文訳
到来 dàolái 動	到来する, 来る	come; arrive
倒 dào 動	1. 逆さまにする	turn upside down
〃	2. 傾ける；注ぐ	pour
倒酒	dào jiǔ	酒をつぐ
〃 副	…なのに；かえって	rather
年纪不大,倒很有经验	Niánjì bù dà, dào hěn yǒu jīngyàn.	年は若いのに, 経験は豊富だ
倒是 dàoshì 副	…なのに；かえって	rather
★道 dào 量	[川や細長いもの]…本, …筋	
一道河	yī dào hé	1本の川
道德 dàodé 名	道徳	morals; morality
〃 形	道德的である	moral
道理 dào·lǐ 名	理由；筋道, 道理	principle; truth; reason; sense
★道路 dàolù 名	道路, 道	way; road
道歉 dào//qiàn 動	わびる, 謝る	apologize
向她道歉	xiàng tā dàoqiàn	彼女にわびる
★得 dé 動	1. 得る	get; gain
〃	2. …になる；できあがる	result in; be ready
得病 dé//bìng 動	病気になる	fall ill
★得到 dé//dào 動	1. 得る, 手に入れる	get; obtain

中	日／ピンイン	英／例文訳
	得到机会	dédào jīhuì	チャンスを手にする
得到 dé//dào 動	2. 受ける，…される	receive
	得到鼓励	dédào gǔlì	激励を受ける
得了 déle 動	よろしい	well, well; it's enough
	得了得了	déle déle	もういいよ；もうよそう
得意 déyì 形	得意になる；満足した	proud; pleased
★德国 Déguó 名	ドイツ	Germany
★地 de 助	連用修飾語を作る	
	亲热地交谈	qīnrè de jiāotán	親しげに言葉を交わす
★的 de 助	1. [連体修飾語を作る]…の	of
	黄色的花	huángsè de huā	黄色の花
〃	2. …のもの〔人〕	
★的话 dehuà 助	…ということなら	if
★得 de 助	動詞・形容詞の後につけ補語を導く	
	冷得要命	lěng de yàomìng	寒くて我慢できない
★得 děi 動	1. …しなければならない	must; have to
我还得想一想	Wǒ hái děi xiǎng yi xiǎng.	私はもう少し考えてみなければならない
〃	2. きっと…になる	will be sure to
〃	3. [時間な]かかる，いる	need

中	日／ピンイン	英／例文訳
灯 dēng 名	(照明用の)明かり	lamp; light
登 dēng 動	登る; 掲載する	climb; mount; publish; record
登上天安门	dēngshàng Tiān'ānmén	天安門に上がる
★登记 dēng//jì 動	登録する; 受付する	register; check in
★等 děng 量	クラス, 等級	grade; class
〃 動	待つ	wait
〃 接	…してから	when; after
〃 助	…など	and so on; etc.
★等待 děngdài 動	待つ, 待機する	wait
等候 děnghòu 動	待つ	wait; expect
等于 děngyú 動	…に等しい	be equal to
★低 dī 形	1.(背丈などが)低い	low
〃	2.(値段が)安い	low
〃	3.(程度が)劣る	low
〃 動	低くする	lower
低着头	dīzhe tóu	うつむく
滴 dī 動	[本満を]垂らす; したたる	drip
滴眼药	dī yǎnyào	目薬をさす
〃 量	(しずく)…滴	drop

中	日／ピンイン	英／例文訳
★的确 díquè　副	確かに，疑いなく	indeed; really
我的确是那样做的	Wǒ díquè shì nàyàng zuò de.	僕は間違いなくそうやった
敌人 dírén　名	敵, 仇敵	enemy
★底 dǐ　名	底, 末; 事の子細	bottom; ins and outs
★地 dì　名	土地; 田畑	land; ground; field
地带 dìdài　名	地帯, 地域	zone; region
地道 dìdao　形	本場もの〔生粋〕である	genuine; pure
★地点 dìdiǎn　名	場所, 位置	place; site
地方 dìfāng　名	地方; 地元	locality
★地方 dìfang　名	場所, 箇所	place; space; part
地球 dìqiú　名	地球	the earth; the globe
★地区 dìqū　名	地区, 地域	area; district
★地铁 dìtiě　名	地下鉄	subway; underground
地图 dìtú　名	地図, マップ	map
★地位 dìwèi　名	地位, ポスト	position; status
地下 dìxià　名	地下, 地面の下	underground
〃　形	秘密裏の; 非合法な	secret; underground
地址 dìzhǐ　名	住所; あて先; アドレス	address
弟弟 dìdi　名	弟	younger brother

中	日／ピンイン	英／例文訳
递 dì 〔動〕	手渡す, 順繰りに渡す	hand over; pass
★第一 dìyī 〔数〕	1. 第一の, 最初の	first
〃	2. 最重要の	the most important
典型 diǎnxíng 〔名〕	典型, モデル	typical case; model
〃 〔形〕	典型的である	typical
★点 diǎn 〔量〕	1.（時間の単位）…時	o'clock
九点半	jiǔ diǎn bàn	9時半
〃	2. 少量のものを表す	a little; some
吃点儿东西	chī diǎnr dōngxi	ちょっと何かを食べる
〃 〔動〕	点を打つ, 印をつける	put a dot; check
点心 diǎnxin 〔名〕	軽食, おやつ, スナック	light refreshments; snack
★电 diàn 〔名〕	電気	electricity
电报 diànbào 〔名〕	電報, 電信	telegram; telegraph
电冰箱 diànbīngxiāng 〔名〕	（電気）冷蔵庫	refrigerator; fridge
电车 diànchē 〔名〕	（路面）電車；トロリーバス	streetcar; trolley-bus
电池 diànchí 〔名〕	電池, バッテリー	battery
电灯 diàndēng 〔名〕	電灯, 灯り, ライト	electric light
开〔关〕电灯	kāi〔guān〕diàndēng	灯りをつける〔消す〕
电风扇 diànfēngshàn 〔名〕	（電気）扇風機	electric fan

电吊钓调掉　　　　　　　　　　　　　　　　　　　　diào

中	日／ピンイン	英／例文訳
★**电话** diànhuà　名	電話, 電話機	telephone
打电话	dǎ diànhuà	電話をかける
★**电脑** diànnǎo　名	コンピュータ；パソコン	computer; PC
电扇 diànshàn　名	(電気)扇風機	electric fan
★**电视** diànshì　名	テレビ	television; TV
看电视	kàn diànshì	テレビを見る
电视台 diànshìtái　名	テレビ放送局	television station
电台 diàntái　名	ラジオ放送局	radio station
电梯 diàntī　名	エレベーター	elevator
★**电影** diànyǐng　名	映画	film; movie
电影院 diànyǐngyuàn　名	映画館	movie theater; cinema
电子邮件 diànzǐ yóujiàn　名	電子メール, Eメール	email
吊 diào　動	つるす, ぶら下げる	hang; suspend
钓 diào　動	(魚などを)釣る	fish
钓鱼	diào yú	魚を釣る
★**调** diào　動	移動〔異動〕する	transfer; shift
★**调查** diàochá　動	調査する	investigate
调动 diàodòng　動	[位置などを]動かす, 換える	move; shift
★**掉** diào　動	1. 落ちる；落とす	fall; drop

61

中	日／ピンイン	英／例文訳
掉眼泪	diào yǎnlèi	涙をこぼす
掉 diào 動	2. なくす, 失う	lose
★跌 diē 動	1. 転ぶ, つまずく	fall; tumble
〃	2. (物価などが)下がる	fall; drop
碟子 diézi 名	小皿, 取り皿	small dish; saucer
★顶 dǐng 動	頭で押す, 支える	butt; sustain
〃 量	(テントなど)…張	
〃 副	最も, いちばん	very; the most; best
顶有用	dǐng yǒuyòng	極めて役に立つ
订 dìng 動	予約〔注文〕する	book; order
订杂志	dìng zázhì	雑誌を予約購読する
★定 dìng 動	決める, 決定する	decide; settle
丢 diū 動	紛失する, 失う	lose
钱包丢了	Qiánbāo diū le.	財布をなくした
丢脸 diū//liǎn 動	恥をかく, 面目を失う	be disgraced; lose face
丢人 diū//rén 動	恥をかく	be disgraced
★东 dōng 名	東; 東の; 東へ	east; eastern
往东去	wǎng dōng qù	東へ行く
东北 dōngběi 名	北東; 東北	northeast

中	日／ピンイン	英／例文訳
东北 dōngběi 名	(中国の)東北地区	northeast China; the Northeast
东边 dōngbian 名	東, 東側	east; east side
东部 dōngbù 名	東部	eastern part
★东方 dōngfāng 名	東; 東の方	east
〃 Dōngfāng 名	東洋, アジア	the East
东面 dōng·miàn 名	東の方, 東側	east; eastern side
东南 dōngnán 名	南東, 東南	southeast
〃 Dōngnán 名	(中国の)東南沿海地区	southeast China; the Southeast
★东西 dōngxi 名	物; 人; 動物	thing; stuff; creature
冬天 dōngtiān 名	冬	winter
★董事长 dǒngshìzhǎng 名	理事長; 取締役会長	chairman of the board of directors
懂 dǒng 動	わかる; 知っている	understand; know
懂得 dǒngde 動	理解する, わかる	understand; know; grasp
懂事 dǒng//shì 動	分別がある	sensible
★动 dòng 動	動く, 動かす	move
动静 dòngjing 名	物音; 動静	sound of sth.; movement
动人 dòngrén 形	感動的である	moving; touching
动身 dòng//shēn 動	出発する, 旅立つ	set off; leave
动手 dòng//shǒu 動	手を触れる	touch

中	日／ピンイン	英／例文訳
请勿动手	Qǐng wù dòngshǒu.	手を触れないでください
动听 dòngtīng 形	(聞いて)感動的である	interesting to listen to
★动物 dòngwù 名	動物	animal
动物园 dòngwùyuán 名	動物園	zoo
动摇 dòngyáo 動	動揺する；動揺させる	waver; shake
动员 dòngyuán 動	1. 動員する	mobilize
〃	2. 働きかける	arouse
★动作 dòngzuò 動·名	行動(をとる)	act; move; action; movement
冻 dòng 動	凍る；凍える	freeze; feel very cold
★洞 dòng 名	穴；トンネル	hole; cave
★★都 dōu 副	1. みんな、全部	all; every
我们都是日本人	Wǒmen dōu shì Rìběnrén.	我々はみな日本人です
〃	2. …でさえも、…も	even
连草都不长	lián cǎo dōu bù zhǎng	草さえも生えない
斗争 dòuzhēng 動·名	闘争(する)	struggle; fight
豆腐 dòufu 名	豆腐	tofu; bean curd
豆芽 dòuyá 名	モヤシ	beansprouts
逗 dòu 動	からかう	tease; tantalize
逗号 dòuhào 名	コンマ；読点	comma

中	日／ピンイン	英／例文訳
毒 dú 名	毒；麻薬；害毒	poison; drugs
〃 形	残忍である；きつい	cruel; fierce
★独立 dúlì 動	独立〔独り立ち〕する	stand alone; become independent
★读 dú 動	1.（声を出して）読む	read; read aloud
〃	2.（学校で）勉強する	attend school
读书 dú//shū 動	本を読む；勉強する	read; study
堵 dǔ 動	ふさぐ, さえぎる	block; stop
堵车 dǔ//chē 動・名	渋滞（する）	be congested; traffic jam; congestion
肚子 dùzi 名	腹, 腹部	belly; abdomen; stomach
肚子疼 dùzi téng		お腹が痛い
度 dù 量	［温度などの計量単位］…度	degree
度过 dùguò 動	（休暇などを）過ごす	spend; pass
渡 dù 動	渡る；通り抜ける	cross; go across
★端 duān 動	持つ, 捧げる	hold sth. level with both hands; carry
★短 duǎn 形	短い；近い	short
〃 動	足りない；借りがある	lack; owe
★短信 duǎnxìn 名	ショートメール	short message
★段 duàn 量	［長い物の区切り］…区間	
★断 duàn 動	切る；途切れる	break; cut

中	日/ピンイン	英/例文訳
锻炼 duànliàn 動	鍛える、鍛練する	take physical exercise
堆 duī 動	積む、積み上げる	pile; pile up
〃 量	[うず高く積まれたもの]…山、…群れ	heap; crowd
★队 duì 量	[整列した一団の人]…隊	line; group; column
★队伍 duìwu 名	集団、隊列；軍隊	ranks; line; troops
队长 duìzhǎng 名	キャプテン、リーダー	captain; group leader
★对 duì 動	合わせる；混ぜる	adjust; match; mix
〃 形	正しい；正常である	right; normal
你说的很对	Nǐ shuō de hěn duì.	君の言うことは正しい
〃 量	[2つで一組になっているもの]…対、…組	pair; couple
两对夫妇	liǎng duì fūfù	ふた組の夫婦
〃 前	…に向かって〔対して〕	at; with; toward
对她表示感谢	duì tā biǎoshì gǎnxiè	彼女に感謝の意を示す
对比 duìbǐ 動	対比する	contrast; compare
〃 名	比率、割合	ratio
对不起 duìbuqǐ 套	すみません、申し訳ない	I'm sorry; excuse me; pardon me
对待 duìdài 動	対応する、向き合う	treat; handle; approach
对得起 duìdeqǐ 動	申し訳が立つ	not let sb. down
★对方 duìfāng 名	相手、先方	the other side; opposite side

中	日/ピンイン	英/例文訳
対付 duìfu 動	対処する；間に合わせる	deal with; make do
対话 duìhuà 動・名	対話(する)	have a conversation; dialogue
対了 duì le (套)	[文頭に用いる]そうだ	right!
対面 duìmiàn 名	向かい(側)	the opposite side
〃 副	面と向かい合って	face to face
★対手 duìshǒu 名	相手；ライバル	opponent; rival
★対象 duìxiàng 名	対象；恋人	target; object; boy〔girl〕friend
★対于 duìyú 前	…について〔対して〕	about; concerning
对于学生来说…	duìyú xuésheng lái shuō…	学生にとっては…
兑换 duìhuàn 動	両替する	exchange
★吨 dūn 量	[重さの単位]トン；容積トン	ton; freight ton
蹲 dūn 動	しゃがむ，うずくまる	squat on the heels; crouch
顿 dùn 動	ちょっと止まる	pause
〃 量	(食事などの回数)…度	
三顿饭	sān dùn fàn	3度の食事
顿号 dùnhào 名	読点	slight-pause mark
★多 duō 形	多い，たくさんである	many; much; a lot of
这里的人很多	Zhèli de rén hěn duō.	ここは人が多い
〃 副	どれだけ；なんと	how; what

67

中	日／ピンイン	英／例文訳
多好!	Duō hǎo!	なんて素晴らしいんだ
多半 duōbàn 〔数〕	大半, 過半	the greater part; most
〃 〔副〕	たいてい, おそらく	most likely; probably
多么 duōme 〔副〕	なんと, どんなに	how; what
★多少 duōshao 〔代〕	どれくらい；いくら	how many; how much
多少钱?	Duōshao qián?	いくらですか
多数 duōshù 〔名〕	多数	majority; most
夺 duó 〔動〕	奪い取る；勝ち取る	take by force; seize; defeat
朵 duǒ 〔量〕	[花や雲など][に似たもの]…輪, …ひら	
一朵花	yī duǒ huā	1輪の花
躲 duǒ 〔動〕	よける, 避ける；隠れる	avoid; hide

E, e

鹅 é 〔名〕	ガチョウ	goose
俄国 Éguó 〔名〕	ロシア	Russia
恶心 ěxin 〔動〕	吐き気がする；むかつく	feel sick; feel disgusted
恶化 èhuà 〔動〕	悪化する；悪化させる	worsen; deteriorate
恶劣 èliè 〔形〕	劣悪〔悪辣〕である	bad; abominable
饿 è 〔形〕	腹がすいている	hungry

中	日／ピンイン	英／例文訳
肚子饿了	dùzi è le	お腹がすいた
★儿童 értóng　名	儿童, 子ども	children
★儿子 érzi　名	息子, (男の)子ども	son; boy
★而 ér　接	…だが; …で; しかも	while; and
★而且 érqiě　接	そのうえ, しかも	and also; moreover
耳朵 ěrduo　名	耳	ear
★二 èr　数	2, 二	two
二哥 èr gē		2番目の兄

F, f

中	日／ピンイン	英／例文訳
★发 fā　動	出す, 放つ; 発生する	send out; emit; generate
★发表 fābiǎo　動	発表〔表明〕する	issue; state
发财 fā//cái　動	金持ちになる	get rich
★发出 fāchū　動	出す; 発する	send out; give off
发出警告	fāchū jǐnggào	警告を発する
发达 fādá　形	発達している	developed
〃　　　　動	発達させる	develop
发动 fādòng　動	動かす; 働きかける	start; call into action
发动群众	fādòng qúnzhòng	大衆を動員する

中	日／ピンイン	英／例文訳
发抖 fādǒu 動	震える，身震いする	shiver; shake
★发挥 fāhuī 動	発揮する；発揮させる	make the most of; bring into play
发挥作用	fāhuī zuòyòng	役割を果たす
发明 fāmíng 動・名	発明（する）	invent; invention
发票 fāpiào 名	領収書，伝票	bill; receipt
发烧 fā//shāo 動	熱が出る；熱中する	have a fever; give oneself to
★发生 fāshēng 動	発生する，生じる	happen; occur
★发现 fāxiàn 動	発見する，見つける	find; discover
发言 fā//yán 動	発言する	speak
〃 fāyán 名	発言	speech
发扬 fāyáng 動	発揮〔発揚〕する	bring into full play; promote
★发展 fāzhǎn 動	発展する；発展させる	develop; expand
罚 fá 動	罰する，罰を与える	punish; penalize
罚款 fá//kuǎn 動	罰金をとる	impose a fine; fine
〃 fákuǎn 名	罰金	fine
★法国 Fǎguó 名	フランス	France
★法律 fǎlǜ 名	法律	law
法律系	fǎlǜ xì	法学部
★法院 fǎyuàn 名	裁判所	law court

法发翻凡烦繁反　　　　　　　　　　　　　　　　　　　　　　　　fǎn·zhèng

中	日／ピンイン	英／例文訳
法子 fǎzi 名	方法, 手だて	way; method
发 fà 名	頭髪, 髪の毛	hair
★**翻** fān 動	ひっくり返す；めくる	reverse; turn (over)
翻译 fānyì 動	翻訳〔通訳〕する	translate; interpret
把日语翻译成汉语	bǎ Rìyǔ fānyì chéng Hànyǔ	日本語を中国語に訳す
〃 名	翻訳者；通訳	translator; interpreter
凡是 fánshì 副	すべて, およそ	every; all; any
烦 fán 形	煩わしい, 面倒だ	annoyed; tired
〃 動	煩わす, 面倒をかける	trouble
繁荣 fánróng 形	繁栄〔繁盛〕している	prosperous
〃 動	繁栄させる, 盛んにする	make prosper
★**反对** fǎnduì 動	反対する	oppose; be against
反而 fǎn'ér 副	かえって, 反対に	on the contrary; instead
反复 fǎnfù 動	繰り返す, 反復する	repeat
反抗 fǎnkàng 動	反抗する, 逆らう	resist; revolt
★**反应** fǎnyìng 動·名	反応(する)	react; reaction
★**反映** fǎnyìng 動	反映する, 写し出す	reflect; mirror
反正 fǎn·zhèng 副	どうせ, いずれにせよ	anyway; in any case
反正去不去都一样	Fǎn·zhèng qù bù qù dōu yīyàng.	行っても行かなくても, どうせ同じだ

中	日/ピンイン	英/例文訳
ファン 犯 fàn 動	違反する，犯す	violate; invade; commit (a crime etc.)
犯纪律	fàn jìlǜ	規律を破る
ファンズゥイ ★犯罪 fàn//zuì 動	罪を犯す	commit a crime
ファン 饭 fàn 名	飯，ご飯；食事	cooked rice; meal
ファンディエン 饭店 fàndiàn 名	ホテル，旅館	hotel
ファングアン 饭馆 fànguǎn 名	レストラン，料理店	restaurant
ファンウェイ ★范围 fànwéi 名	範囲	limits; range; domain
ファン ★方 fāng 形	方形の，四角い	square
方桌	fāngzhuō	四角いテーブル
ファンアン ★方案 fāng'àn 名	仕事の計画，プラン	project; plan
ファンビエン ★方便 fāngbiàn 形	便利である；具合よい	convenient; suitable
交通很方便	jiāotōng hěn fāngbiàn	交通の便がよい
〃 動	便宜をはかる	make things convenient for sb.
ファンファー ★方法 fāngfǎ 名	やり方，方法	method; means
ファンミエン ★方面 fāngmiàn 名	方面，面	aspect; side
另一方面	lìng yī fāngmiàn	他方，もう一方
ファンシー ★方式 fāngshì 名	やり方，様式	way; fashion; pattern
ファンシアン ★方向 fāngxiàng 名	方角；方向	direction; orientation
ファンジェン 方针 fāngzhēn 名	方針	policy

防房仿访纺放　　　　　　　　　　　　　　　　　　　　　　　fàng//xīn

中	日／ピンイン	英／例文訳
★ 防 fáng 〔ファン〕 [動]	防ぐ, 備える	prevent; guard against
防备 fángbèi 〔ファンベイ〕 [動]	防備〔用心〕する	guard against
★ 防止 fángzhǐ 〔ファンジー〕 [動]	防止する, 防ぐ	prevent; guard against; avoid
★ 房 fáng 〔ファン〕 [名]	家屋; 建物; 部屋	house; building; room
★ 房地产 fángdìchǎn 〔ファンディーチャン〕 [名]	不動産	real estate; houses and lands
房间 fángjiān 〔ファンジエン〕 [名]	部屋, 居室	room
★ 房子 fángzi 〔ファンズ〕 [名]	家, 家屋	house
盖房子 gài fángzi	家を建てる
仿佛 fǎngfú 〔ファンフー〕 [副]	あたかも(…のようだ)	seem; as if
★ 访问 fǎngwèn 〔ファンウエン〕 [動]	訪問〔アクセス〕する	visit; access
纺织 fǎngzhī 〔ファンジー〕 [動]	糸を紡ぎ布を織る	spin and weave
纺织品 fǎngzhīpǐn 〔ファンジーピン〕 [名]	織物	textile; fabric
★ 放 fàng 〔ファン〕 [動]	放つ, 入れる, 置く	let go; put; place
放大 fàngdà 〔ファンダー〕 [動]	大きくする; 引き伸ばす	make larger; enlarge
放假 fàng//jià 〔ファンジィア〕 [動]	休みになる	break up for the holidays
放两天假 fàng liǎngtiān jià	2日間休みになる
★ 放弃 fàngqì 〔ファンチー〕 [動]	放棄〔断念〕する	abandon; give up
放松 fàngsōng 〔ファンソン〕 [動]	緩める; 気を楽にする	loosen; relax
放心 fàng//xīn 〔ファンシン〕 [動]	安心する, 心配しない	feel relieved; be at ease

73

中	日／ピンイン	英／例文訳
★飞 fēi 動	飛ぶ；漂う，飛び散る	fly; hover; splatter
★飞机 fēijī 名	飛行機	plane; aircraft
飞行员 fēixíngyuán 名	パイロット；操縦士	pilot
★非…不可 fēi...bùkě (型)	ぜひとも…しなければ	must; have to
★非常 fēicháng 副	きわめて，非常に	very; extremely
她非常漂亮	Tā fēicháng piàoliang.	彼女はたいへん美しい
〃 形	普通でない；特殊な	extraordinary; special
非洲 Fēizhōu 名	アフリカ	Africa
肥 féi 形	太っている；肥沃である	fat; rich
肥皂 féizào 名	石鹸	soap
肺脏 fèizàng 名	肺，肺臓	lungs
废话 fèihuà 動・名	むだ話（をする）	talk nonsense; nonsense; rubbish
★费 fèi 動	（お金などが）かかる	cost; spend
费时间	fèi shíjiān	時間がかかる
★费用 fèiyong 名	費用，支出	cost; expenses
★分 fēn 動	分ける；分かれる	divide; separate
〃 量	[時間・得点などの単位]…分，…点	minute; point
★分别 fēnbié 動	別れる；区別する	part; distinguish
〃 副	別々に，それぞれ	separately

分吩纷 fēnfēn

中	日／ピンイン	英／例文訳
问题复杂，要分别处理	Wèntí fùzá, yào fēnbié chǔlǐ.	問題は複雑だから、別々に処理しなければならない
分工 fēn//gōng 動	分業〔分担〕する	divide up the work
分开 fēn//kāi 動	別れる；分ける	part; separate
分明 fēnmíng 形	明らかである	clear; obvious
黑白分明	hēibái fēnmíng	善悪がはっきりしている
〃 副	はっきりと，明らかに	clearly; evidently
★分配 fēnpèi 動	1. 分配する	distribute
〃	2. 配置〔配属〕する	allocate; assign
分散 fēnsàn 形	散らばっている	scattered
〃 動	分散する	disperse
分手 fēn//shǒu 動	別れる	part; break up
★分析 fēnxī 動	分析する	analyze
分析师 fēnxīshī 名	アナリスト	analyst
分钟 fēnzhōng 量	［時間の単位］…分，…分間	minute
还有四十分钟	háiyǒu sìshí fēnzhōng	まだ40分ある
吩咐 fēnfu 動	言い〔申し〕つける	tell; order
★纷纷 fēnfēn 形	入り乱れている	numerous and confused
议论纷纷	yìlùn fēnfēn	議論百出する
〃 副	次から次へと	one after another

75

中	日／ピンイン	英／例文訳
粉碎 fěnsuì 形	粉々である	broken to pieces
〃 動	粉々にする	smash
分量 fèn·liàng 名	重さ；重み	weight
★份 fèn 名	全体の一部分	share; portion
〃 量	…組，…セット	set
两份晚报	liǎng fèn wǎnbào	夕刊2部
奋斗 fèndòu 動	奮闘する	fight; work hard
愤怒 fènnù 形	怒りに燃えている	angry; furious
★丰富 fēngfù 形	豊富〔豊か〕である	rich
〃 動	豊富〔豊か〕にする	enrich
★风 fēng 名	風；風聞，消息	wind; news
刮风	guā fēng	風が吹く
风景 fēngjǐng 名	風景，景色	scenery; landscape
风气 fēngqì 名	気風，風習	general mood; atmosphere
风俗 fēngsú 名	風俗，風習	social customs
风味 fēngwèi 名	特色，味わい；地方色	distinctive flavor; local color
★★风险 fēngxiǎn 名	リスク；ベンチャー	risk; venture
承担风险	chéngdān fēngxiǎn	リスクを引き受ける
风险公司 fēngxiǎn gōngsī 名	ベンチャー企業	venture company

封否夫扶服浮符幅　　　　　　　　　　fú

中	日／ピンイン	英／例文訳
★封 fēng 動	封をする；封鎖する	seal; close
封瓶口	fēng píngkǒu	瓶の口を密閉する
〃 量	(封入されたもの)…通	
一封信	yī fēng xìn	1通の手紙
封建 fēngjiàn 形	封建的である；古臭い	feudal
否定 fǒudìng 動	否定する	deny; negate
〃 形	否定的な	negative
否则 fǒuzé 接	さもなくば、でないと	otherwise; if not
夫人 fū·rén 名	夫人，マダム	Mrs.; Madame
扶 fú 動	支える；助け起こす	support with the hand; raise
服从 fúcóng 動	服従する，従う	obey
服从命令	fúcóng mìnglìng	命令に従う
★服务 fúwù 動	奉仕〔サービス〕する	give service to; serve
服务员 fúwùyuán 名	接客係；従業員	hotel staff; attendant; assistant
浮 fú 動	浮かぶ；浮かべる	float
〃 形	軽はずみである	flighty; frivolous
符合 fúhé 動	符合する，一致する	accord with; correspond to
符合条件	fúhé tiáojiàn	条件に合致する
幅 fú 量	［布地や絵画］…枚，…幅	

77

中	日／ピンイン	英／例文訳
一幅画	yī fú huà	一幅の絵
辅导 fǔdǎo 動	指導する；補習する	coach; tutor
辅导汉语	fǔdǎo Hànyǔ	中国語を補習する
★父母 fùmǔ 名	両親, 父母	parents; father and mother
★父亲 fù·qīn 名	父, お父さん	father
付 fù 動	支払う, 支出する	pay
付钱	fù qián	お金を払う
负担 fùdān 動・名	負担(する)	bear; shoulder; burden
★负责 fùzé 動	責任を負う〔持つ〕	be responsible for; be in charge of
★负责人 fùzérén 名	責任者	person in charge; the person responsible
妇女 fùnǚ 名	女性, 婦人	woman
★附近 fùjìn 名	付近, 近所	nearby; neighboring
复习 fùxí 動	復習する	review; revise
复习功课	fùxí gōngkè	授業を復習する
复印 fùyìn 動	コピー〔複写〕する	photocopy; duplicate
★复杂 fùzá 形	複雑である	complicated; complex
★副 fù 形	副次的な；第二の	subsidiary; secondary
副校长	fùxiàozhǎng	副校長, 教頭
〃 量	[組セットなど]…対, …組	set; pair

富该改盖　　　　　　　　　　　　　　　　　　　　　gài

中	日／ピンイン	英／例文訳
一副手套	yī fù shǒutào	1対の手袋
富 fù 形	豊か〔金持ち〕である	rich

G, g

★该 gāi 動	1. …すべきである	should; ought to
〃	2. …にちがいない	should; ought to
这么晚了,他该来了	Zhème wǎn le, tā gāi lái le.	こんな時間になったのだから、彼はもう来るはずだ
〃	3. …の番〔担当〕である	be sb.'s turn
明天不该你值班	Míngtiān bù gāi nǐ zhíbān.	明日は君の当番ではない
★改变 gǎibiàn 動	変わる；変える	change; alter
改变态度	gǎibiàn tàidu	態度を変える
★改革 gǎigé 動	改革〔革新〕する	reform; innovate
改革教育制度	gǎigé jiàoyù zhìdù	教育制度を改革する
改革开放	gǎigé kāifàng	改革と開放(を行う)
改进 gǎijìn 動	(方法などを)改良する	improve; make better
★改善 gǎishàn 動	(生活などを)改善する	improve; ameliorate
★改造 gǎizào 動	改造する,作り直す	transform; reform
改正 gǎizhèng 動	是正する,改正する	correct; amend
盖 gài 動	1. 建てる；かぶせる	build; cover

79

中	日／ピンイン	英／例文訳
盖被子	gài bèizi	ふとんをかける
盖 gài 動	2.(判を)押す	affix (a seal)
盖子 gàizi 名	ふた；覆い	lid; cover
盖盖子	gài gàizi	ふたをする
概括 gàikuò 動	概括〔要約〕する	summarize
〃 形	要を得ている	brief
★概念 gàiniàn 名	概念；コンセプト	notion; concept
★干 gān 形	乾いている	dry
干杯 gān//bēi 動	杯を干す,乾杯する	drink a toast; toast
为我们的友谊干杯！	Wèi wǒmen de yǒuyì gānbēi!	われわれの友情に乾杯
干脆 gāncuì 形	〔性格などが〕さっぱりしている	frank and straightforward
〃 副	思い切って，いっそ	simply; just
干净 gānjìng 形	清潔〔きれい〕である	clean; neat and tidy
房间很干净	fángjiān hěn gānjìng	部屋がとてもきれいだ
干扰 gānrǎo 動	邪魔〔妨害〕する	disturb; interfere
干涉 gānshè 動	横やりを入れる	interfere; intervene
干燥 gānzào 形	乾燥している	dry
肝脏 gānzàng 名	肝臓，肝	liver
赶 gǎn 動	追いかける；追い払う	pursue; run after; drive away

中	日／ピンイン	英／例文訳
赶时髦	gǎn shímáo	流行を追いかける
赶紧 gǎnjǐn　［副］	大急ぎで；さっそく	at once; immediately
赶紧做	gǎnjǐn zuò	大急ぎでやる
赶快 gǎnkuài　［副］	急いで，直ちに	quickly; at once
赶快走吧！	Gǎnkuài zǒu ba!	早く行こうよ
★敢 gǎn　［動］	…する度胸がある	dare
敢不敢去？	Gǎn bù gǎn qù?	行く度胸はあるのかい
★感到 gǎndào　［動］	感じる；思う	feel
感到高兴	gǎndào gāoxìng	うれしく思う
感动 gǎndòng　［形］	感動している	be moved; be touched
深受感动	shēn shòu gǎndòng	深い感銘を受ける
〃　［動］	感動させる	move; touch
感激 gǎnjī　［動］	感謝する；感動する	feel grateful; be moved
★感觉 gǎnjué　［名］	感覚，感じ	feeling; sense
〃　［動］	感じる；…と考える	feel; perceive
感冒 gǎnmào　［動・名］	風邪（を引く）	catch cold; cold; flu
★感情 gǎnqíng　［名］	気持ち；好感	feelings; emotion; affection
感染 gǎnrǎn　［動］	感染する；感化する	infect; influence
感想 gǎnxiǎng　［名］	感想	impressions

中	日／ピンイン	英／例文訳
★感谢 gǎnxiè 動	感謝する	be grateful; appreciate
感谢您的帮助	gǎnxiè nín de bāngzhù	あなたのご助力に感謝いたします
★干 gàn 動	やる，する；担当する	do; work; undertake
★干部 gànbù 名	幹部；公職者	cadre; public servant
干活儿 gàn//huór 動	仕事をする	work; do
干吗 gànmá 動	何をするのか	what to do
〃 代	どうして	why; why on earth
★刚 gāng 副	1. …したばかりである	just
他刚下班	Tā gāng xià bān.	彼は仕事を終えたばかりです
〃	2. ちょうど，ぴったり	exactly; precisely
刚合适	gāng héshì	ちょうどぴったりだ
刚才 gāngcái 名	先ほど，今しがた	just now; a moment ago
★刚刚 gānggāng 副	ちょうど；たった今	just; exactly
刚刚吃了早饭	Gānggāng chīle zǎofàn.	朝飯を食べたばかりだ
钢 gāng 名	鋼，鋼鉄	steel
钢笔 gāngbǐ 名	ペン，万年筆	pen; fountain pen
钢琴 gāngqín 名	ピアノ	piano
弹钢琴	tán gāngqín	ピアノを弾く
港币 gǎngbì 名	(通貨)香港ドル	Hong Kong dollar

中	日／ピンイン	英／例文訳
★高 gāo 形	高い；すぐれている	tall; high; superior
高大 gāodà 形	高くて大きい；偉大である	tall and big; noble
★高度 gāodù 名	高度；高さ	altitude; height
〃 形	高度の；(程度の)高い	high; a high degree of
★高级 gāojí 形	高級な；上等である	senior; high-ranking; high-quality
高校 gāoxiào 名	[大学などの]高等教育機関	institution of higher education
★高兴 gāoxìng 形	うれしい，愉快である	glad; happy; cheerful
高中 gāozhōng 名	高等学校，高校	senior secondary school
★搞 gǎo 動	やる，する	do; make
搞对象	gǎo duìxiàng	恋愛〔交際〕をする
告别 gào//bié 動	別れを告げる	take leave of; say goodbye to
★告诉 gàosu 動	告げる；知らせる	tell; let know
哥哥 gēge 名	兄，兄さん	older brother
胳膊 gēbo 名	(肩から手首までの)腕	arm
胳膊肘	gēbozhǒu	ひじ
搁 gē 動	置く；放っておく	put; put aside
割 gē 動	切りとる，刈る；断つ	cut; divide
★歌 gē 名	歌	song
唱歌儿	chàng gēr	歌を歌う

中	日／ピンイン	英／例文訳
★**歌曲** gēqǔ （ゴーチィ） 名	歌曲，歌	song
歌手 gēshǒu （ゴーショウ） 名	歌手	singer
革命 gé//mìng （ゴーミン） 動	革命〔大胆な改革〕を行う	make revolution
〃 gémìng 名	革命，大胆な改革	revolution
格外 géwài （ゴーワイ） 副	特に，ことのほか	especially
隔 gé （ゴー） 動	1. 隔てる，仕切る	separate
〃	2.(時間などを)あける	every; alternate
隔两周	gé liǎng zhōu	2週間おく
隔壁 gébì （ゴービー） 名	隣，隣家，隣人	next door
★**个** ge （ゴー）[普通は軽声に発音] 量	…個	
两个苹果	liǎng ge píngguǒ	二つのリンゴ
个别 gèbié （ゴービエ） 形	個別の，個々の	individual
个儿 gèr （ゴール） 名	体格，背丈；大きさ	build; height; size
★**个人** gèrén （ゴーレン） 名	個人；自分	individual; oneself
个体 gètǐ （ゴーティー） 名	個人；個人経営者	individual
个性 gèxìng （ゴーシン） 名	個性；特性	personality; individuality; character
个子 gèzi （ゴーズ） 名	背丈；(動物の)大きさ	height; stature
★**各** gè （ゴー） 代	各，それぞれの	each
〃 副	それぞれ；いずれも	separately

中	日／ピンイン	英／例文訳
各自 gèzì　[代]	各自, めいめい	each; respective
★**给** gěi　[動]	1. 与える, やる	give
请给我一杯水	Qǐng gěi wǒ yī bēi shuǐ.	お水を1杯ください
〃	2. …させる	let; allow
请给我看看	Qǐng gěi wǒ kànkan.	見せてください
〃　[前]	…に；…のために	for
给我来封信	Gěi wǒ lái fēng xìn.	僕に手紙をください
★**根** gēn　[名]	(植物の)根；ルーツ	root; origin
〃　[量]	(細長いもの)…本	
一根绳子	yī gēn shéngzi	1本のひも
★**根本** gēnběn　[名]	根本, 基礎	base; foundation
〃　[形]	根本的な；主要な	basic; fundamental
〃　[副]	まったく；徹底的に	at all; thoroughly
她根本没来过	Tā gēnběn méi láiguo.	彼女はまったく来たことがない
★**根据** gēnjù　[動・名]	根拠(とする)	base on; basis; grounds
〃　[前]	…によれば；…に基づいて	according to; on the basis of
根据调查…	gēnjù diàochá…	調査によれば…
★**跟** gēn　[前]	…と(一緒に)	with
跟你一起去	gēn nǐ yīqǐ qù	君と一緒に行く

中	日／ピンイン	英／例文訳
跟 gēn　　　　接	…と	and, with
老张跟我都是北京人	Lǎo Zhāng gēn wǒ dōu shì Běijīngrén.	張さんと僕はどちらも北京人だ
跟前 gēnqian　　名	そば, 近く	in front of; near
★更 gèng　　　　副	いっそう, ますます	more; still more
雨下得更大了	Yǔ xià de gèng dà le.	雨がさらに強くなった
★更加 gèngjiā　　副	ますます, なおいっそう	more; still more
更加努力	gèngjiā nǔlì	よりいっそう努力する
工厂 gōngchǎng　名	工場, 製造工場	factory; plant
★工程 gōngchéng　名	1. 大規模工事	engineering
〃	2. プロジェクト	project
工程师 gōngchéngshī 名	技師, エンジニア	engineer
工夫 gōngfu　　名	時間；ひま	time; free time
你有工夫吗?	Nǐ yǒu gōngfu ma?	時間ありますか
★工具 gōngjù　　名	工具, 道具；手段	tool; instrument; means
★工人 gōng·rén　名	(肉体)労働者	worker; laborer
★工业 gōngyè　　名	工業	industry
工艺品 gōngyìpǐn 名	工芸品, 手工芸品	handicraft
★工资 gōngzī　　名	賃金, 給料	wages; salary
领工资	lǐng gōngzī	給料を受け取る

中	日／ピンイン	英／例文訳
★**工作** gōngzuò 動·名	仕事（をする）	work; job
找工作	zhǎo gōngzuò	職を探す
★**公安** gōng'ān 名	公安，警察	public security
★**公布** gōngbù 動	公布〔公表〕する	announce; make public
公费 gōngfèi 名	［公的団体が出す費用］公費	public expense
★**公共** gōnggòng 形	公共〔共同〕の	public; common
公共厕所	gōnggòng cèsuǒ	公衆トイレ
公共场所	gōnggòng chǎngsuǒ	公共の場
公共汽车 gōnggòng qìchē 名	乗り合い〔路線〕バス	(public) bus
★**公斤** gōngjīn 量	…キログラム	kilogram; kg
★**公开** gōngkāi 形	公開の	open; public
〃 動	公開する	make public
★**公里** gōnglǐ 量	…キロメートル	kilometer; km
★**公路** gōnglù 名	自動車道路；公路	highway; road
★**公司** gōngsī 名	会社	company; firm
公司职员	gōngsī zhíyuán	会社員
公务员 gōngwùyuán 名	公務員，役人	civil servant
公用电话 gōngyòng diànhuà 名	公衆電話	public telephone
公寓 gōngyù 名	マンション，アパート	apartment house; flat

中	日／ピンイン	英／例文訳
公元 gōngyuán 名	西暦, 紀元	A.D.; the Christian era
公园 gōngyuán 名	公園	park
功夫 gōngfu 名	技量, 腕前	workmanship; skill
很有功夫	hěn yǒu gōngfu	みごとな腕前だ
功课 gōngkè 名	授業；成績；宿題	schoolwork; homework
功劳 gōngláo 名	功労, 功績	contribution; meritorious service
★功能 gōngnéng 名	機能, 功能	function
★供 gōng 動	供給する；(便宜を)与える	supply; provide
供给 gōngjǐ 動	供給〔提供〕する	supply; provide
巩固 gǒnggù 形	強固な, 揺るぎない	firm; solid
〃 動	強固にする, 固める	consolidate; strengthen
巩固基础	gǒnggù jīchǔ	基礎を固める
★共 gòng 副	1. 全部で, 合計して	altogether; in all
全书共十一卷	quánshū gòng shíyī juǎn	全集は合計11巻です
〃	2. 共に, 一緒に	together
共产党 gòngchǎndǎng 名	(中国)共産党	the Communist Party
★共同 gòngtóng 形	共同〔共通〕の	common
共同财产	gòngtóng cáichǎn	共同の財産
〃 副	共同で, いっしょに	together; jointly

中	日／ピンイン	英／例文訳
	共同努力　gòngtóng nǔlì	ともに努力する
★贡献 gòngxiàn　[動・名]	貢献(する), 寄与(する)	contribute; devote; contribution
★狗 gǒu　[名]	犬, イヌ	dog
★构成 gòuchéng　[動]	構成する；作り上げる	compose; form; construct
构造 gòuzào　[名]	構造；構成	structure
★购买 gòumǎi　[動]	購入する, 買い入れる	buy; purchase
够 gòu　[動]	足りる, 十分ある	cover; suffice
钱够不够?	Qián gòu bù gòu?	お金は足りますか
〃　[副]	充分に；ずいぶん	enough; quite
这个灯泡不够亮	Zhèige dēngpào bù gòu liàng.	この電球は少し暗い
★估计 gūjì　[動]	見積もる, 推測する	estimate; guess
姑娘 gūniang　[名]	女の子, 娘さん	girl; daughter
★古 gǔ　[形]	古い, 古めかしい	ancient; old
古代 gǔdài　[名]	古代；奴隷制時代	ancient times; the age of slave society
古迹 gǔjì　[名]	古跡, 旧跡	historic site; antiquities
古老 gǔlǎo　[形]	(歴史が)古い	ancient; old
★股 gǔ　[名]	1株；1口；持ち分1	share of stock; one of several equal parts
〃　[量]	[線や集団など]…本, …組	
★股份 gǔfèn　[名]	株式；(出資の)単位	stock; share

中	日／ピンイン	英／例文訳
★股票 gǔpiào 名	株券, 株	share; stock
★股市 gǔshì 名	株式市場；株の相場	stock market
骨干 gǔgàn 名	骨幹；中核, 中堅	backbone; core
骨头 gǔtou 名	骨；気骨	bone; character; integrity
鼓 gǔ 名	鼓；太鼓	drum
〃 動	(楽器を)打つ, たたく	beat; play
鼓励 gǔlì 動	激励〔奨励〕する	encourage; urge
鼓舞 gǔwǔ 動	鼓舞する；奮い立つ	encourage; hearten
鼓掌 gǔ//zhǎng 動	拍手する	clap one's hands; applaud
鼓掌欢迎	gǔzhǎng huānyíng	拍手して迎える
★故事 gùshi 名	物語；ストーリー	tale; story
讲故事	jiǎng gùshi	物語をする
故乡 gùxiāng 名	故郷	native place; hometown
故意 gùyì 形	故意に, わざと(…する)	purposely; deliberately
顾 gù 動	気を配る, かまう	take care of; attend to
只顾自己, 不顾别人	Zhǐ gù zìjǐ, bù gù biérén.	自分のことだけ考え, 人には気を配らない
瓜 guā 名	(ウリ科の総称)ウリ	gourd; melon
瓜子 guāzǐ 名	ウリ類の種のおやつ	melon seeds
刮 guā 動	1.(風が)吹く	blow

中	日／ピンイン	英／例文訳
刮大风	guā dàfēng	大風が吹く
刮 guā 動	2. そる, むく	shave; scrape
刮胡子	guā húzi	ひげをそる
★挂 guà 動	つるす；引っ掛ける	hang; suspend
挂号 guà//hào 動	登録する, 届け出る	register
乖 guāi 形	[子ども] おとなしい, 賢い	well-behaved; clever
拐 guǎi 動	曲がる；向きを変える	turn; change direction
往右拐	wǎng yòu guǎi	右へ曲がる
怪 guài 形	おかしい, 風変わりな	strange; queer
〃 動	とがめる, …のせいにする	blame
你别怪我	Nǐ bié guài wǒ.	私を責めないで
〃 副	すごく, ひどく	rather; quite
怪不得 guàibude 副	…するのも無理はない	no wonder; so that's why
下雪啦, 怪不得这么冷!	Xià xuě la, guàibude zhème lěng!	雪だ, なるほど寒いわけだ
★关 guān 動	1. 閉める；終了する	shut; close
把门关上	bǎ mén guānshàng	ドアを閉める
〃	2. かかわる, 関係する	concern; involve
〃 名	税関；難関	customs; crucial point
★关键 guānjiàn 名	重要な点；キーポイント	key; crux

中	日／ピンイン	英／例文訳
关键 guānjiàn 形	肝心な；決定的な	crucial
★关系 guān·xì 名	関係；コネ	relation; connection
拉关系	lā guān·xì	コネをつける
〃 動	関連〔関係〕する	concern; involve
★关心 guān//xīn 動	関心を持つ，気にかける	be concerned about; pay attention to
★关于 guānyú 前	…に関する〔ついての〕	about; concerning
关照 guānzhào 動	面倒をみる，世話する	look after; keep an eye on
请多关照！	Qǐng duō guānzhào!	どうぞよろしくお願いします
★关注 guānzhù 動	関心を持つ，注意を払う	pay close attention to
★观察 guānchá 動	観察する；見守る	observe
观点 guāndiǎn 名	観点，見方	viewpoint; standpoint
★观众 guānzhòng 名	観衆，見物人	audience; spectator
★官员 guānyuán 名	役人，公務員	official; officer
★管 guǎn 動	管理する；受け持つ	run; be in charge of; be responsible for
管家务	guǎn jiāwù	家事を切り回す
★管理 guǎnlǐ 動	管理する；取り締まる	manage; supervise; watch over
★贯彻 guànchè 動	貫徹する，徹底的に行う	carry through; execute
★冠军 guànjūn 名	優勝；優勝者	champion; first-prize winner
获得冠军	huòdé guànjūn	優勝する

罐光广 guǎngchǎng

中	日／ピンイン	英／例文訳
罐头 guàntou 名	缶詰,缶入り	tin; can
★ 光 guāng 名	光,光線	light
〃 形	すべすべしている	smooth; polished
〃 動	(肉体を)あらわにする	bare; strip
〃 副	ただ,だけ	only, merely
光彩 guāngcǎi 名	彩り,色つや	splendor; brilliance
〃 形	光栄である	glorious
光滑 guāng·huá 形	つるつるしている	smooth; glossy
光辉 guānghuī 名	輝き,光	glory; brilliance
〃 形	輝かしい	brilliant; magnificent
光明 guāngmíng 名	光明;希望	light; hope
〃 形	光明〔希望〕に満ちた	bright; promising
光荣 guāngróng 形	光栄〔栄誉〕である	glorious
〃 名	光栄,栄誉	glory; honor
光线 guāngxiàn 名	光線,光	light; ray
★ 广 guǎng 形	(範囲などが)広い	broad; vast
广播 guǎngbō 動・名	放送(する)	be on the air; broadcast
听广播	tīng guǎngbō	ラジオ放送を聞く
广场 guǎngchǎng 名	広場	public square

93

中	日/ピンイン	英/例文訳
★ 广大 guǎngdà (グアンダー) 形	広大である, 幅広い	vast; wide
★ 广泛 guǎngfàn (グアンファン) 形	広範である, 幅広い	extensive; wide-ranging
★ 广告 guǎnggào (グアンガオ) 名	広告, CM	advertisement; commercial
广阔 guǎngkuò (グアンクオ) 形	広大である, 広い	vast; broad
逛 guàng (グアン) 動	ぶらぶらする, 散歩する	stroll; roam
逛大街 guàng dàjiē	街を見物する	
★ 规定 guīdìng (グイディン) 動・名	規定(する), 定め(る)	stipulate; prescribe; rules and regulations
规定任务 guīdìng rènwu	任務を決める	
★ 规划 guīhuà (グイホア) 動・名	計画(する), 企画(する)	draw up a plan; plan; project
规矩 guīju (グイジュイ) 名	決まり, 規則	rule; custom
守规矩 shǒu guīju	決まりを守る	
〃 形	品行正しい, 行儀よい	well-behaved
规律 guīlǜ (グイリュイ) 名	規則, 秩序	rule; law; pattern
★ 规模 guīmó (グイモー) 名	規模, スケール	scale; scope
★ 规则 guīzé (グイゾー) 名	規則, ルール	rule; regulation
〃 形	規則正しい, 整然とした	regular
鬼 guǐ (グイ) 名	死者の魂; 幽霊	spirit; ghost
〃 形	利口である; すばしこい	clever; quick
贵 guì (グイ) 形	(値段が)高い	expensive; costly

中	日／ピンイン	英／例文訳
价钱不贵	jià·qián bù guì	値は高くない
贵姓 guìxìng 名	お名前	your name
您贵姓？	Nín guìxìng?	姓は何とおっしゃいますか
贵重 guìzhòng 形	貴重である	valuable; precious
贵重物品	guìzhòng wùpǐn	貴重な品物，貴重品
跪 guì 動	ひざまずく，ひれ伏す	kneel; lie face down
滚 gǔn 動	転がる；沸騰する	roll; boil
锅 guō 名	鍋，釜	pot; pan; cooker
★国际 guójì 形	国際的な	international
国际地位	guójì dìwèi	国際的な地位
★国家 guójiā 名	国，国家	country; state; nation
★国内 guónèi 名	国内	domestic; internal
果然 guǒrán 副	はたして；案の定	as expected; sure enough
★过 guò 動	1. 通る；渡る	go across; cross
过河	guò hé	川を渡る
〃	2. [時間が]過ぎる，経過する	pass; spend
过冬	guò dōng	冬を越す
★过程 guòchéng 名	過程，プロセス	course; process
过分 guò//fèn 形	度を越している	excessive; going too far

中	日／ピンイン	英／例文訳
★过来 guò//·lái 　動 グォライ	やって来る	come over; come up
跑过来	pǎoguòlai	駆けて来る
过年 guò//nián 　動 グォニエン	年を越す；新年を祝う	spend [celebrate] the New Year
过年好！	Guònián hǎo!	明けましておめでとう
过去 guòqù 　名 グォチィ	過去，以前	past; previous
★过去 guò//·qù 　動 グォチィ	通り過ぎる；死亡する	go over; pass by; die; pass away
跳过去	tiàoguòqu	飛び越していく
过于 guòyú 　副 グォユイ	…すぎる；あまりにも	too; over; excessively
过于复杂	guòyú fùzá	複雑すぎる
过 guo 　助 グォ	1. [動作の終了] …を終える	
	2. [経験] …したことがある	

H, h

★还 hái 　副 ハイ	まだ；さらに；なお	also; in addition; still; yet
还要什么？	Hái yào shénme?	ほかに何がいりますか
还没回来	hái méi huílái	まだ帰ってこない
★还是 háishi 　副 ハイシ	やはり；相変わらず	still; all the same
我还是老样子	Wǒ háishi lǎo yàngzi.	私は相変わらず昔のままだ
〃　　　　　接	それとも…か	or

96

中	日／ピンイン	英／例文訳
你吃米饭还是吃面条?	Nǐ chī mǐfàn háishi chī miàntiáo?	ご飯を食べる，それとも麺にする
★ 还有 háiyǒu 接	それから	and
得奖的有小李，还有我	Déjiǎng de yǒu Xiǎo Lǐ, háiyǒu wǒ.	賞をもらった人に李くんがいる，それから僕
★ 孩子 háizi 名	子ども，児童	child
女孩子	nǚháizi	女の子
海关 hǎiguān 名	税関	customs
海洋 hǎiyáng 名	海洋，海	seas and oceans; ocean
害 hài 動	害を与える；患う	do harm; suffer from
★ 害怕 hài//pà 動	怖がる，恐れる	fear; be afraid
别害怕!	Bié hàipà!	怖がるな
★ 含 hán 動	(口に)含む；帯びる	keep in the mouth; contain
含糊 hánhu 形	1. あいまいである	ambiguous
〃	2. いい加減である	careless
★ 韩国 Hánguó 名	韓国，大韓民国	Republic of Korea
寒假 hánjià 名	冬休み	winter vacation
寒冷 hánlěng 形	寒い；(風が)冷たい	cold; icy
喊 hǎn 動	叫ぶ，わめく	shout; cry out
大声喊	dàshēng hǎn	大声で叫ぶ
汉语 Hànyǔ 名	[漢民族の言語]中国語	Chinese (language)

中	日／ピンイン	英／例文訳
汉字 Hànzì 名	漢字	Chinese character
汗 hàn 名	汗	sweat
出汗	chū hàn	汗をかく
★行 háng 名	行, 列; 業種, 職業	line; row; profession
〃 量	…行, …列	
★行业 hángyè 名	職種, 業種	profession; industry
★航空 hángkōng 名	航空	aviation
航空公司 hángkōng gōngsī 名	航空会社	airlines
航空信 hángkōngxìn 名	航空郵便, エアメール	airmail letter; airmail
毫 háo 副	少しも, ちっとも	in the least; at all
毫不 háo bù (型)	少しも…ない	not in the least; not at all
毫不费力	háo bù fèilì	ちっとも苦労でない
毫无 háo wú (型)	まったく…ない	not in the least; not at all
毫无头绪	háo wú tóuxù	まったく手がかりがない
★好 hǎo 形	1. よい; 健康である	good; fine
天气很好	tiānqì hěn hǎo	天気がよい
〃	2. よろしい, はい	O.K.; all right
〃	3. …し終わる	over
准备好了	zhǔnbèihǎo le	用意ができた

中	日／ピンイン	英／例文訳
好 hǎo 動	…することができるように	for the purpose of; in order to
〃 副	ずいぶん；なんて	how; what; such
好聪明的孩子！	Hǎo cōng·míng de háizi!	なんと賢い子だろう
好不 hǎobù 副	とても；なんと…だろう	very; so; how; what
好不热闹	hǎobù rènao	とてもにぎやかだ
好吃 hǎochī 形	おいしい	nice; delicious
真好吃	zhēn hǎochī	本当においしい
好处 hǎochu 名	有利な点；利益；好意	advantage; profit; kindness
好多 hǎoduō 数	多数，たくさん（の）	a lot (of); a great deal (of)
好多问题	hǎoduō wèntí	多くの問題
他去过好多次北京	Tā qùguo hǎoduō cì Běijīng.	彼は何度も北京に行ったことがある
好好儿 hǎohāor 形	ちゃんとしている	in perfectly good condition
〃 副	よく，ちゃんと	all out; to the best of one's ability
好好儿工作	hǎohāor gōngzuò	よく働く
好久 hǎo jiǔ 形	長い間，長いこと	for a long time
好久不见了	Hǎojiǔ bù jiàn le.	久しぶりです
好看 hǎokàn 形	美しい，きれいだ	nice; pretty
好容易 hǎoróngyì 副	やっとのことで	with great difficulty
好容易买到了火车票	Hǎoróngyì mǎidào le huǒchēpiào.	やっとのことで列車の切符が買えた

中	日／ピンイン	英／例文訳
好听 hǎotīng 形	(音が)すばらしい	pleasant to the ear
好玩儿 hǎowánr 形	おもしろい，楽しい	interesting; amusing
好像 hǎoxiàng 動	まるで…みたいだ	seem; be like
好像冬天一样冷	hǎoxiàng dōngtiān yīyàng lěng	まるで冬のように寒い
〃 副	…のような気がする	as if; as though
好些 hǎoxiē 数	多くの，たくさんの	quite a lot; a good deal of
瘦了好些	shòule hǎoxiē	ずいぶんやせた
好意思 hǎoyìsi 形	平気で；おめおめと	have the nerve to do sth.
★号 hào 量	1.[日にちや順番]…日，…番	date; number
三月一号	sān yuè yī hào	3月1日
〃	2.[大きさや等級]…号；…サイズ	number; size
★号码 hàomǎ 名	番号，ナンバー	number
电话号码	diànhuà hàomǎ	電話番号
号召 hàozhào 動	呼びかける	call on; appeal
好 hào 動	1.好む	like; be fond of
好喝酒	hào hē jiǔ	酒が好きである
〃	2.よく…する	be liable to
好晕船	hào yùn chuán	よく船に酔う
呵 hē 動	息を吐く；吹きかける	breathe out

中	日／ピンイン	英／例文訳
★喝 hē 動	飲む	drink
喝茶	hē chá	茶を飲む
★合 hé 動	閉める；合わせる	close; join; combine
合眼	hé yǎn	目を閉じる
★合法 héfǎ 形	合法的である	legal; legitimate
合格 hégé 形	合格する，規格に合う	qualified; up to standard
★合理 hélǐ 形	筋道が通っている	rational; reasonable
合适 héshì 形	ちょうどよい	suitable; appropriate
合算 hésuàn 形	引き合う，勘定に合う	paying; worthwhile
★合同 hétong 名	契約	contract
订合同	dìng hétong	契約を結ぶ
★合作 hézuò 動	協力〔提携〕する	cooperate; collaborate
何必 hébì 副	…しなくていいじゃないか	why; there is no need
何必生那么大的气？	Hébì shēng nàme dà de qì?	そんなに怒らなくてもいいじゃないか
何不 hébù 副	どうして…しない	why not
★和 hé 前	…と(一緒)，…に	with
我要和他商量一下	Wǒ yào hé tā shāngliang yīxià.	彼に相談してみよう
〃 接	…と，および	and
我和妹妹	wǒ hé mèimei	私と妹

中	日／ピンイン	英／例文訳
★和平 hépíng 名	平和	peace
〃 形	穏やか〔平和〕である	peaceful; calm
★和谐 héxié 形	1. 調和のとれた	harmonious
〃	2. なごやかな; 仲のよい	compatible
河流 héliú 名	河川, 川	river
核对 héduì 動	照合〔チェック〕する	check
核算 hésuàn 動	計算する, 見積もる	calculate; reckon
盒 hé 名	小型の容器, 箱	box; case
〃 量	…箱, …ケース	
盒子 hézi 名	小箱, ケース	box; case
★黑 hēi 形	1. 黒い; 暗い	black; dark
天黑了	Tiān hēi le.	日が暮れた
〃	2. よこしまである	wicked
他的心很黑	Tā de xīn hěn hēi.	彼は心がよこしまだ
黑暗 hēi'àn 形	暗い; 暗黒である	dark
黑板 hēibǎn 名	黒板	blackboard
嘿 hēi 感	おい; ほら; へえ	hey
痕迹 hénjì 名	痕跡, 跡	trace; sign
★很 hěn 副	とても, なかなか	very; quite

中	日／ピンイン	英／例文訳
今天很热	Jīntiān hěn rè.	今日は暑い
狠 hěn 形	凶悪〔残忍〕である	cruel; ruthless
恨 hèn 動	恨む, 憎む; 悔やむ	hate; regret
恨不得 hènbude 動	…したくてたまらない	be anxious to; be dying to
哼 hēng 動	うなる; 鼻歌を歌う	groan; hum
横 héng 形	水平方向〔横〕の	horizontal; sideways
〃 動	横たわる; 横たえる	lie; lay
★红 hóng 形	1. 赤い, 赤の	red
红领带	hóng lǐngdài	赤いネクタイ
〃	2. 人気がある	popular
那个歌手很红	Nèige gēshǒu hěn hóng.	あの歌手は人気がある
红茶 hóngchá 名	紅茶	black tea
红旗 hóngqí 名	赤旗; 先進的なこと	red flag; advanced work
红薯 hóngshǔ 名	サツマイモ	sweet potato
猴子 hóuzi 名	猿, サル	monkey
★后 hòu 名	後ろ(の); のち(の)	behind; after; later
后边 hòubian 名	後; 後ろの方	back; rear; behind
后果 hòuguǒ 名	最後の〔悪い〕結果	consequence; aftermath
后悔 hòuhuǐ 動	後悔する, 悔む	regret; repent

中	日／ピンイン	英／例文訳
★ 后来 hòulái 名	その後、それから	afterward; later
〃 形	後から来る	newly come; newly arrived
后面 hòu·miàn 名	後ろ、後方、裏側	rear; behind
后年 hòunián 名	再来年	the year after next
后天 hòutiān 名	明後日、あさって	the day after tomorrow
后头 hòutou 名	後ろ、裏側；これから	rear; behind; later
厚 hòu 形	厚い；濃厚である	thick; profound; rich in flavor
呼喊 hūhǎn 動	叫び声を上げる	call out; shout
呼吸 hūxī 動	呼吸する、息をする	breathe
忽 hū 副	突然、急に	suddenly
忽…忽… hū...hū... (型)	突然…たり…たり	now... now...
最近的天气忽冷忽热	Zuìjìn de tiānqì hū lěng hū rè.	最近、天気は寒くなったり暑くなったりする
忽然 hūrán 副	思いがけなく、突然	suddenly
忽然想起了那件事儿	Hūrán xiǎngqǐle nàjiàn shìr.	ふとあの事件を思い出した
忽视 hūshì 動	軽視〔無視〕する	make light of; ignore
胡乱 húluàn 副	いい加減に	carelessly; casually
胡萝卜 húluóbo 名	ニンジン	carrot
胡说 húshuō 動	でたらめを言う	talk nonsense
胡子 húzi 名	ひげ	beard; moustache; whiskers

中	日／ピンイン	英／例文訳
壶 hú 名	やかん；きゅうす	kettle; pot
湖 hú 名	湖, 湖水	lake
蝴蝶 húdié 名	蝶, チョウ	butterfly
糊涂 hútu 形	1. 愚かだ, ばかな	silly
〃	2. でたらめである	muddled; confused
★互联网 hùliánwǎng 名	インターネット	Internet
互相 hùxiāng 副	相互〔お互い〕に	mutually; each other
互相帮助	hùxiāng bāngzhù	互いに手伝う
★户 hù 量	(家や世帯)…戸	
户口 hùkǒu 名	(住戸と住人の総称)戸籍	census registration; registered residence
报户口	bào hùkǒu	住民登録する
护士 hùshi 名	看護人, 看護師	nurse
护照 hùzhào 名	パスポート, 旅券	passport
★花 huā 名	花；模様, 柄	flower; pattern
〃 形	1. 派手な模様のついた	multicoloured; variegated
〃	2. 目がかすむ, ぼやける	blurred; dim
〃 動	費やす, 遣う	spend; expend
花时间	huā shíjiān	時間を費やす
花费 huāfèi 動	遣う, 費やす	spend

中	日/ピンイン	英/例文訳
花费 huāfèi 名	費用, コスト	charge; expense; cost
花生 huāshēng 名	落花生；ピーナッツ	peanut
花样 huāyàng 名	模様, 柄	(floral) design; pattern
花园 huāyuán 名	花園, 庭園	flower garden; garden
划 huá 動	1. [とがった][ものでこする, 切る	scratch; cut
〃	2. こぐ；(水を)かく	paddle; row
华侨 huáqiáo 名	海外在住中国人	overseas Chinese
华人 huárén 名	海外の中国系住民	foreign citizens of Chinese origin
滑 huá 形	滑らかである	smooth
〃 動	滑る	slip
滑冰 huá//bīng 動	スケートをする	skate; skate on ice
〃 huábīng 名	スケート	ice skating; skating
滑雪 huá//xuě 動	スキーをする	ski
〃 huáxuě 名	スキー	skiing
★化 huà 動	(熱で)溶ける	melt
化学 huàxué 名	化学, ケミカル	chemistry
化验 huàyàn 動	化学検査をする	have a chemical examination
划 huà 動	分ける, 区分する	differentiate
★画 huà 動	描く, 印をつける	draw; paint; write sth. as a mark

中	日／ピンイン	英／例文訳
画 huà 名	絵, 絵画	drawing; painting
画报 huàbào 名	画報, グラフ雑誌	illustrated magazine; pictorial magazine
画蛇添足 huà shé tiān zú (成)	蛇足を加える	paint the lily; make unnecessary additions
★话 huà 名	言葉, 話	word; remark
话剧 huàjù 名	現代劇, 新劇	modern drama; stage play
怀 huái 名	胸; ふところ	chest; bosom
〃 動	身ごもる; 心に抱く	conceive (a child); cherish
怀念 huáiniàn 動	恋しく思う	cherish the memory of; miss
怀念故乡	huáiniàn gùxiāng	故郷をしのぶ
坏 huài 形	悪い; 壊れている	bad; out of order
她脾气很坏	Tā píqi hěn huài.	彼女は気性が荒い
〃 動	壊す, だめにする	spoil; ruin
坏处 huàichu 名	不利な点; 悪い所	disadvantage; harm
坏蛋 huàidàn 名	悪人, ろくでなし	bastard; rascal
欢送 huānsòng 動	歓送〔送別〕する	send off; bid farewell
★欢迎 huānyíng 動	歓迎する	welcome; greet
热烈欢迎	rèliè huānyíng	熱烈に歓迎する
还 huán 動	返却〔返済〕する	return; repay
还钱	huán qián	金を返す

中	日／ピンイン	英／例文訳
ホアン ★环 huán　［量］	(環状のもの)…輪	ring; loop
ホアンバオ 环保 huánbǎo　［名］	環境保護	environmental protection
ホアンジン ★环境 huánjìng　［名］	周囲の状況；環境	environment; surroundings
缓慢 huǎnmàn　［形］	緩慢である, 遅い	slow
ホアン ★换 huàn　［動］	交換する；取り替える	exchange; change
换衣服 huàn yīfu	着替えをする
ホアン ★患 huàn　［動］	患う,(病気に)かかる	suffer
患病 huàn bìng	病気にかかる
ホアン 慌 huāng　［形］	慌てている	panicky; flurried
ホアンディー 皇帝 huángdì　［名］	皇帝, エンペラー	emperor
ホアン ★黄 huáng　［形］	黄色い	yellow
〃　［動］	だめ〔ふい〕になる	fall through
ホアングア 黄瓜 huáng·guā　［名］	キュウリ	cucumber
ホアンヨウ 黄油 huángyóu　［名］	バター；グリース	butter; grease
ホイ 灰 huī　［名］	灰；ほこり	ash; dust
〃　［形］	グレー〔灰色〕の	gray
ホイチェン 灰尘 huīchén　［名］	ほこり	dust; dirt
ホイシン 灰心 huī//xīn　［動］	がっかり〔気落ち〕する	be disappointed
ホイ 挥 huī　［動］	振る, 振り回す	wave; shake

中	日/ピンイン	英/例文訳
挥手	huī shǒu	手を振る
★恢复 huīfù 動	回復する；回復させる	recover; regain; restore
辉煌 huīhuáng 形	光り輝いている	brilliant; splendid
★回 huí 動	1. 帰る, 戻る	return; turn round
回家	huí jiā	家へ帰る
〃	2. 返事をする	reply
给他回了一封信	Gěi tā huíle yī fēng xìn.	彼に返事を書いた
〃 量	[動作や事柄]…回, …度	
★回答 huídá 動	回答〔返答〕する	answer; reply
回答问题	huídá wèntí	問いに答える
★回来 huí//·lái 動	帰って〔戻って〕くる	return; come back
我回来了	Wǒ huí·lái le.	ただいま(帰りました)
你回来了	Nǐ huí·lái le.	お帰りなさい
走回来	zǒuhuílai	歩いて戻ってくる
回去 huí//·qù 動	帰って〔戻って〕いく	return; go back
她回去了	Tā huí·qù le.	彼女は帰ってしまった
回头 huí//tóu 動	振り返る；振り向く	turn round
〃 副	後ほど, 後で	later
回头见!	Huítóu jiàn!	また後で

中	日／ピンイン	英／例文訳
回想 huíxiǎng 動	回想する，思い出す	think back; recall
回信 huí//xìn 動	返事〔返信〕をする	reply; write back
〃 huíxìn 名	返事，返信	reply; letter in reply
回忆 huíyì 動	思い出す，追憶する	call to mind; recall
汇报 huìbào 動	(上役などに)報告する	report
汇款 huì//kuǎn 動	為替の送金をする	make a remittance
〃 huìkuǎn 名	為替の送金	remittance
★会 huì 動	1. …することができる	can; be able to
她会开车	Tā huì kāi chē.	彼女は車の運転ができる
〃	2. …する可能性がある	be likely to
今天会下雨的	Jīntiān huì xiàyǔ de.	きょうは雨になりそうだ
〃	3. (よく)できる	have knowledge of; be acquainted with
我会汉语	Wǒ huì Hànyǔ.	私は中国語ができる
〃 名	会議，会合，集会	meeting; conference
会话 huìhuà 動·名	会話(する)	have a conversation; conversation
用日语会话	yòng Rìyǔ huìhuà	日本語で会話する
会见 huìjiàn 動	会見〔面会〕する	meet with
会客 huì//kè 動	客に会う〔面会する〕	receive a visitor
★会谈 huìtán 動	会談する，話し合う	have a talk

中	日／ピンイン	英／例文訳
★**会议** huìyì 名	会議, ミーティング	meeting; conference
昏 hūn 形	意識がぼんやりする	confused; dizzy
〃 動	気を失う, 失神する	faint
昏迷 hūnmí 動	意識不明になる	be unconscious; be in a coma
婚礼 hūnlǐ 名	結婚式, 婚礼	wedding ceremony
举行婚礼	jǔxíng hūnlǐ	結婚式を挙げる
婚姻 hūnyīn 名	婚姻, 結婚	marriage
浑身 húnshēn 名	全身, 体中	from head to foot; all over
浑身没劲儿	húnshēn méi jìnr	全身がだるい
混 hùn 動	1. 混ぜる；混じる	mix
〃	2. 無駄に時を過ごす	loiter away
混乱 hùnluàn 形	混乱している	disordered; chaotic
★**活** huó 動	生きる, 生存する	live
那只金鱼只活了一个月	Nà zhī jīnyú zhǐ huóle yī ge yuè.	その金魚は1か月しか生きられなかった
〃 形	生き生きとしている	vivid; lively
写得很活	xiě de hěn huó	生き生きと書かれている
〃 名	仕事, 肉体労働	work
★**活动** huó·dòng 動	体を動かす	move about
〃 形	融通性がある	flexible; unsteady

huó·dòng 活火伙或

中	日／ピンイン	英／例文訳
活动 huó·dòng 名	活動	activity
活该 huógāi 動	当たり前〔当然〕だ	serve right
活泼 huó·pō 形	活発である	lively; vivid
活跃 huóyuè 形	活発である；活躍している	active; dynamic
〃 動	活躍する；活性化する	animate; stimulate
★**火** huǒ 名	火	fire
火灭了	huǒ miè le	火が消えた
〃 動	かっとなる, 怒る	
〃 形	盛ん〔ブーム〕である	flourishing; thriving
买卖很火	mǎimai hěn huǒ	商売が繁盛している
火柴 huǒchái 名	マッチ	match
★**火车** huǒchē 名	汽車；列車	train
火车站 huǒchēzhàn 名	駅, 停車場	station
★**火箭** huǒjiàn 名	ロケット	rocket
伙伴 huǒbàn 名	仲間, 同僚	partner; companion
伙食 huǒ·shí 名	賄い, 食事	food; board
伙食费	huǒ·shífèi	食費
★**或** huò 副	…かもしれない	perhaps; maybe
〃 接	あるいは, もしくは	or; either... or...

中	日／ピンイン	英／例文訳
或者 huòzhě 副	もしかすると	perhaps; maybe
〃 接	…かあるいは；または	or; either... or...
我明天或者后天去看你	Wǒ míngtiān huòzhě hòutiān qù kàn nǐ.	私は明日か明後日、君に会いに行く
货 huò 名	商品，品物	goods; product
订货	dìng huò	品物を注文する
货币 huòbì 名	貨幣，お金	currency; money
货物 huòwù 名	商品，品物	goods; merchandise
获得 huòdé 動	獲得する，得る	gain; win
获得好评	huòdé hǎopíng	好評を博する

J, j

几乎 jīhū 副	1. ほとんど，ほぼ	almost; nearly
几乎一样	jīhū yīyàng	ほとんど同じ
〃	2. もう少しで，危うく	almost; nearly
几乎摔倒	jīhū shuāidǎo	危うく転ぶところだった
机场 jīchǎng 名	空港，飛行場	airport
机床 jīchuáng 名	旋盤；工作機械	lathe; machine tool
机构 jīgòu 名	メカニズム；機関・団体	mechanism; organization
机关 jīguān 名	装置；機構；役所	mechanism; organ; agency; office

中	日／ピンイン	英／例文訳
★**机会** jīhuì [名]	機会, チャンス	chance; opportunity
抓住机会	zhuāzhù jīhuì	チャンスをつかむ
机灵 jīling [形]	利口である, 賢い	clever; smart
机器 jī·qì [名]	機械；機関	machine; machinery; apparatus
机械 jīxiè [名]	機械；装置	machine
★**机制** jīzhì [形]	機械製の, 機械で	machine-made
〃 [名]	メカニズム；構造	mechanism
鸡 jī [名]	鶏, ニワトリ	chicken
鸡蛋 jīdàn [名]	鶏卵, たまご	egg
★**积极** jījí [形]	積極的〔肯定的〕である	active; positive
给予积极评价	jǐyǔ jījí píngjià	プラス評価を与える
积累 jīlěi [動]	蓄積する, 積み重ねる	accumulate
★**基本** jīběn [形]	根本的な；主要な	basic; main
〃 [副]	だいたい, いちおう	basically; on the whole
基本同意	jīběn tóngyì	おおむね同意する
★**基础** jīchǔ [名]	基礎；基点	foundation; base
打好基础	dǎhǎo jīchǔ	基礎を築く
★**基金** jījīn [名]	基金, ファンド	fund
激动 jīdòng [動]	感動する；感動させる	be moved; excite; stir

中	日／ピンイン	英／例文訳
激励 jīlì 動	激励する，励ます	encourage
★激烈 jīliè 形	激しい，激烈である	intense; fierce
激烈地辩论	jīliè de biànlùn	激しく論じ合う
★及 jí 接	および	and
本人及其家属	běnrén jí qí jiāshǔ	本人およびその家族
及格 jí//gé 動	合格〔及第〕する	pass a test
★及时 jíshí 形	ちょうど良いときに	timely; in good time
你来得很及时	Nǐ láide hěn jíshí.	君はちょうど良いときに来た
〃 副	早速，すぐに	promptly
吉利 jílì 形	縁起がよい，めでたい	lucky; fortunate
★级 jí 名	学年，入学年度	course; grade; class
〃 量	［段階・ランク］…級，…等	step; stage
★极 jí 副	極めて，とても	extremely; very
极有特色	jí yǒu tèsè	極めて特色ある
极了 jíle (型)	とても，実に	extremely
高兴极了	gāoxìng jíle	実にうれしい
极其 jíqí 副	極めて，たいへんに	most; extremely
极其重视	jíqí zhòngshì	極めて重視する
即 jí 動	すなわち…である	mean; that is

中	日／ピンイン	英／例文訳
即 jí 副	すぐに, 直ちに	immediately
★即使 jíshǐ 接	たとえ…としても	even if; even though
即使下雨, 我也要去	Jíshǐ xiàyǔ, wǒ yě yào qù.	雨が降ろうと私は行く
★急 jí 形	せっかちである	impatient
〃 動	いらだつ, 焦る	be impatient; worry
急忙 jímáng 形	慌ただしい	in a hurry; hastily
集合 jíhé 動	集合する; 集める	gather; collect
★集体 jítǐ 名	集団, 組織	collective
集团 jítuán 名	集団, グループ	group; circle
★集中 jízhōng 動	集める; まとめる	concentrate; put together
〃 形	集中している	concentrated
嫉妒 jídù 動	嫉妬する, 妬ける	be jealous of; envy
★几 jǐ 数	いくつ; いくら	how many
现在几点钟？	Xiànzài jǐdiǎn zhōng?	今, 何時ですか
几时 jǐshí 代	いつごろ; いつでも	what time; when; whenever
挤 jǐ 動	1. ぎっしり詰まる	cram
〃	2. 押し合いをする	push
〃	3. 搾り出す	squeeze
挤牛奶	jǐ niúnǎi	牛乳を搾る

中	日／ピンイン	英／例文訳
挤 jǐ 形	混んでいる	crowded
★计划 jìhuà 動・名	計画(する)	plan; project
★计算 jìsuàn 動	計算する；思案する	calculate; consider; plan
计算机 jìsuànjī 名	コンピュータ	computer
★记 jì 動	覚える；書き留める	remember; bear in mind; write down
记错了 jìcuòle		思い違いをする
记在纸上 jì zài zhǐshang		紙に書き留める
记得 jide 動	覚えている	remember
记录 jìlù 動・名	記録(する)	take notes; record
打破记录 dǎpò jìlù		記録を破る
记性 jìxing 名	記憶力	memory
记忆 jìyì 動	思い起こす, 覚える	remember; recall
〃 名	記憶, 思い出	memory
失去记忆 shīqù jìyì		記憶を失う
★记者 jìzhě 名	記者, ジャーナリスト	reporter; journalist
纪律 jìlù 名	規律	discipline
纪念 jìniàn 動・名	記念する；記念(品)	commemorate; souvenir
技巧 jìqiǎo 名	技巧, テクニック	skill; technique
★技术 jìshù 名	技術, テクノロジー	technique; technology

中	日／ピンイン	英／例文訳
技术员 jìshùyuán 名	技術者, 技術要員	technician
系 jì 動	結ぶ, 締める	tie; fasten
系领带	jì lǐngdài	ネクタイを締める
忌妒 jìdu 動	ねたむ, そねむ	be jealous of; envy
季节 jìjié 名	季節, シーズン	season
★既 jì 副	…の上に…でもある	both... and...; as well as
既漂亮, 又聪明	jì piàoliang, yòu cōngming	きれいな上に賢くもある
既然 jìrán 接	…である以上	since; now that
既然决定了就不要放弃	Jìrán juédìngle jiù bùyào fàngqì.	決めた以上, 決して断念するな
★继续 jìxù 動	続く, 継続する	continue
寄 jì 動	郵送する；物を預ける	send; post; deposit
寄信	jì xìn	手紙を出す
★加 jiā 動	足す, 加える；増える	add; plus; increase
加班 jiā//bān 動	残業〔超過勤務〕する	work overtime
加工 jiā//gōng 動	加工〔仕上げ〕をする	process; finish; refine
★加强 jiāqiáng 動	強める, 強化する	strengthen
加强管理	jiāqiáng guǎnlǐ	管理を強化する
加以 jiāyǐ 動	[ある行]行う, する[為を]	make; turn to
加以说明	jiāyǐ shuōmíng	説明をする

中	日／ピンイン	英／例文訳
加油 jiā//yóu 動	1. 給油する	refuel
〃	2. 頑張る；頑張れ！	make an extra effort; Hang in there!
夹 jiā 動	挟む；わきに抱える	pinch; carry under one's arm
★家 jiā 名	家庭，家	family; home
我家有六口人	Wǒ jiā yǒu liù kǒu rén.	我が家は6人家族です
〃 量	[家庭・企業]…軒，…社	
家电 jiādiàn 名	家庭電化製品，家電	household appliance
家具 jiā·jù 名	家具	furniture
★家庭 jiātíng 名	家庭；家族	family; household
家乡 jiāxiāng 名	故郷，郷里	hometown
★假 jiǎ 形	偽〔偽り〕である	false; fake
★价格 jiàgé 名	価格，値段	price
价钱 jià·qián 名	値段，値	price
★价值 jiàzhí 名	価値，値打ち	value; worth
驾驶 jiàshǐ 動	運転〔操縦〕する	drive; pilot
★架 jià 動	架設する；支える	put up; support
架桥	jià qiáo	橋を架ける
〃 量	[支えのついたものや機械]…棚，…台	
嫁 jià 動	嫁ぐ，嫁に行く	marry

jiān　　　　　　　　　　　　　　　　　　　　　　尖坚间肩艰监拣

中	日/ピンイン	英/例文訳
尖 jiān 形	とがっている, 鋭い	pointed; sharp
尖锐 jiānruì 形	鋭敏である；甲高い	sharp-pointed; keen; shrill
★坚持 jiānchí 動	堅持する；やり通す	persist in; stick to; uphold
坚持原则	jiānchí yuánzé	原則を固く守る
坚定 jiāndìng 形	[意志などが]しっかりしている	firm
立场坚定	lìchǎng jiāndìng	立場が確固としている
〃 動	かためる	strengthen; fortify
坚定信念	jiāndìng xìnniàn	信念をかためる
坚决 jiānjué 形	[態度などが]断固としている	firm; determined
态度坚决	tàidu jiānjué	態度がきっぱりしている
坚强 jiānqiáng 形	[意志などが]強固である	strong; firm
坚强不屈	jiānqiáng bùqū	頑として屈しない
★间 jiān 量	[部屋]…間, …部屋	
肩膀 jiānbǎng 名	肩	shoulder
肩膀酸痛	jiānbǎng suāntòng	肩がこる
艰苦 jiānkǔ 形	[生活 こと が]厳しい, 苦しい	difficult; tough
艰难 jiānnán 形	苦難に満ちている	difficult; hard
★监督 jiāndū 動	監督する	supervise; control
拣 jiǎn 動	選ぶ；拾う	choose; pick up

中	日／ピンイン	英／例文訳
ジェン 捡 jiǎn　動	拾う	pick up; collect
捡了个钱包	jiǎnle ge qiánbāo	財布を拾った
ジェンチャー ★検査 jiǎnchá　動	検査〔点検〕する	check; examine
ジェンタオ 検討 jiǎntǎo　動	反省〔検討〕する	make self-criticism; examine critically
ジェン ★减 jiǎn　動	減らす；減る	reduce; deduct; decrease
ジェンチン 减轻 jiǎnqīng　動	軽減する, 軽くする	lighten; ease
减轻负担	jiǎnqīng fùdān	負担を軽くする
ジェンシャオ ★减少 jiǎnshǎo　動	減らす；減る	reduce; decrease
减少人员	jiǎnshǎo rényuán	人員を減らす
ジェン 剪 jiǎn　動	(はさみで)切る	cut; trim
剪指甲	jiǎn zhǐjia	爪を切る
ジェンダオ 剪刀 jiǎndāo　名	はさみ	scissors
ジェンダン ★简单 jiǎndān　形	簡単〔単純〕である	simple; ordinary
ジエンジー 简直 jiǎnzhí　副	まるで, まったく	just; simply
简直跟真的一样	jiǎnzhí gēn zhēnde yīyàng	まるで本物のようだ
ジェン ★见 jiàn　動	会う；目に入る	meet; see
钢笔不见了	Gāngbǐ bù jiàn le.	万年筆が見当たらない
ジェンジエ 见解 jiànjiě　名	見解, 見方；考え方	view; viewpoint
ジエンミエン 见面 jiàn//miàn　動	対面する, 会う	meet; see

jiàn

中	日／ピンイン	英／例文訳
我们昨天见面了	Wǒmen zuótiān jiànmiàn le.	私たちは昨日顔合わせした
★**件** jiàn 　量	1. [事柄・文書]…件	
一件事	yī jiàn shì	一つの事柄
〃	2. [衣類]…枚，…着	piece
三件衣服	sān jiàn yīfu	3着の服
★**建立** jiànlì 　動	打ち立てる；形成する	build; establish
★**建设** jiànshè 　動	[大規模なものを]建設する	build; construct
★**建议** jiànyì 　動・名	提案(する)	propose; suggest; proposal
★**建筑** jiànzhù 　動・名	建築する；建築(物)	build; construct; building
★**健康** jiànkāng 　形	健康〔健全〕である	healthy; sound
健全 jiànquán 　形	健全である；整っている	sound; perfect
〃 　動	健全にする；整える	improve
渐渐 jiànjiàn 　副	だんだん，しだいに	gradually; little by little
渐渐习惯了	jiànjiàn xíguàn le	だんだん慣れてきた
★**鉴定** jiàndìng 　動・名	評定〔鑑定〕(する)	appraise; identify; appraisal
江 jiāng 　名	大きな川	river
将来 jiānglái 　名	将来，未来	future
姜 jiāng 　名	生薑，ショウガ	ginger
★**讲** jiǎng 　動	話す；説明する	talk; explain

中	日／ピンイン	英／例文訳
讲笑话	jiǎng xiàohua	笑い話をする
★讲话 jiǎng//huà 動	演説〔講演〕する	speak; address
〃 jiǎnghuà 名	演説，講演	speech; address
讲究 jiǎngjiu 動	重視する；気をつける	be particular about; pay attention to
讲究卫生	jiǎngjiu wèishēng	衛生に気をつける
〃 形	(服装などに)こだわりがある	exquisite; tasteful
讲座 jiǎngzuò 名	講座	lecture; course of lectures
奖 jiǎng 動	表彰〔奨励〕する	praise; reward
〃 名	賞，賞品，ほうび	award; prize; bonus
★奖金 jiǎngjīn 名	賞金；ボーナス	money award; bonus
奖励 jiǎnglì 動・名	奨励〔報償〕(する)	reward; award
奖品 jiǎngpǐn 名	賞品	prize; award
★降 jiàng 動	落ちる；落とす	fall; drop; lower
★降低 jiàngdī 動	下がる；下げる	reduce; lower
温度降低了	wēndù jiàngdī le	気温が下がった
降低物价	jiàngdī wùjià	物価を下げる
酱油 jiàngyóu 名	醤油	soy sauce
糨糊 jiànghu 名	のり，ペースト	paste
★交 jiāo 動	1. 引き渡す，納める	hand in; give

中	日／ピンイン	英／例文訳
交学费	jiāo xuéfèi	学費を納める
交 jiāo 動	2. 交際する	associate with
交朋友	jiāo péngyou	友達になる
交代 jiāodài 動	1. 引き継ぐ	hand over
〃	2. 説明〔白状〕する	explain; confess
交换 jiāohuàn 動	交換する，交わす	exchange
交际 jiāojì 動	交際する，付き合う	associate with
★**交流** jiāoliú 動	交流する，取り交わす	exchange
交流经验	jiāoliú jīngyàn	互いの経験を話し合う
交谈 jiāotán 動	話し合う，語り合う	talk; converse
★**交通** jiāotōng 名	交通	traffic
交通堵塞	jiāotōng dǔsè	交通が渋滞する
交往 jiāowǎng 動	付き合う，交際する	associate with
★**交易** jiāoyì 名	取引；交易	business; trade; deal
郊区 jiāoqū 名	郊外地区，近郊	suburban district
浇 jiāo 動	（水を）かける	pour; sprinkle
浇花	jiāo huā	花に水をやる
骄傲 jiāo'ào 形	傲慢である	arrogant
〃 動・名	誇り（に思う）	be proud; pride

中	日／ピンイン	英／例文訳
胶带 jiāodài 名	ガムテープ	adhesive tape
胶卷 jiāojuǎn 名	(写真用の)フィルム	roll film, film
胶水 jiāoshuǐ 名	のり，ゴムのり	mucilage; glue
★教 jiāo 動	教える	teach; instruct
教书	jiāo shū	教鞭をとる
角 jiāo 名	つの；かど，隅	horn; corner; angle
〃 量	[貨幣単位．元の10分の一]…角	jiao
角落 jiǎoluò 名	隅の方；へんぴな所	corner; remote place
狡猾 jiǎohuá 形	ずる賢い，狡猾である	sly; cunning
饺子 jiǎozi 名	餃子，ギョーザ	dumpling; ravioli
包饺子	bāo jiǎozi	ギョーザを作る
★脚 jiǎo 名	足；物の下部	foot; base
脚步 jiǎobù 名	歩幅；足どり	stride; footstep; pace
★叫 jiào 動	1.(名前は)…という	name
我叫林金华	Wǒ jiào Lín Jīnhuá.	私は林金華といいます
〃	2. 呼ぶ；叫ぶ，鳴く	call; shout; cry
〃	3. …に…させる	let; allow
〃 前	…に…される	
他叫人打了	Tā jiào rén dǎ le.	彼はぶたれた

中	日／ピンイン	英／例文訳
叫做 jiàozuò 動	…と呼ばれる〔いう〕	be called; be known as
教材 jiàocái 名	教材	teaching material; textbook
教导 jiàodǎo 動	教え導く, 教える	give guidance; teach
★教练 jiàoliàn 動·名	コーチ(をする)	train; coach
★教师 jiàoshī 名	教師, 教員	teacher
教室 jiàoshì 名	教室, クラスルーム	classroom
★教授 jiàoshòu 動·名	教える；教授	instruct; teach; professor
副教授	fùjiàoshòu	准教授
教堂 jiàotáng 名	教会, 礼拝堂	church; cathedral; chapel
★教学 jiàoxué 名	教学, 教育	teaching and studying; education
教训 jiàoxun 動	教えさとす；しかる	teach a lesson
教训孩子	jiàoxun háizi	子供をしかる
〃 名	教訓	lesson; moral
★教育 jiàoyù 動·名	教育(する)	teach; educate; education
教员 jiàoyuán 名	教員, 教師	teacher; instructor
★阶段 jiēduàn 名	段階, ステージ	stage; phase
阶级 jiējí 名	階級	(social) class
工人阶级	gōngrén jiējí	労働者階級
结实 jiēshi 形	丈夫である	strong; tough

中	日／ピンイン	英／例文訳
★接 jiē 動	1. つなぐ；続ける	connect; follow
请您接着说	Qǐng nín jiēzhe shuō.	どうぞ続いてお話しください
〃	2. 受け取る；出迎える	receive; welcome
接电话	jiē diànhuà	電話に出る
★接触 jiēchù 動	触れる；接触する	touch; come into contact with
接待 jiēdài 動	接待する；受け入れる	host; admit
接到 jiē//dào 動	受け取る，受ける	receive
接见 jiējiàn 動	接見〔面会〕する	receive; grant an interview to
★接近 jiējìn 動	接近する，近寄る	approach
电影已经接近尾声了	Diànyǐng yǐjīng jiējìn wěishēng le.	映画はすでに終わりに近づいている
〃 形	近い，似ている	close; similar
我们的意见比较接近	Wǒmen de yìjiàn bǐjiào jiējìn.	我々の意見はわりと似ている
接连 jiēlián 副	たて続けに	in succession
接连不断	jiēlián bùduàn	ひっきりなしに
★接受 jiēshòu 動	受け取る〔入れる〕	accept
接着 jiēzhe 副	続けて，そのまま	successively
明天接着开会	Míngtiān jiēzhe kāihuì.	明日も引き続き会議を行う
〃 接	(引き)続いて	and then
揭露 jiēlù 動	暴き〔明るみに〕出す	expose; bring to light

中	日／ピンイン	英／例文訳
★街 jiē 名	大通り, 街	street
上街	shàng jiē	街へ行く
★街道 jiēdào 名	街路；町内	street; neighborhood
★节 jié 名	祝祭日, 記念日	festival; holiday
过节	guò jié	祝日を祝う
〃 量	[区切り]…節, …こま	section; length
第一节课	dì yī jié kè	1時限目
★节目 jiémù 名	番組, プログラム	program
★节能 jiénéng 動	省エネする	save energy
节日 jiérì 名	祭日, 祝日	festival; holiday
节省 jiéshěng 動	節約〔倹約〕する	economize; save
节省开支	jiéshěng kāizhī	出費を抑える
节约 jiéyuē 動	節約する	economize; save
节约用电	jiéyuē yòng diàn	節電する
洁白 jiébái 形	純白〔純真〕である	pure white; pure
★结构 jiégòu 名	構成, 仕組み；構造	structure; construction
★结果 jiéguǒ 名	結果	result; outcome
〃 接	結局, あげくの果て	finally
★结合 jiéhé 動	結びつける, 結合する	combine

中	日／ピンイン	英／例文訳
★结婚 jié//hūn 動	結婚する	marry; get married
跟她结婚 gēn tā jiéhūn	彼女と結婚する	
结论 jiélùn 名	結論	conclusion
下结论 xià jiélùn	結論を下す	
★结束 jiéshù 動	終わる；終わらせる	end; finish
考试结束了 kǎoshì jiéshù le	試験が終わった	
姐姐 jiějie 名	姉；お姉さん	older sister
姐妹 jiěmèi 名	姉妹, 女きょうだい	sisters
解 jiě 動	解く；取り除く	untie; separate; remove
解开绳子 jiěkāi shéngzi	ひもをほどく	
解答 jiědá 動	解答する, 答える	answer
解放 jiěfàng 動	解放する, 解き放つ	liberate; free
★解决 jiějué 動	解決する, 解く	solve; resolve
解决问题 jiějué wèntí	問題を解決する	
★解释 jiěshì 動	解釈〔釈明〕する	interpret; explain
★介绍 jièshào 動	紹介する；持ち込む	introduce
自我介绍 zìwǒ jièshào	自己紹介する	
戒 jiè 動	[悪習を]断つ, 止める	give up; stop
戒烟 jiè yān	禁煙する	

中	日／ピンイン	英／例文訳
★届 jiè 〔量〕	[定期会・議など]…期，…年度	session; class
★借 jiè 〔動〕	借りる；貸す	borrow; lend
借钱	jiè qián	金を借りる
借口 jièkǒu 〔動·名〕	口実(にする)	use as an excuse; excuse
找借口	zhǎo jièkǒu	口実を探す
斤 jīn 〔量〕	[1"斤"は500グラム]…斤	jin
★今后 jīnhòu 〔名〕	今後，以後	from now on; hereafter
★今年 jīnnián 〔名〕	今年	this year
★今天 jīntiān 〔名〕	きょう；現在	today; present; current
★金 jīn 〔形〕	金の，ゴールドの	gold
★金融 jīnróng 〔名〕	金融，ファイナンス	finance; banking
金属 jīnshǔ 〔名〕	金属，メタル	metal
仅 jǐn 〔副〕	ただ，たった，わずか	just; only
★仅仅 jǐnjǐn 〔副〕	わずかに…だけ	only; merely
仅仅一个月就倒闭了	Jǐnjǐn yī ge yuè jiù dǎobì le.	わずか1か月で倒産した
★尽 jǐn 〔動〕	最大限力を尽くす	do all in one's power
我尽了力	Wǒ jǐnle lì.	全力を尽くした
★尽管 jǐnguǎn 〔副〕	遠慮なく，かまわずに	feel free to
有困难请尽管说	Yǒu kùnnan qǐng jǐnguǎn shuō.	困ることがあれば遠慮なく言ってください

中	日／ピンイン		英／例文訳
尽管 jǐnguǎn	接	…だけれども	though; even though
尽量 jǐnliàng	副	できるだけ, 極力	to the best of one's ability; as far as possible
紧 jǐn	形	きつい；切迫している	tight; urgent
★紧张 jǐnzhāng	形	緊張している；余裕がない	nervous; tense; tight
谨慎 jǐnshèn	形	慎重である；慎み深い	prudent; careful
★尽 jìn	動	尽きる；出しきる	use up; do all one can
〃	副	すべて, ことごとく	all; entirely
尽力 jìn//lì	動	全力を尽くす	do all one can; try one's best
★进 jìn	動	入る；進む	enter; advance
★进步 jìnbù	動	進歩する, 進む	advance; progress
〃	形	進歩〔先進〕的である	progressive
★进攻 jìngōng	動	進撃する；攻勢に出る	attack; assault
进化 jìnhuà	動・名	進化（する）	evolve; develop; evolution
★进口 jìn//kǒu	動	輸入する	import
进来 jìn//·lái	動	入ってくる	come in
进去 jìn//·qù	動	入っていく	go in
★进入 jìnrù	動	入る, 進出する	enter; get into
进入新时期		jìnrù xīn shíqī	新たな時代に入る
★进行 jìnxíng	動	（活動を）行う, 進める	carry on; conduct

中	日／ピンイン	英／例文訳
对预算进行审查	duì yùsuàn jìnxíng shěnchá	予算の審査を行う
进修 jìnxiū 動	研修を受ける	engage in advanced study
★进一步 jìnyībù 副	さらに, いっそう	further
★近 jìn 形	近い; 親しい	near; close
〃 動	近づく, 接近する	approach
年近五十	nián jìn wǔshí	年は50に近い
近来 jìnlái 名	近ごろ, このごろ	nowadays; today
劲 jìn 名	力, 元気; おもしろみ	strength; energy; interest
下棋没劲	xià qí méi jìn	囲碁なんかつまらない
禁止 jìnzhǐ 動	禁止する, 許さない	prohibit; forbid
★经 jīng 動	経過〔経験〕する	undergo; pass through
★经常 jīngcháng 形	平常〔日常〕の	regular; day-to-day
〃 副	いつも, しょっちゅう	frequently; often
成都经常下雾	Chéngdū jīngcháng xià wù.	成都はよく霧がかかる
★经过 jīngguò 動	通過する, 経る	pass; go through
〃 名	経過, いきさつ	process; course
★经济 jīngjì 名	経済; 生活, 暮らし	economy; financial condition
〃 形	経済的である	economical; frugal
经济实惠	jīngjì shíhuì	安くて量も多い

中	日／ピンイン	英／例文訳
★ 经理 jīnglǐ 動·名	経営する；経営者	handle; manage; manager
★ 经历 jīnglì 動·名	経験する；経歴，経験	go through; experience
★ 经验 jīngyàn 動·名	経験〔体験〕(する)	experience
经验丰富	jīngyàn fēngfù	経験が豊かだ
★ 经营 jīngyíng 動	経営〔運営〕する	manage; run
惊人 jīngrén 形	驚異的である	astonishing; amazing
惊讶 jīngyà 形	いぶかしい, 不思議がる	surprised; amazed
★ 精彩 jīngcǎi 形	精彩を放っている	brilliant; splendid
精彩的演出	jīngcǎi de yǎnchū	すばらしい公演
精力 jīnglì 名	精力, 体力と気力	energy; vitality
精力充沛	jīnglì chōngpèi	元気があふれている
★ 精神 jīngshén 名	精神, 心	spirit; mind
精神面貌	jīngshén miànmào	精神状態
★ 精神 jīngshen 名	活力, 元気	vigor; vitality
打起精神	dǎqǐ jīngshen	元気を出す
〃 形	活力〔元気〕がある	lively; vigorous
精致 jīngzhì 形	巧み〔緻密〕である	fine; delicate
井 jǐng 名	井戸；井戸状のもの	well; sth. in the shape of a well
打井	dǎ jǐng	井戸を掘る

中	日／ピンイン	英／例文訳
★**警察** jǐngchá 名	警察官；警察	policeman; police
★**警方** jǐngfāng 名	警察（側）	police
警告 jǐnggào 動·名	警告（する），注意（する）	warn; caution
净 jìng 形	清潔である；何もない	clean; with nothing left
〃 副	ただ…ばかり，だけ	only; nothing but
他净给我找麻烦	Tā jìng gěi wǒ zhǎo máfan.	彼はいつも僕に迷惑ばかりかけている
竞赛 jìngsài 動·名	競技〔競争〕（する）	compete; contest; competition
★**竞争** jìngzhēng 動	競争する，争う	compete
竟 jìng 副	こともあろうに	unexpectedly
★**竟然** jìngrán 副	意外にも，なんと	unexpectedly; to one's surprise
敬爱 jìng'ài 動	敬愛する	respect and love
静 jìng 形	静かである	quiet; calm
〃 動	静かにする	be quiet
镜子 jìngzi 名	鏡，ミラー	mirror
照镜子	zhào jìngzi	鏡を見る
纠正 jiūzhèng 動	是正する，直す	correct; put right
纠正错误	jiūzhèng cuòwù	誤りを正す
究竟 jiūjìng 副	いったい；結局のところ	actually; after all
★**九** jiǔ 数	9, 九	nine

中	日／ピンイン	英／例文訳
九月	jiǔ yuè	9月
★久 jiǔ 形	時間が長い，久しい	for a long time
很久以前	hěn jiǔ yǐqián	ずいぶん前
韭菜 jiǔcài 名	ニラ	Chinese chives
★酒 jiǔ 名	酒	alcoholic drink; liquor
喝酒	hē jiǔ	酒を飲む
★酒店 jiǔdiàn 名	酒屋；居酒屋；ホテル	wine shop; pub; hotel
★旧 jiù 形	古い；古くなった	old; used
旧房子	jiù fángzi	古い家
救 jiù 動	救う, 助ける	rescue; save
救人	jiù rén	人を救う
★就 jiù 前	…に基づいて〔ついて〕	on; concerning
〃 副	1. すぐに；すでに	at once; already
我就去	Wǒ jiù qù.	僕はすぐ行く
〃	2. ほかでもなく，まさに	exactly; very
〃	3. ただ…だけ	only; just
〃 接	たとえ〔仮に〕…でも	even if
★就是 jiùshì 副	1. わずかに…だけ	only
〃	2. どうしても；どうであれ…	simply

中	日／ピンイン	英／例文訳
我就是不去	Wǒ jiùshì bù qù.	私は絶対に行かない
就是 jiùshì 接	たとえ〔仮に〕…でも	even if
就是白送，我也不要	Jiùshì báisòng, wǒ yě bù yào.	たとえただでも、僕は要らない
就是说 jiùshì shuō 型	つまり，すなわち	that is to say; in other words
就算 jiùsuàn 接	たとえ，かりに…	even if
就算生病也要出席	Jiùsuàn shēngbìng yě yào chūxí.	たとえ病気になろうと出席する
★就业 jiù//yè 動	就職する	find employment; get a job
舅舅 jiùjiu 名	（母方の）おじ	uncle (mother's brother)
舅母 jiùmu 名	（母方のおじの妻）おば	wife of mother's brother; aunt
★居民 jūmín 名	住民，居住民	resident; inhabitant
居然 jūrán 副	思いがけなくも	unexpectedly; to one's surprise
橘子 júzi 名	ミカン，オレンジ	tangerine; orange
举 jǔ 動	持ち上げる；提示する	lift; recommend; cite
★举办 jǔbàn 動	［活動や事業を］行う，始める	conduct; hold; run
★举行 jǔxíng 動	挙行する，行う	hold; conduct
举行足球赛	jǔxíng zúqiúsài	サッカーの試合を行う
★巨大 jùdà 形	極めて大きい	huge; enormous
巨大的成就	jùdà de chéngjiù	極めて大きな成果
句子 jùzi 名	文，センテンス	sentence

中	日／ピンイン	英／例文訳
★**拒绝** jùjué 動	拒否〔拒絶〕する	refuse; reject
★**具备** jùbèi 動	備え持つ，備える	possess; have
★**具体** jùtǐ 形	具体的である	concrete; specific
★**具有** jùyǒu 動	備える，持つ	possess; have
★**俱乐部** jùlèbù 名	クラブ	club
剧场 jùchǎng 名	劇場，シアター	theater
剧院 jùyuàn 名	劇場	theater
★**据** jù 前	…に基づいて〔よって〕	on the grounds of; according to
据调查…	jù diàochá…	調査によると…
据说 jùshuō 動	聞くところによれば…	it is said; they say
★**据悉** jùxī 動	聞くところでは…	it is reported
★**距离** jùlí 動	隔たる，離れる	be apart from
〃 名	隔たり，距離	distance
聚集 jùjí 動	集まる；集める	gather; assemble
聚精会神 jù jīng huì shén 成	精神を集中する	concentrate one's attention
卷 juǎn 動	巻く；巻き込む	roll; curl
决 jué 副	決して，絶対に	definitely; absolutely
决不后悔	jué bù hòuhuǐ	決して後悔しない
★**决定** juédìng 動・名	決定(する)，取り決め(る)	decide; determine; decision

中	日／ピンイン	英／例文訳
我还没决定	Wǒ hái méi juédìng.	私はまだ決めていない
决心 juéxīn 動・名	決心(する)	make up one's mind; determination
下定决心	xiàdìng juéxīn	決心を固める
★觉得 juéde 動	感じる；…と思う	feel; think
我觉得很累	Wǒ juéde hěn lèi.	私は疲れた
觉悟 juéwù 動・名	自覚〔意識〕(する)	become aware of; awareness; consciousness
绝 jué 動	絶える，尽きる	exhaust; use up
〃 副	決して，絶対に	absolutely; on any account
绝不同意	jué bù tóngyì	絶対に賛成しない
★绝对 juéduì 形	絶対的な	absolute
〃 副	絶対に，必ず，きっと	absolutely; definitely
军队 jūnduì 名	軍隊；部隊	army; troops
★军事 jūnshì 名	軍事	military affairs
均匀 jūnyún 形	平均している	even; well-distributed
用力均匀	yònglì jūnyún	力の入れ方にむらがない

K, k

咖啡 kāfēi 名	コーヒー	coffee
咖啡厅 kāfēitīng 名	喫茶店	coffee shop

中	日／ピンイン	英／例文訳
★ 卡 kǎ 〔名〕	1. カード	card
〃	2. カロリー	calorie
卡车 kǎchē 〔名〕	トラック，貨物自動車	truck
★ 开 kāi 〔動〕	1. 開く；開催する	open; hold
开门	kāi mén	ドアを開ける
〃	2. 咲く	bloom
樱花开了	Yīnghuā kāi le.	桜の花が咲いた
〃	3. (スイッチを)入れる	turn on
〃	4. 〔機械などを〕始動させる	start; operate
开汽车	kāi qìchē	車を運転する
开除 kāichú 〔動〕	除名〔解雇〕する	expel; discharge
开刀 kāi//dāo 〔動〕	外科手術を行う	perform 〔have〕 an operation
开动 kāidòng 〔動〕	(機械などを)運転する	start; set in motion
★ 开发 kāifā 〔動〕	開発〔開拓〕する	develop; exploit
开饭 kāi//fàn 〔動〕	食事にする	serve a meal
★ 开放 kāifàng 〔動〕	1. (花が)咲く，開く	come into bloom; blossom
〃	2. 開放〔公開〕する	open
〃 〔形〕	オープン〔開放的〕である	open
开关 kāiguān 〔名〕	スイッチ，ボタン	switch; button

kāi//huì　　　　　　　　　　　　　　　　　　　　　　　　　　　　　　　　　開看

中	日／ピンイン	英／例文訳
カイホイ 开会 kāi//huì 動	会を開く；会議をする	hold a meeting
カイコー 开课 kāi//kè 動	講義を行う〔始める〕	give a course
カイコウ 开口 kāi//kǒu 動	話を始める	start to talk
カイラン 开朗 kāilǎng 形	朗らかである	cheerful
カイムー 开幕 kāi//mù 動	幕が上がる；開会する	begin a performance; open; inaugurate
カイピー 开辟 kāipì 動	切り開く；開設する	open; start
カイシー ★开始 kāishǐ 動	始める；始まる	begin; start
〃 名	最初, 初めのうち	beginning; initial stage
カイシュイ 开水 kāishuǐ 名	湯, さゆ	boiling water; boiled water
カイワンシアオ 开玩笑 kāi wánxiào (型)	冗談を言う, からかう	play a joke; make fun of
别跟我开玩笑	Bié gēn wǒ kāi wánxiào.	冗談はやめてくれ
カイシン 开心 kāixīn 形	愉快である	happy
〃 動	からかう	make fun of
别拿我开心	Bié ná wǒ kāixīn!	私をからかわないで
カイシュエ 开学 kāi//xué 動	学校が始まる	school opens; term begins
カイエン 开演 kāiyǎn 動	開演する	(of a movie, play) begin
カイジャン ★开展 kāizhǎn 動	繰り広げる, 展開する	develop; launch
カン 看 kān 動	見守る；世話をする	look after; take care of
看孩子	kān háizi	子どもの世話をする

140

中	日／ピンイン	英／例文訳
砍 kǎn 動	たたき切る	cut; chop
★ 看 kàn 動	1. 見る；黙読する	see; watch; read
看电视	kàn diànshì	テレビを見る
看书	kàn shū	本を読む
〃	2. 訪問する	visit
〃 助	ちょっと…する, …してみる	try and see; ... and see what'll happen
让我想想看	Ràng wǒ xiǎngxiang kàn.	ちょっと私に考えさせてください
看病 kàn//bìng 動	診察する；診察を受ける	attend to a patient; see a doctor
看不起 kànbuqǐ 動	見下げる, 軽視する	look down upon; despise
★ 看到 kàn//dào 動	見える, 目に入る	see; catch sight of
看法 kàn·fǎ 名	見方, 見解	a way of looking at things; view
看见 kàn//·jiàn 動	目に入る, 見える	catch sight of; see
看不见	kànbujiàn	見えない
★ 看来 kàn·lái (型)	見たところ…のようだ	it seems; it looks as if
看来他不太想去	Kàn·lái tā bù tài xiǎng qù.	どうも彼はあまり行きたくないようだ
看样子 kàn yàngzi (型)	…の様子では	it seems; it appears
看样子他有点儿不高兴	Kàn yàngzi tā yǒudiǎnr bù gāoxìng.	どうも彼は少し機嫌が悪そうだ
康复 kāngfù 名	リハビリ	rehabilitation
〃 動	健康を取り戻す	recover

中	日/ピンイン	英/例文訳
扛 káng 動	(肩で)担ぐ	carry on the shoulder
抗议 kàngyì 動	抗議する	protest
★考 kǎo 動	試験を受ける〔する〕	take〔give〕an examination
考英语 kǎo Yīngyǔ	英語の試験をする	
考上大学 kǎoshàng dàxué	大学に受かる	
★考虑 kǎolǜ 動	考慮する，考える	think over; consider
★考生 kǎoshēng 名	受験生	examinee
★考试 kǎo//shì 動	試験をする〔受ける〕	give〔take〕an examination
〃 kǎoshì 名	試験，テスト	test
考验 kǎoyàn 動	試練を与える，ためす	test; try
烤 kǎo 動	あぶる，焼く	bake; roast
烤肉 kǎo ròu	肉を焼く	
★靠 kào 動	1. 寄りかかる	lean against
〃	2. 頼りにする	depend on
靠大家 kào dàjiā	みんなに頼る	
科 kē 名	[企業など]課；[学術など]科	section; branch of study
★科技 kējì 名	科学技術	science and technology
科技人员 kējì rényuán	科学技術者	
★科学 kēxué 名	科学	science

中	日／ピンイン	英／例文訳
科学 kēxué 形	科学的である	scientific
不科学的解释	bù kēxué de jiěshì	非科学的な説明
科学家 kēxuéjiā 名	科学者	scientist
科学院 kēxuéyuàn 名	アカデミー, 科学院	academy of science
科研 kēyán 名	科学研究	scientific research
科长 kēzhǎng 名	課長	section chief
棵 kē 量	[木や草]…株, …本	
一棵树	yī kē shù	1本の木
颗 kē 量	[粒状のもの]…粒, …個	
两颗钻石	liǎng kē zuànshí	2粒のダイヤモンド
壳 ké 名	殻, 硬い外皮	shell
咳嗽 késou 動	咳をする	cough
★可 kě 動	1. …してよい	can; may
〃	2. …する価値がある	be worth (doing)
这本书可看	Zhè běn shū kě kàn.	この本は読む値打ちがある
〃 副	本当に, ぜひとも	really
可不容易	kě bù róngyì	本当に難しい
可爱 kě'ài 形	かわいい; 愛すべき	lovely; lovable
可不是 kěbushì (型)	そうなんですよ	right; exactly

中	日/ピンイン	英/例文訳
可见 kějiàn 接 (コージエン)	…を見れば…は明らかだ	it is thus clear that
可靠 kěkào 形 (コーカオ)	1. 信頼できる	reliable
〃	2. 確かである	trustworthy
可怜 kělián 形 (コーリエン)	哀れである	pitiful
〃 動	哀れむ	pity
★★**可能** kěnéng 形 (コーノン)	可能である；あり得る	possible
〃 名	可能性，見込み	possibility
〃 副	…かもしれない	probably
可怕 kěpà 形 (コーパー)	恐ろしい，恐るべき	fearful; terrible
★**可是** kěshì 接 (コーシー)	しかし，だが	but; however
可惜 kěxī 形 (コーシー)	惜しい，残念である	unfortunately; it's a pity
可笑 kěxiào 形 (コーシアオ)	おかしい，ばかばかしい	laughable; ridiculous
★**可以** kěyǐ 動 (コーイー)	1. …すると良い	can
你可以坐地铁来	Nǐ kěyǐ zuò dìtiě lái.	地下鉄で来ると良いですよ
〃	2. …してもよい	may
我可以进来吗？	Wǒ kěyǐ jìnlái ma?	入ってもいいですか
〃 形	まあまあ好い	passable; not bad
这张画儿还可以	Zhè zhāng huàr hái kěyǐ.	この絵はまあまあである
渴 kě 形 (コー)	のどが渇いている	thirsty

中	日／ピンイン	英／例文訳
渇望 kěwàng 動	渇望する，切に望む	long for; yearn for
★克 kè 量	グラム	gram
克服 kèfú 動	克服する，打ち勝つ	overcome; conquer
刻 kè 動	刻む，彫る	carve; engrave
刻字	kè zì	字を彫る
〃 量	15分（間）	a quarter (of an hour)
三点三刻	sān diǎn sān kè	3時45分
刻苦 kèkǔ 形	苦労をいとわない	hardworking; painstaking
★客戸 kèhù 名	取引先，得意先	customer
客气 kèqi 形	礼儀正しい，遠慮深い	polite; modest
〃 動	遠慮する，謙遜する	act politely
別客气	Bié kèqi.	ご遠慮なく
客人 kè·rén 名	客，お客さん	visitor; guest
课 kè 名	1. 授業；教科	class; subject
下课	xià kè	授業が終わる
〃	2. [教科書の]課，レッスン	lesson
第一课	dì yī kè	第1課
课本 kèběn 名	教科書	textbook
课程 kèchéng 名	課程，カリキュラム	course; curriculum

中	日／ピンイン	英／例文訳
课程表	kèchéngbiǎo	時間割, カリキュラム表
课文 kèwén 名	(教科書中の)本文	text
肯 kěn 動	1. 喜んで…(する)	be willing to; be ready to
肯努力	kěn nǔlì	すすんで努力する
〃	2. …する気がある	agree
他怎么也不肯去外国	Tā zěnme yě bù kěn qù wàiguó.	彼はどうしても外国へ行こうとしない
★**肯定** kěndìng 動	肯定する	affirm; confirm
〃 形	はっきりしている	positive; certain
〃 副	必ず；まちがいなく	definitely; certainly
肯定成功	kěndìng chénggōng	必ず成功する
坑 kēng 名	地面にできた穴	hole; pit
刨个坑儿	páo ge kēngr	地面に穴を掘る
★**空** kōng 形	空っぽである	empty; void
★**空间** kōngjiān 名	空間；宇宙	space
空气 kōngqì 名	空気；雰囲気	air; atmosphere
空前 kōngqián 形	前例のない, 空前の	unprecedented; as never before
★**空调** kōngtiáo 名	エアコン, 空調	air-conditioner; air-conditioning
空中 kōngzhōng 名	空中, 空	the air; the sky
孔 kǒng 名	孔, 穴	hole; opening

中	日／ピンイン	英／例文訳
恐怖 kǒngbù 形	恐ろしい	terrible; horrific
〃 名	テロ	terror
恐怖分子 kǒngbù fènzǐ 名	テロリスト	terrorist
恐怕 kǒngpà 副	おそらく；たぶん	perhaps; probably
恐怕他不会赞成	Kǒngpà tā bù huì zànchéng.	たぶん彼は賛成すまい
★空 kòng 動	空ける	put aside; vacate
〃 形	空いている	vacant; unoccupied
空房子	kòng fángzi	誰も住んでいない家，空き家
〃 名	すきま；暇	empty space; free time
我今天有空儿	Wǒ jīntiān yǒu kòngr.	私は今日，暇がある
★控制 kòngzhì 動	コントロールする	dominate; control
控制市场	kòngzhì shìchǎng	市場をコントロールする
★口 kǒu 量	[人数・家畜数] …人，…匹	
他家有三口人	Tā jiā yǒu sān kǒu rén.	彼の家は3人家族です
口袋 kǒudai 名	袋；ポケット	sac; pocket
口号 kǒuhào 名	スローガン	slogan
喊口号	hǎn kǒuhào	スローガンを叫ぶ
口气 kǒu·qì 名	語気；口ぶり，口調	tone; way of speaking
口试 kǒushì 動・名	口頭試問（をする）	give an oral examination; oral examination

中	日／ピンイン	英／例文訳
口味 kǒuwèi 〔名〕	(食べ物の)味, 好み	flavor; taste; liking
口语 kǒuyǔ 〔名〕	口語, 話し言葉	spoken language
扣 kòu 〔動〕	[ボタンなどを]かける, はめる	button; button up
扣扣子	kòu kòuzi	ボタンをはめる
把门扣上	bǎ mén kòushang	ドアに留め金をかける
枯 kū 〔形〕	枯れた; 涸れた	withered; dried up
枯燥 kūzào 〔形〕	無味乾燥である	uninteresting
哭 kū 〔動〕	(声を出して)泣く	cry; weep
窟窿 kūlong 〔名〕	穴; 洞穴	hole; cavity
苦 kǔ 〔形〕	1. 苦い	bitter
〃	2. 苦しい, つらい	hard
裤子 kùzi 〔名〕	ズボン	trousers; pants
穿裤子	chuān kùzi	ズボンをはく
酷 kù 〔形〕	クールだ, かっこいい	cool; smart
夸奖 kuājiǎng 〔動〕	(他人を)ほめる	praise; commend
夸张 kuāzhāng 〔形〕	誇張されている, おおげさだ	exaggerated
会计 kuài·jì 〔名〕	会計(係); 経理	accounting; bookkeeper
★**块** kuài 〔量〕	1. (貨幣の単位)…元	yuan
〃	2. [塊状・片状のもの]…塊, …枚	piece; chunk; lump

中	日／ピンイン	英／例文訳
两块手绢	liǎng kuài shǒujuàn	2枚のハンカチ
★快 kuài 形	1. (速度が)速い	fast; quick
〃	2. 鋭い；よく切れる	quick-witted; sharp
他脑子快	Tā nǎozi kuài.	彼は頭が切れる
〃 副	もうすぐ、まもなく	soon; before long
我来日本快三年了	Wǒ lái Rìběn kuài sān nián le.	日本に来てもうじき3年になる
快餐 kuàicān 名	ファーストフード	quick meal; fast food
快餐店 kuàicāndiàn 名	ファーストフード店	fast food restaurant
快车 kuàichē 名	急行(列車，バス)	express
快活 kuàihuo 形	楽しい，うれしい	happy; merry
快乐 kuàilè 形	愉快である，楽しい	happy; joyful
圣诞节快乐！	Shèngdànjié kuàilè!	メリークリスマス！
★快速 kuàisù 形	快速〔高速〕の	fast; rapid
快要 kuàiyào 副	もうすぐ、じきに	soon; before long
快要毕业了	Kuàiyào bìyè le.	もうすぐ卒業だ
筷子 kuàizi 名	箸	chopsticks
动筷子	dòng kuàizi	箸をつける
宽 kuān 形	(幅や範囲が)広い	wide; broad
〃 名	幅	width

中	日／ピンイン	英／例文訳
一百米宽	yībǎi mǐ kuān	幅が100メートルある
宽敞 kuānchang 形	広々としている	spacious; roomy
款 kuǎn 名	金，金銭；経費	a sum of money; fund
筐 kuāng 名	(容れ物の)かご	basket
况且 kuàngqiě 接	その上，まして，それに	moreover; besides
矿 kuàng 名	鉱床；鉱石；鉱山	mineral deposit; ore; mine
矿泉水 kuàngquánshuǐ 名	ミネラルウォーター	mineral water
昆虫 kūnchóng 名	昆虫，虫	insect
捆 kǔn 動	縛る，束ねる	tie; bind
〃 量	[縛ってまとめられた物]…束，…把	bundle
一捆韭菜	yī kǔn jiǔcài	1把(わ)のニラ
困 kùn 動	苦しめる，困らせる	be stricken; be trapped
〃 形	疲れて眠い	tired; sleepy
★困难 kùnnan 形	困難である；苦しい	difficult
生活困难	shēnghuó kùnnan	生活が苦しい
〃 名	困難；難題，支障	difficulty; trouble
★扩大 kuòdà 動	拡大する，広げる	enlarge; expand
扩大市场	kuòdà shìchǎng	マーケットを拡大する
阔 kuò 形	金持ち〔派手〕である	wealthy; rich

中	日／ピンイン	英／例文訳

L, l

中	日／ピンイン	英／例文訳
★垃圾 lājī 名	ごみ，ちり	rubbish; garbage
倒垃圾	dào lājī	ごみを捨てる
★拉 lā 動	1. 引く，引っ張る	pull
拉车	lā chē	車を引く
手拉着手	shǒu lāzhe shǒu	手に手をとって
〃	2.（弦楽器を）弾く	play
拉二胡	lā èrhú	胡弓を弾く
辣 là 形	（ひりひりと）辛い	hot
辣椒 làjiāo 名	トウガラシ	chili; hot pepper
啦 la 助	感嘆・阻止の意をもつ断定的な語気	
来 lái 動	来る，やって来る	come; arrive
他来了	Tā lái le.	彼が来た
快来呀！	Kuài lái ya!	早く来いよ
〃 助	…くらい，およそ…	about
三米来高	sān mǐ lái gāo	3メートルくらいの高さ
★来不及 láibují 動	間に合わない	be too late
★来到 lái//dào 動	到来する，来る	arrive; come

151

中	日／ピンイン	英／例文訳
<ruby>来得及<rt>ライダジー</rt></ruby> láidejí 動	まだ間に合う	be in time; be able to make it
<ruby>来回<rt>ライホイ</rt></ruby> láihuí 動・名	往復(する)	make a round trip; a round trip
<ruby>来客<rt>ライコオー</rt></ruby> láikè 名	来客, 客	guest; visitor
<ruby>来往<rt>ライワン</rt></ruby> lái·wǎng 動	行き来〔交際〕する	come and go; associate with
<ruby>来信<rt>ライシン</rt></ruby> lái//xìn 動	手紙をよこす	send a letter here
家里来信了	Jiāli lái xìn le.	家から手紙が来た
〃 láixìn 名	来信, 投書	incoming letter
<ruby>来着<rt>ライジョ</rt></ruby> láizhe 助	…していた, …した; …だっけ	
他叫什么名字来着?	Tā jiào shénme míngzi láizhe?	彼は何という名前だっけ
★<ruby>来自<rt>ライズー</rt></ruby> láizì 動	…から来る	come from
来自欧洲	láizì Ōuzhōu	ヨーロッパから来る
<ruby>拦<rt>ラン</rt></ruby> lán 動	遮る, 止める	block; bar
拦住去路	lánzhù qùlù	行く手を遮る
★<ruby>蓝<rt>ラン</rt></ruby> lán 形	青い, ブルーの	blue
蓝色	lánsè	青, 青色, ブルー
<ruby>篮球<rt>ランチィウ</rt></ruby> lánqiú 名	バスケットボール	basketball
<ruby>篮子<rt>ランズ</rt></ruby> lánzi 名	手提げかご, かご	basket
<ruby>懒<rt>ラン</rt></ruby> lǎn 形	不精だ, 怠惰である	lazy
<ruby>懒得<rt>ランダ</rt></ruby> lǎnde 動	…するのがめんどうだ	not feel like; not be in the mood to

中	日／ピンイン	英／例文訳
懒得去	lǎndequ	行くのがおっくうだ
懒惰 lǎnduò 形	ものぐさである	lazy
烂 làn 形	1. [柔软に]やわらかい	soft; mushy
〃	2. ぼろぼろである	worn-out
狼 láng 名	狼, オオカミ	wolf
朗读 lǎngdú 動	朗読する	read aloud
浪费 làngfèi 動	むだ遣いをする	waste
浪费时间	làngfèi shíjiān	時間をむだにする
捞 lāo 動	[液体から]すくい上げる	scoop up
捞面条	lāo miàntiáo	(釜から)麺をすくい上げる
劳动 láodòng 動・名	労働(する)	work; labor
★劳驾 láo//jià 套	恐れ入りますが	excuse me
劳累 láolèi 形	くたくたである	tired; exhausted
牢固 láogù 形	堅固〔頑丈〕である	firm; secure
★老 lǎo 形	1. 年をとっている	old; elderly
他已经老了	Tā yǐjīng lǎo le.	彼はすでに年をとっている
〃	2. 古い, 昔からの	old-fashioned
老同学	lǎo tóngxué	昔からの学友
〃	3. もとからの, いつもの	original; same

中	日／ピンイン	英／例文訳
<ruby>老</ruby> lǎo　副	いつも, ずっと, つねに	always
我最近老头疼	Wǒ zuìjìn lǎo tóuténg.	私は最近, いつも頭痛がする
★老百姓 lǎobǎixìng	庶民, 一般人, 民間人	common people; civilians
★老板 lǎobǎn　名	親方, 店主, 社長	boss; proprietor
老大妈 lǎodàmā　名	おばあさん	auntie; granny
老大娘 lǎodà·niáng 名	おばあさん	auntie; granny
老大爷 lǎodà·yé　名	おじいさん	grandpa
老虎 lǎohǔ　名	虎, トラ	tiger
老朋友 lǎopéngyou 名	昔なじみ, 旧友	old friend; old pal
老婆 lǎopo　名	女房, 妻, かみさん	wife
★老人 lǎo·rén　名	老人, 年寄り	old man〔woman〕; the aged
老人家 lǎorenjia 名	ご老人, お年寄り	venerable old person; old folk
★老师 lǎoshī　名	先生, 教師	teacher
老是 lǎo·shì　副	いつも…だ	invariably; all the time
他老是迟到	Tā lǎo·shì chídào.	彼はいつも遅刻する
老实 lǎoshi　形	1. まじめ〔正直〕である	honest; frank
〃	2. おとなしい, 従順な	well-behaved
老鼠 lǎoshǔ　名	鼠, ネズミ	mouse; rat
老太太 lǎotàitai 名	老婦人, 年配の女性	old lady

中	日／ピンイン	英／例文訳
老头儿 lǎotóur 名	老人, 年寄り, ロートル	old man; old chap
老乡 lǎoxiāng 名	同郷人, 同郷の仲間	fellow-townsman; local boy
姥姥 lǎolao 名	(母方の)祖母	(maternal) grandmother
乐观 lèguān 形	楽観的である	optimistic; hopeful
★★ **了** le 助	1.[動作・状態の実現]…した	
我买了一本书	Wǒ mǎile yī běn shū.	私は本を1冊買った
瘦了许多	shòule xǔduō	ずいぶんやせた
〃	2.[状況の変化を示す]…(になっ)た	
我母亲九十岁了	Wǒ mǔqin jiǔshí suì le.	母はもう90歳になった
下雨了	Xià yǔ le.	雨が降ってきた
雷 léi 名	雷	thunder
打雷	dǎ léi	雷が鳴る
★ **类似** lèisì 動	類似する, 似通う	be similar; be analogous
★ **类型** lèixíng 名	種類, タイプ, 類型	type
累 lèi 形	疲れている	tired
〃 動	疲れさせる, 煩わす	tire; fatigue; weary
冷 lěng 形	1. 寒い, 冷たい	cold; icy
〃	2. 冷ややかである	cold; icy
冷淡 lěngdàn 形	1. さびれている	desolate

中	日／ピンイン	英／例文訳
冷淡 lěngdàn 形	2.冷淡である	cold; indifferent
冷静 lěngjìng 形	落ち着いている	calm; composed
厘米 límǐ 量	…センチメートル	centimeter; cm
★离 lí 前	…から；…まで	from; off
离车站有一公里	Lí chēzhàn yǒu yī gōnglǐ.	駅から1キロです
离春节只有三天了	Lí Chūnjié zhǐ yǒu sān tiān le.	旧正月まであと3日しかない
〃 動	離れる, 別れる	leave; be away from
离婚 lí//hūn 動	離婚する	divorce
★离开 lí//kāi 動	離れる, 分かれる	leave; depart from
梨 lí 名	梨, ナシ	pear
礼拜天 lǐbàitiān 名	日曜日	Sunday
礼貌 lǐmào 名	礼儀, マナー	politeness; courtesy
有礼貌	yǒu lǐmào	礼儀正しい
〃 形	礼儀正しい	polite
礼堂 lǐtáng 名	講堂, 式場	auditorium; assembly hall
礼物 lǐwù 名	贈り物, プレゼント	gift; present
★里 lǐ 名	…の中; 内部	in; inside
〃 量	［1"里"は500メートル］…里	li
里边 lǐbian 名	中, 内部	in; inside

中		日／ピンイン	英／例文訳
★ 里面 lǐ·miàn (リーミエン)	名	中,内側	inside; interior
里头 lǐtou (リートウ)	名	中,内部	inside; interior
★ 理财 lǐ//cái (リーツァイ)	動	財産管理〔財テク〕する	manage financial matters
理发 lǐ//fà (リーファー)	動	理髪〔散髪〕する	get a haircut
★ 理解 lǐjiě (リージエ)	動	理解する,わかる	understand; comprehend
★ 理论 lǐlùn (リールゥン)	名	理論,セオリー	theory
★ 理想 lǐxiǎng (リーシアン)	名	理想,夢	ideal; dream
〃	形	理想的である	ideal; desirable
★ 理由 lǐyóu (リーヨウ)	名	理由,口実	reason; excuse
★ 力量 lì·liàng (リーリアン)	名	力；力量	power; potency
力气 lìqi (リーチ)	名	(肉体的な)力	physical strength; effort
卖力气		mài lìqi	骨身を惜しまない
★ 历史 lìshǐ (リーシー)	名	歴史；経歴	history; past; records
厉害 lìhai (リーハイ)	形	1. きつい,すごい	terrible
〃		2. [程度が]激しい,ひどい	serious
头痛得厉害		Tóu tòngde lìhai.	頭が痛くてたまらない
立场 lìchǎng (リーチャン)	名	立場；態度	position; standpoint
★ 立即 lìjí (リージー)	副	直ちに,即座に	immediately; at once
立刻 lìkè (リーコォー)	副	すぐに,直ちに	immediately; at once

中	日／ピンイン	英／例文訳
请你们立刻出发	Qǐng nǐmen lìkè chūfā.	君たちはすぐに出発してください
★**利益** lìyì 名	利益	interest; benefit
谋利益	móu lìyì	利益をはかる
★**利用** lìyòng 動	利用する，使う	use; make use of
例如 lìrú 接	たとえば，例を示せば	for example
例子 lìzi 名	例，たとえ	example; case
举个例子	jǔ ge lìzi	例を挙げる
粒 lì 量	[粒状のもの]…粒，…発	
两粒子弹	liǎng lì zǐdàn	2発の銃弾
俩 liǎ 数	二人，二つ	two
★**连** lián 動	つながる；つなぐ	link; connect
〃 前	1. …さえも	even
连一个人也没有	lián yī ge rén yě méiyǒu	人っ子一人いない
〃	2. …も入れて	including
连皮一起吃	lián pí yīqǐ chī	皮ごと食べる
连忙 liánmáng 副	急いで，慌てて	promptly; quickly
★**连续** liánxù 動	連続する，続く	continue; last
连续发生	liánxù fāshēng	続けて起きる
连衣裙 liányīqún 名	ワンピース	one-piece dress

中	日／ピンイン	英／例文訳
★**联合** liánhé 動	連合する，団結する	unite; ally
★**联合国** Liánhéguó 名	国際連合，国連	the United Nations; U.N.
联欢 liánhuān 動	親睦を深める	have a get-together
联欢会 liánhuānhuì 名	親睦会，合同コンパ	get-together; party
★**联赛** liánsài 名	リーグ戦	league matches
★**联系** liánxì 動	1. 結びつける；結びつく	link
〃	2. 連絡する	contact; get in touch with
★**脸** liǎn 名	顔；面目	face; facial expression; credit
洗脸	xǐ liǎn	顔を洗う
丢脸	diū liǎn	面目を失う
脸色 liǎnsè 名	血色；顔色	complexion; look
练 liàn 動	練習〔訓練〕する	practice
练习 liànxí 動・名	練習する；練習(問題)	practice; exercise
恋爱 liàn'ài 動・名	恋愛(する)	be in love; love
谈恋爱	tán liàn'ài	恋愛する
★**良好** liánghǎo 形	良好である	good; fine
健康状况良好	jiànkāng zhuàngkuàng liánghǎo	健康優良である
凉 liáng 形	涼しい；冷たい	cool; cold
汤凉了	Tāng liáng le.	スープが冷めた

159

中	日／ピンイン	英／例文訳
凉快 liángkuai 形 (リアンクアイ)	涼しい	nice and cool
〃 動	涼む	cool oneself; cool off
凉水 liángshuǐ 名 (リアンシュイ)	冷たい水；生水	cold water; unboiled water
★**量** liáng 動 (リアン)	計測する、はかる	measure
量血压	liáng xuèyā	血圧をはかる
粮食 liángshi 名 (リアンシ)	食糧	cereals; food
★**两** liǎng 数 (リアン)	2；2, 3の	two; a few
这件事过两天再说	Zhè jiàn shì guò liǎng tiān zàishuō.	この件はまたにしよう
〃 量	[1"两"は 50グラム]…両	liang
亮 liàng 形 (リアン)	明るい；声がよく通る	bright; loud and clear
〃 動	光る、明るくなる	shine; (day) break
灯亮了	Dēng liàng le.	明かりがついた
亮光 liàngguāng 名 (リアングアン)	光、明かり	light
★**辆** liàng 量 (リアン)	(車の台数)…台, …両	
三辆汽车	sān liàng qìchē	3台の車
聊 liáo 動 (リアオ)	雑談する、しゃべる	chat
聊天儿 liáo//tiānr 動 (リアオティアル)	雑談〔チャット〕する	chat; gossip
聊天室	liáotiānshì	チャットルーム
潦草 liáocǎo 形 (リアオツアオ)	いい加減である	careless; sloppy

中	日／ピンイン	英／例文訳
了 liǎo 動	済む，終わる	end; solve
那事还没了	Nà shì hái méi liǎo.	その件はまだ終わっていない
了不得 liǎobu·dé 形	1. すばらしい，立派な	extraordinary
〃	2. たいへんな；すごい	terrible; awful
了不起 liǎobuqǐ 形	すばらしい，すごい	amazing; terrific
真了不起！	Zhēn liǎobuqǐ!	たいしたもんだ
了得 liǎo·dé 形	たいへんだ	extraordinary; terrible
★★ 了解 liǎojiě 動	1. 了解〔理解〕する	understand; find out
〃	2. 調べる，尋ねる	inquire
料 liào 動	推測〔予測〕する	expect; anticipate
〃 名	材料，原料	material
★ 列 liè 動	1.（1列に）並べる	line up
〃	2. …の中に入れる	enter in a list
列进计划	lièjìn jìhuà	計画に入れる
〃 量	［列をなしているもの］…列	
邻居 línjū 名	隣近所（の人）	neighbor
临 lín 動	臨む，面する	face
居高临下	jū gāo lín xià	高地にいて下をのぞむ
〃 前	…をしようとする際に	just before; on the point of

中	日/ピンイン	英/例文訳
临离开上海的时候…	lín líkāi Shànghǎi de shíhou...	上海を離れる際に…
★临时 línshí 副	その時になって	at the time when sth. happens
临时决定	línshí juédìng	その時に決める
〃 形	臨時の	temporary
临时工 línshígōng 名	パート，アルバイト	temporary worker
灵 líng 形	1. 賢い；気が利く	clever; quick
〃	2. 効き目がある	effective
灵魂 línghún 名	魂；心，良心	spirit; soul
灵活 línghuó 形	1. 敏捷である	quick; agile
〃	2. 融通がきく	flexible
灵通 língtōng 形	(消息に)通じている	well-informed
铃 líng 名	鈴，ベル	bell
摇铃	yáo líng	鈴を振る
零 líng 数	ゼロ，0	zero
零钱 língqián 名	小銭；小遣い；チップ	small change; pocket money; tip
★领 lǐng 動	1. 受け取る	receive
领工资	lǐng gōngzī	給料を受け取る
〃	2. 引率〔リード〕する	lead
领孩子	lǐng háizi	子どもを引率する

中	日／ピンイン	英／例文訳
领带 lǐngdài 名	ネクタイ	necktie; tie
解开领带 jiěkāi lǐngdài	ネクタイを外す	
★★领导 lǐngdǎo 動·名	指導する；指導者	lead; leader
领袖 lǐngxiù 名	指導者, リーダー	leader
★★领子 lǐngzi 名	襟, カラー	collar
★★另 lìng 代	別の, ほかの	other; another
另一个人 lìng yī ge rén	別の人	
〃 副	別に, ほかに	separately
另选 lìng xuǎn	ほかに選ぶ	
★另外 lìngwài 代	別の, ほかの	additional; another
〃 副	別に, ほかに	otherwise; besides
〃 接	そのほか	in addition; besides
★留 liú 動	とどまる；引き留める	remain; stay; detain
留在宿舍 liú zài sùshè	寮に残る	
留念 liúniàn 動	記念として残す	keep as a souvenir
留神 liú//shén 動	注意する, 気をつける	be careful; take care
留学 liú//xué 動	留学する	study abroad
流 liú 動	流れる；流動する	flow; circulate
流泪 liú lèi	涙を流す	

中	日/ピンイン	英/例文訳
流传 liúchuán 動	広く伝わる, 伝播する	spread; circulate
流动 liúdòng 動	流動〔移動〕する	flow; move
流利 liúlì 形	流暢〔滑らか〕である	fluent; smooth
说得很流利	shuōde hěn liúlì	とても流暢に話す
★流行 liúxíng 動	流行する, はやる	prevail; be popular
流行歌曲 liúxíng gēqǔ 名	ポップス, 流行歌	pop; popular song
★六 liù 数	6, 六	six
六月	liù yuè	6月
★龙 lóng 名	竜, ドラゴン	dragon
★楼 lóu 名	1. 2階以上の建物	building
〃	2. (建物の)階, フロア	story; floor
五楼	wǔ lóu	5階
楼道 lóudào 名	(ビルの)廊下, 通路	corridor; passageway
楼房 lóufáng 名	建物, ビル	storied-building
楼梯 lóutī 名	階段	stairs; staircase
上楼梯	shàng lóutī	階段を上る
漏 lòu 動	漏れる; 漏らす	leak; let out
陆续 lùxù 副	陸続と, 続々と	one after another
陆续完成	lùxù wánchéng	次々と完成する

中	日／ピンイン	英／例文訳
录 lù 動	記録する，書き写す	record; note; copy
录取 lùqǔ 動	採用する，採る	enroll; admit
录像 lù//xiàng 動	録画する；ビデオを撮る	video; videotape
〃 lùxiàng 名	録画；ビデオ	video recording, video
录像带 lùxiàngdài 名	ビデオテープ	videotape; video cassette
录像机 lùxiàngjī 名	ビデオレコーダー	video recorder
录音 lù//yīn 動	録音する	record
〃 lùyīn 名	録音	sound recording
听录音	tīng lùyīn	録音を聞く
录音带 lùyīndài 名	録音テープ	tape; cassette
录音机 lùyīnjī 名	テープレコーダー	tape recorder
★★ 路 lù 名	1. 道路；道のり	road; route; way
〃	2. 路線，ルート	line; route
路过 lùguò 動	通過する，通りかかる	pass by
路口 lùkǒu 名	道の交差する所，辻	crossing; intersection
十字路口	shízì lùkǒu	十字路，四つ辻
路上 lùshang 名	路上；道中	on the road; on the way
路线 lùxiàn 名	道筋，道順；路線	route; itinerary; line
露 lù 動	現れる；現す	emerge; show

中	日／ピンイン	英／例文訳
露出笑容	lùchū xiàoróng	笑みをこぼす
★旅客 lǚkè 名	旅行客, 旅客	traveler; passenger
旅途 lǚtú 名	旅行の途中, 道中	journey; trip
旅行 lǚxíng 動	旅行する, 旅する	travel; journey
★旅游 lǚyóu 動	観光する, 旅行する	go sightseeing; tour
去外国旅游	qù wàiguó lǚyóu	外国へ旅行に行く
★律师 lǜshī 名	弁護士	lawyer
绿 lǜ 形	緑である, グリーンの	green
小草绿了	xiǎocǎo lǜ le	草が緑になった
★乱 luàn 形	1. 乱れている	in disorder
〃	2. 落ち着かない	confused; unsettled
〃 副	むやみに, やたらに	randomly
乱跑	luàn pǎo	むやみに走り回る
略 lüè 動	省略〔簡略化〕する	omit; leave out
★轮 lún 動	順番にやる	take turns; be one's turn
轮班	lún bān	順番に担当する
轮船 lúnchuán 名	汽船	steamboat
轮流 lúnliú 動	順番〔順々〕にする	take turns; do sth. in turn
论 lùn 前	1. …で, …によって	by

中	日／ピンイン	英／例文訳
论斤卖 lùn jīn mài	[1斤い くらの]目方で売る	
论 lùn 前	2. …についていえば	in terms of
论文 lùnwén 名	論文	thesis
萝卜 luóbo 名	大根, ダイコン	radish
★落 luò 動	落ちる；下がる；下ろす	drop; fall; lower
★落后 luò//hòu 動	後れる, 落伍する	fall behind
〃 形	後れ（をとっ）ている	backward
★落实 luòshí 動	1. 着実になる〔する〕	make sure; ascertain
〃	2. 実行〔執行〕する	carry out

M, m

妈 mā 名	母親, お母さん	mother; mom
妈, 你回来了!	Mā, nǐ huí·lái le!	お母さん, お帰りなさい
★妈妈 māma 名	お母さん, 母親	mom; mommy
麻 má 名	麻, アサ	hemp; jute
〃 形	しびれる	numb; tingle
发麻	fā má	しびれる
麻烦 máfan 形	煩わしい, 面倒だ	troublesome; inconvenient
这件事很麻烦	Zhè jiàn shì hěn máfan.	この件はとても煩わしい

中	日／ピンイン	英／例文訳
マーファン **麻烦** máfan　動	煩わす, 面倒かける	trouble; bother
对不起, 麻烦你了	Duìbuqǐ, máfan nǐ le.	お手数をかけてすみません
〃　名	面倒, 手間	trouble; inconvenience
添麻烦	tiān máfan	面倒をかける
マー ★**马** mǎ　名	馬, ウマ	horse
骑马	qí mǎ	ウマに乗る
マーフ **马虎** mǎhu　形	そそっかしい, うかつだ	careless; casual
她做事很马虎	Tā zuò shì hěn mǎhu.	彼女はやることがいい加減だ
マールー **马路** mǎlù　名	大通り; 自動車道路	street; avenue; road
マーシャン ★**马上** mǎshàng　副	すぐ, 直ちに	at once; right away
我马上就回来	Wǒ mǎshàng jiù huí·lái.	すぐ戻ります
マートウ **码头** mǎtou　名	埠頭, 波止場, 船着場	dock; quay
マーイー **蚂蚁** mǎyǐ　名	蟻, アリ	ant
マー **骂** mà　動	ののしる; しかる	curse; scold
骂了一顿	màle yī dùn	さんざん悪態をついた
マ ★**吗** ma　助	…か; …なのか	
她来吗？	Tā lái ma?	彼女は来ますか
マ **嘛** ma　助	当然こうであるべきだという語気	
マイ **埋** mái　動	埋まる; 埋める	bury

中	日／ピンイン	英／例文訳
★买 mǎi 動	買う，購入する	buy; purchase
买东西	mǎi dōngxi	買い物をする
买卖 mǎimai 名	商売，商い	business; deal
最近买卖不太好	Zuìjìn mǎimai bù tài hǎo.	近ごろ，商売はあまりうまくいかない
迈 mài 動	またぐ；足を踏み出す	stride; step
★卖 mài 動	売る，売却する	sell
卖不出去	màibuchūqù	売れない
卖光了	màiguāng le	売り切れた
馒头 mántou 名	中国式蒸しパン	steamed bun
★满 mǎn 形	1. 満ちている	full; filled
观众席坐满了人	Guānzhòngxí zuòmǎnle rén.	観客席は人でいっぱいだ
〃	2. 全体の，…じゅう	whole; entire
满身是汗	mǎnshēn shì hàn	全身汗まみれ
★满意 mǎnyì 動	気に入る，満足する	be glad; be satisfied
★满足 mǎnzú 動	満足する；満たす	feel satisfied; satisfy; meet
还不满足	hái bù mǎnzú	まだ満足しない
慢 màn 形	遅い，ゆっくりである	slow
我的表慢了	Wǒ de biǎo màn le.	私の時計は遅れている
慢车 mànchē 名	普通列車〔バス〕	slow train; local train 〔bus〕

中	日／ピンイン	英／例文訳
慢慢 mànmàn 形	ゆっくり，急がずに	slowly; gradually
慢慢儿吃	mànmānr chī	ゆっくりお食べください
★忙 máng 形	忙しい；せわしい	busy
我最近很忙	Wǒ zuìjìn hěn máng.	私は近ごろ忙しい
〃 動	せわしく…する	hurry; hasten
忙工作	máng gōngzuò	仕事で忙しい
猫 māo 名	猫，ネコ	cat
毛 máo 名	毛；羽毛	hair; feather
〃 量	［貨幣の単位．1元の10分の1］…毛	mao
毛病 máobing 名	故障；欠点	trouble; fault
老毛病	lǎo máobing	持病；いつもの悪い癖
毛巾 máojīn 名	タオル，手ぬぐい	towel
毛衣 máoyī 名	セーター	sweater
织毛衣	zhī máoyī	セーターを編む
★矛盾 máodùn 動・名	矛盾(する)，対立(する)	contradict; contradiction
〃 形	矛盾〔対立〕している	contradictory; conflicting
冒 mào 動	1. 噴き出す〔出る〕	emit; give off
冒汗	mào hàn	汗が出る
〃	2. 立ち向かう	risk; brave

中	日／ピンイン	英／例文訳
冒雨前进	mào yǔ qiánjìn	雨を冒して進む
★贸易 màoyì 〔名〕	貿易；商取引	trade; commerce
贸易顺差	màoyì shùnchā	出超
贸易逆差	màoyì nìchā	入超
帽子 màozi 〔名〕	帽子；レッテル	hat; cap; label
戴帽子	dài màozi	帽子をかぶる
★没 méi 〔動〕	(存在・所有しない)ない	not have; be without
没钱	méi qián	金がない
〃 〔副〕	(まだ)…していない	not yet; did not
我没去过故宫	Wǒ méi qùguo Gùgōng.	私は故宮に行ったことがない
没错 méi cuò 〔型〕	まちがい〔疑い〕ない	can't go wrong
〃 〔套〕	(相づちで)そうです	surely; certainly
没关系 méi guānxi 〔套〕	かまわない；大丈夫だ	that's all right; never mind
谢谢你——没关系！	Xièxie nǐ.– Méi guānxi!	ありがとうございました—かまいませんよ
没什么 méi shénme 〔型〕	なんでもない	never mind; it's nothing
你怎么了？——没什么	Nǐ zěnme le?– Méi shénme.	どうしました—なんでもありません
〃 〔套〕	どういたしまして	you're welcome
没事 méi//shì 〔動〕	1. 用事がない, ひまだ	be free
〃	2. なんでもない	never mind

171

méi yìsi　　　　　　　　　　　　　　　　　　　　没眉梅媒煤每美

中	日／ピンイン	英／例文訳
没意思 méi yìsi 〔型〕	おもしろくない	bored; boring; uninteresting
没用 méi//yòng 〔動〕	役に立たない	be useless; be no use
★没有 méi·yǒu 〔動〕	1. 持っていない	not have
没有票	méiyǒu piào	チケットがない
〃	2. 存在していない	there is not
屋里没有人	wūli méiyǒu rén	部屋に人がいない
〃 〔副〕	…していない	not yet; did not
我还没有吃	Wǒ hái méiyou chī.	私はまだ食べていない
眉毛 méimao 〔名〕	眉, 眉毛	eyebrow
梅花 méihuā 〔名〕	ウメ（の花）	plum blossom
★媒体 méitǐ 〔名〕	マスメディア, 媒体	mass media; media
煤 méi 〔名〕	石炭	coal
★每 měi 〔代〕	一つ一つ, それぞれ	every; each
每（一）家	měi (yī) jiā	家ごとに, どの家も
〃 〔副〕	…するたびごとに	every time; whenever
每演出四天, 休息一天	Měi yǎnchū sì tiān, xiūxi yī tiān.	4日公演するごとに1日休む
★美 měi 〔形〕	1. 美しい, きれいである	pretty; beautiful
她长得很美	Tā zhǎngde hěn měi.	彼女は器量がよい
〃	2. よい, 申し分のない	satisfactory

中	日／ピンイン	英／例文訳
日子过得挺美	Rìzi guòde tǐng měi.	恵まれた暮らしをしている
★★ 美国 Měiguó 名	アメリカ	the United States of America; America
美好 měihǎo 形	美しい，すばらしい	beautiful; happy; pleasant
★ 美丽 měilì 形	きれいである，美しい	beautiful; pretty
美术 měishù 名	美術；絵画	fine arts; painting
美术馆 měishùguǎn 名	美術館，ミュージアム	art gallery; museum
★★ 美元 měiyuán 名	(通貨)米ドル	US dollar
妹妹 mèimei 名	妹	younger sister
★ 门 mén 名	出入り口；門；扉	entrance; gate; door
大门 dàmén	表門
开门 kāi mén	ドアを開ける
门口 ménkǒu 名	出入り口，戸口	entrance; doorway
★ 梦 mèng 名	夢，ドリーム	dream
梦想 mèngxiǎng 動·名	夢想(する)；妄想(する)	dream
迷路 mí//lù 動	道に迷う	lose one's way; get lost
迷人 mírén 形	夢中にさせる	fascinating; enchanting
★★ 米 mǐ 名	米	rice
〃 量	…メートル	meter
米饭 mǐfàn 名	ご飯，ライス	cooked rice

173

mìmì 秘密蜜棉免勉面

中	日／ピンイン	英／例文訳
秘密 mìmì 形	秘密である	confidential; secret
〃 名	秘密	secret
秘书 mìshū 名	秘書	secretary
密 mì 形	1. 密である, 間隔がせまい	dense; close
〃	2. 親密である	intimate; close
密切 mìqiè 形	密接である；親しい	close; intimate
〃 動	密接にする	make close
蜜蜂 mìfēng 名	ミツバチ	honeybee
棉花 miánhua 名	綿花, ワタ	cotton
棉衣 miányī 名	綿入れ(の服)	cotton-padded clothes
★**免费** miǎn//fèi 動	無料〔ただ〕にする	be free of charge
勉强 miǎnqiǎng 形	1. いやいやながらだ	reluctant
〃	2. かろうじて, なんとか	barely enough
〃	3. 無理がある	unconvincing
〃 動	無理じい〔強制〕する	force sb. to do sth.
★**面** miàn 名	1. コムギ粉；粉末	flour; powder
〃	2. 麺類, うどん	noodles
午饭吃面吧！	Wǔfàn chī miàn ba!	昼は麺にしよう
〃 量	1.（平たいもの）…枚	

中	日／ピンイン	英／例文訳
一面镜子	yī miàn jìngzi	1枚の鏡
面 miàn 〔量〕	2.（面会の回数）…度	
和她见了一面	hé tā jiànle yī miàn	彼女と一度，会った
面包 miànbāo 〔名〕	パン（類）	bread
烤面包	kǎo miànbāo	パンを焼く；トースト
★面对 miànduì 〔動〕	…に直面する	face; confront
★面积 miànjī 〔名〕	面積	area; space
★面临 miànlín 〔動〕	…の真っただ中にいる	face; be faced with
面貌 miànmào 〔名〕	顔つき，容貌；様相	face; look; appearance
★面前 miànqián 〔名〕	前，目の前	in front of
面条 miàntiáo 〔名〕	麺類，うどん	noodles
面子 miànzi 〔名〕	メンツ；体面	face; reputation
爱面子	ài miànzi	メンツを重んじる
丢面子	diū miànzi	面目を失う
描写 miáoxiě 〔動〕	描く，描写する	describe
秒 miǎo 〔量〕	…秒	second
妙 miào 〔形〕	すばらしい；妙なる	wonderful
庙 miào 〔名〕	（祖先の霊を祭る）廟	temple; shrine
灭 miè 〔動〕	消える；消す	go out; put out; wipe out

míngōng　　　　　　　　　　　　　　　　　　　　　民敏名明

中	日／ピンイン	英／例文訳
火灭了	huǒ miè le	火が消えた
灭蝇	miè yíng	ハエを撲滅する
民工 míngōng　名	出稼ぎ農民	migrant worker
★民警 mínjǐng　名	（人民）警察；警官	people's police
★民主 mínzhǔ　名	民主；民主的な権利	democracy
〃　形	民主的である	democratic
★民族 mínzú　名	民族	nation; nationality
敏感 mǐngǎn　形	デリケート〔敏感〕である	sensitive; delicate
敏捷 mǐnjié　形	敏捷〔機敏〕である	quick; alert
★名 míng　名	名前；名目；名声	name; fame
出名	chū míng	有名になる
〃　量	（定員など）…名	
名胜 míngshèng　名	名勝，名所	sight; well-known scenic point
名胜古迹	míngshèng gǔjì	名所旧跡
★名字 míngzi　名	名，名前，名称	name
你叫什么名字？	Nǐ jiào shénme míngzi?	名前は何といいますか
明白 míngbai　形	明白〔明らか〕である	clear; obvious
〃　動	わかる，理解する	understand
明亮 míngliàng　形	明るい；きらきら光る	bright; shining

中	日／ピンイン	英／例文訳
★明年 míngnián 名	来年	next year
★明确 míngquè 形	明確である	definite; clear
〃 動	明確にする	make clear
★明天 míngtiān 名	あした，明日；将来	tomorrow; near future
★明显 míngxiǎn 形	はっきりしている	clear; obvious
★明星 míngxīng 名	スター，花形	star
命令 mìnglìng 動·名	命令（する）	order; command
命运 mìngyùn 名	運命；命運	destiny; fate
摸 mō 動	触る；手探りする	touch; grope
模仿 mófǎng 動	まねる，模倣する	imitate; copy
★模式 móshì 名	モデル，模範；パターン	model; pattern
摩托车 mótuōchē 名	オートバイ	motorcycle
骑摩托车 qí mótuōchē	バイクに乗る	
磨 mó 動	こする；磨く	rub; polish
磨菜刀 mó càidāo	包丁を研ぐ	
陌生 mòshēng 形	よく知らない	strange; unfamiliar
陌生人 mòshēngrén	見知らぬ人	
墨水 mòshuǐ 名	インク；墨汁	ink
★某 mǒu 代	なにがし；ある…	certain; some

中	日／ピンイン	英／例文訳
某人	mǒu rén	ある人
模样 múyàng 名	1. 容貌；身なり	appearance; look
〃	2. [時間や年齢が]…くらい	about
五十岁模样	wǔshí suì múyàng	50歳ぐらい
★母亲 mǔqin 名	母親，母	mother
★亩 mǔ 量	[土地面積の単位]…ムー	mu
木头 mùtou 名	木，丸太	wood; log
★目标 mùbiāo 名	目標；目印；狙い	target; objective
瞄准目标	miáozhǔn mùbiāo	目標に狙いをつける
★目的 mùdì 名	目的；狙い	purpose; aim
达到目的	dádào mùdì	目的を達する
★目前 mùqián 名	目下，現在	now
到目前为止	dào mùqián wéizhǐ	これまでのところ
墓 mù 名	お墓，墓地	grave; tomb
墓地 mùdì 名	墓，墓地，墓場	cemetery

N, n

★拿 ná 動	持つ，つかむ；受け取る	hold; take; catch
把毛巾拿给我	Bǎ máojīn ná gěi wǒ.	タオルを持ってきて

中	日／ピンイン	英／例文訳
拿 ná　　〔前〕	…を用いて，…で	with; by
拿刀砍	ná dāo kǎn	刀でたたき切る
★**哪** nǎ　　〔代〕	どの，どれ，どんな	which; what
你要找哪本书啊?	Nǐ yào zhǎo nǎ běn shū a?	どんな本を探してますか
他哪天走?	Tā nǎ tiān zǒu?	彼はいつ出発ですか
哪边 nǎbiān　〔代〕	どこ，どちら，どの辺	where
车站在哪边?	Chēzhàn zài nǎbiān?	駅はどこですか
哪个 nǎge　〔代〕	どれ，どの	which
哪个是我的?	Nǎge shì wǒ de?	どれが私のですか
哪会儿 nǎhuìr　〔代〕	いつ，いつ頃	when
哪里 nǎ·lǐ　〔代〕	1. どこか；どこでも	where; somewhere; wherever
你哪里不舒服?	Nǐ nǎli bù shūfu?	どこが体調悪いの
〃	2. …であるものか	how
〃　　〔套〕	どういたしまして	not at all
哪怕 nǎpà　〔接〕	たとえ…であっても	even if; no matter how
哪儿 nǎr　〔代〕	1. どこ；どこでも	where; wherever
你上哪儿去?	Nǐ shàng nǎr qù?	どこへ行くのですか
〃	2. (反語で)どうして	how
哪些 nǎxiē　〔代〕	[複数の対象をさす] どんな，どれ	what; which; who

中	日／ピンイン	英／例文訳
★那 nà (nèiとも発音) 代	あれ, それ, あの, その	that
那是谁？	Nà shì shéi?	あれはだれですか
〃 接	それでは	then; in that case
那边 nàbiān 代	あそこ, そこ, あちら	there; over there
那会儿 nàhuìr 代	あの時, そのころ	at that time; then
★那里 nà·lǐ 代	1. あそこ, そこ, あちら	that place; there
那里的风景很美	Nàli de fēngjǐng hěn měi.	あそこの景色はとても美しい
〃	2. …のところ	place
我那里有很多CD	Wǒ nàli yǒu hěn duō CD.	私のところにはたくさんCDがある
★那么 nàme 代	あんなに；あのように	like that; in that way
东京没有北京那么冷	Dōngjīng méiyou Běijīng nàme lěng.	東京は北京ほど寒くない
〃 接	…ならば, それでは	then; in that case
那么点儿 nàmediǎnr 代	それっぽっちの	so little
那么些 nàmexiē 代	あれほど多くの	so much; so many
那儿 nàr 代	あそこ, そこ, あちら	there
★那些 nàxiē 代	あれら(の), それら(の)	those
那些书都是我的	Nàxiē shū dōu shì wǒ de.	あれらの本はみんな私のです
★那样 nàyàng 代	あんな；…ように	like that; of that kind
哪 na 助	感嘆・疑問などの意を示す	

中	日／ピンイン	英／例文訳
奶奶 nǎinai 名	おばあさん	grandmother
耐心 nàixīn 形	辛抱〔根気〕強い	patient
〃 名	辛抱強さ, 根気	patience
耐用 nàiyòng 形	丈夫で長持ちする	durable
★男 nán 形	男の, 男性の	male
男的	nán de	男の人
男厕所	nán cèsuǒ	男便所
男孩儿 nánháir 名	男の子	boy
★男人 nánrén 名	男, 男の人	man
★南 nán 名	南; 南の; 南へ	south; southern
往南去	wǎng nán qù	南へ行く
南边 nánbian 名	南, 南側	south
南部 nánbù 名	南部, 南の部分	southern part
南方 nánfāng 名	南, 南方	south
往南方走	wǎng nánfāng zǒu	南のほうに歩く
〃 Nánfāng 名	(中国の)南方地域	southern China
南方人	Nánfāngrén	(中国の)南方の人
南瓜 nánguā 名	カボチャ	pumpkin
南面 nán·miàn 名	南, 南側	south

nán 难

中	日／ピンイン	英／例文訳
难 nán 形	1. 難しい	difficult
学汉语很难	xué Hànyǔ hěn nán	中国語を学ぶのは難しい
〃	2. …しにくい	hard
难忘	nán wàng	忘れがたい
难走	nán zǒu	歩きにくい
〃	3. 感じがよくない	not good
难听	nántīng	耳障りである
难吃	nánchī	おいしくない，まずい
〃 動	…を困らせる	put sb. into a difficult position
难道 nándào 副	まさか…ではあるまい	Could it be true that …?
这难道是偶然的吗？	Zhè nándào shì ǒurán de ma?	これが偶然だとでもいうのか
难得 nándé 形	得がたい；めったにない	rare
难怪 nánguài 副	道理で…だ，なるほど	no wonder
难怪他那么高兴	Nánguài tā nàme gāoxìng.	道理で彼はあんなに喜んでるんだ
难过 nánguò 形	苦しい，つらい	difficult; uneasy
宠物死了，我非常难过	Chǒngwù sǐle, wǒ fēicháng nánguò.	ペットが死んで私はとても悲しい
难看 nánkàn 形	醜い；体裁が悪い	ugly; embarrassing
那件衣服很难看	Nà jiàn yīfu hěn nánkàn.	あの服は見た目が良くない
难免 nánmiǎn 形	避けがたい；…しがちだ	unavoidable; hard to avoid

中	日／ピンイン	英／例文訳
新人出错是难免的	Xīnrén chūcuò shì nánmiǎn de.	新人がミスを犯すのは避けられない
ナンショウ 难受 nánshòu 形	1. 体の具合が悪い	unwell
〃	2. 精神的につらい	unhappy
心里非常难受	xīnli fēicháng nánshòu	たいへんつらい思いをする
ナンイー ★难以 nányǐ 動	…しにくい，…しがたい	be difficult to
ナオダイ 脑袋 nǎodai 名	頭（の働き）	head; mind
ナオジン 脑筋 nǎojīn 名	頭脳，智能；考え	brains; mind; ideas
ナオズ 脑子 nǎozi 名	脳；頭の働き	brain; brains; mind
ナオ 闹 nào 形	騒々しい，やかましい	noisy
〃 動	騒ぐ；ぶちまける	make a loud noise; vent
闹事	nàoshì	騒ぎを起こす
ナ ★★呢 ne 助	文末に置き，ある種の語気を表す	
我喝咖啡，你呢？	Wǒ hē kāfēi, nǐ ne?	私はコーヒーにするけど，あなたは（どう）
ネイ ★★内 nèi 名	内，中	inside; interior
请勿入内！	Qǐng wù rù nèi!	立ち入り禁止
ネイブー ★内部 nèibù 名	内部，内側	inside; interior
ネイロォン ★内容 nèiróng 名	内容，中身	content
ネイゴォ ★那个 nèige 代	あれ，それ，あの，その	that
我要那个	Wǒ yào nèige.	あれがほしい

183

中	日／ピンイン	英／例文訳
★能 néng　　動	1. …できる	can; be able to
你能来吗？	Nǐ néng lái ma?	君は来れますか
〃	2. 許される, …してもよい	can; may
能不能抽烟？	Néng bu néng chōuyān?	タバコを吸っていいですか
能干 nénggàn　　形	有能だ, やり手だ	able; competent
★能够 nénggòu　　動	…できる；可能である	can; be able to
★能力 nénglì　　名	能力, 力量, 腕前	ability; capability
★能源 néngyuán　　名	エネルギー	energy
嗯 ńg　　感	えっ, おや, はて	eh; what
泥 ní　　名	泥；泥状のもの	mud
★你 nǐ　　代	君, あなた, おまえ	you
你好 nǐ hǎo　　(套)	こんにちは	hello; how do you do
★你们 nǐmen　　代	君たち, あなたたち	you
★年 nián　　名	年；…年間	year
年代 niándài　　名	年代；時代	age; time
年级 niánjí　　名	学年	grade
你几年级？	Nǐ jǐ niánjí?	君は何年生？
年纪 niánjì　　名	(人の)年齢, 年	age
年纪不大	niánjì bù dà	年が若い

中	日／ピンイン	英／例文訳
★**年龄** niánlíng 名	(生物の)年齢, 年	age
狗的年龄	gǒu de niánlíng	イヌの年齢
年青 niánqīng 形	(青少年期で)年が若い	young
★**年轻** niánqīng 形	(相対的に)年が若い	young
年轻人	niánqīng rén	若い人, 若者
念 niàn 動	1.(声を出して)読む	read aloud
〃	2.(学校で)勉強する	study
念书 niàn//shū 動	1.[声を出して]本を読む	read aloud
〃	2.(学校で)勉強する	study
娘 niáng 名	母, お母さん	mother; mom
鸟 niǎo 名	鳥	bird
养鸟	yǎng niǎo	鳥を飼う
★**您** nín 代	あなたさま, 貴方	you
柠檬 níngméng 名	レモン	lemon
宁可 nìngkě 副	むしろ…する方がよい	would rather
开车危险, 宁可走着去	Kāichē wēixiǎn, nìngkě zǒuzhe qù.	車の運転は危ないから, 歩いていった方がよい
★**牛** niú 名	牛, ウシ	ox; cow
牛奶 niúnǎi 名	牛乳, ミルク	milk
扭 niǔ 動	ねじる, ひねる; くじく	twist; sprain

中	日/ピンイン	英/例文訳
扭转 niǔzhuǎn 動	向きを変える	turn round; turn back
★**农村** nóngcūn 名	農村	rural area; countryside
★**农民** nóngmín 名	農民, 百姓	peasant
★**农民工** nóngmíngōng 名	出稼ぎ農民	peasant laborer; laborer from the countryside
★**农业** nóngyè 名	農業	agriculture; farming
浓 nóng 形	濃い; 深い	thick; dense
香味很浓	xiāngwèi hěn nóng	香りが強烈だ
弄 nòng 動	いじくる; やる, する	meddle with; do; make
把电脑弄坏了	Bǎ diànnǎo nòng huàile.	パソコンをいじって壊した
弄鱼	nòng yú	魚をさばく
★**努力** nǔlì 形	一生懸命である	hardworking
努力学习	nǔlì xuéxí	勉強を頑張る
工作很努力	gōngzuò hěn nǔlì	仕事に一生懸命である
〃 nǔ//lì 動	努力する	make efforts
★**女** nǚ 形	女の, 女性の	female
女的	nǚ de	女の人
女老师	nǚ lǎoshī	女性教師
★**女儿** nǚ'ér 名	娘, 女の子ども	daughter; girl
大女儿	dà nǚ'ér	上の娘

中	日／ピンイン	英／例文訳
女孩儿 nǚháir 名	女の子；少女，娘さん	girl
★**女人** nǚrén 名	女, 女の人	woman
★**女士** nǚshì 名	女史，レディ	lady; madame
女士们，先生们	nǚshìmen, xiānshengmen	紳士淑女のみなさん
暖 nuǎn 形	暖かい，温かい	warm
〃 動	暖める，温める	warm up; heat
暖和 nuǎnhuo 形	暖かい，温かい	warm
今天真暖和	Jīntiān zhēn nuǎohuo.	今日は本当に暖かい
〃 動	暖める；暖まる	warm up
暖气 nuǎnqì 名	暖房，スチーム；暖気	heating; warm air

O, o

★**欧盟** Ōuméng 名	欧州連合，EU	the European Union; EU
欧元 ōuyuán 名	ユーロ	euro
★**欧洲** Ōuzhōu 名	欧州，ヨーロッパ	Europe
偶尔 ǒu'ěr 副	たまに，まれに	occasionally
偶然 ǒurán 形	偶然である；偶発の	accidental; casual
偶然事故	ǒurán shìgù	偶然の出来事〔事故〕
〃 副	たまたま，ふと	accidentally

中	日／ピンイン	英／例文訳

P, p

趴 pā	動	腹ばいになる；かぶさる	lie on one's stomach; lean on
爬 pá	動	はう；よじ登る	creep; climb
爬树	pá shù	木登りする
★怕 pà	動	怖がる；嫌う；心配する	fear; dread; be afraid of
怕胖	pà pàng	太るのを気にする
〃	副	恐らく，たぶん	maybe; probably
★拍 pāi	動	1. 軽くたたく，はたく	clap; pat
〃		2. 撮る，撮影する	shoot (a movie); take (a photo)
拍电影	pāi diànyǐng	映画を撮る
★拍摄 pāishè	動	撮影する，撮る	shoot (a movie); take (a photo)
★拍照 pāi//zhào	動	写真を写す	take a photo
★排 pái	動	1. 並ぶ；並べる	form (lines); arrange in order
〃		2. 排出〔排除〕する	drain; exclude
〃	量	[座席など並んでいる]…列	line; row
排队 pái//duì	動	列を作る；列に並ぶ	line up
排放 páifàng	動	(廃棄物などを)排出する	emit; discharge
排球 páiqiú	名	バレーボール	volleyball

中	日/ピンイン	英/例文訳
★牌 pái (パイ) 名	トランプ;(マージャン)牌	cards; mah-jong pieces
牌子 páizi (パイズ) 名	札;プレート;ブランド	sign; plate; brand
★派 pài (パイ) 動	差し向ける,派遣する	send; dispatch
盘 pán (パン) 量	[皿に盛ったもの]…皿	plate; tray
盘子 pánzi (パンズ) 名	丸い大皿	tray; plate
★判断 pànduàn (パンドゥアン) 動	判定〔判断〕する	judge; decide
盼望 pànwàng (パンワン) 動	待ち望む,切に望む	hope for; long for
盼望早日相会	pànwàng zǎorì xiānghuì	早く会えることを待ち望む
旁 páng (パン) 名	かたわら,そば,付近	side
旁边 pángbiān (パンビエン) 名	かたわら,そば,わき	side
她坐我旁边	Tā zuò wǒ pángbiān.	彼女は私のそばに座っている
胖 pàng (パン) 形	太っている	fat; plump
★跑 pǎo (パオ) 動	走る;走り回る	run; run errands
跑步 pǎo//bù (パオブー) 動	駆け足〔ジョギング〕をする	run; jog
泡 pào (パオ) 動	漬ける,浸す	soak
泡沫 pàomò (パオモー) 名	あぶく,泡沫;バブル	foam; bubble
陪 péi (ペイ) 動	お供をする,付き添う	accompany
我陪你去	Wǒ péi nǐ qù.	私があなたのお供をしていきましょう
陪同 péitóng (ペイトン) 動	付き添う,お供をする	accompany

péixùn | | | 培赔佩配喷盆朋捧碰批

中	日/ピンイン	英/例文訳
★培训 péixùn 動	トレーニングする	train
★培养 péiyǎng 動	育成〔培養〕する	bring up; train; culture
赔 péi 動	弁償する, 償う	pay for; compensate
她赔给我一百块钱	Tā péigěi wǒ yībǎi kuài qián.	彼女は私に100元弁償する
赔偿 péicháng 動	賠償〔弁償〕する	compensate; pay for
赔偿损失	péicháng sǔnshī	損害を賠償する
佩服 pèi·fú 動	感心〔敬服〕する	admire; esteem
★配 pèi 動	配合する; 釣り合う	blend; match
配眼镜	pèi yǎnjìng	眼鏡を作る
★配合 pèihé 動	力を合わせる	cooperate
喷 pēn 動	噴き出す; 噴き出る	gush; sprinkle
盆 pén 名	ボウル, 鉢, たらい	bowl; pot; basin
★朋友 péngyou 名	友人, 友達	friend
交朋友	jiāo péngyou	友達になる
女朋友	nǚpéngyou	ガールフレンド
捧 pěng 動	ささげ持つ; すくう	hold in both hands; scoop
碰 pèng 動	ぶつかる; 出会う	bump; run into
碰见 pèng//jiàn 動	出くわす, 偶然出会う	run into
批 pī 動	評を書く; 決裁する	write comments on; officially approve

中	日／ピンイン	英／例文訳
批 pī 〈量〉	[まとまった数量]…まとまり, …団	lot; group
批判 pīpàn 〈動〉	批判〔論駁〕する	criticize; confute
批评 pīpíng 〈動〉	批判〔意見〕する；叱る	criticize; tell off
★批准 pī//zhǔn 〈動〉	承認〔許可, 批准〕する	approve; endorse
披 pī 〈動〉	(肩に)かける, はおる	drape over one's shoulder
披着大衣	pīzhe dàyī	オーバーをはおる
皮 pí 〈名〉	皮膚；皮革；表面	skin; leather; surface
皮肤 pífū 〈名〉	皮膚, 肌	skin
疲倦 píjuàn 〈形〉	疲れてけだるい	tired; weary
疲劳 píláo 〈形〉	疲労している	tired; exhausted
啤酒 píjiǔ 〈名〉	ビール	beer
脾气 píqi 〈名〉	1. 性格, たち	temperament; disposition
脾气好	píqi hǎo	気立てがよい
〃	2. かんしゃく, 短気	bad temper
发脾气	fā píqi	かんしゃくを起こす
匹 pǐ 〈量〉	(馬など)…匹, …頭	
屁股 pìgu 〈名〉	お尻, けつ	bottom; ass
★偏 piān 〈形〉	傾いて〔偏って〕いる	inclined to one side
挂偏了	guàpiān le	斜めに掛かっている

中	日/ピンイン	英/例文訳
偏 piān 動	えこひいきする	be partial to
〃 副	1. わざと, 意地で	deliberately
不让他去，他偏要去	Bù ràng tā qù, tā piān yào qù.	行かせないようすると, 彼は意地でも行きたがる
〃	2. あいにく, 都合悪く	contrary to what is expected
偏偏 piānpiān 副	1. わざと; どうしても	deliberately; persistently
〃	2. あいにく, 折悪しく	contrary to what is expected
便宜 piányi 形	安い, 安価である	cheap
〃 名	ちっぽけな利益	petty advantage
占便宜	zhàn piányi	うまい汁を吸う
★片 piàn 量	[扁平なもの/やかけら]…切れ	
一片面包	yī piàn miànbāo	食パン1枚
片面 piànmiàn 形	一方的である; 偏った	unilateral; one-sided
骗 piàn 動	だます; だまし取る	deceive; cheat
飘 piāo 動	翻る; 漂う	flutter; float
★票 piào 名	切符, チケット; 紙幣	ticket; bill
漂亮 piàoliang 形	きれい〔みごと〕である	good-looking; pretty; splendid
长得漂亮	zhǎng de piàoliang	器量がよい, (容姿が)きれいだ
拼 pīn 動	寄せ集める	put together
拼命 pīn//mìng 動	命がけでやる	risk one's life

中	日／ピンイン	英／例文訳
拼命 pīnmìng 副	懸命に，必死に	desperately
拼命地跑	pīnmìng de pǎo	必死で走る
拼音 pīnyīn 名	[中国語式ローマ字表記]ピンイン	spell; Pinyin
贫困 pínkùn 形	貧しい，生活が苦しい	poor; needy
贫穷 pínqióng 形	貧窮している，貧しい	poor; needy
★品牌 pǐnpái 名	ブランド（品）	brand
★品种 pǐnzhǒng 名	（製品の）種類，銘柄	variety; assortment
乒乓球 pīngpāngqiú 名	卓球，ピンポン	table tennis
打乒乓球	dǎ pīngpāngqiú	卓球をする
★平 píng 形	平らである	flat
〃 動	平らにする	level
平安 píng'ān 形	平穏無事である	safe and sound
祝你一路平安！	Zhù nǐ yílù píng'ān!	道中ご無事で
平常 píngcháng 形	普通〔平凡〕である	ordinary; common
〃 名	ふだん（のとき）	generally; as a rule
平等 píngděng 形	平等〔対等〕である	equal
★平方米 píngfāngmǐ 量	平方メートル；平米	square meter; m^2
平静 píngjìng 形	落ち着いている	calm; quiet
★平均 píngjūn 動	平均する	average

中	日/ピンイン	英/例文訳
平均 píngjūn 形	均等である	average
★平时 píngshí 名	ふだん, 平素; 平時	normal times; peacetime
平原 píngyuán 名	平原	plain
★评价 píngjià 動·名	評価(する)	evaluate; estimation
★评论 pínglùn 動	論評〔取りざた〕する	comment on; discuss
〃 名	論評, 評論(文)	comment; review
苹果 píngguǒ 名	リンゴ	apple
凭 píng 動	もたれ(かか)る	lean on; rely on
〃 前	…によって, …で	according to
瓶 píng 量	〔瓶に入っているもの〕…本	
瓶子 píngzi 名	瓶, ボトル	bottle
坡 pō 形	傾斜している	sloping
迫害 pòhài 動	迫害する	persecute
迫切 pòqiè 形	切実である	urgent; pressing
★破 pò 動	1. 破〔割〕れる; 破〔割〕る	break; split; cut
〃	2. くずす, 細かくする	break
破钱 pò qián		お金をくずす
〃 形	破れている, 壊れた	torn; broken
破衣服 pò yīfu		破れた服

中		日／ピンイン	英／例文訳
破坏 pòhuài ポーホアイ	動	壊す；損なう	destroy
破烂 pòlàn ポーラン	形	ぼろぼろである	ragged
〃	名	ぼろ，くず	junk; scrap
扑 pū プー	動	突き進む；打つ，たたく	rush at; flap
铺 pū プー	動	敷く，広げる；敷設する	spread; lay
葡萄 pútao プータオ	名	ブドウ	grape
朴素 pǔsù プースー	形	地味〔素朴, 質素〕である	simple; plain
★普遍 pǔbiàn プービエン	形	普遍的である；あまねく	universal; common
★普通 pǔtōng プートォン	形	普通〔一般的〕である	ordinary; common
普通话 pǔtōnghuà プートォンホアー	名	[現代中国語の共通語]標準語	standard Chinese pronunciation

Q, q

中		日／ピンイン	英／例文訳
★七 qī チー	数	7, 七	seven
		七月七号 qī yuè qī hào	7月7日
		七天 qī tiān	7日間
★妻子 qīzi チーズ	名	妻, 女房	wife
★期 qī チー	量	[定期的なもの]…号，…期	
★期间 qījiān チージエン	名	期間，間	time; period
欺负 qīfu チーフ	動	いじめる，ばかにする	bully

中	日／ピンイン	英／例文訳
欺骗 qīpiàn 動	だます, ペテンにかける	deceive; cheat
★齐 qí 形	そろう；そろっている	neat; complete
〃 動	そろえる	even up along one line
齐全 qíquán 形	そろっている	complete
★其次 qícì 代	その次；それから	next; then
★其实 qíshí 副	実は, 本当のところ	actually; in fact
★其他 qítā 代	別の（もの）	other; else
其他的人	qítā de rén	そのほかの人
其它 qítā 代	ほかの（もの）	other; else
其余 qíyú 代	残り（のもの）	the rest; the others
★其中 qízhōng 名	その中, そのうち	among them; of which
奇怪 qíguài 形	おかしい, 奇妙である	strange; odd
〃 動	おかしいと思う	wonder
歧视 qíshì 動	差別する	discriminate against
骑 qí 動	またがる, 乗る	ride
骑摩托车	qí mótuōchē	バイクに乗る
旗袍 qípáo 名	チーパオ；チャイナドレス	qipao; cheongsam
旗子 qízi 名	旗, のぼり	flag; banner
企图 qìtú 動	たくらむ, 企てる	attempt; try

中	日／ピンイン	英／例文訳
企图 qǐtú 名	たくらみ，企て	attempt; scheme
★企业 qǐyè 名	企業，企業体	enterprise; business
★启动 qǐdòng 動	始動する；実施される	start; start up
启发 qǐfā 動	啓発する；示唆する	enlighten; inspire
启示 qǐshì 動	啓発〔示唆〕する	enlighten
〃 名	ヒント；インスピレーション	hint; inspiration
★起 qǐ 動	起きる；起こる	rise; get up; occur
起初 qǐchū 名	最初，はじめ	the beginning
起床 qǐ//chuáng 動	起床する，起きる	get up
起飞 qǐfēi 動	飛び立つ，離陸する	take off
★起来 qǐ//·lái 動	起き〔立ち〕上がる	rise; stand up
起码 qǐmǎ 形	最低限度〔最小限〕の	minimum
起码的要求	qǐmǎ de yāoqiú	最低限の要求
起名儿 qǐ//míngr 動	名前を付ける	give a name
★气 qì 名	気体；息	air; breath
〃 動	怒る；怒らせる	get angry; make angry
气极了	qìjí le	すごく怒る
气氛 qìfēn 名	雰囲気，ムード	atmosphere; mood
气功 qìgōng 名	[中国の伝統健康術]気功	qigong

中	日／ピンイン	英／例文訳
练气功	liàn qìgōng	気功の修行をする
气候 qìhòu 名	気候；情勢，動向	climate; situation
气派 qìpài 名	貫禄；風格	dignified air; imposing manner
〃 形	貫禄〔風格〕がある	impressive; imposing
气温 qìwēn 名	気温，温度	temperature
气象 qìxiàng 名	気象；状況，情景	meteorology; atmosphere
气象预报 qìxiàng yùbào 名	天気予報	weather report
★汽车 qìchē 名	自動車，車	automobile; car
开汽车	kāi qìchē	自動車を運転する
汽船 qìchuán 名	汽船；モーターボート	steamship; motorboat
汽水 qìshuǐ 名	ソーダ水，炭酸飲料	soda water; soft drink
汽油 qìyóu 名	ガソリン；揮発油	gasoline; gas
恰当 qiàdàng 形	適当〔妥当〕である	proper; suitable
恰好 qiàhǎo 副	ちょうど(都合よく)	just right; exactly
恰恰 qiàqià 副	ちょうど；まさしく	just; exactly
恰恰相反	qiàqià xiāngfǎn	まったく正反対である
千 qiān 数	1000，千	thousand
一千人	yīqiān rén	1000人
千方百计 qiān fāng bǎi jì (成)	百方手を尽くす	by every possible means

中	日／ピンイン	英／例文訳
千万 qiānwàn 副	ぜひとも, くれぐれも	be sure to
迁移 qiānyí 動	移転する, 移る; 移す	move; transfer
牵 qiān 動	(人・家畜を)引っ張る	lead; pull
铅笔 qiānbǐ 名	鉛筆	pencil
谦虚 qiānxū 形	謙虚である	modest
〃 動	謙遜する; 遠慮する	speak modestly
★签 qiān 動	署名する	sign
★签订 qiāndìng 動	締結〔調印〕する	conclude and sign
签订合同	qiāndìng hétóng	契約を結ぶ
签名 qiān//míng 動	署名〔サイン〕する	sign; autograph
签证 qiānzhèng 名	ビザ, 査証	visa
★前 qián 名	前(の)	front; before; former
前总统	qián zǒngtǒng	元大統領
前边 qiánbian 名	前方, 先, 前	in front; ahead
前后 qiánhòu 名	前後; 全期間	in front and behind; from beginning to end
春节前后	Chūnjié qiánhòu	旧正月のころ
前进 qiánjìn 動	前進〔発展〕する	go forward; advance
前面 qián·miàn 名	前面, 前, 先	in front; ahead
前年 qiánnián 名	一昨年, おととし	the year before last

199

qiántiān 前钱潜浅欠歉枪强

中	日／ピンイン	英／例文訳
チエンティエン 前天 qiántiān 名	一昨日, おととい	the day before yesterday
チエントウ 前头 qiántou 名	前, 前の方	in front; ahead
チエントゥー 前途 qiántú 名	前途, 将来性	future; prospect
チエン ★钱 qián 名	お金, マネー	money
花钱	huā qián	金を遣う
没有钱	méi·yǒu qián	お金がない
チエンバオ 钱包 qiánbāo 名	財布	wallet; purse
チエンリー 潜力 qiánlì 名	潜在力, 底力	potential
チエン 浅 qiǎn 形	浅い；短い；淡い	shallow; of little depth; pale
チエン 欠 qiàn 動	借りがある；足りない	owe; be short of
欠账	qiàn zhàng	借金をする
チエンイー 歉意 qiànyì 名	お詫びの気持ち	regret; apology
表示歉意	biǎoshì qiànyì	お詫びをする
チアン 枪 qiāng 名	銃, 小銃	rifle; gun
开枪	kāi qiāng	発砲する
チアン ★★强 qiáng 形	強い, 固い；優れている	strong; better
チアンダー ★强大 qiángdà 形	強大である	powerful; mighty
チアンディアオ ★强调 qiángdiào 動	強調する；重きを置く	emphasize
チアンリエ ★强烈 qiángliè 形	強烈である；激しい	strong／sharp

中	日／ピンイン	英／例文訳
强烈抗议	qiángliè kàngyì	激しく抗議する
强制 qiángzhì 動	強制する, 押しつける	force; compel
墙 qiáng 名	壁, 塀	wall
墙壁 qiángbì 名	壁, 塀	wall
★抢 qiǎng 動	1. 奪う, 奪い取る	rob; snatch
钱包被抢了	qiánbāo bèi qiǎng le	財布をひったくられた
〃	2. われ先に…する	hurry; rush
抢救 qiǎngjiù 動	緊急措置〔手当〕をする	rescue; save
强迫 qiǎngpò 動	無理強いする, 強いる	force; compel
悄悄 qiāoqiāo 副	声を立てずに; 密かに	quietly; secretly
悄悄地走	qiāoqiāode zǒu	こっそりと去る
敲 qiāo 動	たたく, ノックする	knock; beat
敲门	qiāo mén	ドアをノックする
桥梁 qiáoliáng 名	橋; 橋渡し役	bridge
瞧 qiáo 動	見る, 目を通す	look; watch
巧 qiǎo 形	1. 巧みである	clever; skilful
〃	2. うまい具合に	opportune; by chance
巧克力 qiǎokèlì 名	チョコレート	chocolate
巧妙 qiǎomiào 形	巧妙である	ingenious; smart; clever

中	日/ピンイン	英/例文訳
切 qiē 動	切る, 裁つ	cut; chop
茄子 qiézi 名	ナス	eggplant
切实 qièshí 形	適切である; 適合する	practical; realistic
侵略 qīnlüè 動	侵略する, 侵す	invade
亲 qīn 形	肉親の; 親しい	kin; close
〃 動	口づけ〔キス〕をする	kiss
亲爱 qīn'ài 形	親愛なる	dear; beloved
亲戚 qīnqi 名	親戚, 縁続き	relative
亲切 qīnqiè 形	親しい; 心がこもった	warm; affectionate; hearty
亲热 qīnrè 形	非常に仲がよい	intimate
〃 動	うちとける, 親しくする	warm up
亲人 qīnrén 名	身内, 肉親	one's family members
亲身 qīnshēn 副	自ら; 身をもって	in person; bodily
亲眼 qīnyǎn 副	自分の目で	with one's own eyes
亲眼看见	qīnyǎn kànjiàn	この目で見た
亲自 qīnzì 副	自分で, 自ら	in person
最好亲自确认一下	Zuìhǎo qīnzì quèrèn yīxià.	できるだけ自分で確認した方がよい
勤奋 qínfèn 形	勤勉である, 精を出す	diligent; hardworking
勤劳 qínláo 形	よく働く, まめである	industrious; hardworking

中	日／ピンイン	英／例文訳
青 qīng　形	青い；緑色の	blue; green
青椒 qīngjiāo　名	ピーマン	green pepper
★青年 qīngnián　名	青年，若者	youth; young people
★青少年 qīngshàonián　名	青少年	teenagers
轻 qīng　形	軽い；若い	light; young
轻视 qīngshì　動	軽く見る，軽視する	look down on; despise
★轻松 qīngsōng　形	気楽である	relaxed; easy
轻易 qīng·yì　形	簡単である，たやすい	easy
〃　副	軽々しく，むやみに	lightly; rashly
轻易放过机会 qīngyì fàngguò jīhuì		簡単にチャンスを見逃す
倾向 qīngxiàng　動	傾く；一方に味方する	be inclined to; be in favor of
〃　名	趨勢，傾向	trend; tendency
★清 qīng　形	1. 澄んでいる	clear
〃	2. 明白である	distinct
〃　動	清算〔点検〕する	settle; count; check
清查 qīngchá　動	徹底的に調べる	check; winkle out
★清楚 qīngchu　形	明らかである	clear; distinct
你的发音很清楚 Nǐ de fāyīn hěn qīngchu.		あなたの発音ははっきりしている
〃　動	よく知っている	be aware of

中	日／ピンイン	英／例文訳
清淡 qīngdàn 形	1. [色や香りが]淡い, 薄い	light; delicate
〃	2. [食べ物が]あっさりしている	not rich; light
清洁 qīngjié 形	清潔である	clean
清晰 qīngxī 形	明晰である	clear; distinct
清醒 qīngxǐng 形	(頭が)はっきりしている	fresh; clear-headed
〃 動	(意識が)回復する	regain consciousness
情报 qíngbào 名	機密〔軍事〕情報	information; intelligence
情景 qíngjǐng 名	情景, ありさま	scene; sight
★情况 qíngkuàng 名	状況, 様子, 状態	circumstance; situation
情形 qíngxing 名	状態, 事実, 事情	situation; condition
★情绪 qíngxù 名	意欲, 気分；不快感	morale; mood; moodiness; depression
情愿 qíngyuàn 動	心〔自分〕から願う	be willing to
晴 qíng 形	晴れている	fine; clear
晴转阵雨	qíng zhuǎn zhènyǔ	晴れのちにわか雨
晴天 qíngtiān 名	晴れた日〔空〕; 晴れ	fine day; sunny day
★请 qǐng 動	1. どうぞ…	please
请进	Qǐng jìn.	どうぞお入りください
〃	2. お願いする, 頼む	ask
〃	3. 招く；ご馳走する	invite; stand treat

中	日／ピンイン		英／例文訳
请假 qǐng//jià [動]	休みをもらう		ask for leave
请教 qǐngjiào [動]	教えてもらう		consult; seek advice
请客 qǐng//kè [動]	1. 客を招待する		entertain guests
〃	2. おごる，ご馳走する		stand treat
请求 qǐngqiú [動]	申請する；願う		ask
〃 [名]	申請；願い		request
请问 qǐngwèn (套)	お尋ねします		May I ask ...?
庆典 qìngdiǎn [名]	祝賀会，祝典		celebration
庆贺 qìnghè [動]	祝賀する，祝う		celebrate
庆祝 qìngzhù [動]	慶祝する，祝う		celebrate
庆祝生日	qìngzhù shēngrì		誕生日を祝う
穷 qióng [形]	貧しい，貧乏である		poor
穷困 qióngkùn [形]	貧困である，困窮する		poor; impoverished
穷人 qióngrén [名]	貧乏人，貧しい人		poor people
秋天 qiūtiān [名]	秋		fall; autumn
★求 qiú [動]	頼む；願う，求める		ask; request; seek
求他帮忙	qiú tā bāngmáng		彼に助けを求める
球 qiú [名]	玉，球，ボール		ball
球场 qiúchǎng [名]	球技場，コート		field; court

中	日／ピンイン	英／例文訳
区别 qūbié 動	区別する；見分ける	distinguish
〃 名	区別；違い	distinction; difference
有什么区别？	Yǒu shénme qūbié?	どんな違いがあるのですか
★区域 qūyù 名	地域，区域	area; district
曲折 qūzhé 形	1. 折れ曲がっている	winding
〃	2. 込み入っている	complicated
★渠道 qúdào 名	用水路；ルート	irrigation ditch; channel
曲子 qǔzi 名	歌，曲	song; melody
★取 qǔ 動	受け取る；選び取る	take; choose
取款	qǔ kuǎn	現金を引き出す
取行李	qǔ xíngli	荷物を受け取る
★取得 qǔdé 動	獲得する，手に入れる	gain; obtain
★取消 qǔxiāo 動	取り消す，廃止する	cancel; call off
娶 qǔ 動	（嫁を）もらう	marry; take to wife
娶媳妇儿	qǔ xífur	嫁をもらう
★去 qù 動	1. 行く，出かける	go; leave
去北京	qù Běijīng	北京へ行く
〃	2. 取り除く	remove
去皮	qù pí	皮をむく

中	日／ピンイン	英／例文訳
★ 去年 qùnián 名	去年, 昨年	last year
去世 qùshì 動	死去する, 世を去る	die; pass away
趣味 qùwèi 名	おもしろみ; 興味	interest; taste
圈子 quānzi 名	1. 輪, 丸	ring; circle
〃	2.[活動などの]範囲, 枠	circle; group
★ 权力 quánlì 名	権力; 権限, 職権	power; authority
★ 权利 quánlì 名	権利	right
★ 全 quán 形	1. すべて〔全部〕の	whole
〃	2. そろって〔完備して〕いる	complete
〃 副	すべて, 全部, みな	completely; entirely
★ 全部 quánbù 名	全部, すべて	all; whole
全部做完	quánbù zuòwán	全部し終える
★ 全国 quánguó 名	全国	the whole country; all the country
★ 全面 quánmiàn 名	全面; 全体, すべて	the whole
〃 形	全面的に〔である〕	overall; all-round
考虑问题很全面	kǎolǜ wèntí hěn quánmiàn	問題を総合的に考える
★ 全球 quánqiú 名	地球全体, 全世界	whole world; globe
全球化 quánqiúhuà 動	グローバル化する	globalize
〃 名	グローバリゼーション	globalization

中	日／ピンイン	英／例文訳
全体 quántǐ 名	全体, 全員	all; entire
拳头 quán·tóu 名	握りこぶし, げんこつ	fist
劝 quàn 動	勧める；説得する	advise; persuade
劝告 quàngào 動・名	忠告(する)	warn; advise; advice
缺 quē 動	足りない；欠けている	be short of; lack
缺材料	quē cáiliào	材料を欠く
缺点 quēdiǎn 名	欠点；弱点	defect; weakness
★缺乏 quēfá 動	欠乏〔不足〕する	lack; be short of
缺乏经验	quēfá jīngyàn	経験が乏しい
缺少 quēshǎo 動	足りない, 欠く	lack; be short of
★却 què 副	…なのに, にもかかわらず	but; yet
房子虽小却很舒服	Fángzi suī xiǎo què hěn shūfu.	家は小さいがとても快適だ
★确保 quèbǎo 動	確保〔保障〕する	ensure; guarantee
★确定 quèdìng 形	確か〔明確〕な	definite; certain
〃 動	確定〔決定〕する	fix; determine
★确实 quèshí 形	確か〔確実〕である	true; certain
〃 副	確かに, まちがいなく	really; indeed
他确实有进步	Tā quèshí yǒu jìnbù.	彼は確かに進歩した
裙子 qúnzi 名	スカート	skirt

中	日／ピンイン	英／例文訳
★群 qún　[量]	[集まり]…群れ，…群	group; herd
★群体 qúntǐ　[名]	コロニー；グループ	colony, group
★群众 qúnzhòng　[名]	大衆，民衆；一般人	the masses; ordinary people

R, r

中	日／ピンイン	英／例文訳
★然而 rán'ér　[接]	けれども，しかるに	yet; however
★然后 ránhòu　[接]	その後，それから	then; afterward
燃料 ránliào　[名]	燃料	fuel
燃烧 ránshāo　[動]	燃える，燃焼する	burn
染 rǎn　[動]	1. 染める；染まる	dye
染发	rǎn fà	髪の毛を染める
〃	2. 伝染〔感染〕する	catch (a disease); be contaminated
嚷 rǎng　[動]	叫ぶ；言い争う	shout; argue heatedly
★让 ràng　[動]	1. …に…させる	let; allow
让我想一下	Ràng wǒ xiǎng yīxià.	ちょっと考えさせてください
〃	2. 譲る	offer; give way
让座	ràng zuò	席を譲る
〃　[前]	…される	
杯子让他摔碎了	Bēizi ràng tā shuāisuì le.	グラスは彼に割られた

中	日／ピンイン	英／例文訳
饶 ráo 動	許す, 大目に見る	forgive; let off
决不饶他	jué bù ráo tā	決して彼を許さない
绕 rào 動	1. 巻く；巻き付ける	wind; coil
绕绳儿	rào shéngr	ひもを巻く
〃	2. ぐるぐる回る	circle
〃	3. 回り道をする	bypass
惹 rě 動	1. 引き起こす	cause
惹麻烦	rě máfan	面倒を引き起こす
〃	2. 怒らせる；逆らう	offend
★热 rè 形	熱い；暑い	hot
〃 動	加熱する, 温める	heat; warm
热爱 rè'ài 動	心から愛する	feel a great love for
热爱家乡	rè'ài jiāxiāng	故郷を愛する
★热点 rèdiǎn 名	ホットスポット	hot spot; center of attention
热烈 rèliè 形	熱がこもっている	warm; enthusiastic
会场的气氛很热烈	Huìchǎng de qìfēn hěn rèliè.	会場の雰囲気がとても盛り上がっている
热闹 rènao 形	にぎやかである	lively; busy
〃 動	にぎやかに過ごす	have a jolly time
今晚来我家热闹热闹吧	Jīnwǎn lái wǒ jiā rènao rènao ba.	今夜, 私の家に集まりにぎやかに過ごそう

中	日／ピンイン	英／例文訳
热闹 rènao 名 <small>ルォーナオ</small>	にぎわい；騒ぎ	fun
看热闹 kàn rènao		騒ぎを見物する
★热情 rèqíng 名 <small>ルォーチン</small>	熱意, 意欲, 情熱	enthusiasm; zeal
〃 形	心がこもっている	warm
热情款待 rèqíng kuǎndài		心のこもったもてなし
热心 rèxīn 形 <small>ルォーシン</small>	心が温かい；親切な	warm-hearted
★人才 réncái 名 <small>レンツァイ</small>	人材；要員	talent; qualified person
人次 réncì 量 <small>レンツー</small>	延べ…人	person-time
人工 réngōng 形 <small>レンゴォン</small>	人工の, 人為的な	artificial
人工降雨 réngōng jiàngyǔ		人工降雨
人家 rénjiā 名 <small>レンジィア</small>	人の住む家；家庭	household; family
★人家 rénjia 代 <small>レンジィア</small>	他人；あの人(たち)	other people; he; she; they
人间 rénjiān 名 <small>レンジエン</small>	この世, 世間	human world; world
★人口 rénkǒu 名 <small>レンコウ</small>	人口；家族の人数	population; family size
★人类 rénlèi 名 <small>レンレイ</small>	人類, 人	human race; human being
★★人们 rénmen 名 <small>レンメン</small>	人々, 人たち	people; the public
★★人民 rénmín 名 <small>レンミン</small>	人民, 国民	the people
★人民币 rénmínbì 名 <small>レンミンビー</small>	(通貨)人民元, 中国元	Renminbi; RMB
★★人士 rénshì 名 <small>レンシー</small>	名士；[一般人の敬称]人, 方	personage; public figure

rénwù 人忍认任

中	日／ピンイン	英／例文訳
★人物 rénwù 名	人物, 人となり	personage; character
人心 rénxīn 名	人心, 人々の心	public feeling
★人员 rényuán 名	人員, 要員	personnel; staff
人造 rénzào 形	人造〔人工〕の	artificial
忍 rěn 動	辛抱〔我慢〕する	endure; tolerate
忍着疼痛	rěnzhe téngtòng	痛みをこらえる
忍不住 rěnbuzhù 動	辛抱〔我慢〕できない	be unable to bear
忍耐 rěnnài 動	辛抱する, こらえる	endure; restrain oneself
忍受 rěnshòu 動	我慢する, 堪え忍ぶ	bear; endure
认得 rèn//de 動	(見て)知っている	know; recognize
★认识 rènshi 動	(見て)知っている	know; recognize
〃 名	認識；考え	cognition; knowledge
★认为 rènwéi 動	(…と)考える, 思う	think; consider
★认真 rèn//zhēn 動	真に受ける	take seriously
你可别认真！	Nǐ kě bié rènzhēn!	本気にするな
〃 rènzhēn 形	まじめ〔真剣〕である	earnest; serious
认真学习	rènzhēn xuéxí	真剣に勉強する
★任何 rènhé 代	いかなる(…であれ)	any; whatever
任何人都不能例外	Rènhé rén dōu bù néng lìwài.	いかなる人でも例外は認めない

中	日/ピンイン	英/例文訳
★任务 rènwu 名	任務; 仕事	task; mission
任性 rènxìng 形	わがままである	capricious; willful
任意 rènyì 副	気ままに, 勝手に	willfully
任意行动	rènyì xíngdòng	気ままに行動する
扔 rēng 動	ほうる, 投げる; 捨てる	throw; toss; throw away
扔烟头儿	rēng yāntóur	吸い殻を捨てる
★仍然 réngrán 副	相変わらず, やはり	still; yet
日报 rìbào 名	日刊新聞; 朝刊	daily paper; morning edition
★日本 Rìběn 名	日本	Japan
日本人 Rìběnrén 名	日本人	Japanese
日常 rìcháng 形	日常の, ふだんの	everyday; daily
日常生活	rìcháng shēnghuó	日々の暮らし
日程 rìchéng 名	日程, スケジュール	schedule
日记 rìjì 名	日記; 業務日誌	diary; journal
★日前 rìqián 名	先日, 数日前	the other day
日文 Rìwén 名	[文章としての]日本語	Japanese
日文小说	Rìwén xiǎoshuō	日本語の小説
日益 rìyì 副	日に日に, 日増しに	day by day
日语 Rìyǔ 名	[話し言葉としての]日本語	Japanese

中	日／ピンイン	英／例文訳
说日语	shuō Rìyǔ	日本語を話す
日元 rìyuán 名	(通貨)日本円	yen
★日子 rìzi 名	1. 期日；日取り	date; day
〃	2. 日数，日にち	days; time
前些日子	qiánxiē rìzi	先日
〃	3. 暮らし，生活	life
过日子	guò rìzi	生活する，暮らす
荣幸 róngxìng 形	光栄である	honored
荣誉 róngyù 名	栄誉，誉れ	honor; credit
容纳 róngnà 動	収容する，受け入れる	hold; admit
★容易 róngyì 形	容易だ；…しやすい	easy; likely; easily
柔和 róuhé 形	柔らかい，優しい	soft; gentle
柔软 róuruǎn 形	柔軟である	soft; supple
揉 róu 動	もむ，こする；こねる	rub; knead
揉面	róu miàn	コムギ粉をこねる
★肉 ròu 名	肉；豚肉	meat; flesh; pork
★如此 rúcǐ 代	このようである	so; such; in this way
★如果 rúguǒ 接	もしも…(ならば)	if; in case
如果太贵，就不买了	Rúguǒ tài guì, jiù bù mǎi le.	もし高すぎたら買わない

中	日／ピンイン	英／例文訳
★ 如何 rúhé 代	1. どう〔いかが〕ですか	how; what
〃	2. どのように、いかに	what; how
★ 如今 rújīn 名	当世, 現今, 近頃	now; nowadays
如同 rútóng 動	同じ（よう）である	like; as
如下 rúxià 動	次のとおりである	be as follows
如意 rú//yì 動	思い通りになる	comply with one's wishes
祝您万事如意!	Zhù nín wànshì rúyì!	何事も思い通りになりますように
★ 入 rù 動	入る; 加入する	enter; join
入学 rù//xué 動	入学する	enter school
软 ruǎn 形	1. 柔らかい; 優しい	soft; mild
〃	2. もろい, 弱い	weak; feeble
★ 软件 ruǎnjiàn 名	ソフトウエア	software
软弱 ruǎnruò 形	弱い; 軟弱である	weak; feeble
软席 ruǎnxí 名	グリーン車〔一等〕席	first-class seat
润肤 rùnfū 動	肌を滑らかにする	moisten one's skin
弱 ruò 形	弱い; 劣っている	weak; inferior

S, s

| 撒 sā 動 | 放つ; ばらまく | cast; let go |

215

中	日／ピンイン	英／例文訳
撒网	sā wǎng	投げ網を打つ
撒尿	sā niào	放尿する
撒谎 sā//huǎng 動	うそをつく	lie; tell a lie
洒 sǎ 動	[水などを]まく；こぼす	sprinkle; spill
洒些水	sǎ xiē shuǐ	水を少しまく
塞 sāi 動	詰める；ふさぐ	fill in; stuff
塞车 sāi//chē 動	渋滞する	be congested
〃 sāichē 名	(交通)渋滞	congestion; traffic jam
赛 sài 動	試合〔競争〕をする	play a match; compete
★赛季 sàijì 名	[スポーツなどの]シーズン	competition season; playing season
赛马 sài//mǎ 動	競馬をする	ride horses in races
〃 sàimǎ 名	競馬	horse racing
赛跑 sàipǎo 動	競走をする	race
★三 sān 数	3, 三	three
三回	sān huì	3回, 3度
三哥	sān gē	3番目の兄
三番五次 sān fān wǔ cì (成)	何度も何度も	again and again
伞 sǎn 名	傘	umbrella
打伞	dǎ sǎn	傘をさす

中	日／ピンイン	英／例文訳
太阳伞	tàiyángsǎn	日傘
散 sǎn 動	ばらばらになる	fall apart
书架散了	Shūjià sǎn le.	本棚がばらばらになった
散 sàn 動	散らばる；ばらまく	break up; disperse
客人散了	Kèren sàn le.	客は引き上げた
散广告	sàn guǎnggào	広告（ビラ）をまく
散步 sàn//bù 動	散歩する	take a walk
嗓子 sǎngzi 名	のど；声	throat; voice
嗓子疼	sǎngzi téng	のどが痛い
嗓子哑了	sǎngzi yǎle	声がかれる
丧失 sàngshī 動	喪失する，失う	lose
扫 sǎo 動	掃く；取り除く	sweep; clear away
扫院子	sǎo yuànzi	中庭を掃く
扫兴 sǎo//xìng 形	がっかりする	disappointed
嫂子 sǎozi 名	兄嫁；ねえさん	older brother's wife; sister-in-law
扫帚 sàozhou 名	竹ぼうき，ほうき	broom
色彩 sècǎi 名	色，彩り；ニュアンス	color; tint; shade
森林 sēnlín 名	森林，森	forest
★杀 shā 動	殺す；戦う	kill; fight

中	日／ピンイン	英／例文訳
杀人	shā rén	人を殺す
杀害 shāhài 動	殺す, 殺害する	murder; kill
沙发 shāfā 名	ソファー	sofa
沙漠 shāmò 名	砂漠	desert
沙滩 shātān 名	砂浜, ビーチ	sand beach
沙子 shāzi 名	砂；砂状のもの	sand; small grains
傻 shǎ 形	ばか〔愚か〕である	dull; stupid
傻子 shǎzi 名	ばか, 愚か者	fool
晒 shài 動	日に当てる；日が当たる	sun; bask; shine upon
晒太阳	shài tàiyáng	日光浴〔ひなたぼっこ〕をする
★山 shān 名	山	mountain; hill
爬山	pá shān	山に登る
山路 shānlù 名	山道, 山あいの道	mountain path
山脉 shānmài 名	山脈, 山並み	mountain range
山坡 shānpō 名	山の斜面, 山腹	mountain slope
山区 shānqū 名	山地, 山岳地帯	mountainous area
删 shān 動	（字句を）削除する	delete; cut out
闪 shǎn 動	1. きらめく；ひらめく	shine; flash
〃	2. 身をかわす, 避ける	dodge

中	日／ピンイン	英／例文訳
闪电 shǎndiàn 名	稲妻, 稲光	lightning
闪耀 shǎnyào 動	きらきら光る	flares; glitter
扇子 shànzi 名	扇子, 扇	fan
善良 shànliáng 形	善良〔純真〕である	good and honest
善于 shànyú 動	…が上手である	be good at
善于写作 shànyú xiězuò	文を書くのがうまい	
★伤 shāng 動・名	傷(つける)	hurt; wound; injury
受伤 shòu shāng	負傷する	
伤害 shānghài 動	傷つける, 損なう	hurt; harm
伤脑筋 shāng nǎojīn (型)	頭を悩ます	troublesome; bothersome
伤心 shāng//xīn 形	悲しい；くやしい	sad; sorrowful
伤员 shāngyuán 名	負傷者, けが人	the wounded
商场 shāngchǎng 名	マーケット；デパート	market; department store
商店 shāngdiàn 名	商店, 店	shop; store
商量 shāngliang 動	相談〔協議〕する	consult; discuss
★商品 shāngpǐn 名	商品, 品物	goods; merchandise
商讨 shāngtǎo 動	協議〔討議〕する	discuss; consult
★商务 shāngwù 名	商用, ビジネス	business affairs
★商业 shāngyè 名	商業, ビジネス	commerce; trade; business

中	日/ピンイン	英/例文訳
商议 shāngyì 動	相談〔協議〕する	consult; discuss
★上 shàng 名	上, 上の方	upper; upward
〃 動	上がる, 登る; 乗る	go up; mount; get on
上车	shàng chē	車に乗る, 乗車する
上班 shàng//bān 動	出勤〔勤務〕する	go to work; be on duty
上边 shàngbian 名	上の方; 表面, 上; 前	upper; surface; above; preceding
上当 shàng//dàng 動	わなにかかる	be taken in; be deceived
上级 shàngjí 名	上司; 上級機関	superior; higher authorities
上课 shàng//kè 動	授業に出る〔をする〕	attend class; give a lesson
上来 shàng//·lái 動	上がってくる	come up
★上面 shàng·miàn 名	上部; 表面, 上; 先	upper; surface; above; preceding
上去 shàng//·qù 動	上がっていく	go up
★上升 shàngshēng 動	1. 登る, 上がる	rise; go up
〃	2. 〔程度などが〕上がる, 増える	go up; increase
★上市 shàng//shì 動	1. 店頭に出回る	appear on the market
〃	2. 上場する	go public
上司 shàngsi 名	上役, 上司	boss; sperior; chief
上头 shàngtou 名	上; 表面	above; surface
上网 shàng//wǎng 動	(ネットに)アクセスする	access the Internet

中	日／ピンイン	英／例文訳
★ 上午 shàngwǔ 名	午前	morning
上下 shàngxià 名	1. 上と下；上下	up and down; high and low
〃	2. ほぼ…くらい	about
上学 shàng//xué 動	登校する，学校へ行く	go to school
上旬 shàngxún 名	上旬	the first ten days of a month
上衣 shàngyī 名	上着	jacket; coat
上游 shàngyóu 名	(河川の)上流	upper reaches
★ 上涨 shàngzhǎng 動	(水位や物価が)上がる	rise; go up
烧 shāo 動	1. 熱が出る；熱を出す	run a fever
〃	2. 沸かす；炊く；焼く	boil; cook; roast
〃	3. 燃やす；燃える	set fire to; burn
〃 名	(体の)熱，高温	fever
烧饼 shāobing 名	[小麦粉/食品] シャオピン	baked cake
稍 shāo 副	少し，やや	a little; slightly
你稍等一下	Nǐ shāo děng yīxià.	ちょっとお待ちください
稍稍 shāoshāo 副	少し，ちょっと，やや	a little; slightly
稍微 shāowēi 副	ちょっと，少し，やや	a little; slightly; somewhat
勺子 sháozi 名	さじ，ひしゃく	scoop; ladle
★★ 少 shǎo 形	少ない	little; few

中	日／ピンイン	英／例文訳
书太少了	shū tài shǎole	本が少なすぎる
少 shǎo 動	不足する, 欠ける	be short of; lack
钱包里少了一百块钱	Qiánbāo li shǎole yībǎi kuài qián.	財布の中身が100元足りなくなった
少见 shǎojiàn 形	あまり見かけない	rare
〃 (套)	お久しぶりです	it's a rare pleasure to meet you
少数 shǎoshù 名	少数, 少人数; 少数者	a small number; minority
少年 shàonián 名	[10代半ばまでの] 少年少女	juvenile; teenager
少女 shàonǚ 名	少女, 女の子	young girl
舌头 shétou 名	舌, べろ	tongue
蛇 shé 名	蛇, ヘビ	snake
舍不得 shěbude 動	[惜しんで]…したがらない	grudge
舍得 shěde 動	(…しても)惜しくない	be ready to part with; not grudge
★设备 shèbèi 動	備え付ける, 設備する	equip; install
〃 名	設備, 備品	equipment; facilities
设法 shèfǎ 動	方法〔対策〕を考える	think of a way
★设计 shèjì 動	設計〔デザイン〕する	plan; design
设计师 shèjìshī 名	デザイナー; 建築設計士	designer; architect
★设施 shèshī 名	施設, 機構	installation; facilities
设想 shèxiǎng 動	想定〔考慮〕する	imagine; assume; have consideration for

中	日／ピンイン	英／例文訳
设置 shèzhì 動	設立〔設置〕する	set up; install
★社会 shèhuì 名	社会	society
★社区 shèqū 名	コミュニティ	community
射 shè 動	放つ；射る	emit; fire
射门 shè//mén 動	シュートする	shoot (at the goal)
摄像机 shèxiàngjī 名	ビデオカメラ	video camera
摄影 shèyǐng 動	撮影する	take a photo; shoot a movie [TV]
★谁 shéi 代	だれ	who
他是谁？	Tā shì shéi?	あの人はだれですか
★申请 shēnqǐng 動	申請する，申し出る	apply for
伸 shēn 動	伸ばす，突き出す	stretch; extend
伸手 shēn//shǒu 動	手を伸ばす；手を出す	stretch out one's hand; meddle
★身边 shēnbiān 名	身の回り；手元	at one's side; (have sth.) on one
身材 shēncái 名	スタイル，体つき	figure; stature
★身份 shēnfen 名	地位，身分	status; identity
★身上 shēnshang 名	1. 体(に)，身(に)	on one's body
〃	2. 身の回り；手元	(have sth.) on one, with one
★身体 shēntǐ 名	身体，体	body
身子 shēnzi 名	体，身体	body

中	日／ピンイン	英／例文訳
★深 shēn 形	深い；奥深い；濃い	deep; profound; dark
〃 名	深さ，深み	depth
〃 副	深く，大いに	deeply; greatly
深度 shēndù 名	深さ；深み	depth
深厚 shēnhòu 形	深い；しっかりしている	deep; solid
深刻 shēnkè 形	深い；身にしみる	deep; profound; incisive
★深入 shēnrù 動	深く入り込む	go deep into
〃 形	深く掘り下げてある	thorough
深夜 shēnyè 名	深夜	late at night
★什么 shénme 代	1. 何，どんなもの	what
这是什么？	Zhè shì shénme?	これは何ですか
〃	2. どんな，どういう	what; how
什么颜色？	Shénme yánsè?	どんな色ですか
什么时候回来？	Shénme shíhou huílái?	何時に帰りますか
〃	3.（不定の事物）何か	something; anything
你有什么事儿吗？	Nǐ yǒu shénme shìr ma?	何かご用ですか
什么的 shénmede 助	…とか，などなど	and so on
什么样 shénmeyàng 代	どの〔どんな〕よう	what kind
★神 shén 名	神, 超人；精神, 精力	god; superman; spirit

中	日／ピンイン	英／例文訳
シェン **神** shén 形	神業の, とても凄い	supernatural; superb
シェンジン **神经** shénjīng 名	神経	nerve
シェンジンビン **神经病** shénjīngbìng 名	精神病；ノイローゼ	mental disorder; nervous breakdown
シェンミー **神秘** shénmì 形	神秘的である	mysterious
シェンチー **神气** shén·qì 形	得意気である	arrogant; cocky
シェンチン **神情** shénqíng 名	表情, 顔つき	expression; look
シェンション **神圣** shénshèng 形	神聖である	sacred; holy
シェンチャー **审查** shěnchá 動	審査する, 詳しく調べる	examine; investigate
シェンパン **审判** shěnpàn 動	裁判する	put on trial; try
シェンイー ★ **审议** shěnyì 動	審議する	consider; deliberate
シェンズ **婶子** shěnzi 名	(叔父の妻)おばさん	wife of father's younger brother; aunt
シェンジー ★ **甚至** shènzhì 副	…さえ, …すら	even
甚至没有时间吃饭	shènzhì méi·yǒu shíjiān chīfàn	ご飯を食べる時間すらない
〃 接	ひいては；…さえも	so far as to
シェンジョオン **慎重** shènzhòng 形	慎重である, 注意深い	cautious; careful
ション ★ **升** shēng 動	昇る, 上がる	rise; promote
〃 量	…リットル	liter; ℓ
ション ★ **生** shēng 動	生む；生まれる	give birth to; be born
生孩子	shēng háizi	子供を産む

225

shēng 生

中	日/ピンイン	英/例文訳
生 shēng 形	1. なまである	uncooked; raw
〃	2. よく知らない	unfamiliar
生病 shēng//bìng 動	病気になる	fall ill; get sick
★生产 shēngchǎn 動	生産する；出産する	produce; give birth to a child
生词 shēngcí 名	新出〔知らない〕単語	new word
生动 shēngdòng 形	生き生きしている	lively; vivid
★生活 shēnghuó 名	生活；暮らし	life
〃 動	生活する；暮らす	live
★生命 shēngmìng 名	生命，命	life
生怕 shēngpà 動	ひやひや〔心配〕する	be afraid of; fear
生气 shēng//qì 動	腹を立てる，怒る	get angry
生日 shēng·rì 名	誕生日	birthday
祝你生日快乐！	Zhù nǐ shēngrì kuàilè!	誕生日おめでとう
★生态 shēngtài 名	生態，エコ（ロジー）	ecology
生物 shēngwù 名	生物	life; living things
生物技术 shēngwù jìshù 名	バイオテクノロジー	biotechnology
生意 shēngyi 名	商売，取引，ビジネス	business; trade
做生意	zuò shēngyi	商売をする
生长 shēngzhǎng 動	生長する；生まれ育つ	grow; grow up

中	日／ピンイン	英／例文訳
我生长在乡村	Wǒ shēngzhǎng zài xiāngcūn.	私は田舎に生まれ育った
★ 声 shēng 量	[声や音の]…回, …度	
大喊了一声	dà hǎnle yī shēng	一度, 大きく叫んだ
声调 shēngdiào 名	声調, 音調, トーン	tone
★ 声明 shēngmíng 動	表明〔声明〕する	state; declare
〃 名	声明; コミュニケ	statement
★ 声音 shēngyīn 名	音, 声	sound; voice
绳子 shéngzi 名	縄, ひも	rope; string
★ 省 shěng 動	1. 節約する	economize; save
省电	shěng diàn	節電する
〃	2. 省略する	omit
〃 名	省; 省都	province; capital of a province
省得 shěngde 接	…しないですむよう	so as to avoid
★ 胜 shèng 動	(…に)勝る; 勝つ	be superior to; win
★ 胜利 shènglì 動・名	勝利〔成功〕(する)	win; attain the goal; victory
剩 shèng 動	残る, 余る	remain; be left
剩余 shèngyú 動・名	残る, 余る; 残り, 余り	remain; be left; surplus; remainder
失败 shībài 動	1. 敗北する	be defeated; lose
〃	2. 失敗する	fail

shīdiào 失师诗狮施湿十石时

中	日/ピンイン	英/例文訳
失掉 shīdiào 動 (シーディアオ)	失う，なくす；逃す	lose; miss
★**失去** shīqù 動 (シーチィ)	失う，なくす	lose
失望 shīwàng 動 (シーワン)	がっかり〔失望〕する	lose hope; despair
〃 形	がっかりしている	disappointed; down
失业 shī//yè 動 (シーイエ)	失業する	lose one's job
师傅 shīfu 名 (シーフ)	師匠，先生	master
诗歌 shīgē 名 (シーゴォー)	詩，詩歌	poetry
狮子 shīzi 名 (シーズ)	ライオン	lion
施肥 shī//féi 動 (シーフェイ)	肥料を与える	apply fertilizer
★**施工** shī//gōng 動 (シーゴォン)	工事をする	construct
湿 shī 形 (シー)	湿って〔ぬれて〕いる	wet; damp
湿润 shīrùn 形 (シールゥン)	湿って潤いがある	moist
★**十** shí 数 (シー)	10，十	ten
十月十号	shí yuè shí hào	10月10日
★**十分** shífēn 副 (シーフェン)	十分に；非常に	very; extremely
十分悲伤	shífēn bēishāng	非常に悲しい
石头 shítou 名 (シートウ)	石，岩	stone; rock
★**石油** shíyóu 名 (シーヨウ)	石油，オイル	petroleum; oil
时常 shícháng 副 (シーチャン)	常に，しょっちゅう	often; frequently

中	日／ピンイン	英／例文訳
时常生病	shícháng shēngbìng	よく病気になる
★时代 shídài 名	時代，人生の一時期	age; era; a period in one's life
时光 shíguāng 名	時間，年月日；時期	time; years; days; period
★★时候 shíhou 名	時刻，時間；…の時	time; moment
在学校的时候…	zài xuéxiào de shíhou …	学校にいた頃…
★★时间 shíjiān 名	時間	time
★时刻 shíkè 名	時刻，時間	time; hour
〃 副	時々刻々，絶えず	constantly; always
时髦 shímáo 形	流行している；モダンな	fashionable; modern
★时期 shíqī 名	時期	period
★时尚 shíshàng 名	時代の気風，流行	fashion; fad
〃 形	流行している	in fashion
时时 shíshí 副	いつも，常に	often; constantly
识字 shí//zì 動	字を読める〔覚える〕	learn to read
实话 shíhuà 名	本当の話	truth
说实话	shuō shíhuà	実を言うと
★实际 shíjì 名	実際	reality
〃 形	実際の；実際的である	real; practical
★实际上 shíjìshang 副	実際には；実は	in fact; actually

中	日／ピンイン	英／例文訳
实际上并不知道	shíjìshang bìng bù zhīdao	実はまったく知らない
★实践 shíjiàn 動·名	実践(する)	put into practice; practice
实践诺言	shíjiàn nuòyán	約束を果たす
★实力 shílì 名	実力, 力量	strength; power
★实施 shíshī 動	(政策などを)実施する	enforce; put into operation
实事求是 shí shì qiú shì 成	事実に基き真実を求める	seek truth from facts
★实现 shíxiàn 動	実現〔達成〕する	realize; achieve
★实行 shíxíng 動	実行する, 行う	put into practice; carry out
实行计划	shíxíng jìhuà	計画を実行する
实验 shíyàn 動·名	実験(する)	experiment; test
实用 shíyòng 動	応用〔実用〕する	apply to
〃 形	実用的である	practical
★实在 shízài 形	本物の, まじめな	true; honest
〃 副	確かに; 実際には	indeed; really
实在对不起	shízài duìbuqǐ	ほんとうに申し訳ない
拾 shí 動	拾う, 拾いあげる	pick up
★食品 shípǐn 名	食料品, 食品	food
食堂 shítáng 名	(会社や学校内の)食堂	dining room; canteen
食物 shíwù 名	食べ物; 食品	food

中	日／ピンイン	英／例文訳
使 shǐ 動	1. 使う	use
〃	2. …に…させる	make; enable
使大家高兴	shǐ dàjiā gāoxìng	みんなを喜ばせる
★**使得** shǐde 動	…が…を引き起こす	make; cause
使劲 shǐ//jìn 動	力を入れる；努力する	exert oneself; make efforts
★**使用** shǐyòng 動	使用する，用いる	use; employ
★**始终** shǐzhōng 副	一貫して，終始	from beginning to end
始终不知道	shǐzhōng bù zhīdào	ずっと知らなかった
屎 shǐ 名	ふん，大便，糞	excrement; dung
拉屎	lā shǐ	大便をする
士兵 shìbīng 名	下士官と兵卒，兵士	rank-and-file soldier; soldier
示威 shìwēi 動	デモ〔示威〕をする	demonstrate
世博会 shìbóhuì 名	万国博覧会，エクスポ	world's fair; international exposition
★**世纪** shìjì 名	世紀	century
★**世界** shìjiè 名	世界，世の中；分野	world
★**市** shì 名	（行政の単位）市	city; municipality
市政府	shìzhèngfǔ	市役所
★**市场** shìchǎng 名	市場，マーケット	market
★**市民** shìmín 名	市民，都市の住民	citizen; urban residents

中	日／ピンイン	英／例文訳
似的 shìde 〔助〕	…のようだ, らしい	like
感情好得像兄弟似的	gǎnqíng hǎode xiàng xiōngdì shìde	兄弟のように仲良しだ
★事 shì 〔名〕	用事；事件；仕事	matter; affair; work
有事儿	yǒu shìr	用がある
★事故 shìgù 〔名〕	事故, 出来事	accident
★事件 shìjiàn 〔名〕	事件, 出来事	incident; event
★事情 shìqing 〔名〕	事柄；仕事, 用事	affair; matter
★事实 shìshí 〔名〕	事実	fact
事物 shìwù 〔名〕	事物, 物事	thing; object
事先 shìxiān 〔名〕	事前, あらかじめ	in advance
★事业 shìyè 〔名〕	事業, 社会活動	enterprise; undertaking
★试 shì 〔動〕	試みる, 試しに行う	try; test
我试试看	Wǒ shìshi kàn.	私が試してみる
试验 shìyàn 〔動〕	試験〔実験〕する	test; experiment
★是 shì 〔動〕	1. …です, …である	be; mean
我是日本人	Wǒ shì Rìběnrén.	私は日本人です
这是你的	Zhè shì nǐ de.	これは君のものだ
〃	2. はい	yes; right
是, 我知道了	Shì, wǒ zhī·dào le.	はい, 分かりました

232

中	日/ピンイン	英/例文訳
是的 shìde 感	はい,そうです	yes; right
★是否 shìfǒu 副	…であるかどうか	whether
适当 shìdàng 形	適当〔妥当〕である	suitable; appropriate
★适合 shìhé 動	ぴったり合う	suit; fit
★适应 shìyìng 動	適応〔順応〕する	suit; adapt
适应环境	shìyìng huánjìng	環境に順応する
★适用 shìyòng 形	適用できる	suitable
誓言 shìyán 名	誓いの言葉,宣誓	oath; pledge
★收 shōu 動	1. 収める,入れる	contain; receive; accept
〃	2. 収穫する	harvest
〃	3. かたづける	put away
★收到 shōu//dào 動	受け取る,収める	receive; achieve
你的信收到了	Nǐ de xìn shōudào le.	あなたの手紙を受け取りました
★收购 shōugòu 動	買い付ける〔集める〕	buy; purchase
收回 shōu//huí 動	回収する,取り戻す	recall; take back
收获 shōuhuò 動・名	収穫(する); 成果(を得る)	gather; harvest; results
收集 shōují 動	集める,収集する	gather; collect
★收入 shōurù 動	受け取る,収める	take in; include
〃 名	収入,所得	income; revenue

shōushi 收手

中	日／ピンイン	英／例文訳
収拾 shōushi 動	片付ける，整理する	tidy up; put in order
収拾屋子 shōushi wūzi	部屋を片付ける
★収益 shōuyì 名	収益，利益	income; profit
收音机 shōuyīnjī 名	ラジオ	radio
★手 shǒu 名	手	hand
〃 量	技能・手段などを数える
手表 shǒubiǎo 名	腕時計	wrist watch
手电 shǒudiàn 名	懐中電灯	flashlight
★手段 shǒuduàn 名	手段；腕前；手管	means; skill; trick
手工 shǒugōng 名	手仕事	handwork
★手机 shǒujī 名	携帯電話	mobile phone
手绢 shǒujuàn 名	ハンカチ	handkerchief
手枪 shǒuqiāng 名	ピストル，拳銃	pistol
★手术 shǒushù 動・名	手術（する）	operate; operation
动手术 dòng shǒushù	手術をする
手套 shǒutào 名	手袋	gloves; mittens
手头 shǒutóu 名	手もと；懐具合	at hand; one's financial condition
最近手头紧 Zuìjìn shǒutóu jǐn.	近ごろ，懐具合が苦しい
手心 shǒuxīn 名	たなごころ；勢力範囲	palm; range of one's control

234

中	日／ピンイン	英／例文訳
ショウシュイ ★ 手续 shǒuxù 名	手続き	procedures; formalities
办手续	bàn shǒuxu	~~手続きをする~~
ショウジャン 手掌 shǒuzhǎng 名	手のひら	palm
ショウジー 手指 shǒuzhǐ 名	手の指	finger
ショウ 守 shǒu 動	守る；見守る	guard; look after
守球门	shǒu qiúmén	ゴールを守る
守约	shǒu yuē	約束を守る
ショウ ★ 首 shǒu 量	(詩歌)…首, …句	
ショウツー 首次 shǒucì 名	初めて, 第一回目	first; for the first time
新总理首次访华	Xīn zǒnglǐ shǒucì fǎng Huá.	新総理が初めて訪中する
ショウドゥー ★ 首都 shǒudū 名	首都	capital
ショウシエン ★ 首先 shǒuxiān 副	まず初めに, 真っ先に	first
首先发言	shǒuxiān fāyán	真っ先に発言する
〃 接	まず, 最初に	first of all
ショウジャン 首长 shǒuzhǎng 名	[政府などの]トップ, 指導者	leading cadre; senior officer
ショウ ★ 受 shòu 動	受ける；遭う	receive; suffer
受教育	shòu jiàoyù	教育を受ける
受歧视	shòu qíshì	差別に遭う
ショウダオ ★ 受到 shòu//dào 動	受ける	receive

中	日／ピンイン	英／例文訳
受累 shòu//lèi 動	苦労する；骨を折る	be troubled; be put to trouble
售货员 shòuhuòyuán 名	販売員，店員	shop assistant; salesclerk
售票员 shòupiàoyuán 名	切符売り；バスの車掌	ticket seller; conductor
瘦 shòu 形	やせている；赤身の(肉)	thin; lean
★书 shū 名	本，書物	book
书包 shūbāo 名	かばん，学生かばん	schoolbag
书店 shūdiàn 名	書店，本屋さん	bookstore
★书记 shūji 名	書記；党の責任者	secretary
书架 shūjià 名	本棚，書架	bookshelf
叔叔 shūshu 名	［父の弟］叔父；おじさん	father's younger brother; uncle
梳 shū 動	［髪の毛などを］とく，すく	comb
舒畅 shūchàng 形	心地〔気分が〕よい	easy in mind; relaxed
舒服 shūfu 形	気持ちがよい	comfortable
舒适 shūshì 形	心地よい；快適である	comfortable; easy
★输 shū 動	1. 負ける，敗れる	lose
比赛输了	bǐsài shūle	試合に負けた
〃	2. (液体などを)運ぶ	transport
输液	shū yè	点滴する
输出 shūchū 動	送り出す；出力する	send out; export; output

中	日／ピンイン	英／例文訳
输入 shūrù 動	送り込む；入力する	bring in; import; input
蔬菜 shūcài 名	野菜, 蔬菜	vegetables
熟 shú (shóuとも発音) 形	1. 熟している	ripe
〃	2. 煮えている	cooked
〃	3. 熟知している	familiar
熟练 shúliàn 形	熟練している	skilled
★熟悉 shú·xī 動	詳細に知っている	know well; be acquainted with
暑假 shǔjià 名	夏休み	summer vacation
放暑假	fàng shǔjià	夏休みになる
★属 shǔ 動	属〔帰属, 従属〕する	belong to
你属什么？－我属龙	Nǐ shǔ shénme? - Wǒ shǔ lóng.	えとは何ですか－辰年です
★属于 shǔyú 動	…に属する	belong to
属于食品, 不属于药品	shǔyú shípǐn, bù shǔyú yàopǐn	食品に属し, 薬品には分類されない
★数 shǔ 動	1. 数える	count
数数儿	shǔ shùr	数を数える
〃	2. いちばん…である	stand out by comparison
全班数她学习好	Quánbān shǔ tā xuéxí hǎo.	クラスで彼女がいちばんよくできる
树 shù 名	木, 樹木	tree
〃 動	樹立する, うち立てる	establish

中	日／ピンイン	英／例文訳
树林 shùlín 名	林, 樹林	grove; woods
树木 shùmù 名	樹木, 木々	trees
数 shù 名	数, かず	number; figure
〃 数	いくつかの	several; a few
数十人	shùshí rén	数十人
★数据 shùjù 名	データ, 確かな数値	data
★数量 shùliàng 名	数量, 量, 数	quantity; amount
数码 shùmǎ 名	数, 数字；デジタル	numeral; number; digital
数码相机 shùmǎ xiàngjī 名	デジタルカメラ	digital camera
数学 shùxué 名	数学	mathematics
★数字 shùzì 名	数字；デジタル；数量	numeral; digital; quantity
刷 shuā 動	[ブラシなどで]磨く, 塗る	brush; paint with a brush
刷墙	shuā qiáng	壁を塗る
刷牙 shuā//yá 動	歯を磨く	brush one's teeth
刷子 shuāzi 名	ブラシ, はけ	brush
耍 shuǎ 動	たわむれる；操る	play with; manipulate
摔 shuāi 動	転ぶ, 倒れる	fall; tumble
甩 shuǎi 動	振り回す；投げる	swing; throw
甩胳膊	shuǎi gēbo	腕を振る

中	日／ピンイン	英／例文訳
帅 shuài 形	かっこいい；きれいだ	smart; graceful
率领 shuàilǐng 動	率いる，統率する	lead, command
★ 双 shuāng 形	対になっている	twin; double; even
〃 量	(対のもの)…ペア	pair
一双鞋	yī shuāng xié	1足の靴
★★ 双方 shuāngfāng 名	双方，両方とも	both sides
双亲 shuāngqīn 名	父母，両親	parents; father and mother
爽快 shuǎngkuai 形	爽快〔率直〕である	refreshed; frank
★ 水 shuǐ 名	水；液；河川	water; liquid; river
水稻 shuǐdào 名	水稲，イネ	rice
水果 shuǐguǒ 名	果物，フルーツ	fruit
水库 shuǐkù 名	ダム，貯水池	dam; reservoir
水泥 shuǐní 名	セメント	cement
★ 水平 shuǐpíng 名	水準，程度，レベル	standard; level
税金 shuìjīn 名	税金，税	tax
交纳税金	jiāonà shuìjīn	税金を納める
睡 shuì 動	眠る，寝る	sleep
睡觉 shuì//jiào 動	眠る，寝る	sleep
睡衣 shuìyī 名	パジャマ	pajamas; night clothes

中	日／ピンイン	英／例文訳
顺 shùn 〔前〕	…に沿って〔従って〕	along
顺河边走	shùn hébiān zǒu	川辺に沿って行く
顺便 shùnbiàn 〔副〕	ついでに	incidentally; in passing
★顺利 shùnlì 〔形〕	順調である	smooth; successful
★★说 shuō 〔動〕	言う, 話す；説明する	speak; talk; explain
请再说一遍	Qǐng zài shuō yī biàn.	もう一度言って下さい
说不定 shuōbudìng 〔動〕	はっきり言えない	can't say for sure
〃 〔副〕	…かもしれない	perhaps; maybe
说不定路上出事了	Shuōbudìng lùshang chūshì le.	途中でトラブルがあったのかもしれない
★说法 shuō·fǎ 〔名〕	言い方；意見, 見解	way of saying things; views
说服 shuō//fú 〔動〕	説得する	persuade
说话 shuō//huà 〔動〕	話をする；雑談する	speak; talk; chat
说谎 shuō//huǎng 〔動〕	うそをつく	tell a lie
★说明 shuōmíng 〔動・名〕	説明(する)	explain; explanation
★司机 sījī 〔名〕	運転手, 機関士	driver; chauffeur
丝 sī 〔名〕	絹糸, 生糸	silk
〃 〔量〕	極めて少ない量を示す	a tiny bit
私人 sīrén 〔名〕	個人；私有	personal; private
私人企业	sīrén qǐyè	私営企業

中	日／ピンイン	英／例文訳
私自 sīzì　副	ひそかに；勝手に	on the sly; without permission
思考 sīkǎo　動	思考する，考える	ponder; consider
★**思想** sīxiǎng　名	考え；イデオロギー	thought; idea; ideology
撕 sī　動	引き裂く，はがす	tear; rip
★**死** sǐ　動	死ぬ；枯れる	die; perish
〃　副	死んでも…（ない）	adamantly
死不认罪	sǐ bù rènzuì	あくまでも罪を認めない
〃　形	融通がきかない	inflexible
★**死亡** sǐwáng　動	死亡する，死ぬ	die
★**四** sì　数	4, 四	four
四百零四	sìbǎi líng sì	404, 四百四
四处 sìchù　名	方々，至る所	all around; everywhere
四周 sìzhōu　名	周囲，周り	all around
★**似乎** sìhū　副	…らしい，のようだ	as if; seem to
似乎在哪里见过面	Sìhū zài nǎli jiànguo miàn.	どこかで会ったことがあるようだ
松 sōng　形	緩い；厳しくない	loose; not firm
〃　動	緩める，解く	loosen; relax
★**送** sòng　動	送る；届ける	deliver; carry
不用送了！	Bùyòng sòngle!	見送りはけっこうです

中	日／ピンイン	英／例文訳
送礼 sòng//lǐ 動	贈り物をする	give sb. a present
送行 sòng//xíng 動	見送りに行く	see sb. off
搜集 sōují 動	探し集める	collect; gather
搜集资料 sōují zīliào		資料を集める
艘 sōu 量	(大型船)…隻, …艘	
★速度 sùdù 名	速さ, スピード	tempo; speed
宿舍 sùshè 名	寄宿舎, 寮	dormitory
塑料 sùliào 名	プラスチック	plastics
塑料袋 sùliàodài 名	ビニール〔ポリ〕袋	plastic bag
塑料瓶 sùliàopíng 名	ペットボトル	PET bottle
塑像 sù//xiàng 動	像を作る	mould a statue
〃 sùxiàng 名	塑像	statue
酸 suān 形	1. 酸っぱい	sour
〃	2. [筋肉が]だるい, 痛い	aching
蒜 suàn 名	ニンニク, 大蒜	garlic
★算 suàn 動	1. 計算〔勘定〕する	calculate
〃	2. 計算に入れる	include
〃	3. …と見なす	regard as
算了 suànle (套)	もういい；よしよし	let it pass; come, come

中	日／ピンイン	英／例文訳
★**虽然** suīrán 接	…ではあるけれども	though; although
虽然难，但是很有意思	Suīrán nán, dànshì hěn yǒu yìsi.	難しいが面白い
虽说 suīshuō 接	…とはいっても	though; although
虽说有些贵，但值得买	Suīshuō yǒuxiē guì, dàn zhíde mǎi.	少し値段は高いが、買う価値がある
★**随** suí 動	1. 好き〔自由〕にさせる	let (sb. do as he likes)
去不去随他	qù bu qù suí tā	行く行かないは彼にまかせる
〃	2. 従う、ついていく	follow
随便 suí//biàn 動	都合いいようにする	do at one's convenience
〃 suíbiàn 形	気まま〔気軽〕である	at will; casual
〃 接	…にかかわりなく	no matter
★**随后** suíhòu 副	そのあとで、続いて	soon after
随时 suíshí 副	随時、いつでも	at any time
随时随地	suíshí suídì	いつでもどこでも
随意 suí//yì 形	随意に、心のままに	freely; at will
随意发表意见	suíyì fābiǎo yì·jiàn	自由に意見を発表する
★**随着** suízhe 前	…に従って〔つれて〕	along with
随着时代的发展…	Suízhe shídài de fāzhǎn…	時代の発展につれて…
〃 副	続いて、それとともに	accordingly
★**岁** suì 量	…歳	year

中	日／ピンイン	英／例文訳
他的儿子两岁了	Tā de érzi liǎng suì le.	彼の息子さんは2歳になった
岁数 suìshu 名	年齢, お年	age; years
碎 suì 動	粉々に砕ける	break to pieces
〃 形	ばらばらである	scattered; fragmentary
损害 sǔnhài 動	損害を与える；損なう	damage; harm
★损失 sǔnshī 動・名	損失(を出す)	lose; loss; damage
缩 suō 動	縮まる；縮める	become smaller; shrink
缩小 suōxiǎo 動	縮小する	reduce; shrink
★所 suǒ 量	(家屋など)…軒	
两所医院	liǎng suǒ yīyuàn	二つの病院
★所谓 suǒwèi 形	いわゆる…, …とは	what is called; so-called
★所以 suǒyǐ 接	だから, したがって	so; therefore
★所有 suǒyǒu 動	所有する, 持っている	own; possess
土地归国家所有	tǔdì guī guójiā suǒyǒu	土地は国家の所有に属する
〃 形	すべての, あらゆる	all
所有人都同意	Suǒyǒu rén dōu tóngyì.	すべての人が賛成する
锁 suǒ 動・名	錠〔鎖〕(をかける)	lock up; lock
上锁	shàng suǒ	かぎをかける
锁门	suǒ mén	ドアに錠をかける

T, t

中	日/ピンイン	英/例文訳
T恤衫 xùshān 名	Tシャツ	T-shirt
★★他 tā 代	彼, あの男, その人	he; him
★★他们 tāmen 代	彼ら, あの人たち	they; them
★★它 tā 代	(物をさす)それ, あれ	it
★★它们 tāmen 代	それら, あれら	they; them
★★她 tā 代	彼女, あの女, その人	she; her
★★她们 tāmen 代	彼女たち, あの人たち	they; them
踏实 tāshi 形	着実〔まじめ〕である	steady
台 tái 名	壇; 舞台, ステージ	platform; stage
〃 量	(設備など)…台	
台风 táifēng 名	台風	typhoon
抬 tái 動	(持ち)上げる; 運ぶ	take hold of; lift up; carry
抬头 tái tóu	顔を上げる; 頭をもたげる	
★★太 tài 副	あまりにも…, …すぎる	too; extremely
太贵了 tài guì le	あまりに高すぎる	
不太高兴 bù tài gāoxìng	あまりうれしくない	
太空 tàikōng 名	大空; 宇宙	outer space

245

中	日/ピンイン	英/例文訳
太空船 tàikōngchuán 名	宇宙船	spaceship
太太 tàitai 名	奥さん, マダム	Mrs.; madame
你太太和我太太	nǐ tàitai hé wǒ tàitai	君の奥さんと僕の家内
太阳 tàiyáng 名	太陽; 日光	the sun; sunshine
太阳升起来了	Tàiyáng shēngqǐlai le.	太陽が昇ってきた
★态度 tàidu 名	身ぶり, そぶり; 態度	manner; attitude
贪污 tānwū 動	汚職する; 賄賂をとる	embezzle; take a bribe
摊 tān 動	広げる, 並べる	spread out
摊子 tānzi 名	屋台, 露店	vendor's stand; booth
★谈 tán 動	話す, 話し合う	talk; discuss
谈话 tán//huà 動	話〔談話〕をする	talk; chat
〃 tánhuà 名	談話, ステートメント	statement
★谈判 tánpàn 動	折衝〔話し合い〕する	negotiate
谈天 tán//tiān 動	世間話をする	chat
弹 tán 動	はじく; 弾く	flip; play
弹吉他	tán jítā	ギターを弾く
坦白 tǎnbái 形	正直〔率直〕である	honest; frank
〃 動	白状〔自白〕する	confess
坦克 tǎnkè 名	戦車, タンク	tank

中	日／ピンイン	英／例文訳
坦率 tǎnshuài 形	率直である	frank; candid
坦率地说	tǎnshuài de shuō	率直に言う
毯子 tǎnzi 名	毛布；じゅうたん	blanket; carpet
叹气 tàn//qì 動	ため息をつく	sigh
探 tàn 動	頭を突き出す；探る	stretch forward; explore
探亲 tàn//qīn 動	里帰りする	go home to visit one's family
汤 tāng 名	スープ；煮汁	soup
喝汤	hē tāng	スープを飲む
糖 táng 名	砂糖；キャンディ	sugar; candy
咖啡要加糖吗?	Kāfēi yào jiā táng ma?	コーヒーに砂糖を入れますか
倘若 tǎngruò 接	もしも…ならば	if; supposing
躺 tǎng 動	横たわる；横になる	lie; rest
烫 tàng 動	1. やけどする	burn
〃	2. パーマをかける	have one's hair permed
〃 形	[やけどしそうなほど]熱い	very hot
趟 tàng 量	(行き来の回数)…回	
去了两趟北京	qùle liǎng tàng Běijīng	北京へ2回行った
掏 tāo 動	ほじくり〔取り〕出す	draw out
警察把枪掏出来了	Jǐngchá bǎ qiāng tāochūlai le.	警察は銃を取り出した

中	日／ピンイン	英／例文訳
逃避 táobì 動	逃避する，逃れる	escape; evade
逃跑 táopǎo 動	逃走〔逃亡〕する	run away
桃花 táohuā 名	モモ(の花)	peach blossom
淘气 táo//qì 形	いたずらである	mischievous; naughty
★讨论 tǎolùn 動	討論〔検討〕する	discuss; talk over
讨厌 tǎo//yàn 形	煩わしい；いやだ	troublesome; disgusting
〃 動	嫌う，いやがる	dislike; hate
★套 tào 名	カバー，覆い	cover
〃 動	かぶせる，覆う	cover with
〃 量	…セット，…そろい	set; suit
两套茶具	liǎng tào chájù	2セットの茶器
套餐 tàocān 名	セットメニュー；定食	set meal
★特 tè 副	すごく，とても	extraordinarily
他今天来得特晚	Tā jīntiān láide tè wǎn.	彼は今日，とても遅く来た
★特别 tèbié 形	特別〔特殊〕である	special
〃 副	とりわけ；特に	especially; go out one's way to do sth.
我特别喜欢春天的京都	Wǒ tèbié xǐhuan chūntiān de Jīngdū.	私はとりわけ春の京都が好きだ
特地 tèdì 副	特に，わざわざ	especially; for a special purpose
★特点 tèdiǎn 名	特徴，特色	characteristic; special feature

中	日／ピンイン	英／例文訳
★**特色** tèsè 名	特色, 特徴	characteristic; distinguishing feature
★**特殊** tèshū 形	特殊〔特別〕である	special; particular
特意 tèyì 副	わざわざ, 特に	for a special purpose; especially
疼 téng 形	痛い; 痛む	painful
腰疼	yāo téng	腰が痛い
〃 動	かわいがる	love dearly
疼痛 téngtòng 形	痛い; 痛む	painful
剔 tī 動	削り取る; ほじくる	pick; clean with a pointed tool
剔牙	tī yá	歯をほじくる
踢 tī 動	ける, キックする	kick
踢球	tī qiú	ボールをける
★**提** tí 動	提げる; 提起する	carry; put forward
提篮子	tí lánzi	かごを提げる
提意见	tí yì·jiàn	提言する
提拔 tí·bá 動	抜擢〔登用〕する	promote
她被提拔为主任	Tā bèi tí·bá wéi zhǔrèn.	彼女は主任に抜擢された
提倡 tíchàng 動	提唱〔奨励〕する	advocate; encourage
★**提出** tí//chū 動	提出〔提起〕する	put forward; advance
★**提高** tí//gāo 動	引き上げる, 高める	raise; improve

中	日／ピンイン	英／例文訳
提高质量	tígāo zhìliàng	品質を高める
★提供 tígōng 動	提供〔供給〕する	provide; supply
提供方便	tígōng fāngbiàn	便宜をはかる
提交 tíjiāo 動	提出する	submit to
★提前 tíqián 動	繰り上げる	shift to an earlier date
提前通知	tíqián tōngzhī	前もって知らせる
提升 tíshēng 動	昇格〔昇進〕させる	promote
提问 tíwèn 動	出題〔質問〕する	put questions to; quiz
★提醒 tí//xǐng 動	喚起〔指摘〕する	remind; call attention
提议 tí//yì 動	提議する	propose
〃 tíyì 名	提議	proposal
题材 tícái 名	題材, テーマ	theme; subject matter
题目 tímù 名	表題, タイトル; 問題	title; subject; examination question
体操 tǐcāo 名	体操	gymnastics
做体操	zuò tǐcāo	体操をする
体会 tǐhuì 動・名	体得(する)	know from experience; experience; knowledge
体积 tǐjī 名	体積, かさ	volume; bulk
体面 tǐ·miàn 名	体面, 面目	dignity; face
讲体面	jiǎng tǐ·miàn	体面を重んじる

中	日／ピンイン	英／例文訳
体面 tǐ·miàn 形	体裁〔見た目〕がよい	honorable; good-looking
★体系 tǐxì 名	システム，体系	system
建立体系	jiànlì tǐxì	システムを構築する
★体现 tǐxiàn 動	体現〔具現〕する	embody; manifest
★★体育 tǐyù 名	体育，スポーツ	physical training; sports
体育道德	tǐyù dàodé	スポーツマンシップ
体育场 tǐyùchǎng 名	運動場；スタジアム	stadium; sports ground
体育馆 tǐyùguǎn 名	体育館，ジム	gymnasium
替 tì 動	…に代わる	replace
替他值班	tì tā zhíbān	彼の代わりに当番をする
〃 前	…に代わって，…のために	for; on behalf of
大家都在替他担心	Dàjiā dōu zài tì tā dānxīn.	みんな彼のことを心配している
替换 tìhuàn 動	交替する，替える	substitute for; replace
★★天 tiān 名	1. 一日；昼間	day
四天以后	sì tiān yǐhòu	4日後
〃	2. 空，天；天気	sky; weather
天很蓝	tiān hěn lán	空はとても青い
天冷了	tiān lěng le	(気候が)寒くなった
〃	3. 神様	God

251

中	日／ピンイン	英／例文訳
天哪!	Tiān na!	何ということだ!
天空 tiānkōng　名	空, 大空	sky
★天气 tiānqì　名	天気, 天候；気候	weather
天堂 tiāntáng　名	天国, 楽園	heaven; paradise
天下 tiānxià　名	天下, この世	land under heaven; world
天真 tiānzhēn　形	無邪気〔単純〕である	innocent; simple
添 tiān　動	つけ加える, 足す	add
添饭	tiān fàn	ご飯のおかわりをする
添麻烦	tiān máfan	迷惑をかける
田 tián　名	田畑, 田地	field; farmland
种田	zhòng tián	田畑を作る
田地 tiándì　名	田畑, 田地	field; farmland
耕田地	gēng tiándì	田畑を耕す
田野 tiányě　名	田野；野外；フィールド	field; open country
甜 tián　形	甘い；かわいい	honeyed; sweet
甜蜜 tiánmì　形	甘い；楽しい	sweet; happy
填 tián　動	埋める；書き込む	stuff; fill in
填空	tián kòng	穴埋め〔補充〕する
填写 tiánxiě　動	記入する, 書き込む	fill in; write

中	日／ピンイン	英／例文訳
挑 tiāo 動	1. 選ぶ；搜す	choose; pick
挑毛病	tiāo máo·bìng	あら捜しする
〃	2. 天びんを担ぐ	carry on the shoulder with a pole
挑选 tiāoxuǎn 動	選び出す，選抜する	choose; select
★条 tiáo 量	[細長い物]…本，…筋	
两条裤子	liǎng tiáo kùzi	2本のズボン
一条蛇	yī tiáo shé	1匹のヘビ
★条件 tiáojiàn 名	条件；要求；状況	condition; requirement; situation
身体条件	shēntǐ tiáojiàn	体のコンディション
条子 tiáozi 名	細長いもの；書き付け	strip; a short note
留个条子	liú ge tiáozi	メモを残す
调羹 tiáogēng 名	ちりれんげ，さじ	spoon
调和 tiáo·hé 形	調和している	in harmonious proportion
〃 動	調停する，とりなす	mediate
调剂 tiáojì 動	調整〔調節〕する	adjust; regulate
调皮 tiáopí 形	腕白〔いたずら〕である	naughty; mischievous
★调整 tiáozhěng 動	調整する	adjust
★挑战 tiāo//zhàn 動	挑発〔挑戦〕する	challenge
★跳 tiào 動	跳ぶ；踊る；弾む	jump; dance; bounce

253

中	日／ピンイン	英／例文訳
跳舞 tiào//wǔ 動	ダンス〔踊り〕をする	dance
★贴 tiē 動	(紙などを)貼る	glue; stick
贴邮票	tiē yóupiào	切手を貼る
铁 tiě 名	鉄	iron
〃 形	堅固である, 固い	strong; hard
铁的事实	tiě de shìshí	確固たる事実
★铁路 tiělù 名	鉄道	railway; railroad
★听 tīng 動	聞く	listen; hear
听课	tīng kè	授業を聞く
听老师的话	tīng lǎoshī de huà	先生の言うことを聞く
〃 量	〔缶入りのもの〕…缶	tin; can
一听啤酒	yī tīng píjiǔ	ビール1缶
★听到 tīng//dào 動	耳にする；聞こえる	hear; learn of
听话 tīng//huà 動	言うことを聞く	obey
〃 形	聞き分けがよい	obedient; good
听见 tīng//jiàn 動	耳に入る；聞こえる	hear
听不见	tīngbujiàn	聞こえない
听讲 tīng//jiǎng 動	講義〔講演〕を聞く	attend a lecture
听说 tīng//shuō 動	聞くところによると	it is said; hear of

中	日／ピンイン	英／例文訳
听说他要结婚了	Tīngshuō tā yào jiéhūn le.	彼は結婚するそうだ
听写 tīngxiě 動	書き取りをする	take dictation
听众 tīngzhòng 名	聴衆, リスナー	audience; listeners
★停 tíng 動	止まる; 止める	stop
风停了	fēng tíng le	風がやんだ
停车 tíng//chē 動	停車〔駐車〕する	stop; park
停车场 tíngchēchǎng 名	駐車場	parking lot; car park
停顿 tíngdùn 動	中断〔休止〕する	stop; pause
停留 tíngliú 動	とどまる, 逗留する	stop; stay
★停止 tíngzhǐ 動	停止する, 止める	stop; cease
★挺 tǐng 動	まっすぐに伸ばす	straighten up
挺胸	tǐng xiōng	胸を張る
〃 副	なかなか, とても	rather; very
挺凉快的	tǐng liángkuai de	とても涼しい
★通 tōng 動	通じる; 通す	lead to; connect
〃 形	筋が通っている	coherent; logical
通常 tōngcháng 形	通常の, いつもの	normal; usual
★★通过 tōng//guò 動	通過する; 採択する	pass through; adopt
〃 tōngguò 前	…を通じて, …によって	by way of

255

中	日/ピンイン	英/例文訳
通过采访了解情况	tōngguò cǎifǎng liǎojiě qíngkuàng	取材して状況をつかむ
通货 tōnghuò 名	通貨	currency
通货紧缩 tōnghuò jǐnsuō 名	デフレ, 通貨収縮	deflation
通货膨胀 tōnghuò péngzhàng 名	インフレ, 通貨膨張	inflation
通俗 tōngsú 形	通俗的である	popular; common
★通信 tōng//xìn 動	通信〔文通〕する	correspond
通讯 tōngxùn 動·名	通信〔レポート〕(する)	correspond; news report
通用 tōngyòng 動	通用する, 広く使われる	be in common use
★通知 tōngzhī 動·名	通知(する), 知らせ(る)	notify; inform; notice; message
★同 tóng 形	同じである	same; alike
同一天	tóng yītiān	同じ日
〃 副	共に(…する)	together
同生共死	tóng shēng gòng sǐ	生死を共にする
同情 tóngqíng 動	同情〔共感〕する	sympathize with
★同时 tóngshí 名	同じ時〔同時〕(に)	at the same time
〃 接	しかも;…と同時に	besides; moreover
同事 tóngshì 名	同僚, 仕事仲間	colleague
同屋 tóngwū 動	同じ部屋に住む	share a room
〃 名	ルームメート	roommate

中	日／ピンイン	英／例文訳
★同学 tóng//xué 動	同じ学校で学ぶ	study in the same school
〃 tóngxué 名	1. 同級生；同窓生	schoolmate
〃	2. [学生への呼称]…さん，…くん	Mr.; Miss
★同样 tóngyàng 形	同様である，同じ	same; similar
〃 接	(前述と)同様に	as well as
★同意 tóngyì 動	同意〔賛成〕する	agree; approve
★同志 tóngzhì 名	同志；[呼びかけ]…さん	comrade; Mr.; Miss
铜 tóng 名	銅，カッパー	copper
★统计 tǒngjì 動	統計〔集計〕をとる	gather statistics; count
据统计…	jù tǒngjì…	統計によると…
统统 tǒngtǒng 副	すべて，一切合切	all; entirely
你们统统留下	Nǐmen tǒngtǒng liúxià.	君たちはみんな残れ
★统一 tǒngyī 動	統一する	unify
〃 形	一致している	unified
统治 tǒngzhì 動	統治する，支配する	rule; control; dominate
捅 tǒng 動	つつく；突き刺す	poke; stab
桶 tǒng 名	桶，たる	pail; bucket
痛 tòng 形	痛い，痛む	painful
〃 副	ひどく，徹底的に	bitterly; thoroughly

中	日／ピンイン	英／例文訳
痛苦 tòngkǔ 形	ひどく苦しい	painful; bitter
痛快 tòngkuai 形	痛快〔率直〕である	delighted; to one's great satisfaction; frank and direct
偷 tōu 動	盗む	steal
钱包被人偷走了	Qiánbāo bèi rén tōuzǒu le.	財布を人に盗まれた
〃 副	人目を盗んで	on the sly
偷看别人的信	tōu kàn biéren de xìn	こっそりと人の手紙を見る
偷偷 tōutōu 副	こっそりと	secretly; on the sly
★**头** tóu 名	1. 頭；頭髪	head; hair
头疼	tóu téng	頭が痛い
〃	2. 先端；始まり	top; beginning
〃 形	最初の，初めの	first
头一天	tóu yī tiān	最初の1日
〃 量	[家畜など]…頭，…匹	head
头发 tóufa 名	髪の毛，頭髪	hair
头脑 tóunǎo 名	頭脳；思考能力	brains; mind
头痛 tóutòng 形	頭が痛い；困る	have a headache; troubled
★**投** tóu 動	投げる；投じる	throw; toss; vote
投机 tóujī 形	気が合う，馬が合う	congenial; agreeable
〃 動	投機をする	speculate

中	日／ピンイン	英／例文訳
投票 tóu//piào 動	投票する	vote
★投入 tóurù 動	加わる；投入する	go into; put into
投入生产	tóurù shēngchǎn	生産に入る
〃 形	集中している	concentrated
投降 tóuxiáng 動	投降〔降服〕する	surrender
★★投资 tóu//zī 動	投資〔出資〕する	invest
〃 tóuzī 名	投資，投下資本	investment
透 tòu 動	しみ通る；漏らす	penetrate; leak
〃 形	徹底している	thorough
★透露 tòulù 動	漏らす，明かす	disclose; reveal
★突出 tū//chū 動	突き破る；突き出る	break through; stick out
〃 形	際立っている	outstanding
突击 tūjī 動	突撃〔アタック〕する	assault; make a rush
★突然 tūrán 形	突然である	sudden; abrupt
★突破 tūpò 動	[困難などを]乗り越える	break through; overcome
突破难关	tūpò nánguān	難関を突破する
★★图 tú 名	図，絵	picture; drawing
画图	huà tú	図案をかく
〃 動	企む；図る	scheme; plan

tú'àn

中	日／ピンイン	英／例文訳
图案 tú'àn 名	図案, デザイン, 模様	pattern; design
图画 túhuà 名	絵, 図画, 絵画	drawing; painting
★**图片** túpiàn 名	(説明用の)図, 写真	picture; photograph
★**图书** túshū 名	図書; 図解と本; 書籍	books
图书馆 túshūguǎn 名	図書館	library
图章 túzhāng 名	印鑑, 印章, 判子	seal; stamp
图纸 túzhǐ 名	図面, 設計図, 青写真	blueprint; drawing
涂 tú 動	塗る, 塗りつける	spread on; smear
土 tǔ 名	土, 泥; ごみ	soil; dust
〃 形	やぼったい	crude
★**土地** tǔdì 名	土地; 耕地; 領土	land; territory
土豆 tǔdòu 名	ジャガイモ, ポテト	potato
吐 tǔ 動	吐き出す; 出す	spit; emit
吐痰 tǔ tán	痰を吐く
吐舌头 tǔ shétou	舌を出す
吐 tù 動	嘔吐する, 吐き出す	vomit; throw up
上吐下泻 shàng tù xià xiè	吐いたり, 下痢をしたり
兔子 tùzi 名	兎, ウサギ	rabbit
★**团** tuán 動	(集めて)丸める	roll into a ball

中	日/ピンイン	英/例文訳
団 tuán 名 ^{トゥアン}	1. 球形のもの；団子	sth. shaped like a ball; dumpling
〃	2. 集団；連隊	group; regiment
〃 量	[ひとかたまりのもの]…山	ball; volume
团结 tuánjié 動 ^{トゥアンジエ}	団結〔結束〕する	unite
〃 形	よくまとまっている	united
团圆 tuányuán 動 ^{トゥアンユアン}	[離散家族が]再会する	reunite
团长 tuánzhǎng 名 ^{トゥアンジャン}	団長；連隊長	head; regimental commander
★推 tuī 動 ^{トゥイ}	押す；推し進める	push; advance
推测 tuīcè 動 ^{トゥイツォー}	推測する, 推し量る	guess
★推出 tuīchū 動 ^{トゥイチュー}	[新しい事物を]世に出す	introduce; present
推辞 tuīcí 動 ^{トゥイツー}	辞退〔遠慮〕する	decline
★推动 tuī//dòng 動 ^{トゥイドォン}	推進〔促進〕する	promote
推翻 tuī//fān 動 ^{トゥイファン}	覆す, ひっくり返す	overturn; reverse
★推广 tuīguǎng 動 ^{トゥイグアン}	押し広める	popularize; spread
★推荐 tuījiàn 動 ^{トゥイジエン}	推薦する, 推す	recommend
★推进 tuījìn 動 ^{トゥイジン}	推し進める	promote
推销 tuīxiāo 動 ^{トゥイシアオ}	売りさばく；セールスする	deal in; promote sales
腿 tuǐ 名 ^{トゥイ}	[くるぶしから上の]足；[机などの]脚	leg
★退 tuì 動 ^{トゥイ}	後退する；退く	move back

中	日／ピンイン	英／例文訳
退还 tuìhuán 動	返却する，返す	return; give back
退休 tuìxiū 動	退職する；定年になる	retire
托 tuō 動	1. [手の ひらに] 載せる	hold in the palm
〃	2. 託する，頼む	entrust
托人照顾孩子	tuō rén zhào·gù háizi	人に子どもの世話を頼む
拖 tuō 動	引きずる；引き延ばす	pull; drag; delay
拖鞋 tuōxié 名	スリッパ，つっかけ	slippers
脱 tuō 動	脱ぐ；抜ける	take off; get out of
脱鞋	tuō xié	靴を脱ぐ
脱皮	tuō pí	皮がむける
脱离 tuōlí 動	抜け出す；かけ離れる	separate oneself from; lose touch with
妥当 tuǒdang 形	適切〔妥当〕である	appropriate; proper
唾沫 tuòmo 名	つば，唾液	saliva
吐唾沫	tǔ tuòmo	つばを吐く

W, w

中	日／ピンイン	英／例文訳
挖 wā 動	掘る，えぐる	dig
挖坑	wā kēng	穴を掘る
娃娃 wáwa 名	1. 赤ん坊	baby

中	日／ピンイン	英／例文訳
娃娃 wáwa 名	2. 人形	doll
瓦 wǎ 名	瓦, かわら	tile
〃 量	…ワット	watt
袜子 wàzi 名	靴下, ソックス	socks; stocking
哇 wa 助	感嘆・疑問などの意を示す	
歪 wāi 形	ゆがんでいる	tilted
外边 wàibian 名	外, 外側；表面	outside; exterior
外表 wàibiǎo 名	うわべ, 外見	surface; appearance
外国 wàiguó 名	外国	foreign country
外行 wàiháng 形	素人である	nonprofessional
〃 名	素人, アマチュア	amateur
外号 wàihào 名	あだ名	nickname
外交 wàijiāo 名	外交, 外国との交渉	diplomacy
外面 wài·miàn 名	外；表面, うわべ	surface; appearance
外头 wàitou 名	外, 表；外側	outdoors; outside
外文 wàiwén 名	外国語（の文）	foreign language
外衣 wàiyī 名	コート；上着	coat; jacket
外语 wàiyǔ 名	外国語	foreign language
★外资 wàizī 名	外国資本, 外資	foreign capital

中	日／ピンイン	英／例文訳
外祖父 wàizǔfù 名	(母方の)祖父	(maternal) grandfather
外祖母 wàizǔmǔ 名	(母方の)祖母	(maternal) grandmother
弯 wān 形	曲がっている	curved
〃 動	曲げる, かがめる	bend
弯曲 wānqū 形	曲がりくねっている	winding; zigzag
豌豆 wāndòu 名	エンドウ(マメ)	pea
★完 wán 動	終わる；完成する	finish; be through
考试完了	Kǎoshì wán le.	試験が終わった
★完成 wán//chéng 動	完成する, やり終える	accomplish; complete
完成任务	wánchéng rènwu	任務を達成する
★完全 wánquán 形	完全である	complete; whole
〃 副	完全に, まったく	completely; entirely
完全不符合标准	wánquán bù fúhé biāozhǔn	基準にまったく合っていない
★完善 wánshàn 形	完全〔立派〕である	perfect
〃 動	完全なものにする	make perfect
★玩 wán 動	遊ぶ；いたずらする	play; play a trick
玩具 wánjù 名	おもちゃ, 玩具	toy
玩笑 wánxiào 名	冗談	joke
开玩笑	kāi wánxiào	冗談を言う

中	日／ピンイン	英／例文訳
玩意儿 wányìr 名	物；事柄；おもちゃ	thing; toy
顽固 wángù 形	頑固〔頑迷〕である	stubborn; diehard
顽皮 wánpí 形	いたずら〔腕白〕である	naughty; mischievous
顽强 wánqiáng 形	粘り強い，手ごわい	tenacious; persistent
★晚 wǎn 形	遅い；遅れている	late
她来晚了	Tā láiwǎn le.	彼女は遅れて来た
★晚报 wǎnbào 名	夕刊, 午後出る新聞	evening paper
晚饭 wǎnfàn 名	晩ご飯, 夕飯	supper; dinner
晚会 wǎnhuì 名	夕べの集い, 夜会	soiree; evening party
★晚上 wǎnshang 名	夕方；夜	evening; night
碗 wǎn 名	茶碗, お椀	bowl
〃 量	(容器が単位)…杯	
每顿只吃一碗饭	měi dùn zhǐ chī yī wǎn fàn	毎膳, ご飯1杯しか食べない
★万 wàn 数	万, 10,000	ten thousand
三百万	sānbǎiwàn	300万
万岁 wànsuì 動	永遠にあれ；万歳	long live
万万 wànwàn 副	まったく(…ない)	absolutely
万万没想到	wànwàn méi xiǎngdào	まるで思いもしなかった
万一 wànyī 名	万一のこと	emergency

中	日／ピンイン	英／例文訳
万一 wànyī 接	万が一, 万一	just in case
万一有事, 给我打电话	Wànyī yǒu shì, gěi wǒ dǎ diànhuà.	もし何かあったら電話をください
★★ 网 wǎng 名	1. 網, ネット	net
撒网	sā wǎng	網を打つ
〃	2. ネット（ワーク）	Internet; network
★★ 网络 wǎngluò 名	ネットワーク	network
网球 wǎngqiú 名	テニス, 庭球	tennis
★ 网上 wǎngshàng 名	オンライン	on-line
网上商店	wǎngshàng shāngdiàn	オンラインショップ
★ 网站 wǎngzhàn 名	ウェブサイト	website
★ 往 wǎng 前	…に向かって	toward; to
往前走	wǎng qián zǒu	まっすぐ行く；前へ進む
往后 wǎnghòu 名	今後, これから	from now on
往年 wǎngnián 名	過ぎ去りし昔, 以前	former years
★ 往往 wǎngwǎng 副	しばしば, 往々にして	often; frequently
忘 wàng 動	忘れる	forget
我忘了她的名字	Wǒ wàngle tā de míngzi.	彼女の名を忘れた
忘记 wàngjì 動	忘れる, 思い出せない	forget
望 wàng 動	遠くを眺める；望む	look over; hope

中	日／ピンイン	英／例文訳
危害 wēihài 動	危害を及ぼす	endanger
★危机 wēijī 名	危機；恐慌	crisis
金融危机	jīnróng wēijī	金融危機
★危险 wēixiǎn 形	危険である	dangerous
威风 wēifēng 名	威風, 威光	prestige; power
〃 形	威勢がいい	impressive; imposing
微波炉 wēibōlú 名	電子レンジ	microwave oven
微妙 wēimiào 形	微妙〔デリケート〕である	subtle; delicate
微笑 wēixiào 動·名	ほほえむ；ほほえみ	smile
为 wéi 動	…とする；…になる	take as; become
选老李为代表	xuǎn lǎo Lǐ wéi dàibiǎo	李さんを代表に選ぶ
〃 前	…に(…される)	by
为情所困	wéi qíng suǒ kùn	恋愛に悩む
为难 wéinán 形	困る, 困難を感じる	embarrassed
〃 動	困らせる, 意地悪する	embarrass
★违法 wéi//fǎ 動	法律を犯す	break the law
违反 wéifǎn 動	違反する, 反する	violate; go against
围 wéi 動	囲む；囲う	surround; enclose
围巾 wéijīn 名	マフラー, スカーフ	muffler; scarf

wéichí

中	日／ピンイン	英／例文訳
★ 维持 wéichí 〔動〕	維持する；支える	keep; support
★ 维护 wéihù 〔動〕	守る，保つ；擁護する	defend; preserve
伟大 wěidà 〔形〕	偉大〔立派〕である	great
尾巴 wěiba 〔名〕	尾っぽ，しっぽ	tail
委屈 wěiqu 〔形〕	無念である，くやしい	aggrieved
〃 〔動〕	いやな思いをさせる	do sb. wrong
委托 wěituō 〔動〕	委託〔依頼〕する	entrust; consign
★ 卫生 wèishēng 〔形〕	衛生的である	hygienic
〃 〔名〕	衛生（状態）	hygiene
卫生间 wèishēngjiān 〔名〕	トイレ，手洗い	toilet
★ 卫星 wèixīng 〔名〕	衛星，サテライト	satellite
★ 为 wèi 〔前〕	…のため〔するよう〕に	on behalf of; for
为顾客服务	wèi gùkè fúwù	お客様に奉仕する
★ 为了 wèile 〔前〕	…のため（に）	for the sake of; in order to
★ 为什么 wèi shénme 〔代〕	なぜ，どうして	why
★ 未 wèi 〔副〕	いまだ…していない	not... yet
未必 wèibì 〔副〕	必ずしも…ない	not necessarily
那件事未必是真的	Nà jiàn shì wèibì shì zhēn de.	それは必ずしも本当ではない
★ 未来 wèilái 〔名〕	未来，将来；今後	future

中	日／ピンイン	英／例文訳
未免 wèimiǎn 副	いささか…のようだ	a little; a bit too
未免有些夸张	wèimiǎn yǒuxiē kuāzhāng	いささかオーバーのようだ
★位 wèi 量	[敬意をもって人を数える]…名	
★位于 wèiyú 動	…に位置する	be located; lie
★位置 wèi·zhì 名	位置, 場所; 地位	place; position
味道 wèi·dào 名	味; 趣, 味わい	taste; interest
胃 wèi 名	胃, 胃袋	stomach
胃口 wèikǒu 名	食欲; 好み, 嗜好	appetite; liking
喂 wèi (電話では普通2声で発音) 感	もしもし, おい	hello; hey
〃 動	えさをやる	feed
温度 wēndù 名	温度	temperature
温和 wēnhé 形	温暖〔温和〕である	temperate; mild; gentle
温暖 wēnnuǎn 形	暖かい, 温かい	warm
〃 動	暖かくする, 温める	warm
★文化 wénhuà 名	文化; 教養	culture; education
★文件 wénjiàn 名	公文書; 書類; 文献	official documents; document; file
★文明 wénmíng 名	文明, 文化	civilization
〃 形	マナーの良い	civilized; civil
讲文明	jiǎng wénmíng	礼節をわきまえる

中	日／ピンイン	英／例文訳
文物 wénwù 名	文物，文化財	cultural relics
文学 wénxué 名	文学	literature
文艺 wényì 名	文学・芸術；演芸	literature and art; entertainment
★文章 wénzhāng 名	文，文章	essay; article
文字 wénzì 名	字，文字	characters; writing
闻 wén 動	（においを）かぐ	smell
闻名 wénmíng 動	有名である，名高い	be famous; be well known
蚊子 wénzi 名	蚊，カ	mosquito
稳 wěn 形	1. 安定している	steady; stable
他做事很稳 Tā zuòshì hěn wěn.		彼がやることは確かである
〃	2. 落ち着いている	calm; stable
★稳定 wěndìng 形	安定している	stable
〃 動	安定させる	stabilize
★问 wèn 動	質問する，尋ねる	ask
问好 wèn//hǎo 動	ご機嫌をうかがう	send one's regards to
向大家问好 Xiàng dàjiā wènhǎo.		皆様によろしく
问候 wènhòu 動	ご機嫌をうかがう	send one's regards to
★问题 wèntí 名	問題，質問；トラブル	question; problem; trouble
★我 wǒ 代	私，ぼく；わが	I; me; my

中	日／ピンイン	英／例文訳
★**我们** wǒmen 代	私たち，我々；我らが	we; us; our
握 wò 動	握る，つかむ	hold; grasp
握手 wò//shǒu 動	握手する	shake hands
乌黑 wūhēi 形	真っ黒である	pitch-black
乌龙茶 wūlóngchá 名	ウーロン茶	oolong tea
乌鸦 wūyā 名	烏，カラス	crow
★**污染** wūrǎn 動	汚染する，汚す	pollute; contaminate
〃 名	汚染	pollution
空气污染很严重	Kōngqì wūrǎn hěn yánzhòng.	大気の汚染がとてもひどい
屋子 wūzi 名	部屋，ルーム	room
★**无** wú 動	ない，存在しない	not have; there is not
无比 wúbǐ 形	並ぶものがない	incomparable; exceeding
★**无法** wúfǎ 動	…する方法がない	be unable to
无轨电车 wúguǐ diànchē 名	トロリーバス	trolleybus
无可奈何 wú kě nài hé 成	どうしようもない	have no choice; it can't be helped
无聊 wúliáo 形	退屈である，つまらない	bored; boring; dull
★**无论** wúlùn 接	…にかかわらず	whatever; however; regardless of
无论多难，我都要学会	Wúlùn duō nán, wǒ dōu yào xuéhuì.	どんなに難しくてもきっとマスターする
无论如何 wú lùn rú hé 成	何がなんでも	at any rate

中	日／ピンイン	英／例文訳
ウースオウェイ 无所谓 wúsuǒwèi 動	1. …とはいえない	not mean
〃	2. どうでもよい	make no difference
ウーシエン 无限 wúxiàn 形	果てし〔限り〕ない	infinite; limitless
ウーシエンディエン 无线电 wúxiàndiàn 名	無線；ラジオ	radio
ウーシアオ 无效 wúxiào 動	効力〔効き目〕がない	invalid
ウーシュイ 无须 wúxū 副	…する必要はない	need not
ウーヨン 无用 wúyòng 形	役に立たない	useless
ウー ★五 wǔ 数	5, 五	five
五楼	wǔ lóu	5階
ウーファン 午饭 wǔfàn 名	昼食, 昼飯	lunch
ウーチー 武器 wǔqì 名	武器, 兵器	weapon; arms
ウーシュー 武术 wǔshù 名	武術, 格闘技	martial arts
练武术	liàn wǔshù	武術を習う
ウージュアン ★武装 wǔzhuāng 動・名	武装（する）	arm; arms
ウールー 侮辱 wǔrǔ 動	侮辱する, 辱める	insult; humiliate
ウータオ 舞蹈 wǔdǎo 動・名	ダンス（をする）	dance
ウーホゥイ 舞会 wǔhuì 名	ダンスパーティ	dance; ball
ウータイ ★舞台 wǔtái 名	舞台, ステージ	stage
ウージィア 物价 wùjià 名	物価, 物の値段	price

中	日／ピンイン	英／例文訳
物理 wùlǐ　名	物理(学)	physics
★物质 wùzhì　名	物質；金や物	substance; material
物资 wùzī　名	物資，物	goods and materials
误 wù　動	遅れる，機会を逃す	delay; miss
误会 wùhuì　動·名	誤解(する)	mistake; misunderstanding
误解 wùjiě　動·名	思い違い(をする)	mistake; misunderstanding
雾 wù　名	霧	fog; mist
下雾 xià wù		霧がかかる

X, x

中	日／ピンイン	英／例文訳
★西 xī　名	西；西の；西へ	west; western
西班牙 Xībānyá　名	スペイン	Spain
西北 xīběi　名	北西，西北	northwest
〃 Xīběi　名	(中国の)西北地区	northwest China
西边 xībian　名	西の方，西側	west
★西部 xībù　名	西部	west
〃 Xībù　名	[西北・西南地区などの]中国西方地域	West of China
西餐 xīcān　名	西洋料理，洋食	Western food
西方 xīfāng　名	西の方	west

中	日／ピンイン	英／例文訳
西方 Xīfāng 名	西洋, 欧米	the West
西瓜 xī·guā 名	スイカ	watermelon
西红柿 xīhóngshì 名	トマト	tomato
西面 xī·miàn 名	西の方, 西側	west
西南 Xīnán 名	南西, 西南	southwest
〃 Xīnán 名	(中国の)西南地区	southwest China
西医 xīyī 名	西洋医学; 西洋医	Western medicine; doctor of Western medicine
吸取 xīqǔ 動	吸い取る, くみ取る	absorb; draw
吸收 xīshōu 動	吸収する; 受け入れる	absorb; receive; admit
吸烟 xī//yān 動	たばこを吸う	smoke
★吸引 xīyǐn 動	引きつける, 集める	attract; draw
★希望 xīwàng 動・名	希望(する)	hope; wish
牺牲 xīshēng 動	犠牲にする〔となる〕	sacrifice
稀 xī 形	濃度が薄い	watery; thin
稀饭 xīfàn 名	おかゆ	gruel
稀少 xīshǎo 形	まれ〔まばら〕である	few; rare; scarce
膝盖 xīgài 名	ひざ; ひざ頭	knee
★习惯 xíguàn 動・名	習慣(となる), 慣れ(る)	get used to; habit; custom
媳妇 xífù 名	息子の妻, 嫁	son's wife

中	日／ピンイン	英／例文訳
★洗 xǐ 動	1. 洗う；すすぐ	wash; clean
洗衣服	xǐ yīfu	洗濯する
〃	2. (写真を)現像する	develop (a film)
洗胶卷	xǐ jiāojuǎn	フィルムを現像する
洗手 xǐ//shǒu 動	手を洗う；トイレへ行く	wash hand
洗衣机 xǐyījī 名	洗濯機	washing machine
洗澡 xǐ//zǎo 動	入浴する, 風呂に入る	take a bath
喜爱 xǐ'ài 動	好きである, 好む	like; love; be fond of
★喜欢 xǐhuan 動	好きである, 好む	like; love; be fond of
喜事 xǐshì 名	祝い事；婚礼	a happy event; wedding
★戏 xì 名	伝統劇, 芝居	traditional drama; play
听戏	tīng xì	伝統劇を見る
戏剧 xìjù 名	演劇, 芝居	drama; play
★系 xì 名	(大学の)学科, 学部	department
★系列 xìliè 名	系列, シリーズ	series
★系统 xìtǒng 名	系統, システム	system
〃 形	系統だっている	systematic
细 xì 形	細い；きめ細かい	thin; fine; delicate
细胞 xìbāo 名	細胞	cell

中	日／ピンイン	英／例文訳
細菌 xìjūn 名	細菌, バクテリア	bacteria
細心 xìxīn 形	注意深い, 細心である	careful; attentive
細致 xìzhì 形	念の入った	meticulous; careful
瞎 xiā 動	失明する	become blind
〃 副	むだに；むやみに	aimlessly
瞎说 xiāshuō 動	でたらめを言う	talk nonsense
★下 xià 名	下の方；下の；次の	under; below; lower; next
下星期天	xià xīngqītiān	来週〔次〕の日曜日
〃 動	下りる；下る；降る	descend; go down; fall
下雨	xià yǔ	雨が降る
下巴 xiàba 名	あご	chin
下班 xià//bān 動	退勤〔退社〕する	come off work; leave the office
下边 xiàbian 名	下, 下の方；次, あと	below; next
★下跌 xiàdiē 動	(相場などが)下落する	fall; drop
下岗 xià//gǎng 動	レイオフする；解雇される	be laid off
下级 xiàjí 名	下部機関；部下	lower level; subordinate
★下降 xiàjiàng 動	降下する；減る	fall; decline
下课 xià//kè 動	授業が終わる	finish class
★下来 xià//·lái 動	下りてくる, 引っ込む	come down

276

中	日／ピンイン	英／例文訳
下面 xià·miàn 名 シアミエン	下；次，以下；下部	below; next; lower level
★**下去** xià//qù 動 シアチ	下りていく；下がる	go down
下台 xià//tái 動 シアタイ	失脚〔下野〕する	fall out of power; leave office
下头 xiàtou 名 シアトウ	下の方；部下	below; subordinate
★**下午** xiàwǔ 名 シアウー	午後	afternoon
下学 xià//xué 動 シアシュエ	学校が終わる；下校する	finish classes and leave school
下旬 xiàxún 名 シアシュン	下旬	the last ten-day period of a month
下游 xiàyóu 名 シアヨウ	下流，川下	lower reaches
下载 xiàzài〔xiàzǎi〕動 シアザァイ	ダウンロードする	download
吓 xià 動 シア	脅かす；怖がる	frighten; be frightened
吓唬 xiàhu 動 シアフ	脅かす	frighten
夏天 xiàtiān 名 シアティエン	夏	summer
★**先** xiān 副 シエン	先に，まず，初めに	earlier; first
先洗手，然后吃饭	xiān xǐ shǒu, ránhòu chīfàn	先に手を洗い，それから食事をする
★**先后** xiānhòu 名 シエンホウ	先と後，前後；順序	early or late; order
〃	副	相次いで，相前後して	one after another
★**先进** xiānjìn 形 シエンジン	先進〔進歩〕的な	advanced
〃	名	先進的な事物〔人物〕	advanced things 〔individual〕
★**先生** xiānsheng 名 シエンション	1.（男性に用い）…さん	mister; sir

中	日／ピンイン	英／例文訳
先生 xiānsheng 名	2. ご主人；亭主	husband
纤维 xiānwéi 名	繊維，ファイバー	fiber
掀 xiān 動	[覆いなどを] 開ける，取る	lift; open up
掀被子 xiān bèizi		布団をめくる
鲜 xiān 形	1. 新鮮である；生の	fresh; raw
〃	2. 旨味がある	delicious; tasty
鲜花 xiānhuā 名	生花，花	fresh flower
鲜艳 xiānyàn 形	あでやかで美しい	bright and beautiful
闲 xián 形	暇である；空いている	not busy; unoccupied
闲话 xiánhuà 名	むだ話，雑談；陰口	idle chat; gossip
咸 xián 形	塩辛い，しょっぱい	salty; salted
咸菜 xiáncài 名	塩漬け野菜，漬け物	pickles
嫌 xián 動	いやがる，嫌う	dislike; mind
嫌弃 xiánqì 動	嫌って見捨てる	dislike and avoid; cold-shoulder
嫌恶 xiánwù 動	嫌う，嫌悪する	dislike; disgust
嫌疑 xiányí 名	嫌疑，疑い	suspicion
★显得 xiǎnde 動	…のように見える	look; appear
★显然 xiǎnrán 形	明らかである	obvious; evident
★显示 xiǎnshì 動	明らかにする	show; manifest

中	日／ピンイン	英／例文訳
显著 xiǎnzhù 形	顕著である；著しい	remarkable
★县 xiàn 名	（行政区画の）県	county; prefecture
★现 xiàn 副	その場〔目の前〕で	impromptu
现煮的饺子好吃	xiàn zhǔ de jiǎozi hǎochī	ゆでたてのギョーザはおいしい
〃 動	表に現れる〔現す〕	appear; reveal
★现场 xiànchǎng 名	現場，現地	scene; site
现场直播	xiànchǎng zhíbō	生中継（する）
现成 xiànchéng 形	出来合い〔既製〕の	ready-made
★现代 xiàndài 名	近代；現代	modern; modern times
现代化 xiàndàihuà 動	近代〔現代〕化する	modernize
★现实 xiànshí 名	現実，リアル	reality
〃 形	現実的〔リアル〕である	real; realistic
★现象 xiànxiàng 名	現象	phenomenon
★现在 xiànzài 名	現在，今；これから	at present; now
★限制 xiànzhì 動・名	制限〔規制〕（する）	restrict; restriction; limitation
★线 xiàn 名	線；路線；糸；針金	line; route; thread; wire
宪法 xiànfǎ 名	憲法；指針，テーゼ	constitution; guidelines
陷入 xiànrù 動	（不利な状況に）陥る	fall into; be caught in
羡慕 xiànmù 動	うらやましく思う	admire; envy

xiàn

中	日／ピンイン	英／例文訳
シエン 献 xiàn 動	ささげる	offer; present
シアンツゥン 乡村 xiāngcūn 名	田舎, 農村, 村	village; countryside
シアンシア 乡下 xiāngxia 名	田舎, 農村	village; countryside
シアンビー ★相比 xiāngbǐ 動	比べる, 比較する	compare
シアンダン ★相当 xiāngdāng 動	相当〔匹敵〕する	be equal to
〃 副	相当, かなり	quite; considerably
相当严重	xiāngdāng yánzhòng	かなり重大だ
シアンドン 相等 xiāngděng 動	等しくなる; 同じである	balance; be equal to
シアンドゥイ ★相对 xiāngduì 動	向かい合う	face each other
〃 形	相対的である	relative
シアンファン 相反 xiāngfǎn 形	正反対〔逆〕である	opposite
〃 接	逆に, …に反して	on the contrary
シアングアン ★相关 xiāngguān 動	関係〔関連〕がある	be related
シアンフー ★相互 xiānghù 副	相互に, 互いに	each other
相互关心, 相互学习	xiānghù guānxīn, xiānghù xuéxí	互いにいたわり合い, 相互に学び合う
〃 形	互いの	mutual
シアンスー 相似 xiāngsì 形	似〔似通っ〕ている	similar
シアントン ★相同 xiāngtóng 形	同じである	identical; same
シアンシン ★相信 xiāngxìn 動	信用する, 信じている	trust; believe

中	日／ピンイン	英／例文訳
香 xiāng 形	芳しい; おいしい	fragrant; delicious
香肠 xiāngcháng 名	(中国式)ソーセージ	sausage
香蕉 xiāngjiāo 名	バナナ	banana
香甜 xiāngtián 形	甘くておいしい	fragrant and sweet
香味儿 xiāngwèir 名	よい香り	sweet smell
香烟 xiāngyān 名	たばこ, シガレット	cigarette
香皂 xiāngzào 名	(化粧)石鹸	scented soap
箱子 xiāngzi 名	箱; トランク	box; trunk
纸箱子	zhǐxiāngzi	段ボール箱
★详细 xiángxì 形	詳しい; 細かに	detailed; minute
详细内容	xiángxì nèiróng	詳細な内容
★享受 xiǎngshòu 動	享受する, 受ける	enjoy
响 xiǎng 動	鳴る, 音がする	resound; sound
铃响了	líng xiǎng le	チャイムが鳴った
〃 形	音が大きい〔響く〕	loud; noisy
响亮 xiǎngliàng 形	(音声が)高らかである	loud and clear; resounding
响声 xiǎng·shēng 名	音, 物音	sound; noise
★想 xiǎng 動	1. 考える; 推測する	think; suppose
想办法	xiǎng bànfǎ	方法を考える

281

xiǎng 想向项相像

中	日／ピンイン	英／例文訳
想 xiǎng 動	2. 懐かしがる	miss
想家	xiǎng jiā	ホームシックにかかる
〃	3. …したい(と思う)	want to
你想做什么？	Nǐ xiǎng zuò shénme?	何をしたいの
★想法 xiǎng//fǎ 動	方法〔手段〕を考える	think of a way
想法 xiǎngfa 名	考え，考え方	idea; opinion
想念 xiǎngniàn 動	懐かしむ，恋しがる	miss
想象 xiǎngxiàng 動	想像する	imagine
★向 xiàng 動	向かう；向ける	face; turn toward
〃 前	…に(向かって)，…へ	to; toward
向前看	xiàng qián kàn	前を見る；前向きになる
向导 xiàngdǎo 名	ガイド，道案内	guide
向来 xiànglái 副	今までずっと	always; all along
向上 xiàngshàng 動	向上する	improve; advance
★项 xiàng 量	[種目など]…種，…項	item
几项任务	jǐ xiàng rènwu	いくつかの任務
★项目 xiàngmù 名	項目；プロジェクト	item; project
相片 xiàngpiàn 名	(人物)写真	photograph
★像 xiàng 名	肖像，像	portrait

中	日／ピンイン	英／例文訳
像 xiàng 動	似ている	be like; resemble
他像爸爸	Tā xiàng bàba.	彼は父親に似ている
〃 副	まるで…のようだ	look as if; seem
像鲜血一样的颜色	xiàng xiānxuè yīyàng de yánsè	血のような色
像话 xiàng//huà 形	道理にかなっている	reasonable; proper
真不像话！	Zhēn bù xiànghuà!	まったく話にならない
橡皮 xiàngpí 名	ゴム；消しゴム	rubber; eraser
削 xiāo 動	削る；皮をむく	cut; peel
削苹果	xiāo píngguǒ	リンゴを剥く
消除 xiāochú 動	取り除く，なくす	eliminate; remove; get rid of
消除误会	xiāochú wùhuì	誤解を解く
★消费 xiāofèi 動	消費する	consume
★消费者 xiāofèizhě 名	消費者	consumer
消化 xiāohuà 動	消化する，こなす	digest
消极 xiāojí 形	消極〔否定〕的である	inactive; negative
消灭 xiāomiè 動	消滅させる〔する〕	eliminate; perish
消失 xiāoshī 動	消えてなくなる	disappear
★消息 xiāoxi 名	情報，ニュース；便り	information; news; message
★销售 xiāoshòu 動	販売する，売る	sell; market

中	日／ピンイン	英／例文訳
降价销售	jiàngjià xiāoshòu	値引きして販売する
销售额 xiāoshòu'é 名	売上高	sales; sales volume
★小 xiǎo 形	小さい, 狭い; 末の	small; tiny; youngest
小女儿	xiǎonǚ'ér	末の娘
小吃 xiǎochī 名	軽食; おやつ; スナック	small and cheap dishes; snacks
小费 xiǎofèi 名	チップ; 心付け	tip
小孩子 xiǎoháizi 名	子ども, 児童	child
小伙子 xiǎohuǒzi 名	(男性の)若者	lad; young fellow
★小姐 xiǎojie 名	…さん; お嬢さん	Miss; young lady
小麦 xiǎomài 名	小麦, コムギ	wheat
小卖部 xiǎomàibù 名	売店	shop attached to a hotel, factory, etc.
小米 xiǎomǐ 名	粟, アワ	millet
小朋友 xiǎopéngyǒu 名	[呼びかけに用いる]子どもたち	children; little boy [girl]
小气 xiǎoqi 形	けちである; みみっちい	stingy; miserly
★小时 xiǎoshí 名	[時の経過単位]…時間	hour
一个小时	yī ge xiǎoshí	1時間
小说 xiǎoshuō 名	小説	novel; story
小提琴 xiǎotíqín 名	バイオリン	violin
拉小提琴	lā xiǎotíqín	バイオリンを弾く

中	日／ピンイン	英／例文訳
小心 xiǎoxīn 動	注意する、気をつける	take care; be careful
小心扒手! xiǎoxīn páshǒu!		スリに用心して
〃 形	用心深い、慎重である	careful
小学 xiǎoxué 名	小学校	elementary school
★小组 xiǎozǔ 名	グループ、班	group
晓得 xiǎode 動	知っている	know
校长 xiàozhǎng 名	校長；(大学の)学長	principal; president
★笑 xiào 動	笑う；にこりとする	laugh; smile
笑话 xiàohua 名	笑い話、おかしな話	joke; pleasantry
〃 動	あざ笑う	laugh at; ridicule
笑容 xiàoróng 名	笑顔、笑み	smile
★效果 xiàoguǒ 名	効果、効き目	effect; result
效率 xiàolǜ 名	能率；効率	efficiency
★些 xiē 量	いくらか；少し	some; a little
歇 xiē 動	休憩する、休む	have a rest
★协调 xiétiáo 形	釣り合っている	match
〃 動	釣り合いをとる	coordinate
★协议 xiéyì 動	協議する、話し合う	consult
〃 名	[話し合いによる]取り決め	agreement

中	日/ピンイン	英/例文訳
达成协议	dáchéng xiéyì	合意に達する
协助 xiézhù 動	協力〔助力〕する	assist
斜 xié 形	傾いている	inclined
〃 動	斜めに傾ける	tilt
鞋 xié 名	靴, シューズ	shoes
穿鞋	chuān xié	靴をはく
★写 xiě 動	書く; 描く, 描写する	write; describe
写字	xiě zì	字を書く
写作 xiězuò 動	文章を書く	write
血 xiě (xuè とも発音) 名	血, 血液	blood
出血	chū xiě	血が出る
泄气 xiè//qì 動	気が抜ける	lose heart; feel discouraged
谢 xiè 動	1. 感謝する	thank
不用谢	Bùyòng xiè.	礼には及びません
〃	2.〔書〕しぼむ, 散る	wither
谢谢 xièxie (套)	ありがとう	thank you
〃 動	…に感謝する	thank
谢谢你的好意	Xièxie nǐ de hǎoyì.	ご好意に感謝します
★心 xīn 名	心, 気持ち; 心臓	mind; feeling; heart

中	日／ピンイン	英／例文訳
★心理 xīnlǐ 名	心理状態；気持ち	psychology; mentality
★心里 xīnli 名	心の中；気持ち	in mind; at heart; bosom
★心情 xīnqíng 名	気持ち，気分	state of mind; mood
心事 xīnshì 名	心配事，考え事	care; worry
心思 xīnsi 名	考え，つもり；知恵	thought; idea
心眼儿 xīnyǎnr 名	心の底；心根，気立て	heart; mind
心意 xīnyì 名	［人に対しての］気持ち	regard; gratitude
心脏 xīnzàng 名	心臓；中心	heart; center
辛苦 xīnkǔ 形	身も心もつらい	hard; laborious
〃 動	苦労をかける	cause trouble
您辛苦了！	Nín xīnkǔ le!	ご苦労様でした
辛勤 xīnqín 形	勤勉である	hardworking
欣赏 xīnshǎng 動	鑑賞する；気に入る	appreciate; admire
★新 xīn 形	新しい	new; fresh
新工作	xīn gōngzuò	新しい仕事
〃 副	新たに（…したばかり）	newly
新来的同事	xīn lái de tóngshì	新たに来たばかりの同僚
新郎 xīnláng 名	新郎，花婿	bridegroom
新年 xīnnián 名	正月，新年	New Year

中	日／ピンイン	英／例文訳
新年好!	Xīnnián hǎo!	あけましておめでとう
新娘 xīnniáng 名	新婦, 花嫁	bride
★新闻 xīnwén 名	ニュース	news
新鲜 xīn·xiān 形	新鮮である; 珍しい	fresh; new
新兴 xīnxīng 形	新興の, 新しく興った	newly emerging; rising
新型 xīnxíng 形	新型〔新式〕の	new type
薪金 xīnjīn 名	給料, サラリー, 俸給	pay; salary
★信 xìn 動	信じる; 信奉する	trust; believe
信佛教	xìn Fójiào	仏教を信仰する
〃 名	手紙; 知らせ	letter; information
寄信	jì xìn	手紙を出す
信封 xìnfēng 名	封筒	envelope
信念 xìnniàn 名	信念	faith; belief
坚定信念	jiāndìng xìnniàn	固い信念
★信息 xìnxī 名	情報, インフォメーション	news; information
信箱 xìnxiāng 名	郵便箱; 郵便入れ	postbox; mailbox
★信心 xìnxīn 名	自信, 確信	confidence
有信心	yǒu xìnxīn	自信がある
信用卡 xìnyòngkǎ 名	クレジットカード	credit card

中	日／ピンイン	英／例文訳
兴奋 xīngfèn 形	興奮〔エキサイト〕している	excited
星期 xīngqī 名	1. 週, 週間	week
上星期	shàng xīngqī	先週
〃	2. 曜日	day
星期一	xīngqīyī	月曜日
今天星期几?	Jīntiān xīngqī jǐ?	きょうは何曜日ですか
星期日 xīngqīrì 名	日曜日	Sunday
星期天 xīngqītiān 名	日曜日	Sunday
星星 xīngxing 名	星	star
★行 xíng 形	(能力が)すばらしい	capable
〃 動	よろしい, 大丈夫だ	will do; be all right
★行动 xíngdòng 動	活動〔行動〕する	act
〃 名	行為, 行い, 振る舞い	action; doings
行李 xíngli 名	(旅行)荷物	baggage
★行为 xíngwéi 名	行為, 行動	act; conduct; behavior
★形成 xíngchéng 動	形成する, 形作る	form
形容 xíngróng 動	形容〔描写〕する	describe
★形式 xíngshì 名	形式, 様式, フォーム	mode; form
★形势 xíngshì 名	形勢, 情勢	circumstances

289

中	日／ピンイン	英／例文訳
形态 xíngtài 名	形,形態,形状	form; shape
★形象 xíngxiàng 名	形,姿,イメージ	figure; image
〃 形	[描写などが]具体的である	vivid; expressive
形状 xíngzhuàng 名	形状,形	form; shape
醒 xǐng 動	(目や意識が)覚める	wake up; sober up
★兴趣 xìngqù 名	興味；おもしろみ	interest; pleasure
感兴趣	gǎn xìngqù	興味をもつ〔がある〕
★幸福 xìngfú 名	幸福,幸せ	happiness
〃 形	幸福〔幸せ〕である	happy
幸亏 xìngkuī 副	幸いにも,運よく	fortunately; luckily
幸运 xìngyùn 名	幸運,ラッキー	good fortune; luck
〃 形	幸運である,運がよい	fortunate; lucky
★性 xìng 名	性；(文法上の)性	sex; gender
性别 xìngbié 名	性別	sex; gender
性格 xìnggé 名	性格,気性	character; nature
性格内向	xìnggé nèixiàng	性格が内向的である
性能 xìngnéng 名	性能；特性	function; property
性质 xìngzhì 名	性質	nature; quality
姓 xìng 動・名	姓(は…である)	My family name is…; surname; family name

中	日／ピンイン	英／例文訳
我姓胡	Wǒ xìng Hú.	私は胡と申します
姓名 xìngmíng 名	姓名, 姓と名前	full name
凶恶 xiōng'è 形	(顔や様子が)恐ろしい	fierce; vicious
★兄弟 xiōngdì 名	兄弟	brothers
胸 xiōng 名	胸; 胸中	chest; mind
胸怀 xiōnghuái 名	胸のうち, 心持ち	heart; mind
雄 xióng 形	雄の, 雄性の	male
雄伟 xióngwěi 形	雄大〔立派〕である	grand; magnificent
熊猫 xióngmāo 名	パンダ	panda
★休息 xiūxi 動	休む; 休みである	rest; be off
休闲 xiūxián 動	のんびり過ごす	have leisure
休闲场所	xiūxián chǎngsuǒ	のんびり過ごす所, リゾート地
修 xiū 動	修繕〔建造〕する	repair; build
修手表	xiū shǒubiǎo	腕時計を直す
修马路	xiū mǎlù	道路を作る
★修改 xiūgǎi 動	改正〔改訂〕する	alter; amend; revise
修建 xiūjiàn 動	建設〔建造, 修築〕する	build; construct
修理 xiūlǐ 動	修理〔修繕〕する	repair; mend
修养 xiūyǎng 名	教養, 素養; 修練	self-cultivation; training

291

中	日／ピンイン	英／例文訳
シィウジョン 修正 xiūzhèng 動	修正〔改正〕する	revise; amend
シィウチー 羞耻 xiūchǐ 形	恥ずかしい	ashamed
シィウズ 袖子 xiùzi 名	そで, 袖	sleeve
シュイシン 虚心 xūxīn 形	謙虚〔素直〕である	modest; open-minded
シュイチィウ ★需求 xūqiú 名	需要, ニーズ	demand; requirement; needs
シュイヤオ ★需要 xūyào 動	必要とする	need; require
需要资金	xūyào zījīn	資金を必要とする
〃 名	需要, ニーズ	demand; need; necessity
シュイ 许 xǔ 動	許す, 許可する	allow; permit
不许动手!	Bù xǔ dòngshǒu!	手を触れてはならない
シュイドゥオ ★许多 xǔduō 数	多い; ずいぶん	many; much
老了许多	lǎole xǔduō	ずいぶん老けた
シュアンブー ★宣布 xuānbù 動	宣言〔公布〕する	declare; announce
シュアンチュアン ★宣传 xuānchuán 動	宣伝する, 広める	publicize; propagate
シュアンガオ 宣告 xuāngào 動	宣告〔告知〕する	declare; announce
シュアンジュアン 旋转 xuánzhuǎn 動	回転〔旋回〕する	circle; go round
シュアン ★选 xuǎn 動	選ぶ, 選択する	select; choose
シュアンジュイ ★选举 xuǎnjǔ 動	選挙する, 選ぶ	elect; vote
シュアンゾォー ★选择 xuǎnzé 動	選択する, 選ぶ	select

292

中	日/ピンイン	英/例文訳
靴子 xuēzi 〔シュエズ〕 名	長靴, ブーツ	boots
★学 xué 〔シュエ〕 動	学ぶ, 習う; まねる	study; learn; imitate
学費 xuéfèi 〔シュエフェイ〕 名	授業料, 学費, 月謝	tuition fee
学会 xué//huì 〔シュエホォイ〕 動	マスターする	learn; master
学会 xuéhuì 〔シュエホォイ〕 名	学会, 学術研究団体	association; society; institute
学科 xuékē 〔シュエコォー〕 名	学問分野; 教科	field of study; subject
学年 xuénián 〔シュエニエン〕 名	学年	school year
学期 xuéqī 〔シュエチー〕 名	学期	term; semester
★★学生 xuésheng 〔シュエション〕 名	学生, 生徒	student; pupil
学術 xuéshù 〔シュエシュー〕 名	学術	academic learning
学説 xuéshuō 〔シュエシュオ〕 名	学説	theory; doctrine
学位 xuéwèi 〔シュエウェイ〕 名	学位	academic degree
学问 xuéwen 〔シュエウエン〕 名	学問; 知識	branch of learning; knowledge
★★学习 xuéxí 〔シュエシー〕 動	学習〔勉強〕する	study; learn
学习汉语	xuéxí Hànyǔ	中国語を学習する
★学校 xuéxiào 〔シュエシアオ〕 名	学校, スクール	school
学员 xuéyuán 〔シュエュアン〕 名	生徒, 受講生	student
学院 xuéyuàn 〔シュエュアン〕 名	単科大学, カレッジ	college; institute
学者 xuézhě 〔シュエジョー〕 名	学者, 学識のある人	scholar; man of learning

中	日／ピンイン	英／例文訳
学制 xuézhì 名	学制，学校教育制度	school system
雪 xuě 名	雪	snow
下雪	xià xuě	雪が降る
雪白 xuěbái 形	真っ白である	snow white
雪花 xuěhuā 名	(空中に舞う)雪，雪片	snowflake
血管 xuèguǎn 名	血管	(blood) vessel
血型 xuèxíng 名	血液型	blood type
血压 xuèyā 名	血圧	blood pressure
血液 xuèyè 名	血液	blood
★**寻找** xúnzhǎo 動	探す	seek; look for
寻找机会	xúnzhǎo jīhuì	チャンスを探る
巡逻 xúnluó 動	パトロールする	patrol
★**训练** xùnliàn 動	トレーニングする	train
★**迅速** xùnsù 形	非常に速い	speedy; rapid
迅速发展	xùnsù fāzhǎn	急速に発展する

Y, y

★**压** yā 動	押さえる；鎮める	press; control; suppress
把眼镜压坏了	Bǎ yǎnjìng yāhuài le.	メガネを押しつぶした

中	日／ピンイン	英／例文訳
压迫 yāpò 動	抑圧〔圧迫〕する	oppress; constrict
★压力 yālì 名	圧力；プレッシャー	pressure
呀 yā 感	おや，あれっ	ah; oh
牙 yá 名	歯	tooth
刷牙	shuā yá	歯を磨く
牙齿 yáchǐ 名	歯	tooth
牙膏 yágāo 名	(練り)歯磨き	toothpaste
牙刷 yáshuā 名	歯ブラシ	toothbrush
亚军 yàjūn 名	準優勝，第2位	second place; runner-up
★亚洲 Yàzhōu 名	アジア	Asia
呀 ya 助	感動・疑問などの意を示す	
烟 yān 名	煙；たばこ	smoke; cigarette
冒烟	mào yān	煙が出る
烟筒 yāntong 名	煙突	chimney
烟雾 yānwù 名	煙；霧；ガス	smoke; mist; vapor
淹没 yānmò 動	水浸しになる，沈む	flood; submerge
延长 yáncháng 動	延長する，延ばす	prolong; extend
延期 yán//qī 動	延期する，延ばす	put off; postpone
严 yán 形	厳しい，厳格である	strict; severe

中	日／ピンイン	英／例文訳
★严格 yángé　形　 イエンゴォー	（規律が）厳格である	strict; rigorous
严厉 yánlì　形　 イエンリー	（人に）厳しい	stern; severe
严密 yánmì　形　 イエンミー	ぴったりしている	tight; close
严肃 yánsù　形　 イエンスー	厳粛〔真剣〕である	solemn; serious
〃　動	厳しく〔厳格に〕する	enforce strictly; tighten up
★严重 yánzhòng　形　 イエンジョオン	重大である，厳しい	serious; grave
病情严重　bìngqíng yánzhòng	病状が深刻である	
沿 yán　前　 イエン	…に沿って	along
沿着河边　yánzhe hébiān	川に沿って	
★★研究 yánjiū　動　 イエンジィウ	研究〔検討〕する	research; consider
研究所 yánjiūsuǒ　名　 イエンジィウスオ	研究所	research institute
盐 yán　名　 イエン	塩，食塩	salt
放盐　fàng yán	塩をふる〔入れる〕	
一匙盐　yī chí yán	塩小さじ1杯	
颜色 yánsè　名　 イエンソォー	色，カラー	color
掩盖 yǎngài　動　 イエンガイ	覆う；隠す	cover; conceal
掩护 yǎnhù　動　 イエンフー	援護する；かくまう	cover; shelter
掩饰 yǎnshì　動　 イエンシー	ごまかす，隠す	cover up; conceal
★眼 yǎn　量　 イエン	（穴などを数える）	

中	日／ピンイン	英／例文訳
一眼井 yī yǎn jǐng	一つの井戸	
眼光 yǎnguāng 名	視線；眼力	eyes; insight; foresight
眼镜 yǎnjìng 名	眼鏡	glasses
戴眼镜 dài yǎnjìng	眼鏡をかける	
★眼睛 yǎnjing 名	目；ものを見る目	eye
眼看 yǎnkàn 副	すぐに，見る間に	soon; in a moment
眼看就要被追上了	Yǎnkàn jiùyào bèi zhuīshang le.	見る間に追いつかれた
眼泪 yǎnlèi 名	涙	tears
擦眼泪 cā yǎnlèi	涙をぬぐう	
眼皮 yǎnpí 名	まぶた	eyelid
眼前 yǎnqián 名	目の前；当面，目下	before one's eyes; at present
眼下 yǎnxià 名	目下，今のところ	at present
演 yǎn 動	演じる；上演する	perform; act; play
演主角 yǎn zhǔjué	主役を演じる	
★演出 yǎnchū 動	公演〔上演〕する	perform; put on a show
演戏 yǎn//xì 動	芝居をする	put on a play; act in a play
★演员 yǎnyuán 名	俳優，役者	actor; actress
演奏 yǎnzòu 動	演奏する	play
厌恶 yànwù 動	嫌悪する；反感を持つ	detest; disgust

中	日/ピンイン	英/例文訳
咽 yàn 動	飲み込む,飲む	swallow
咽唾沫	yàn tuòmo	つばを飲み込む
宴会 yànhuì 名	宴会,パーティ	banquet; feast
羊 yáng 名	羊,ヒツジ	sheep
★阳光 yángguāng 名	日光,太陽の光	sunlight
阳台 yángtái 名	ベランダ,バルコニー	balcony
洋葱 yángcōng 名	タマネギ	onion
★养 yǎng 動	養う;育てる	support; raise
我家养着一只狗	Wǒ jiā yǎngzhe yī zhī gǒu.	家ではイヌを1匹飼っている
养病 yǎng//bìng 動	療養〔養生〕する	rest and recuperate
养成 yǎngchéng 動	身につける;習慣づく	cultivate; practice
养活 yǎnghuo 動	養う,扶養する	support; feed
氧气 yǎngqì 名	酸素	oxygen
痒 yǎng 形	かゆい,くすぐったい	itch
样 yàng 量	[事物など]…品,…種	kind; type
样品 yàngpǐn 名	サンプル,見本品	sample
样子 yàngzi 名	様子;形;見本	appearance; shape; sample
★★要求 yāoqiú 動・名	要求(する)	demand; request
腰 yāo 名	腰;腰回り	waist

中	日／ピンイン	英／例文訳
★**邀请** yāoqǐng 動	招待〔招請〕する	invite
摇 yáo 動	揺れる；揺り動かす	shake; wave
摇头	yáo tóu	(横に)首を振る
咬 yǎo 動	かむ，かじる	bite
★**药** yào 名	薬	medicine; drug
吃药	chī yào	薬を飲む
药材 yàocái 名	薬種，生薬	medicinal herb; crude drug
药方 yàofāng 名	処方箋，処方	prescription
开药方	kāi yàofāng	処方箋を書く
★**药品** yàopǐn 名	薬品，薬	medicines and chemical reagents
药物 yàowù 名	薬物	medicines
药物过敏	yàowù guòmǐn	薬物アレルギー
★**要** yào 動	1. ほしい；要する	need; demand
要人手	yào rénshǒu	人手が必要だ
〃	2. …したい	want to
我要去故宫	Wǒ yào qù Gùgōng.	私は故宮に行きたい
〃	3. …する必要がある	have to
大家要小心！	Dàjiā yào xiǎoxīn!	皆さん，用心しなさい
〃	4. …しそうだ	be going to

yào

中	日／ピンイン	英／例文訳
要下雪了	Yào xià xuě le.	雪が降りそうだ
要 yào 接	もし…ならば	if
要下雨的话…	yào xià yǔ dehuà…	もし雨が降ったなら…
要不 yàobù 接	さもなければ…	otherwise
要不然 yàobùrán 接	さもなければ…	otherwise
要不是 yàobù·shì 接	もし…でなかったら	but for; without
要点 yàodiǎn 名	要点，ポイント	main points
要紧 yàojǐn 形	大切〔深刻〕である	important; serious
要命 yào//mìng 動	1. 命を奪う〔落とす〕	kill; cost one one's life
〃	2.（程度が）甚だしい	extremely
冷得要命	lěng de yàomìng	寒くてたまらない
要是 yàoshi 接	もし，もしも…なら	if; in case
要是天气好就去	Yàoshi tiānqì hǎo jiù qù.	天気なら行きましょう
钥匙 yàoshi 名	鍵，キー	key
爷爷 yéye 名	（父方の）おじいさん	(paternal) grandfather
★★ **也** yě 副	…も；…さえも〔でも〕	also; too
他也是学生	Tā yě shì xuésheng.	彼も学生です
也罢 yěbà 助	1. やむを得ない	well then; all right
〃	2. …であれ，(…であれ)	whether... or...

300

中	日／ピンイン	英／例文訳
也好 yěhǎo 助	…といい，(…といい)	whether... or...
★也许 yěxǔ 副	…かもしれない	perhaps; probably
也许会下雨	Yěxǔ huì xià yǔ.	たぶん雨になるかもしれない
野蛮 yěmán 形	野蛮〔乱暴〕である	savage; brutal
野兽 yěshòu 名	野獣，けだもの	wild animal
野外 yěwài 名	野外，フィールド	open country; field
★业绩 yèjì 名	業績，功績	achievement
★业务 yèwù 名	仕事，業務	business; professional work
★业余 yèyú 形	余暇の；アマチュアの	spare; amateur
叶子 yèzi 名	葉っぱ，葉	leaf
★页 yè 量	ページ	page
★夜 yè 名	夜	night; evening
两天两夜	liǎng tiān liǎng yè	二日二晩，二昼夜
夜间 yè·jiān 名	夜間，夜	at night
夜里 yè·lǐ 名	夜，夜間	at night
夜晚 yèwǎn 名	夜，晩	night
液体 yètǐ 名	液体，液	liquid
★一 yī 数	1，一	one
一块钱	yī kuài qián	(お金)1元

中	日／ピンイン	英／例文訳
★ 一般 yībān　形	普通〔一般〕である	general; ordinary
一半 yībàn　数	半分	half
一辈子 yībèizi　名	一生, 生涯	all one's life
★ 一边 yībiān　名	片方, 一方	one side
〃　副	…しながら…する	as; simultaneously
一边走一边唱	yībiān zǒu yībiān chàng	歩きながら歌う
★ 一点儿 yīdiǎnr　名	少しばかり；ちょっと	a bit; a little
再喝一点儿	Zài hē yīdiǎnr.	もう少し飲んでください
★ 一定 yīdìng　副	必ず；絶対に, 確かに	definitely; firmly
你一定要努力	Nǐ yīdìng yào nǔlì.	必ず努力しなさい
〃　形	ある程度の；一定の	particular; certain
★ 一方面 yīfāngmiàn　接	一方では…；…する一方	for one thing..., for another...
一共 yīgòng　副	合わせて, 全部で	altogether; in all
一共多少钱?	Yīgòng duōshǎo qián?	全部でいくらですか
一会儿 yīhuìr　名	少しの間；しばらく	a little while
〃　副	すぐ, まもなく	in a moment
她一会儿就来	Tā yīhuìr jiù lái.	彼女はすぐ来ます
一…就… yī...jiù...　(型)	…するとすぐ	no sooner... than...
一看就明白	yī kàn jiù míngbai	見ればすぐわかる

中	日/ピンイン	英/例文訳
★**一块儿** yīkuàir 副	一緒に(…する)	together
一块儿上学	yīkuàir shàngxué	一緒に学校へ行く
〃 名	同じ場所	the same place
一面 yīmiàn 名	一つの面	one side
〃 副	…しながら	while; at the same time
一旁 yīpáng 名	そば、かたわら	side
一齐 yīqí 副	そろって；同時に	at the same time; simultaneously
★**一起** yīqǐ 副	一緒に(…する)	together
一起去看电影	yīqǐ qù kàn diànyǐng	一緒に映画を見に行く
〃 名	同じ場所, 同じ所	the same place
★**一切** yīqiè 代	一切の, あらゆる	all; everything
一生 yīshēng 名	一生, 生涯	all one's life
一时 yīshí 名	当分の間；一時	a period of time; a short while
〃 副	とっさに；時には	offhand; one moment…, the next…
一时想不起来	yīshí xiǎngbuqǐlai	とっさには思い出せない
一同 yītóng 副	一緒〔一斉〕に	together; at the same time and place
★**一下** yīxià 名	ちょっと(…する)	one time; once
试一下	shì yīxià	ちょっと試す
〃 副	すぐに, いきなり	all of a sudden

中	日／ピンイン	英／例文訳
灯一下灭了	Dēng yīxià miè le.	明かりがいきなり消えた
★ 一些 yīxiē 〔名〕	わずか；いくつかの	a few; some
一心 yīxīn 〔副〕	一心〔一途〕に	wholeheartedly
一行 yīxíng 〔名〕	一行（いっこう）	party
★ 一样 yīyàng 〔形〕	1. 同じだ, 違いがない	same; alike
〃	2. …のようだ	like; as if
一…也… yī...yě... 〔型〕	ひとつ〔少し〕も…（ない）	not at all; not in the least
教室里一个人也没有	Jiàoshì li yī ge rén yě méi·yǒu.	教室には人っ子一人いない
一再 yīzài 〔副〕	何度も, 一再ならず	again and again; repeatedly
一再强调	yīzài qiángdiào	何度も強く指摘する
一阵 yīzhèn 〔名〕	ひとしきり；しばらく	a burst; in bouts
★ 一直 yīzhí 〔副〕	1. まっすぐに	straight
一直走	yīzhí zǒu	まっすぐ行く
〃	2. ずっと, たえまなく	continuously; always
我一直在这儿做买卖	Wǒ yīzhí zài zhèr zuò mǎimai.	私はずっとここで商売をしている
★ 一致 yīzhì 〔形〕	一致している	identical
〃 〔副〕	一斉〔一緒〕に	together; unanimously
大家一致同意	dàjiā yīzhì tóngyì	みんな一斉に同意する
衣兜 yīdōu 〔名〕	（服の）ポケット	pocket

衣医依仪　　　　　　　　　　　　　　　　　　　　　yíshì

中	日／ピンイン	英／例文訳
★衣服 yīfu　名	服；上着	clothes
穿衣服	chuān yīfu	服を着る
★医疗 yīliáo　名	医療	medical treatment
医疗站 yīliáozhàn　名	診療所	clinic; medical office
★医生 yīshēng　名	医者，ドクター	doctor
医务 yīwù　名	医療業務〔関係〕	medical matters
医务室 yīwùshì　名	保健室，医務室	the nurse's office; infirmary
医学 yīxué　名	医学	medical science
★医院 yīyuàn　名	病院，医院	hospital
依 yī　前	…によって〔基づいて〕	according to; judging by
依次 yīcì　副	順次，順を追って	one by one; successively
★依法 yīfǎ　副	法律〔方法〕に照らし	according to law
依法惩处	yīfǎ chéngchǔ	法に照らして処罰する
★依据 yījù　名	根拠，拠り所	basis; grounds
〃　　前	…に基づいて	according to
依靠 yīkào　動・名	依拠する；拠り所	rely on; support
★依然 yīrán　形	依然として	still; as before
仪器 yíqì　名	器械，器具，計器	instrument
★仪式 yíshì　名	儀式，式典	ceremony

305

中	日／ピンイン	英／例文訳
移 yí 動	移す；移る	move; shift
★移动 yídòng 動	移動する；移動させる	move; shift
遗产 yíchǎn 名	遺産	inheritance
遗憾 yíhàn 形	遺憾〔残念〕である	sorry
遗留 yíliú 動	残しておく，残す	leave over
疑问 yíwèn 名	疑問，問題	doubt; question
还有疑问	háiyǒu yíwèn	まだ疑問がある
疑心 yíxīn 動·名	疑う；疑い	suspect; suspicion
★已 yǐ 副	すでに，もはや	already
★已经 yǐjīng 副	すでに，もう	already
他已经走了	Tā yǐjīng zǒu le.	彼はもう出かけた
★以 yǐ 前	…で；…によって	with; by means of
以她为榜样	yǐ tā wéi bǎngyàng	彼女を手本とする
〃 接	…できるように	in order to
以便 yǐbiàn 接	…するために	so that; in order to
★以后 yǐhòu 名	その後；…の後	afterward; later
从此以后	cóngcǐ yǐhòu	それから
★以及 yǐjí 接	および，並びに	as well as; and
★以来 yǐlái 名	…以来，…してから	since

中	日／ピンイン	英／例文訳
自古以来	zì gǔ yǐlái	昔から
以免 yǐmiǎn　[接]	しないように	in order to avoid; lest
以内 yǐnèi　[名]	[ある範囲の]中に, 内に	within; less than
两天以内	liǎng tiān yǐnèi	2日以内に
★以前 yǐqián　[名]	以前, それより前	before; ago; previously
很久以前	hěn jiǔ yǐqián	ずっと昔
★以上 yǐshàng　[名]	以上, …より上	more than
以外 yǐwài　[名]	…の外に, …以外	beyond; outside
★以为 yǐwéi　[動]	…と思う; …かと思った	think; consider
我一直以为他是中国人	Wǒ yīzhí yǐwéi tā shì Zhōngguórén.	私は彼のことをずっと中国人だと思っていた
★以下 yǐxià　[名]	以下, …より下; 次	below; under; the following
以至 yǐzhì　[接]	…に至るまで	down to; up to
椅子 yǐzi　[名]	(背もたれのある)椅子	chair
★亿 yì　[数]	億; 100,000,000	a hundred million
三亿人口	sānyì rénkǒu	3億の人口
亿万 yìwàn　[名]	億万; ばく大な数	hundreds of millions; millions upon millions
★艺术 yìshù　[名]	1. 芸術, アート	art
〃	2. 独創的な方法	technique
艺术家 yìshùjiā　[名]	芸術家, アーティスト	artist

中	日/ピンイン	英/例文訳
议会 yìhuì 名	議会	parliament; legislative assembly
议论 yìlùn 動	取りざた〔話題に〕する	comment; discuss
〃 名	意見, 物議	remark; comment
议员 yìyuán 名	議員, 代議士	member of a legislative assembly; representative
异常 yìcháng 形	普通でない, 異常な	unusual; abnormal
〃 副	非常〔特別〕に	extremely; particularly
意大利 Yìdàlì 名	イタリア	Italy
★意见 yì·jiàn 名	考え；異議, 不満	opinion; idea; objection
意料 yìliào 動	予想〔予測〕する	anticipate; expect
★意识 yì·shí 動	気づく, 実感する	be aware of; realize
意思 yìsi 名	1. 意味；気持ち	meaning; idea; wish
这个词是什么意思?	Zhèige cí shì shénme yìsi?	この言葉はどんな意味か
小意思	xiǎoyìsi	寸志, 心ばかりのもの
〃	2. おもしろみ, 趣	interest; fun
有意思	yǒu yìsi	おもしろい；有意義だ
★意外 yìwài 形	意外である	unexpected
〃 名	不意の事故；突発事件	accident
出了意外	chūle yìwài	不意のトラブルが起きた
★意义 yìyì 名	意味；意義	meaning; significance

中	日／ピンイン	英／例文訳
意志 yìzhì 名	意志	will
★因此 yīncǐ 接	それゆえ, したがって	therefore; consequently
因而 yīn'ér 接	したがって, だから	thus; as a result
★因素 yīnsù 名	要素；要因	factor; element
★因为 yīn·wèi 接	…なので, …だから	because; for
因为太贵, 所以没买	Yīnwèi tài guì, suǒyǐ méi mǎi.	値段が高かったので, 買わなかった
〃 前	…のために, …により	on account of
阴 yīn 形	曇っている	cloudy
天阴了	Tiān yīn le.	空が曇ってきた
阴天 yīntiān 名	曇天, 曇り空；曇り	cloudy sky
阴险 yīnxiǎn 形	陰険である	sly and crafty
★音乐 yīnyuè 名	音楽, ミュージック	music
听音乐	tīng yīnyuè	音楽を聞く
银 yín 形	銀の, シルバーの	silver
★银行 yínháng 名	銀行, バンク	bank
银行贷款	yínháng dàikuǎn	銀行ローン
银河 yínhé 名	銀河, 天の川	the Galaxy; the Milky Way
银幕 yínmù 名	スクリーン	screen
★引导 yǐndǎo 動	引率〔案内〕する	lead; guide

中	日／ピンイン	英／例文訳
★引起 yǐnqǐ 動 インチー	引き起こす；促す	cause; give rise to; lead to
引起注意	yǐnqǐ zhùyì	注意を引く
饮料 yǐnliào 名 インリアオ	飲料，飲み物	drink; beverage
饮食 yǐnshí 名 インシー	飲食，食事	food and drink; food
★印 yìn 動 イン	刷る，印刷する	print
印刷 yìnshuā 動 インシュア	印刷〔プリント〕する	print
★印象 yìnxiàng 名 インシアン	印象，イメージ	impression
★应当 yīngdāng 動 インダン	…すべきである	should; ought to
这是我应当做的	Zhè shì wǒ yīngdāng zuò de.	これは私がするべき事だ
★应该 yīnggāi 動 インガイ	1. …すべきだ，…しなければならない	should; must
应该帮助她	Yīnggāi bāngzhù tā.	彼女を助けるべきだ
〃	2. …のはずだ	should; must
英镑 yīngbàng 量 インバン	(通貨)英ポンド	pound
★英国 Yīngguó 名 イングォ	イギリス	Britain; England
英文 Yīngwén 名 インウエン	英語，英文	English
英雄 yīngxióng 名 インシオン	英雄，ヒーロー	hero
英勇 yīngyǒng 形 インヨン	勇敢である	brave
★英语 Yīngyǔ 名 インユイ	英語	English
婴儿 yīng'ér 名 インアル	赤ん坊，嬰児	baby

中	日／ピンイン	英／例文訳
樱花 yīnghuā 名	サクラ（の花）	cherry blossom
樱桃 yīngtáo 名	サクランボ	cherry
迎 yíng 動	1. 迎える	greet; welcome
〃	2. 向かう, 対する	face
迎着风向前走	yíngzhe fēng xiàng qián zǒu	風に向かって進む
迎接 yíngjiē 動	出迎える；待ち望む	meet; greet
迎接考试	yíngjiē kǎoshì	試験を迎える
营养 yíngyǎng 名	栄養；養分	nutrition; nourishment
营养食品	yíngyǎng shípǐn	栄養補助食品
营业 yíngyè 動	営業する	do business
★赢 yíng 動	勝つ, 勝利する	win
★影片 yǐngpiàn 名	映画フィルム；映画	film; movie
★影响 yǐngxiǎng 動・名	影響（する）	affect; influence
影子 yǐngzi 名	影；ぼんやりした形	shadow; trace
应酬 yìngchou 動	交際する；もてなす	socialize; entertain
〃 名	つきあい, 接待	dinner party; social engagement
应邀 yìngyāo 動	招きに応じる〔を受ける〕	be invited
★应用 yìngyòng 動	使用〔活用〕する	apply; use
应用新技术	yìngyòng xīn jìshù	新しい技術を使う

311

中	日／ピンイン	英／例文訳
应用 yìngyòng　形	実用的な	practical; applied
硬 yìng　形	堅固〔強硬〕である	hard; tough
〃　副	無理やり，無理して	with difficulty
硬把他推上了车	Yìng bǎ tā tuīshangle chē.	彼を無理やり車に乗せた
硬件 yìngjiàn　名	ハードウエア	hardware
硬席 yìngxí　名	(列車などの)普通席	ordinary seat
拥抱 yōngbào　動	抱き合う，抱擁する	embrace; hug
拥护 yōnghù　動	擁護〔支持〕する	support
拥挤 yōngjǐ　動	押し合う；込み合う	push and squeeze; crowd
〃　形	込み合っている	crowded
★拥有 yōngyǒu　動	保有する，擁する	possess; own
庸俗 yōngsú　形	俗っぽい，低俗である	vulgar
★永远 yǒngyuǎn　副	永遠に，いつまでも	forever; always
勇敢 yǒnggǎn　形	勇敢〔大胆〕である	brave; courageous
勇气 yǒngqì　名	勇気	courage
鼓起勇气	gǔqǐ yǒngqì	勇気を奮い起こす
★用 yòng　動	用いる；召し上がる	use; eat
用了不少钱	yòngle bùshǎo qián	たくさんの金を使った
〃　前	…で(…する)	with

中	日／ピンイン	英／例文訳
用铅笔写字	yòng qiānbǐ xiě zì	えんぴつで字を書く
用不着 yòngbuzháo 動	必要としない	need not
用处 yòngchu 名	使い道, 用途	utility; use
用功 yòng//gōng 動	懸命に勉強する	work hard
〃 yònggōng 形	(勉学に)熱心である	hardworking; studious
★用户 yònghù 名	使用者, ユーザー	user
用力 yòng//lì 動	力を入れる	exert one's strength
用品 yòngpǐn 名	用品, 必要な品	articles for use
用途 yòngtú 名	用途, 使い道	use; utility; purpose
用心 yòng//xīn 形	心をこめている	attentive; concentrated
〃 yòngxīn 名	了見, 意図	motive; intention
用意 yòngyì 名	意図, 狙い	aim; purpose; intention
优点 yōudiǎn 名	優位な点, メリット	strong point; merit
优良 yōuliáng 形	(質などが)優良である	fine; good
优美 yōuměi 形	優美である	graceful; fine
优胜 yōushèng 形	まさっている; 優勝の	superior; winning
★优势 yōushì 名	優位, 優勢	superiority
★优秀 yōuxiù 形	優秀である	outstanding; excellent
优异 yōuyì 形	非常に優れている	excellent; outstanding

中	日／ピンイン	英／例文訳
忧虑 yōulǜ 〔動〕	憂慮〔心配〕する	be anxious; be worried
悠久 yōujiǔ 〔形〕	悠久である	long-standing; age-old
★**尤其** yóuqí 〔副〕	特に, とりわけ	particularly
★**由** yóu 〔前〕	…が; …によって	by
工作由我负责	Gōngzuò yóu wǒ fùzé.	仕事は僕が責任を持つ
〃 〔動〕	任せる, 勝手にさせる	let
★**由于** yóuyú 〔前〕	…により〔よって〕	due to; owing to
他由于工作关系搬家了	Tā yóuyú gōngzuò guān·xì bānjiāle.	彼は仕事の関係で, 引っ越しした
〃 〔接〕	…なので, …だから	because; as
邮包 yóubāo 〔名〕	郵便小包	postal parcel
邮件 yóujiàn 〔名〕	郵便物; 電子メール	postal matter; E-mail
给她发邮件	gěi tā fā yóujiàn	彼女にメールを出す
邮局 yóujú 〔名〕	郵便局	post office
邮票 yóupiào 〔名〕	郵便切手	postage stamp; stamp
★**油** yóu 〔名〕	油; ペンキ; 石油	grease; paint; oil
〃 〔動〕	塗る; 〔油などで〕汚れる	paint; be stained with grease
〃 〔形〕	ずるい, 悪賢い	slick
油腻 yóunì 〔形〕	脂っこい; しつこい	greasy; heavy
〃 〔名〕	脂っこい食べ物	greasy food

中	日／ピンイン	英／例文訳
★游 yóu 動	1. 泳ぐ, 水泳する	swim
游了两百米	yóule liǎngbǎi mǐ	200メートル泳いだ
〃	2. ぶらぶら歩く; 遊覧する	stroll; tour
★游客 yóukè 名	遊覧者, 観光客	tourist
游览 yóulǎn 動	遊覧〔見物〕する	go sightseeing; look round
★游戏 yóuxì 名	遊び, ゲーム	recreation; game
玩儿游戏	wánr yóuxì	ゲームをする
〃 動	遊ぶ	play
游行 yóuxíng 動	パレード〔行進〕する	parade
游泳 yóu//yǒng 動	泳ぐ, 水泳する	swim
〃 yóuyǒng 名	水泳, 遊泳	swimming
游泳池 yóuyǒngchí 名	プール, 水泳場	swimming pool
友爱 yǒu'ài 形	仲がよい, 親密である	close; intimate
友好 yǒuhǎo 形	友好的である	friendly; amicable
友情 yǒuqíng 名	友情, 友誼	friendship
友谊 yǒuyì 名	友誼, 友好	friendship
★有 yǒu 動	1. ある; いる	there is; exist
河里有很多鱼	Héli yǒu hěn duō yú.	川にはたくさんの魚がいる
有空儿	yǒu kòngr	時間〔暇〕がある

315

中	日／ピンイン	英／例文訳
有 yǒu 動	2. 持つ, 持っている	have; possess
我有四个孩子	Wǒ yǒu sì ge háizi.	僕には子どもが4人いる
★有的 yǒude 代	ある人；あるもの	some
有的是 yǒudeshì 型	たくさんある	have plenty of
★有点儿 yǒudiǎnr 副	少し, 少々；どうも	somewhat; a bit; rather
有点儿不舒服	yǒudiǎnr bù shūfu	少し気分が悪い
★有关 yǒuguān 動	1. …に関する	be relevant to
〃	2. 関係がある	have sth. to do with
有力 yǒulì 形	有力である；力強い	powerful; strong
有利 yǒulì 形	有利で〔利益が〕ある	advantageous; beneficial
有两下子 yǒu liǎng xiàzi 型	手腕がある；やり手だ	have real skill; be quite skilful
有名 yǒu//míng 形	有名である, 名高い	well known; famous
有趣 yǒuqù 形	おもしろい	interesting; amusing
有时 yǒushí 副	時には, ある時は	sometimes; at times
有时候 yǒushíhou 副	時には；ある時は…	at times
有时候，我也散散步	Yǒushíhou, wǒ yě sànsànbù.	時には私も散歩をする
★有效 yǒuxiào 形	有効で〔効果が〕ある	effective; efficient
★有些 yǒuxiē 副	少し, いくらか	some; somewhat
〃 代	ある一部（の）	some; part

中	日／ピンイン	英／例文訳
有益 yǒuyì 動	有益である，ためになる	be profitable; be beneficial
有意 yǒuyì 動	…したいと思う	be inclined to
〃 形	わざと（である）	deliberate; on purpose
不是有意的	bù shì yǒuyì de	わざとじゃない
有意思 yǒu yìsi 型	有意義だ；おもしろい	meaningful; interesting
有用 yǒuyòng 動	役に立つ，有用である	be useful
★**又** yòu 副	1. また，さらに	again
他又迟到了	Tā yòu chídào le.	彼はまた遅刻した
〃	2. その上，また…	and; as well
又便宜又好吃	yòu piányi yòu hǎochī	安くて，そのうえおいしい
右 yòu 名	右	right
靠右走	kào yòu zǒu	右側を歩く
右边 yòubian 名	右，右側，右の方	the right side
幼儿园 yòu'éryuán 名	幼稚園	kindergarten
幼稚 yòuzhì 形	幼い；幼稚である	young; infantile; childish
★**于** yú 前	…に，…で，…において	in; at; on
生于1949年	shēng yú yī jiǔ sì jiǔ nián	1949年に生まれる
★**于是** yúshì 接	そこで，それで	hence; consequently
★**鱼** yú 名	魚，フィッシュ	fish

中	日／ピンイン	英／例文訳
★娱乐 yúlè 動	楽しむ,気晴らしする	enjoy; amuse oneself
〃 名	娯楽,楽しみ	amusement; entertainment
愉快 yúkuài 形	愉快である,うれしい	joyful; happy
★与 yǔ 前	…と,…と共に	with
〃 接	と,および	and
羽毛球 yǔmáoqiú 名	バドミントン	badminton
雨 yǔ 名	雨	rain
下雨	xià yǔ	雨が降る
雨停了	Yǔ tíng le.	雨がやんだ
雨水 yǔshuǐ 名	降雨(量)	rainwater; rainfall
雨衣 yǔyī 名	レインコート	raincoat
语调 yǔdiào 名	イントネーション	intonation
语法 yǔfǎ 名	文法,語法	grammar
语气 yǔqì 名	話しぶり,口ぶり	tone; manner of speaking
语文 yǔwén 名	言語と文字；国語	language; national language
★语言 yǔyán 名	言語,言葉	language
语音 yǔyīn 名	音声；人の話す声	pronunciation
玉米 yùmǐ 名	トウモロコシ	maize; corn
浴室 yùshì 名	浴室,風呂場；銭湯	bathroom; bathhouse

中	日／ピンイン	英／例文訳
预备 yùbèi 動	準備〔用意〕する	prepare
★**预测** yùcè 動	予測〔予想〕する	forecast; predict
预订 yùdìng 動	予約する	book; reserve
预定 yùdìng 動	予定する	schedule
预防 yùfáng 動	予防する	prevent; take precautions
★**预计** yùjì 動	予測する，見込む	anticipate; estimate
预料 yùliào 動·名	予想〔予測〕(する)	expect; expectation
★**预期** yùqī 動	予期〔期待〕する	expect; anticipate
预习 yùxí 動	予習する	prepare lessons before class; preview
预习课文	yùxí kèwén	教科書を予習する
★**遇到** yù//dào 動	出会う，ぶつかる	run into; come across
遇见 yù//·jiàn 動	出会う，出くわす	run into; come across
★**元** yuán 量	[貨幣の単位]…元，…ユアン	yuan
元旦 Yuándàn 名	元旦，元日	New Year's day
★**员工** yuángōng 名	従業員，職員・労働者	staff; personnel
★**原** yuán 形	本来の；もとの	original; former
原计划	yuán jìhuà	本来の計画
★**原来** yuánlái 名	当初；以前	at the beginning; formerly
〃 形	もともとの；もとの	original; former

319

中	日／ピンイン	英／例文訳
原来的房子	yuánlái de fángzi	もとの家
原来 yuánlái 副	なんと，なんだ…(か)	so; as it turns out to be
原来是你!	Yuánlái shì nǐ!	なんだ君か
原谅 yuánliàng 動	勘弁〔容認〕する	excuse; forgive
请原谅	Qǐng yuánliàng.	お許しください
原料 yuánliào 名	原料	raw material
出口原料	chūkǒu yuánliào	原料を輸出する
原始 yuánshǐ 形	未開〔最初〕の；オリジナルの	primitive; firsthand; original
★原因 yuányīn 名	原因	cause; reason
★原则 yuánzé 名	原則；大筋	principle
原子弹 yuánzǐdàn 名	原子爆弾，原爆	atomic bomb
圆 yuán 名	円，丸	circle
〃 形	真ん丸い，丸い	round; circular
〃 量	[貨幣の単位]…元	yuan
圆白菜 yuánbáicài 名	キャベツ	cabbage
圆满 yuánmǎn 形	円満〔十分〕である	satisfactory; perfect
圆珠笔 yuánzhūbǐ 名	ボールペン	ball-point pen; ball-pen
★远 yuǎn 形	遠い；[隔たりが]大きい	far; great
车站离家太远	Chēzhàn lí jiā tài yuǎn.	駅は家から遠すぎる

320

中	日／ピンイン	英／例文訳
远大 yuǎndà 形	遠大〔広大〕である	long-range; broad
院长 yuànzhǎng 名	病院長；学院長	director; president
院子 yuànzi 名	中庭，庭	courtyard
★愿 yuàn 動	1. 願う，望む	wish; hope
愿你早日康复！	Yuàn nǐ zǎorì kāngfù!	一日も早いご健康回復を願っています
〃	2. …したいと思う	be willing to
她不愿参加	Tā bù yuàn cānjiā.	彼女は参加を望んでない
愿望 yuànwàng 名	願望，望み，願い	wish; desire
★愿意 yuàn·yì 動	1. 喜んで…する	be willing to
我不愿意和他结婚	Wǒ bù yuàn·yì hé tā jiéhūn.	私は彼と結婚したくない
〃	2. 望む，願う；…したい	wish
★★约 yuē 動	1. 約束〔予約〕する	make an appointment
约时间	yuē shíjiān	前もって時間を決める
〃	2. 誘う，招く	invite
约她看电影	yuē tā kàn diànyǐng	彼女を映画に誘う
〃 副	およそ，だいたい	about; approximately
约有六十人	yuē yǒu liùshí rén	約60名いる
约定 yuēdìng 動	約束する，取り決める	appoint; arrange
约会 yuēhuì 動·名	会う約束〔デート〕(をする)	make an appointment; date; rendezvous

中	日/ピンイン	英/例文訳
★月 yuè 名	(時間や暦の)月	month
两个月	liǎng ge yuè	2か月
二月	èr yuè	2月
月亮 yuèliang 名	(天体の)月	the moon
月球 yuèqiú 名	(天体の)月,月球	the moon
岳父 yuèfù 名	しゅうと,妻の父	wife's father
岳母 yuèmǔ 名	しゅうとめ,妻の母	wife's mother
阅读 yuèdú 動	読解〔閲読〕する	read
阅览室 yuèlǎnshì 名	図書室;閲覧室	reading room
★越来越… yuè lái yuè... 型	ますます…になる	more and more; increasingly
她越来越漂亮了	Tā yuè lái yuè piàoliang le.	彼女はますますきれいになった
越…越… yuè...yuè... 型	…であればあるほど…	the more... the more...
越多越好	yuè duō yuè hǎo	多ければ多いほどよい
晕 yūn 動	くらくら〔失神〕する	feel dizzy; faint
头晕	tóu yūn	頭がくらくらする
云 yún 名	雲	cloud
★允许 yǔnxǔ 動	許可〔承認〕する	permit; allow
★运 yùn 動	運ぶ,運搬する	carry; transport
运货	yùn huò	荷物を運ぶ

中	日／ピンイン	英／例文訳
★运动 yùndòng 動・名	運動〔スポーツ〕(する)	exercise; sport
运动会 yùndònghuì 名	体育〔スポーツ〕大会	athletic meeting; games
★运动员 yùndòngyuán 名	スポーツ選手	athlete; sportsman; sportswoman
★运输 yùnshū 動	運送〔輸送〕する	transport
运用 yùnyòng 動	運用〔利用〕する	put to use; apply
灵活运用	línghuó yùnyòng	柔軟に運用する
晕 yùn 動	めまいがする	feel dizzy
晕车	yùn chē	車に酔う

Z, z

中	日／ピンイン	英／例文訳
杂 zá 形	入り交じっている	mixed
杂技 zájì 名	中国式サーカス，雑技	acrobatics
杂乱 záluàn 形	ごちゃごちゃである	untidy; chaotic
★杂志 zázhì 名	雑誌，マガジン	magazine
砸 zá 動	1. [鈍器で]打つ；たたき壊す	pound; crush
〃	2. [重い物が]ぶつかる	smash
灾害 zāihài 名	災害，災い	disaster
栽 zāi 動	植える；(穴に)差す	plant; insert
栽树	zāi shù	木を植える

中	日／ピンイン	英／例文訳
★再 zài 副	1. 再び; さらに	again; more
再看一遍	zài kàn yī biàn	もう一度読む
再吃一点儿	zài chī yīdiǎnr	もっと食べなさい
〃	2. (…して)それから	then
做完作业再看电视	zuòwán zuòyè zài kàn diànshì	宿題をしてからテレビを見る
★再次 zàicì 副	再度, もう一度	once more; once again
★再见 zàijiàn (套)	さようなら	goodbye; see you again
再三 zàisān 副	何度も, 再三	over and over again
再三考虑	zàisān kǎolǜ	何度も考える
再说 zàishuō 動	…してからにする	put off until sometime later
下次再说	xiàcì zàishuō	今度にしよう
〃 接	その上, それに	besides
★在 zài 動	存在〔生存〕する	exist; be
词典在桌子上	Cídiǎn zài zhuōzi shang.	辞典は机の上にある
父亲在老家	Fùqin zài lǎojiā.	父は故郷にいる
〃 前	…で, …に	in; on; at
我出生在东京	Wǒ chūshēng zài Dōngjīng.	私は東京で生まれた
她在一家咖啡厅打工	Tā zài yī jiā kāfēitīng dǎgōng.	彼女は喫茶店でアルバイトをしている
〃 副	…している	be doing

中	日／ピンイン	英／例文訳
她在看电视	Tā zài kàn diànshì.	彼女はテレビを見ている
在乎 zàihu 動	気〔問題〕にする	care about; mind
在线 zàixiàn 動	オンラインである	be on-line
★在于 zàiyú 動	…にある；…しだいだ	lie in; depend on
咱们 zánmen 代	[聞き手を含む]私たち	we
咱们班	zánmen bān	私たちのクラス
暂时 zànshí 名	しばらく，一時	for the time being
赞成 zànchéng 動	賛成〔同意〕する	agree with; approve of
赞美 zànměi 動	賛美する，ほめる	give praise to; admire
赞扬 zànyáng 動	ほめたたえる	praise; speak highly of
脏 zāng 形	汚れている，汚い	dirty
脏衣服	zāng yīfu	汚れている服
★遭 zāo 動	[よくないことに]出あう	meet with; suffer
遭旱灾	zāo hànzāi	干ばつに見舞われる
★遭到 zāodào 動	…の目にあう	suffer; meet with
遭到不幸	zāodào bùxìng	不幸な目にあう
遭受 zāoshòu 動	[損害などを]被る	suffer; be subjected to
遭受打击	zāoshòu dǎjī	ショックを受ける
★遭遇 zāoyù 動	ひどい目〔不運〕にあう	encounter; come across

中	日／ピンイン	英／例文訳
遭遇了很多困难	zāoyùle hěn duō kùnnan	多くの困難に出合った
遭遇 zāoyù 名	境遇；ひどい目，不運	fate; bitter experience; misfortune
悲惨的遭遇	bēicǎn de zāoyù	惨めな境遇
糟 zāo 形	1. 腐った；丈夫でない	rotten; poor
〃	2. めちゃくちゃである	in a mess
糟糕 zāogāo 形	ひどい，だめである	in a terrible mess
凿 záo 動	うがつ，穴をあける	dig; bore a hole
★**早** zǎo 副	とっくに，ずっと前に	long ago; as early as
他早知道了	Tā zǎo zhī·dào le.	彼はとっくに知っていた
〃 形	早い，早く	early
时间还早	shíjiān hái zǎo	時間はまだ早い
早晨 zǎochen 名	朝，早朝	(early) morning
早饭 zǎofàn 名	朝食，朝飯	breakfast
早就 zǎojiù 副	とっくに，早くから	long ago
早上 zǎoshang 名	朝，早朝	(early) morning
早上好！	Zǎoshang hǎo!	おはようございます
早晚 zǎowǎn 名	朝晩，朝夕	morning and evening
〃 副	遅かれ早かれ，いずれ	sooner or later
造 zào 動	作る，製造する	make; create

中	日／ピンイン	英／例文訳
★造成 zàochéng 動	引き起こす	cause; give rise to
造成困难	zàochéng kùnnan	困難をきたす
造句 zào//jù 動	文を作る, 作文する	make a sentence
噪音 zàoyīn 名	騒音; 雑音, ノイズ	cacophony; noise
★则 zé 接	(…する)と…; …すれば	then
欲速则不达	yù sù zé bù dá	せいては事をし損じる
★责任 zérèn 名	責任, 責務	duty; responsibility
负责任	fù zérèn	責任を負う
贼 zéi 名	盗人; 悪人	thief; enemy
抓贼	zhuā zéi	どろぼうを捕まえる
〃 形	ずる賢い, 狡猾である	sly; cunning
★怎么 zěnme 代	1. なぜ, どうして	why
你怎么来晚了？	Nǐ zěnme lái wǎn le?	どうして遅くなったんだ
〃	2. どう, どのように	how
怎么办	zěnme bàn	どう〔どのように〕しよう
这个字怎么念？	Zhèige zì zěnme niàn?	この字はどう読むのですか
怎么样 zěnmeyàng 代	どんな; どのように	what; how
他日语怎么样？	Tā Rìyǔ zěnmeyàng?	彼の日本語はどうですか
★怎样 zěnyàng 代	どんな; どのように	how

中	日／ピンイン	英／例文訳
増产 zēng//chǎn 動 ゾンチャン	増産する，生産を増やす	increase production
★**増加** zēngjiā 動 ゾンジィア	増える；増やす	increase; add
増进 zēngjìn 動 ゾンジン	増進〔促進〕する	enhance; promote
★**増强** zēngqiáng 動 ゾンチアン	増強〔強化〕する	strengthen; enhance
★**増长** zēngzhǎng 動 ゾンジャン	増大する；増大させる	increase; grow
营业额増长了不少	Yíngyè'é zēngzhǎng le bùshǎo.	売上げはかなり増えた
扎 zhā 動 ジャー	刺す，突き刺す	prick
炸 zhá 動 ジャー	油で揚げる	fry
炸鸡块	zhá jīkuài	鶏肉を揚げる
炸 zhà 動 ジャー	破裂〔爆破〕する	explode; blow up
炸弹 zhàdàn 名 ジャーダン	爆弾	bomb
摘 zhāi 動 ジャイ	摘み〔選び〕取る	pick; take off; select
摘花	zhāi huā	花を摘む
窄 zhǎi 形 ジャイ	(幅や了見が)狭い	narrow; petty
路太窄	lù tài zhǎi	道がひどく狭い
沾 zhān 動 ジャン	ぬれる；くっつく	wet; be soiled with
沾水	zhān shuǐ	水にぬれる
粘 zhān 動 ジャン	くっつく；くっつける	stick; glue
粘信封	zhān xìnfēng	封筒を糊づけする

中	日／ピンイン	英／例文訳
展出 zhǎnchū 動	展示〔展覧〕する	exhibit; put on display
★展开 zhǎn//kāi 動	広げる；展開する	unfold, open up; launch
展览 zhǎnlǎn 動・名	展示する；展示会	exhibit; exhibition
展览会 zhǎnlǎnhuì 名	展覧〔展示〕会	exhibition
展销 zhǎnxiāo 動	展示・即売する	display and sell
★★占 zhàn 動	占める；占拠する	constitute; occupy
占座位 zhàn zuòwèi	席をとる	
占有 zhànyǒu 動	占有する；占める	possess; occupy
战斗 zhàndòu 動・名	戦う；戦い	fight; battle
战胜 zhànshèng 動	打ち勝つ，勝利する	defeat; triumph over
战士 zhànshì 名	戦士，兵士；闘士	soldier; warrior
战役 zhànyì 名	戦役，戦争	campaign; battle
战友 zhànyǒu 名	戦友	comrade-in-arms
★战争 zhànzhēng 名	戦争，いくさ	war
★★站 zhàn 動	立つ；立ち止まる	stand; stop
〃 名	駅；停留所	station; stop
下一站 xià yī zhàn	次の駅〔停留所〕	
★张 zhāng 動	開く；広げる	open; spread
张嘴 zhāng zuǐ	口を開く	

329

中	日／ピンイン	英／例文訳
ジャン 张 zhāng 　量	[広げられるもの]…枚，…幅	piece
两张纸	liǎng zhāng zhǐ	2枚の紙
ジャンカイ 张开 zhāngkāi 　動	開ける，開く	open; stretch out
张开翅膀	zhāngkāi chìbǎng	羽を開く
ジャン 章 zhāng 　名	判子，印鑑	seal; stamp
盖章	gài zhāng	印鑑を押す
ジャン ★长 zhǎng 　形	年上〔目上〕である	older; senior
〃 　動	生える；育つ	grow; develop
长毛	zhǎng máo	毛が生える
ジャンダー 长大 zhǎngdà 　動	大きくなる，成長する	grow up
孩子长大了	Háizi zhǎngdà le.	子どもが大きくなった
ジャン ★涨 zhǎng 　動	（水位や値が）上がる	rise; go up
ジャンジィア 涨价 zhǎngjià 　動	値上がりする	rise in price
ジャンション 掌声 zhǎngshēng 　名	拍手の音	clapping; applause
ジャンウオ ★掌握 zhǎngwò 　動	把握する；握る	grasp; control
ジャン 丈 zhàng 　量	[1"丈"は約 3.3メートル]…丈	zhang
ジャンフ ★丈夫 zhàngfu 　名	夫，主人	husband
ジャン 仗 zhàng 　動	頼みにする；頼る	depend on
仗着年轻…	zhàngzhe niánqīng…	若さを頼んで…

中	日／ピンイン	英／例文訳
<ruby>仗<rt>ジャン</rt></ruby> zhàng　名	戦い，戦争	battle; war
打仗	dǎ zhàng	戦いをする
<ruby>招待<rt>ジャオダイ</rt></ruby> zhāodài　動	接待する，もてなす	entertain; serve
<ruby>招待会<rt>ジャオダイホゥイ</rt></ruby> zhāodàihuì 名	歓迎会，レセプション	reception
<ruby>招待所<rt>ジャオダイスオ</rt></ruby> zhāodàisuǒ 名	ゲストハウス；宿泊所	guesthouse; hostel
<ruby>招呼<rt>ジャオフ</rt></ruby> zhāohu　動	呼ぶ；あいさつする	call; greet
★<ruby>招生<rt>ジャオション</rt></ruby> zhāo//shēng 動	新入生を募集する	recruit students
<ruby>招手<rt>ジャオショウ</rt></ruby> zhāo//shǒu 動	手を振る；手招きする	wave; beckon
<ruby>着<rt>ジャオ</rt></ruby> zháo　動	触れる；着く	touch; contact
着地	zháo dì	（足が）地に着く
着火	zháo huǒ	火が着く；火事になる
<ruby>着急<rt>ジャオジー</rt></ruby> zháo//jí 形	焦っている	in a hurry; anxious
<ruby>着凉<rt>ジャオリアン</rt></ruby> zháo//liáng 動	風邪を引く	catch cold
★<ruby>找<rt>ジャオ</rt></ruby> zhǎo　動	1. 探す；訪ねる	look for; call on
钱包找到了	Qiánbāo zhǎo dào le.	財布が見つかった
你找谁？－我找老林	Nǐ zhǎo shéi?－Wǒ zhǎo lǎo Lín.	誰をお尋ねですか—林さんです
〃	2. 釣り銭を出す	give change
找你四块钱	Zhǎo nǐ sì kuài qián.	4元おつりです
★<ruby>召开<rt>ジャオカイ</rt></ruby> zhàokāi 動	会を開く〔召集する〕	hold; convoke

中	日／ピンイン	英／例文訳
照 zhào 動	1. 照る；照らす	shine; light up
〃	2. 映る；[写真を]写す	reflect; take a picture
照镜子	zhào jìngzi	鏡に映す
〃 前	…のとおりに	according to
照你说的办	Zhào nǐ shuō de bàn.	君の言うとおりにやる
照常 zhàocháng 動	平常どおりである	be as usual
一切照常	yīqiè zhàocháng	すべて平常どおりである
〃 副	いつものように	as usual
照常上班	zhàocháng shàngbān	いつものように出勤する
照顾 zhào·gù 動	考慮〔世話〕する	give consideration to; look after
照例 zhàolì 副	例によって	as usual
★照片 zhàopiàn 名	写真	photograph; picture
照相 zhào//xiàng 動	写真を撮る，撮影する	take a picture
照相机 zhàoxiàngjī 名	カメラ，写真機	camera
折 zhé 動	折る；折りたたむ	bend; fold
折纸	zhé zhǐ	折り紙をする
〃 名	割引，ディスカウント	discount
打八折	dǎ bā zhé	8掛け（2割引）する
折叠 zhédié 動	折りたたむ	fold

中	日／ピンイン	英／例文訳
折磨 zhé·mó 動	苦しめる, いじめる	torment
受折磨	shòu zhé·mó	苦難を受ける
哲学 zhéxué 名	哲学	philosophy
★这 zhè (zhèiとも発音) 代	この, その; これ, それ	this
这是什么？－这是护身符	Zhè shì shénme?– Zhè shì hùshēnfú.	これは何ですか－お守りです
这边 zhèbiān 代	こちら, ここ; そちら	here; this side
这会儿 zhèhuìr 代	その時; 今ごろ	at the moment; right now
★这里 zhè·lǐ 代	ここ, こちら; そこ	here
来到这里	lái dào zhè·lǐ	ここへ来る
★这么 zhème 代	このように; こんなに	like this; so; such
这么美丽的风景	zhème měilì de fēngjǐng	こんなに美しい風景
这么点儿 zhèmediǎnr 代	これっぽっち(の)	such a tiny bit
这么些 zhèmexiē 代	これほど(多くの)	so much; that many
这么样 zhèmeyàng 代	このような	like this
这么着 zhèmezhe 代	こんなふうに	like this
这么着好不好？	Zhèmezhe hǎo bù hǎo?	こんなふうで良いですか
这儿 zhèr 代	ここ, こちら	here
★这些 zhèxiē 代	これら(の)	these
这些书的价钱很便宜	Zhèxiē shū de jiàqian hěn piányi.	これらの本の値段はとても安い

中	日／ピンイン	英／例文訳
★这样 zhèyàng　代	こんな(ふうな)	like this; such
★着 zhe　助	1. …している	be doing
穿着大衣	chuānzhe dàyī	オーバーを着ている
手里拿着一本杂志	shǒuli názhe yī běn zázhì	手に1冊の雑誌を持っている
〃	2. …しながら(…する)	
我想走着去	Wǒ xiǎng zǒuzhe qù.	私は歩いていきたい
着呢 zhene　助	(とても)…だよ	quite; awfully
路长着呢	Lù cháng zhene.	道は長いよ
★这个 zhèige　代	この, その; これ, それ	this one; this
这个菜很好吃	Zhèige cài hěn hǎochī.	この料理はとてもおいしい
针 zhēn　名	針; 注射(針); 鍼	needle; injection; acupuncture
★针对 zhēnduì　動	…に対し	aim at
针线 zhēnxian　名	針と糸; 針仕事	needle and thread; needlework
珍贵 zhēnguì　形	貴重である	precious
★真 zhēn　形	1. 真実だ; 本当の	true; real
这是真的	Zhè shì zhēn de.	これは真実だ
真话	zhēn huà	本当の話
〃	2. はっきりしている	clear
看得很真	kàn de hěn zhēn	とてもはっきり見える

中	日／ピンイン	英／例文訳
真 zhēn 副	実に，確かに	truly
时间过得真快	Shíjiān guò dé zhēn kuài.	時間が過ぎるのは本当に早い
真理 zhēnlǐ 名	真理	truth
★真实 zhēnshí 形	真実〔本当〕である	true; real
真是 zhēnshi 動	本当にまあ，実に	indeed; really
★真正 zhēnzhèng 形	正真正銘〔本物〕の	genuine
阵 zhèn 量	一定時間続く現象や動作を数える	
一阵雨	yī zhèn yǔ	ひとしきりの雨
★阵容 zhènróng 名	陣容；メンバー	battle array; cast; line-up
阵雨 zhènyǔ 名	にわか雨，通り雨	shower
振奋 zhènfèn 動	奮起する〔させる〕	rouse oneself; encourage
震动 zhèndòng 動	震動する；揺り動かす	shake; shock; astonish
镇 zhèn 動	抑える，しずめる	ease; calm
〃 名	〔農村地区にある〕町，鎮	town; township
正月 zhēngyuè 名	(旧暦の)正月	the first month of the lunar year
争 zhēng 動	競う，争う	compete; dispute
争吵 zhēngchǎo 動	(大声で)言い争う	quarrel
争夺 zhēngduó 動	奪い取る；競い合う	fight for; compete
争论 zhēnglùn 動	論争する，言い争う	argue; dispute

中	日／ピンイン	英／例文訳
★争取 zhēngqǔ 動 ジョンチー	勝ち取る；がんばる	win over; strive for
征求 zhēngqiú 動 ジョンチィウ	[公開して]集める，募る	seek; ask for
挣扎 zhēngzhá 動 ジョンジャー	必死になる，もがく	struggle
睁 zhēng 動 ジョン	目をあける〔見張る〕	open the eyes
蒸汽 zhēngqì 名 ジョンチー	水蒸気，スチーム	steam
整 zhěng 形 ジョン	全部の，ちょうどの	whole; complete; exactly
一千元整	yīqiān yuán zhěng	1000元きっかり
〃 動	整える；直す	put in order; repair
整衣裳	zhěng yīshang	衣服を整える
★整个 zhěnggè 形 ジョンゴォー	全部の，まるごとの	whole; entire
整理 zhěnglǐ 動 ジョンリー	かたづける，整理する	put in order
整齐 zhěngqí 形 ジョンチー	きちんとそろっている	neat; orderly; regular
★整体 zhěngtǐ 名 ジョンティー	全体，総体	whole; as a whole
整天 zhěngtiān 名 ジョンティエン	まる1日，一日中	all day long
★正 zhèng 形 ジョン	1. まっすぐ〔表〕である	straight; front
〃	2. 正しい；混じりけない	right; pure
〃	3. 主な，主要な	principal
〃 副	1. …している(ところだ)	be doing
正等着呢	zhèng děngzhe ne	待っているところだ

中	日／ピンイン	英／例文訳
正 zhèng 副	2. ちょうど折よく	just; right
时针正向十二点	Shízhēn zhèng xiàng shí'èr diǎn.	時計の針がちょうど12時を指している
★正常 zhèngcháng 形	正常〔平常どおり〕である	normal; regular
正当 zhèngdāng 動	ちょうど…の時に当たる	just when
正好 zhènghǎo 形	ちょうどよい	just right
你来得正好	Nǐ lái de zhènghǎo.	ちょうどよい時に来た
〃 副	都合よく, 折よく	happen to; chance to
正好在门口遇上她	Zhènghǎo zài ménkǒu yùshang tā.	門の所で折よく彼女と会えた
正面 zhèngmiàn 名	正面; 表面; 主要な面	front; right side; main aspect
〃 形	直接的な, 真っ向の	directly; openly
正巧 zhèngqiǎo 副	折よく, ちょうど	happen to
正巧碰上了他要找的人	Zhèngqiǎo pèngshang le tā yào zhǎo de rén.	彼が探している人にちょうど出会った
〃 形	ちょうど時機がよい	in the nick of time
★正确 zhèngquè 形	正しい, 正確である	right; correct
★正式 zhèngshì 形	正式〔公式〕の	formal; formally
正要 zhèngyào 副	まさに…しようとする	
我正要出门, 她来了	Wǒ zhèngyào chūmén, tā láile.	私がちょうど外出しようとした時, 彼女が来た
正义 zhèngyì 名	正義	justice
〃 形	正義にかなう	righteous

中	日／ピンイン	英／例文訳
★正在 zhèngzài 副	まさに…している	in the process of; be doing
正在上课	zhèngzài shàngkè	ちょうど授業中です
证件 zhèngjiàn 名	証明書類	certificate
★证据 zhèngjù 名	証拠	evidence; proof
★证明 zhèngmíng 動·名	証明する；証明（書）	prove; certificate
★证券 zhèngquàn 名	証券, 有価証券	bond; securities
证券交易所 zhèngquàn jiāoyìsuǒ 名	証券取引所	stock exchange; securities market
★政策 zhèngcè 名	政策	policy
★政府 zhèngfǔ 名	政府, 行政機関	government
市政府	shì zhèngfǔ	市政府, 市役所
政权 zhèngquán 名	政治権力；政権	political power; state organs
★政治 zhèngzhì 名	政治	politics
挣 zhèng 動	（働いて金を）稼ぐ	earn
挣了不少钱	zhèngle bùshǎo qián	多くの金を稼いだ
★之 zhī 助	…の	of
三分之二	sān fēn zhī èr	3分の2
★之后 zhīhòu 名	…ののち, …してから	after; afterward
之间 zhījiān 名	…の間；…のうちに	between; among
★之前 zhīqián 名	…の前, …する以前	before; prior to

中	日／ピンイン	英／例文訳
<ruby>之上<rt>ジーシャン</rt></ruby> zhīshàng 名	…より上，…以上	above; over
<ruby>之下<rt>ジーシア</rt></ruby> zhīxià 名	…より下，…以下	beneath; under
<ruby>之一<rt>ジーイー</rt></ruby> zhī yī 名	…の一つ	one of ...
<ruby>之中<rt>ジージョォン</rt></ruby> zhīzhòng 名	…の中，…のうち	in; among
★<ruby>支<rt>ジー</rt></ruby> zhī 動	支える；支持する	sustain; support
〃 量	[歌や棒状のもの]…本，…曲	
三支古典乐曲	sān zhī gǔdiǎn yuèqǔ	3曲のクラシック音楽
一支笔	yī zhī bǐ	1本の筆
★<ruby>支持<rt>ジーチー</rt></ruby> zhīchí 動	1. 我慢する，こらえる	sustain
〃	2. 支持〔支援〕する	support
<ruby>支出<rt>ジーチュー</rt></ruby> zhīchū 動・名	支出(する)	pay; expenses
★<ruby>支付<rt>ジーフー</rt></ruby> zhīfù 動	(金銭を)支払う	pay
<ruby>支配<rt>ジーペイ</rt></ruby> zhīpèi 動	1. 割り振る〔当てる〕	arrange
〃	2. 支配〔指図〕する	control
<ruby>支援<rt>ジーユアン</rt></ruby> zhīyuán 動	支援〔助成〕する	support
<ruby>只<rt>ジー</rt></ruby> zhī 量	1. [動物船なと]…頭，…艘	
三只兔子	sān zhī tùzi	3匹のウサギ
〃	2. [対になっている]片方	
一只袜子	yī zhī wàzi	くつ下の片方

zhī 枝知织执直侄值职

中	日/ピンイン	英/例文訳
枝 zhī 〔量〕	[棒状のもの]…本，…枝	
一枝玫瑰	yī zhī méigui	1本のバラ
★知道 zhī·dào 〔動〕	知っている，わかる	know; see
我不知道那件事情	Wǒ bùzhī·dào nà jiàn shìqing.	私はその件は知らない
★知识 zhīshi 〔名〕	知識，教養	knowledge; education
织 zhī 〔動〕	織る；編む	weave; knit
织毛衣	zhī máoyī	セーターを編む
★执法 zhífǎ 〔動〕	法律を執行する	enforce the law
★执行 zhíxíng 〔動・名〕	執行〔実行〕(する)	carry out; execute; execution
执行任务	zhíxíng rènwu	任務を遂行する
直 zhí 〔形〕	まっすぐ〔率直〕である	straight; straightforward
★直播 zhíbō 〔動〕	ライブ放送〔生中継〕をする	broadcast live
直达 zhídá 〔動〕	直行〔直通〕する	go through to
★直到 zhídào 〔動〕	(ある時間に)なる	until; up to
★直接 zhíjiē 〔形〕	直接の；じかに	direct; directly
侄女 zhí·nǚ 〔名〕	めい，姪	niece
★值得 zhí//de 〔動〕	…する価値がある	be worth
值得一看	zhíde yī kàn	一見に値する
★职工 zhígōng 〔名〕	職員・労働者，従業員	workers and staff members

340

中	日／ピンイン	英／例文訳
★ 职业 zhíyè 名	職業	occupation
〃 形	プロの	professional
职业运动员	zhíyè yùndòngyuán	プロのスポーツ選手
职员 zhíyuán 名	職員, 事務職員	office worker
植物 zhíwù 名	植物	plant; flora
止 zhǐ 動	1. 止める, やめる	cease; stop
〃	2. までとする, 打ちきる	check; prohibit
营业时间到晚上九点止	yíngyè shíjiān dào wǎnshang jiǔ diǎn zhǐ	営業時間は夜の9時まで
★ 只 zhǐ 副	ただ, …ばかり; …だけ(で)	only; merely
我只学过汉语	Wǒ zhǐ xuéguo Hànyǔ.	私は中国語しか習ったことがない
只得 zhǐdé 副	[ँの選択]…せざるを得ない	be obliged to; have to
只好 zhǐhǎo 副	[他の方法]…するしかない	cannot but; have to
★ 只能 zhǐnéng 副	…するほか〔しか〕ない	can only; can but
鱼只能在水里生活	Yú zhǐ néng zài shuǐli shēnghuó.	魚は水の中でしか生きられない
★ 只是 zhǐshì 副	ただ…(する)だけだ	only; merely
〃 接	ただ, だが, ただし	but; however
★ 只要 zhǐyào 接	…しさえすれば	if; on condition that
只要努力,就能成功	Zhǐyào nǔlì, jiù néng chénggōng.	努力しさえすれば,きっと成功できる
★ 只有 zhǐyǒu 接	ただ…だけが…	only; alone

中	日/ピンイン	英/例文訳
只有通过考试才能毕业	Zhǐyǒu tōngguò kǎoshì cái néng bìyè.	試験に通ってはじめて卒業できる
纸 zhǐ 名	紙, ペーパー	paper
★指 zhǐ 動	指さす; さし示す; さす	point at; indicate; point out
★指标 zhǐbiāo 名	指標, 指数; ノルマ	index; quota
★指出 zhǐchū 動	さし示す; 指摘する	show; point out
指出错误	zhǐchū cuòwù	誤ちを指摘する
★指导 zhǐdǎo 動	指導〔指図〕する	guide; direct
指挥 zhǐhuī 動	指図〔指揮〕する	command; conduct
〃 名	指図する人; 指揮者	commander; conductor
指甲 zhǐjia 名	(手足の)爪	nail
指教 zhǐjiào 動	教え導く, 教示する	give advice
请多指教!	Qǐng duō zhǐjiào!	ご指導ください
指示 zhǐshì 動·名	指示〔指図〕(する)	instruct; instructions; order
★指数 zhǐshù 名	指数	index number
指头 zhǐtou 名	指, フィンガー	finger
至多 zhìduō 副	多くとも; せいぜい	at (the) most; not more than
★至少 zhìshǎo 副	少なくとも; せめて	at (the) least
★至于 zhìyú 動	[ある程度に]至る, なる	go as far as to
不至于住院	bù zhìyú zhùyuàn	入院には及ばない

中	日／ピンイン	英／例文訳
至于 zhìyú 〔前〕	…に至っては	as for; as to
志愿 zhìyuàn 〔動・名〕	志願〔願望〕(する)	volunteer, wish
志愿者 zhìyuànzhě 〔名〕	ボランティア, 志願者	volunteer
制订 zhìdìng 〔動〕	制定〔立案〕する	formulate; lay down
★制度 zhìdù 〔名〕	制度, システム	institution; system
制品 zhìpǐn 〔名〕	製品	product
★制造 zhìzào 〔動〕	製造する, 造る	make; create
制止 zhìzhǐ 〔動〕	制止〔阻止〕する	stop; ban
★制作 zhìzuò 〔動〕	作る, 製作する	make; manufacture
★质量 zhìliàng 〔名〕	品質, できばえ	quality
治 zhì 〔動〕	治める；治療する	rule; cure
★治疗 zhìliáo 〔動〕	治療する	cure
秩序 zhìxù 〔名〕	秩序；順序	order; sequence
★中 zhōng 〔名〕	中(に, で, の)；中央(の)	in; among; center; middle
假期中	jiàqī zhōng	休みの間
中餐 zhōngcān 〔名〕	中国〔中華〕料理	Chinese food
★中国 Zhōngguó 〔名〕	中国；中華人民共和国	China; the People's Republic of China
★中间 zhōngjiān 〔名〕	中ほど；[一定]範囲の中	center; middle; among
中年 zhōngnián 〔名〕	中年, ミドル	middle age

中	日／ピンイン	英／例文訳
中秋节 Zhōngqiūjié 名	[旧暦の8月15日]中秋節	the Mid-autumn Festival
中途 zhōngtú 名	中途, 途中	halfway
中外 zhōngwài 名	中国と外国; 国の内外	China and foreign countries; at home and abroad
中文 Zhōngwén 名	中国語, 中国文	the Chinese language
中文系	Zhōngwénxì	中国語科
★中午 zhōngwǔ 名	昼,(昼の)12時前後	noon; midday
★中心 zhōngxīn 名	1. 真ん中, 中心	center; core
〃	2. 中心部; センター	middle; central position
中学 zhōngxué 名	中学・高校	secondary school; high school
★中央 zhōngyāng 名	真ん中; 中央指導部	center; middle; central government
中药 zhōngyào 名	中国医薬; 漢方薬	traditional Chinese medicine
中医 zhōngyī 名	中国医学(の医者)	traditional Chinese medical science; practitioner of Chinese medicine
忠诚 zhōngchéng 形	忠実である	loyal; faithful
忠实 zhōngshí 形	忠実〔正確〕である	faithful; reliable
终点 zhōngdiǎn 名	終点; ゴール	destination; finish
终身 zhōngshēn 名	一生, 生涯	all one's life
★终于 zhōngyú 副	ついに, とうとう	at last; in the end
终于实现了	zhōngyú shíxiàn le	ついに実現した
钟 zhōng 名	1. 時間・時刻を表す	time (as measured in hours and minutes)

中	日／ピンイン	英／例文訳
现在八点钟	Xiànzài bā diǎn zhōng.	今, 8時です
两分钟	liǎng fēn zhōng	2分間
钟 zhōng 名	2. 掛け〔置き〕時計	clock
钟点 zhōngdiǎn 名	時間；決まった時刻	hour; time; appointed time
钟头 zhōngtóu 名	(時の単位)時間	hour
衷心 zhōngxīn 形	心底〔心〕からの	from the bottom of one's heart; cordial
★种 zhǒng 名	1. (生物分類の)種	species
〃	2. 種, 種子	seed
〃 量	[事物・生物の分類]…種類；…つ	kind; type; sort
几种办法	jǐ zhǒng bànfǎ	いくつかの方法
种类 zhǒnglèi 名	種類, 品種	category; type
种种 zhǒngzhǒng 量	種々〔さまざま〕の	a variety of; various
种子 zhǒngzi 名	種子；シード(選手)	seed
中 zhòng 動	当たる, ぶつかる	hit; fall into
中彩 zhòng cǎi	(宝)くじに当たる	
中毒 zhòng dú	毒にあたる, 中毒する	
★种 zhòng 動	種をまく；植える	sow; plant
种麦子	zhòng màizi	ムギをまく
种树	zhòng shù	木を植える

中	日/ピンイン	英/例文訳
★**重** zhòng 〔ジョオン〕 名	重さ, 重量	weight
你有多重？	Nǐ yǒu duō zhòng?	君の体重はどれくらいなの
〃 形	重い；甚だしい	heavy; important; serious
我的责任很重	Wǒ de zérèn hěn zhòng.	私の責任は重大だ
他的病很重	Tā de bìng hěn zhòng.	彼の病状は重い
★**重大** zhòngdà 〔ジョオンダー〕 形	重大である	great; major
★**重点** zhòngdiǎn 〔ジョオンディエン〕 名	重点, 重要な部分	focal point; emphasis
〃 副	重点的に	intensively
重量 zhòngliàng 〔ジョオンリアン〕 名	重量, 重さ	weight
★**重视** zhòngshì 〔ジョオンシー〕 動	重視する, 重く見る	attach importance to
重心 zhòngxīn 〔ジョオンシン〕 名	重点, ポイント；重心	core; focus; center of gravity
★**重要** zhòngyào 〔ジョオンヤオ〕 形	重要〔大切〕である	important; essential
★**周** zhōu 〔ジョウ〕 量	[回った数]…周, …まわり	
〃 名	週, 週間	week
周一	zhōuyī	月曜日
周到 zhōudào 〔ジョウダオ〕 形	行き届いている	thoughtful; considerate
服务周到	fúwù zhōudào	サービスが行き届いている
周末 zhōumò 〔ジョウモー〕 名	週末, ウィークエンド	weekend
周围 zhōuwéi 〔ジョウウェイ〕 名	周囲, まわり	around; round

中	日／ピンイン	英／例文訳
粥 zhōu 名	おかゆ	gruel; porridge
喝粥	hē zhōu	おかゆを食べる
皱纹 zhòuwén 名	しわ	wrinkle
★猪 zhū 名	豚, ブタ	pig
竹子 zhúzi 名	竹, タケ	bamboo
★逐步 zhúbù 副	一歩一歩, しだいに	step by step
★逐渐 zhújiàn 副	だんだんと, しだいに	gradually
主持 zhǔchí 動	主宰する	host
主持会议	zhǔchí huìyì	会議を主宰する
★主持人 zhǔchírén 名	主宰者; キャスター	master of ceremonies; anchorperson
★主动 zhǔdòng 形	自発〔主導〕的である	voluntary; on one's own initiative
主观 zhǔguān 形	主観的である	subjective
★主力 zhǔlì 名	主力	main force
主权 zhǔquán 名	主権	sovereign rights
主人 zhǔ·rén 名	主人; 所有者	master; owner
★主任 zhǔrèn 名	主任, (部門)責任者	chief; head
★主席 zhǔxí 名	議長; 最高指導者	chairperson; president
★主要 zhǔyào 形	主要な; 主として	main; major; chief
主意 zhǔyi 名	定見; 考え, 知恵	judgment; idea; plan

zhǔzhāng 主煮助住注柱祝

中	日／ピンイン	英／例文訳
拿主意	ná zhǔyi	ちゃんとした考えを決める
主张 zhǔzhāng 動・名 ジューヂャン	主張(する)	advocate; idea; view
煮 zhǔ 動 ジュー	煮る，ゆでる，炊く	boil; cook
煮面条	zhǔ miàntiáo	麺をゆでる
助学金 zhùxuéjīn 名 ジューシュエジン	奨学金，助成金	grant
★**住** zhù 動 ジュー	1. 住む；泊まる	live; stay
你住在哪里？	Nǐ zhù zài nǎli?	どちらにお住まいですか
〃	2. 止まる；止める	stop; cease
雨住了	Yǔ zhù le.	雨がやんだ
住嘴！	Zhù zuǐ!	黙れ
★**住房** zhùfáng 名 ジューファン	住宅，住居	housing; accommodation
住院 zhù//yuàn 動 ジューユアン	入院する	be hospitalized
★**注册** zhù//cè 動 ジューツォー	登記〔登録〕する	register
注册商标	zhùcè shāngbiāo	商標を登録する；登録商標
注射 zhùshè 動 ジューショー	注射する	inject
注视 zhùshì 動 ジューシー	注視する，見守る	gaze at; look attentively at
★**注意** zhù//yì 動 ジューイー	気をつける〔配る〕	pay attention to
柱子 zhùzi 名 ジューズ	柱	post; pillar
祝 zhù 動 ジュー	心から願う，祈る	offer good wishes

中	日／ピンイン	英／例文訳
祝你一路顺风！	Zhù nǐ yīlù shùnfēng!	道中，ご無事で
祝贺 zhùhè 動	お祝いを述べる	congratulate
★著名 zhùmíng 形	著名〔有名〕である	famous; well-known
著作 zhùzuò 名	著作，著述	works; writings
★抓 zhuā 動	つかむ；かく；力を入れる	seize; scratch; lay stress on
抓小偷	zhuā xiǎotōu	こそ泥を捕まえる
抓痒痒	zhuā yǎngyang	かゆい所をかく
抓学习	zhuā xuéxí	勉強に力を入れる
抓紧 zhuā//jǐn 動	1. しっかりとつかむ	keep a firm grasp on
抓紧绳子	zhuājǐn shéngzi	ひもをしっかりつかむ
〃	2. 早くきちっとやる	lose no time
抓紧时间	zhuājǐn shíjiān	時間をむだにしない
爪子 zhuǎzi 名	（爪のある）動物の足	claw; paw; talon
★专家 zhuānjiā 名	エキスパート，専門家	expert; specialist
专利 zhuānlì 名	特許，パテント	patent
★专门 zhuānmén 形	専門の	special; specialized
专门知识	zhuānmén zhīshi	専門的な知識
〃 副	1. 特に，わざわざ	specially
专门来告别	zhuānmén lái gàobié	わざわざ別れを告げに来る

中	日/ピンイン	英/例文訳
专门 zhuānmén 副	2. もっぱら	mainly; habitually
专门讨论住房问题	zhuānmén tǎolùn zhùfáng wèntí	もっぱら住宅問題を議論する
专心 zhuānxīn 形	精神を集中している	attentive; absorbed
★专业 zhuānyè 名	専攻学科；専門業務	specialty; specialized profession
〃 形	プロ〔職業〕の	professional
★转 zhuǎn 動	1.〔方向などを〕変える	turn
向右转	xiàng yòu zhuǎn	右に向きを変える
〃	2.〔第三者を経て〕回す, 渡す	transfer
请转李先生	Qǐng zhuǎn Lǐ xiānsheng.	（電話を）李さんにお回しください
转变 zhuǎnbiàn 動	〔状況などが〕転換する	change; transform
转动 zhuǎndòng 動	〔体などが〕自由に動く	move
转告 zhuǎngào 動	伝言する	pass on a message
转让 zhuǎnràng 動	譲渡する, 譲る	transfer; make over
转眼 zhuǎnyǎn 副	またたく間（に）	in an instant
★转 zhuàn 動	ぐるぐる〔周囲を〕回る	turn; revolve; stroll
转来转去	zhuàn lái zhuàn qù	あちこち回る
★赚 zhuàn 動	儲かる；儲ける	make a profit; gain
赚钱	zhuàn qián	金を儲ける
庄稼 zhuāngjia 名	作物, 農作物	crops

中	日／ピンイン	英／例文訳
庄严 zhuāngyán 形	厳か〔荘厳〕である	dignified; solemn
★装 zhuāng 動	1. 扮する；ふりをする	act; pretend
装不知道	zhuāng bù zhī·dào	知らぬふりをする
〃	2. 組み立てる	assemble; install
装机器	zhuāng jī·qì	機械を組み立てる
装作 zhuāngzuò 動	…のふりをする	pretend
★状况 zhuàngkuàng 名	状況，事情，様相	condition; state
★状态 zhuàngtài 名	状態，ありさま	state of affairs; appearance
★撞 zhuàng 動	ぶつかる，衝突する	crash; run into
撞墙	zhuàng qiáng	壁にぶつかる；行き詰まる
★追 zhuī 動	追う；追及する	pursue; look into; seek
追悼 zhuīdào 動	追悼する	mourn sb.'s death
追问 zhuīwèn 動	問い詰める	inquire about; investigate
准 zhǔn 動	許可する	allow
〃 形	確か〔正確〕である	accurate
她的发音很准	Tā de fāyīn hěn zhǔn.	彼女の発音は正確だ
〃 副	必ず，きっと	definitely
我明天准来	Wǒ míngtiān zhǔn lái.	あしたは必ず来ます
★★准备 zhǔnbèi 動	1. 準備する	prepare

中	日／ピンイン	英／例文訳
	准备行李 zhǔnbèi xíngli	荷物を準備する
准备 zhǔnbèi 動 ジュンベイ	2. …するつもりである	plan; intend
	准备留学 zhǔnbèi liúxué	留学するつもりである
准确 zhǔnquè 形 ジュンチュエ	確か〔正確〕である	precise; accurate
准时 zhǔnshí 形 ジュンシー	時間どおりである	punctual; on time
	准时到达 zhǔnshí dàodá	定刻に到着する
捉 zhuō 動 ジュオ	捕らえる, 捕まえる	catch; arrest
	捉小鸟 zhuō xiǎoniǎo	小鳥を捕まえる
桌子 zhuōzi 名 ジュオズ	机, テーブル	desk; table
灼热 zhuórè 形 ジュオルオー	焼けつくように暑い	burning; scorching hot
着想 zhuóxiǎng 動 ジュオシアン	(…の)ためを思う	have consideration for
着眼 zhuóyǎn 動 ジュオイエン	着目〔観察〕する	keep in mind; view from the angle of
★咨询 zīxún 動 ズーシュン	情報提供する	consult; give advice
咨询台 zīxúntái 名 ズーシュンタイ	サービスカウンター	information
★資产 zīchǎn 名 ズーチャン	財産; 企業資産	property; capital
★資金 zījīn 名 ズージン	資金; 元金	fund; capital
★資料 zīliào 名 ズーリアオ	資料, 参考材料	data; information
★資源 zīyuán 名 ズーユアン	天然資源; 資源	natural resources
滋味 zīwèi 名 ズーウェイ	味, 味わい	taste; flavor

中	日／ピンイン	英／例文訳
★子 zǐ 名	（植物の）種;（魚の）卵	seed; egg
结子儿	jiē zǐr	実を結ぶ
子弹 zǐdàn 名	銃弾, 弾丸	bullet
仔细 zǐxì 形	注意深い；綿密である	careful; attentive
办事仔细	bànshì zǐxì	仕事が丹念である
紫 zǐ 形	紫色である；青黒い	purple; darken
★自 zì 前	…から, …より	since; from
寄自北京	jì zì Běijīng	北京から郵送する
自从 zìcóng 前	…より, …から	since; from
★自动 zìdòng 副	1. 自ら進んで	voluntarily; of one's accord
自动辞职	zìdòng cízhí	自分の意志で辞職する
〃	2. ひとりでに	automatically
〃 形	オートマチックの	automatic
自动门	zìdòngmén	自動ドア
自费 zìfèi 動	自費である	at one's own expense
自个儿 zìgěr 代	自分一人（で）	by oneself
★自己 zìjǐ 代	1. 自分〔自身〕（で）	oneself
〃	2. 親しい, 近しい	closely related; own
自己人	zìjǐrén	身内, 内輪の仲間

中	日/ピンイン	英/例文訳
自覚 zìjué 動	自覚する	realize
〃 形	自覚がある	conscious
★自然 zìrán 名	自然	nature
〃 形	自然である；ひとりでに	natural; naturally
〃 副	当然	natural
自私 zìsī 形	利己的である	selfish; egoistic
自私自利	zìsī zìlì	私利私欲をむさぼる
自我 zìwǒ 代	自己，自分	self
自习 zìxí 動	自習する	study by oneself outside of the class
★自行车 zìxíngchē 名	自転車	bicycle
骑自行车	qí zìxíngchē	自転車に乗る
自学 zìxué 動	独学〔自修〕する	study by oneself
自学汉语	zìxué Hànyǔ	中国語を独学する
★自由 zìyóu 名	自由	freedom; liberty
〃 形	自由である	free
自愿 zìyuàn 動	自ら進んで行う	do voluntarily; do of one's own free will
★自主 zìzhǔ 動	自主的に行う	act on one's own; decide for oneself
自助餐 zìzhùcān 名	バイキング料理；セルフサービスの食事	buffet (meal)
★字 zì 名	字，文字；単語	character; word

中	日／ピンイン	英／例文訳
写字	xiě zì	字を書く
字典 zìdiǎn 名	字典，字引き	dictionary
宗教 zōngjiào 名	宗教	religion
★综合 zōnghé 動	総合する，まとめる	synthesize; summarize
★★总 zǒng 形	全部の，全面的な	general; total
〃 副	1. いつも；どうしても	always
你怎么总不上课？	Nǐ zěnme zǒng bù shàngkè?	君は何故，いつも授業に出ないんだ
〃	2. 結局，ともかく	sooner or later
总共 zǒnggòng 副	全部で，合計して	altogether; in all
总结 zǒngjié 動	総括する，まとめる	summarize
〃 名	総括；まとめ	summary
★总经理 zǒngjīnglǐ 名	社長，総支配人	president; general manager
★总理 zǒnglǐ 名	総理大臣；国務総理	prime minister; premier
★总是 zǒngshì 副	いつも，しょっちゅう	always; constantly
★总统 zǒngtǒng 名	大統領；総統	president
总之 zǒngzhī 接	要するに；とにかく	in a word
粽子 zòngzi 名	（食品の）ちまき	zongzi; rice dumplings
★走 zǒu 動	歩く；動く；行く	walk; move; go; leave
走着去	zǒuzhe qù	歩いて行く

355

中	日／ピンイン	英／例文訳
往前走	wǎng qián zǒu	前に進む
快走吧	Kuài zǒu ba.	早く行こう
走道 zǒudào 名	歩道	sidewalk
走路 zǒu//lù 動	歩く；離れる	walk; leave
走向 zǒuxiàng 名	伸びていく方向	run; alignment
〃 動	…に向かって進む	move toward; head for
走运 zǒu//yùn 形	運のよい, ついてる	lucky
租赁 zūlìn 動	レンタル〔リース〕する	rent; hire; lease
足够 zúgòu 動	足りる, 十分である	be enough
★足球 zúqiú 名	サッカー	soccer; football
阻力 zǔlì 名	抵抗(力)；障害(物)	resistance; obstruction
阻止 zǔzhǐ 動	阻止〔制止〕する	stop; prevent
★组 zǔ 動	組織する	organize
〃 名	グループ, チーム	group; team
工作组	gōngzuòzǔ	作業チーム
〃 量	(組になったもの)…組	group
★组合 zǔhé 動	組み合わせる	combine
〃 名	組み合わせ；ユニット	association; combination
★组织 zǔzhī 動・名	組織〔構成〕(する)	organize; organization

中	日／ピンイン	英／例文訳
祖父 zǔfù 〔名〕	(父方の)祖父	(paternal) grandfather
祖国 zǔguó 〔名〕	祖国	motherland
祖母 zǔmǔ 〔名〕	(父方の)祖母	(paternal) grandmother
祖先 zǔxiān 〔名〕	祖先，先祖	ancestors
钻 zuān 〔動〕	(きりで)穴をあける	drill; make a hole
钻研 zuānyán 〔動〕	深く研究する，研鑽する	study intensively; dig into
钻石 zuànshí 〔名〕	ダイヤモンド	diamond
嘴 zuǐ 〔名〕	口	mouth
张嘴	zhāng zuǐ	口を開く
闭嘴	bì zuǐ	口を閉じる
瓶嘴儿	píngzuǐr	びんの口
嘴巴 zuǐba 〔名〕	口；ほお，ほっぺ	mouth; cheek
张开嘴巴	zhāngkāi zuǐba	口を開く
我打了他一个嘴巴	Wǒ dǎle tā yī ge zuǐba.	私は彼のほおを打った
★最 zuì 〔副〕	最も，いちばん	most
最便宜的衣服	zuì piányi de yīfu	いちばん安い服
最初 zuìchū 〔名〕	最初，いちばん初め	initial; first
★最好 zuìhǎo 〔副〕	できることなら…	had better; it would be best
★最后 zuìhòu 〔名〕	最後，最終	last; final

中	日／ピンイン	英／例文訳
★最近 zuìjìn 名	このごろ；近いうち	recently; soon
★最终 zuìzhōng 名	最終，最後	the last; the end; the final
醉 zuì 動	酔う；夢中になる	get drunk; indulge in
尊敬 zūnjìng 動	尊敬する	respect
〃 形	尊敬すべき	respectable
尊重 zūnzhòng 動	尊重する，敬う	value; treat with respect
遵守 zūnshǒu 動	遵守する，守る	adhere to; comply with
遵照 zūnzhào 動	従う，守る	follow; comply with
★昨日 zuórì 名	昨日	yesterday
★昨天 zuótiān 名	きのう，昨日	yesterday
★左 zuǒ 名	左	left
往左拐 wǎng zuǒ guǎi	左へ曲がる	
左边 zuǒbian 名	左，左側，左の方	left; left side
★左右 zuǒyòu 名	1. ぐらい，前後	about; more or less
六点左右 liù diǎn zuǒyòu	6時頃	
〃	2. 左右；両側	left and right; both sides
〃 動	左右〔影響〕する	control; influence
左右局势 zuǒyòu júshì	情勢を左右する	
★作 zuò 動	1. [ある活動を]する，行う	do

358

中	日／ピンイン	英／例文訳
作调查	zuò diàochá	調査を行う
作 zuò 動	2. 著作〔創作〕する	make; write
作文章	zuò wénzhāng	文章を作る
〃	3. …とする〔見なす〕	regard as
认他作弟弟	rèn tā zuò dìdi	彼を弟と見なす
作风 zuòfēng 名	仕事ぶり；生活態度	style of work; way of life
作家 zuòjiā 名	作家	writer
★**作品** zuòpǐn 名	作品	work
★**作为** zuòwéi 動	…とする，…と見なす	regard as
作为纪念	zuòwéi jìniàn	記念とする
〃 前	…として，…の資格で	as
作为领导，我该负责	Zuòwéi lǐngdǎo, wǒ gāi fùzé.	リーダーとして，責任を負う
作文 zuò//wén 動	文章を書く，作文をする	write a composition
〃 zuòwén 名	作文	composition; essay
写作文	xiě zuòwén	作文を書く
作业 zuòyè 名	宿題，課題	homework; assignment
做作业	zuò zuòyè	宿題をする
★**作用** zuòyòng 名	作用；影響；役割	action; effect; role
发挥作用	fāhuī zuòyòng	役割を果たす

359

中	日／ピンイン	英／例文訳
★**作者** zuòzhě 〔名〕	作者, 著作者	author; writer
★**坐** zuò 〔動〕	1. 腰かける, 座る	sit
请坐!	Qǐng zuò!	おかけください
〃	2.(乗り物に)乗る	ride on
坐飞机	zuò fēijī	飛行機に乗る
★**座** zuò 〔名〕	座席, シート	seat; place
有座儿	yǒu zuòr	席がある
〃 〔量〕	大きな固定したものを数える	
两座寺庙	liǎng zuò sìmiào	寺院二つ
座谈 zuòtán 〔動〕	(自由に)話し合う	have an informal discussion
座位 zuò·wèi 〔名〕	座席, 席	seat
空座位	kòng zuò·wèi	空いている席
★**做** zuò 〔動〕	1. 作る	make
做饭	zuò fàn	ご飯を作る
〃	2. [活動を]する, やる	do; undertake
做买卖	zuò mǎimai	商売をする
★**做法** zuò·fǎ 〔名〕	やり方, 作り方	way
做客 zuò//kè 〔動〕	客になる；訪問する	be a guest
做梦 zuò//mèng 〔動〕	夢を見る；夢想する	dream; daydream

日中英辞典

Japanese-Chinese-English Dictionary

日	中	英
# あ		
アーモンド (aamondo)	杏仁 xìngrén	almond
愛(する) (ai suru)	爱 ài	love
アイコン (aikon)	图标 túbiāo	icon
合図(する) (aizu suru)	(发)信号 (fā)xìnhào	sign; signal
アイスクリーム (aisukuriimu)	冰激凌 bīngjīlíng	ice cream
アイスコーヒー (aisukoohii)	冰咖啡 bīngkāfēi	iced coffee
間 〔間隔〕 (aida)	间隔 jiàngé	interval
相手 (aite)	对方 duìfāng	partner
アイドル (aidoru)	偶像 ǒuxiàng	idol
曖昧な (aimaina)	不明确 bù míngquè	vague
アイロン (airon)	熨斗 yùndǒu	iron
会う (au)	见面 jiànmiàn	see, meet
青 (ao)	蓝色 lánsè	blue
赤 (aka)	红色 hóngsè	red
赤字 (akaji)	赤字 chìzì	deficit
赤ちゃん (akachan)	婴儿 yīng'ér	baby
明かり (akari)	光 guāng, 灯 dēng	light

あご

日	中	英
_{agaru}上がる	上升 shàngshēng	go up, rise
_{akarui}明るい	明亮 míngliàng	light, bright
_{aki}秋	秋天 qiūtiān	fall
_{akirakana}明らかな	明确 míngquè	clear
_{akirameru}諦める	放弃 fàngqì	give up
_{akiru}飽きる	厌倦 yànjuàn	get tired of
_{aku}開く	开 kāi	open
_{aku}悪	恶 è	evil
_{akushu}握手(_{suru}する)	握手 wòshǒu	shake hands; handshake
_{akusesarii}アクセサリー	首饰 shǒu·shì	accessory
_{akuseru}アクセル	油门 yóumén	accelerator
_{akusento}アクセント	重音 zhòngyīn	accent
_{akubi}あくび(_{suru}する)	(打)哈欠 (dǎ)hāqian	yawn
_{akuma}悪魔	魔鬼 móguǐ	devil
_{akeru}開ける	打开 dǎkāi	open
_{akeru}空ける〔空にする〕	空出 kòngchū	empty
_{ageru}上げる	抬 tái	raise
_{ageru}揚げる	炸 zhá	deep-fry
_{ago}あご〔下あご〕	下巴 xiàba	chin

363

朝

日	中	英
asa 朝	早晨 zǎochén, 早上 zǎoshang	morning
asa 麻	麻 má	linen
asai 浅い	浅 qiǎn	shallow
asatte あさって	后天 hòutiān	the day after tomorrow
ashi 足	脚 jiǎo	foot
ashi 脚	腿 tuǐ	leg
aji 味	味道 wèi·dào	taste
ajia アジア	亚洲 Yàzhōu	Asia
ashikubi 足首	脚腕 jiǎowàn	ankle
ashisutanto アシスタント	助理 zhùlǐ	assistant
ashita 明日	明天 míngtiān	tomorrow
ajiwau 味わう	品味 pǐnwèi	taste
azukaru 預かる	保管 bǎoguǎn	keep
azukeru 預ける	寄存 jìcún	leave
ase 汗	汗 hàn	sweat
asoko あそこ	那里 nà·lǐ, 那儿 nàr	over there
asobi 遊び	游戏 yóuxì	play
asobu 遊ぶ	玩儿 wánr	play
atai 値	价值 jiàzhí	price, value

日	中	英
ataeru 与える	给 gěi	give
atatakai 温かい	温暖 wēnnuǎn	warm, hot
atatamaru 暖まる	暖和 nuǎnhuo	get warm
atatameru 温める	热 rè, 温 wēn	warm
adana あだ名	外号 wàihào	nickname
atama 頭	头 tóu	head
atarashii 新しい	新 xīn	new
atarimae 当たり前 〔当然〕	当然 dāngrán	natural
atsui 厚い	厚 hòu	thick
atsui 暑い	热 rè	hot
atsui 熱い	烫 tàng, 热 rè	hot
atsusa 厚さ	厚度 hòudù	thickness
atsusa 暑さ	热度 rèdù	heat
attomaaku アットマーク	电子邮件符号 diànzǐ yóujiàn fúhào	at sign
atsumari 集まり	集会 jíhuì	meeting
atsumaru 集まる	聚集 jùjí	gather
atsumeru 集める	收集 shōují	gather
atsuryoku 圧力	压力 yālì	pressure
atesaki 宛先	地址 dìzhǐ	address

当てる

日	中	英
<ruby>当てる<rt>ateru</rt></ruby> 〔推測〕	猜测 cāicè	guess
<ruby>跡<rt>ato</rt></ruby>	痕迹 hénjì	trace
<ruby>後で<rt>atode</rt></ruby>	以后 yǐhòu	later
<ruby>アドバイス(する)<rt>adobaisu suru</rt></ruby>	(提)建议 (tí) jiànyì	advise; advice
<ruby>アドレス<rt>adoresu</rt></ruby>	地址 dìzhǐ	address
<ruby>穴<rt>ana</rt></ruby>	洞 dòng	hole
<ruby>アナウンサー<rt>anaunsaa</rt></ruby>	播音员 bōyīnyuán	announcer
<ruby>あなた<rt>anata</rt></ruby>	你 nǐ	you
<ruby>あなたたち<rt>anatatachi</rt></ruby>	你们 nǐmen	you
<ruby>アナログ<rt>anarogu</rt></ruby>	模拟 mónǐ	analog
<ruby>兄<rt>ani</rt></ruby>	哥哥 gēge	older brother
<ruby>アニメ<rt>anime</rt></ruby>	动画片 dònghuàpiàn	animation
<ruby>姉<rt>ane</rt></ruby>	姐姐 jiějie	older sister
<ruby>あの<rt>ano</rt></ruby>	那个 nèige	that
<ruby>あの時<rt>anotoki</rt></ruby>	那时候 nà shíhou	then
<ruby>アパート<rt>apaato</rt></ruby>	公寓 gōngyù	apartment
<ruby>暴く<rt>abaku</rt></ruby>	揭露 jiēlù	uncover
<ruby>暴れる<rt>abareru</rt></ruby>	乱闹 luànnào	act violently
<ruby>アヒル<rt>ahiru</rt></ruby>	鸭子 yāzi	duck

日	中	英
abunai 危ない	危险 wēixiǎn	dangerous
abura 油	油 yóu	oil
afurika アフリカ	非洲 Fēizhōu	Africa
afureru あふれる	溢出 yìchū	overflow
amai 甘い	甜 tián	sweet
amachua アマチュア	业余 yèyú	amateur
amayakasu 甘やかす	娇惯 jiāoguàn	spoil
amari 余り	剩余 shèngyú	the rest
amaru 余る	剩 shèng	remain
ami 網	网 wǎng	net
amu 編む	编织 biānzhī	knit
ame 雨	雨 yǔ	rain
ame 飴	糖果 tángguǒ	candy
amerika アメリカ	美国 Měiguó	America
amerikajin アメリカ人	美国人 Měiguórén	American
amoi アモイ	厦门 Xiàmén	Amoy
ayamari 誤り	错误 cuòwù	mistake, error
ayamaru 誤る	搞错 gǎo cuò	make a mistake
ayamaru 謝る	道歉 dàoqiàn	apologize

洗う

日	中	英
arau 洗う	洗 xǐ	wash
arakajime あらかじめ	预先 yùxiān	in advance
arashi 嵐	暴风雨 bàofēngyǔ	storm
arasuji 粗筋	梗概 gěnggài	summary
arabia アラビア	阿拉伯 Ālābó	Arabia
arabiago アラビア語	阿拉伯语 Ālābóyǔ	Arabic
arabujin アラブ人	阿拉伯人 Ālābórén	Arab
arawasu 表す 〔示す〕	表现 biǎoxiàn	express, show
arawareru 現れる	出现 chūxiàn	appear
ari アリ	蚂蚁 mǎyǐ	ant
arigatoo ありがとう	谢谢 Xièxie	Thank you.
aru ある 〔持つ〕	有 yǒu	have
〃 〔存在〕	在 zài	be, exist
aruiwa あるいは	或者 huòzhě	or
arukari アルカリ	碱 jiǎn	alkali
aruku 歩く	走 zǒu	walk
arukooru アルコール	酒精 jiǔjīng	alcohol
arubaito (suru) アルバイト(する)	打工 dǎgōng	work part-time; part-time job
arubamu アルバム 〔写真〕	相册 xiàngcè	album

日	中	英
arubamu アルバム〔音楽〕	专辑 zhuānjí	album
arufabetto アルファベット	拉丁字母 Lādīng zìmǔ	alphabet
aruminiumu アルミニウム	铝 lǚ	aluminum
are あれ	那个 nèige	that
arerugii アレルギー	过敏症 guòmǐnzhèng	allergy
awa 泡	泡沫 pàomò	bubble
awabi アワビ	鲍鱼 bàoyú	abalone
awaremu 哀れむ	怜悯 liánmǐn	feel pity for
an 案	方案 fāng'àn	plan
ankeeto アンケート	问卷调查 wènjuàn diàochá	questionnaire
angoo 暗号	暗码 ànmǎ	code
anji suru 暗示(する)	暗示 ànshì	suggest; suggestion
anshoobangoo 暗証番号	密码 mìmǎ	PIN
anshin suru 安心(する)	放心 fàngxīn	be relieved; relief
anzenna 安全な	安全 ānquán	safe
antee shita 安定(した)	稳定 wěndìng	stable; stability
antena アンテナ	天线 tiānxiàn	antenna
annai suru 案内(する)	引导 yǐndǎo	guide
annindoofu アンニン豆腐	杏仁豆腐 xìngrén dòufu	almond jelly

日	中	英

い

日	中	英
i 胃	胃 wèi	stomach
ii いい　〔良い〕	好 hǎo	good
iie いいえ	不 bù, 不是 bùshì	no
iimeeru Eメール	电子邮件 diànzǐ yóujiàn	e-mail
iiwake 言い訳	辩解 biànjiě	excuse
iu 言う	说 shuō	say
ie 家　〔住宅〕	家 jiā	house
igaku 医学	医学 yīxué	medicine
ikari 怒り	怒气 nùqì	anger
iki osuru 息(をする)	呼吸 hūxī	breathe; breath
igi 意義　〔重要性〕	意义 yìyì	significance
igi 異議	异议 yìyì	objection
ikidomari 行き止まり	尽头 jìntóu	dead end
ikinari いきなり	忽然 hūrán	suddenly
ikinokoru 生き残る	幸存 xìngcún	survive
ikimono 生き物	生物 shēngwù	living thing
igirisu イギリス	英国 Yīngguó	England

日	中	英
ikiru 生きる	活 huó	live
iku 行く	去 qù, 走 zǒu	go
ikutsu いくつ 〔数〕	多少 duōshao	how many
ikura いくら 〔値段〕	多少钱 duōshaoqián	how much
ike 池	池子 chízi	pond
iken 意見	意见 yìjiàn	opinion
igen 威厳	威严 wēiyán	dignity
isan 遺産	遗产 yíchǎn	inheritance
ishi 石	石头 shítou	stone
ishi 意志	意志 yìzhì	will
iji suru 維持(する)	维持 wéichí	maintain; maintenance
ishiki 意識	意识 yìshí	consciousness
ijimeru いじめる	欺负 qīfu	bully
isha 医者	医生 yīshēng	doctor
isho 遺書	遗书 yíshū	will
ijoona 異常な	异常 yìcháng	abnormal
ishoku suru 移植(する)	移植 yízhí	transplant; transplantation
isu 椅子	椅子 yǐzi	chair
izumi 泉	泉水 quánshuǐ	spring

イスラエル

日	中	英
isuraeru イスラエル	以色列 Yǐsèliè	Israel
isuramu イスラム	伊斯兰 Yīsīlán	Islam
isuramukyooto イスラム教徒	伊斯兰教徒 Yīsīlán jiàotú	Muslim
iseki 遺跡	遗迹 yíjì	ruins
izen 以前	以前 yǐqián	before
izen 依然	仍然 réngrán	still
isogashii 忙しい	忙 máng	busy
isogu 急ぐ	赶紧 gǎnjǐn	hurry up
ison suru 依存(する)	依存 yīcún	depend on; dependence
ita 板	板子 bǎnzi	board
itai 痛い	痛 tòng	sore, painful
idaina 偉大な	伟大 wěidà	great
itazura suru いたずら(する)	(搞)恶作剧 (gǎo)èzuòjù	play a trick; mischief
itami 痛み	疼痛 téngtòng	pain
itamu 痛む	痛 tòng	hurt, ache
itameru 炒める	炒 chǎo	fry
itaria イタリア	意大利 Yìdàlì	Italy
ichi 1	一 yī	one
ichi 市	集市 jíshì	market

日	中	英
ichi 位置	位置 wèizhì	position
ichigatsu 1月	一月 yī yuè	January
ichigo イチゴ	草莓 cǎoméi	strawberry
ichijirushii 著しい	显著 xiǎnzhù	remarkable
ichido 一度	一次 yī cì	once
ichinichijuu 一日中	一整天 yī zhěngtiān	all day (long)
ichiba 市場	市场 shìchǎng	market
ichiban 一番　〔番号〕	第一 dìyī	No.1
〃　〔トップ〕	最 zuì	most
ichibu 一部　〔一部分〕	一部分 yībùfen	a part
itsu いつ	什么时候 shénme shíhou	when
ikkai 一階	一楼 yī lóu	first floor
isshuno 一種の	一种 yī zhǒng	a kind of
isshun 一瞬	一瞬间 yīshùnjiān	a moment
isshoo 一生	一辈子 yībèizi	life
isshoni 一緒に	一起 yīqǐ	together
itsutsu 5つ	五个 wǔ ge	five
ittsuino 一対の	一对 yī duì	a pair of
ippanteki 一般的	一般 yībān	general

いつも

日	中	英
いつも〔常に〕 (itsumo)	总是 zǒngshì	always
〃〔ふだん〕	通常 tōngcháng	usually
移転(する) (iten suru)	迁移 qiānyí	move
遺伝(する) (iden suru)	遗传 yíchuán	inherit; heredity
遺伝子 (idenshi)	遗传基因 yíchuán jīyīn	gene
糸 (ito)	线 xiàn	thread
意図 (ito)	意图 yìtú	intention
井戸 (ido)	井 jǐng	well
緯度 (ido)	纬度 wěidù	latitude
移動(する) (idoo suru)	移动 yídòng	move; movement
田舎 (inaka)	乡下 xiāngxià	the country
稲妻 (inazuma)	闪电 shǎndiàn	lightning
イニシャル (inisharu)	缩写字母 suōxiě zìmǔ	initial
イヌ (inu)	狗 gǒu	dog
イネ (ine)	稻子 dàozi	rice
居眠り(する) (inemuri suru)	打盹儿 dǎdǔnr	doze
イノシシ (inoshishi)	野猪 yězhū	wild boar
命 (inochi)	命 mìng	life
祈る (inoru)	祈祷 qídǎo	pray

日	中	英
ihan suru 違反(する)	违反 wéifǎn	violate; violation
ibiki o kaku いびき(をかく)	(打)呼噜 (dǎ)hūlu	snore
ifuku 衣服	衣服 yīfu	clothes
ihoona 違法な	违法 wéifǎ	illegal
ima 今	现在 xiànzài	now
ima 居間	起居室 qǐjūshì	living room
imi 意味	意思 yìsi	meaning
imisuru 意味する	意味着 yìwèizhe	mean
imin 移民	移民 yímín	immigrant, emigrant
imeeji イメージ	印象 yìnxiàng	image
imooto 妹	妹妹 mèimei	younger sister
iyahon イヤホン	耳机 ěrjī	earphones
iyaringu イヤリング	耳环 ěrhuán	earring
iyoiyo いよいよ	即将 jíjiāng	at last
irai suru 依頼(する)	委托 wěituō	request
irainin 依頼人	委托人 wěituōrén	client
iraku イラク	伊拉克 Yīlākè	Iraq
irasuto イラスト	插图 chātú	illustration
irasutoreetaa イラストレーター	插图画家 chātú huàjiā	illustrator

イラン

日	中	英
iran イラン	伊朗 Yīlǎng	Iran
iriguchi 入り口	入口 rùkǒu	entrance
iru いる 〔存在〕	在 zài	be, exist
iru 要る	需要 xūyào	need
iruka イルカ	海豚 hǎitún	dolphin
iremono 入れ物	容器 róngqì	container
ireru 入れる	放入 fàngrù	put
iro 色	颜色 yánsè	color
iron 異論	不同意见 bùtóng yìjiàn	objection
iwa 岩	岩石 yánshí	rock
iwau 祝う	祝贺 zhùhè	celebrate
iwashi イワシ	沙丁鱼 shādīngyú	sardine
iwayuru いわゆる	所谓 suǒwèi	so-called
inku インク	墨水 mòshuǐ	ink
insatsu suru 印刷(する)	印刷 yìnshuā	print; printing
insatsubutsu 印刷物	印刷物 yìnshuāwù	printed matter
inshoo 印象	印象 yìnxiàng	impression
intaanetto インターネット	互联网 hùliánwǎng	Internet
intai suru 引退(する)	引退 yǐntuì	retire; retirement

日	中	英
intabyuu インタビュー	采访 cǎifǎng	interview
indo インド	印度 Yìndù	India
inputto インプット	输入 shūrù	input
infuruenza インフルエンザ	流感 liúgǎn	flu
infure インフレ	通货膨胀 tōnghuò péngzhàng	inflation
inboo 陰謀	阴谋 yīnmóu	conspiracy
in'yoo suru 引用（する）	引用 yǐnyòng	quote; quotation
inryoosui 飲料水	饮用水 yǐnyòngshuǐ	drinking water

う

日	中	英
uiikuendo ウィークエンド	周末 zhōumò	weekend
uiikudee ウィークデー	工作日 gōngzuòrì	weekday
uisukii ウイスキー	威士忌 wēishìjì	whisky
uirusu ウイルス	病毒 bìngdú	virus
uuru ウール	羊毛 yángmáo	wool
uuroncha ウーロン茶	乌龙茶 wūlóngchá	oolong tea
ue 上　　〔高い所〕	上面 shàng·miàn, 上边 shàngbian	the upper part
〃　　〔頂上〕	顶上 dǐngshang	the top
ueetaa ウエーター	男服务员 nán fúwùyuán	waiter

ウエートレス

日	中	英
_{ueetoresu} ウエートレス	女服务员 nǚ fúwùyuán	waitress
_{uesuto} ウエスト	腰围 yāowéi	waist
_{ueru} 植える	种 zhòng	plant
_{ueru} 飢える	饿 è	starve
_{ukabu} 浮かぶ	浮 fú	float
_{ukaru} 受かる 〔試験に〕	考上 kǎoshàng	pass
_{ukeireru} 受け入れる〔受諾〕	接受 jiēshòu	accept
_{uketsuke} 受付 〔受付所〕	接待(处) jiēdài (chù)	front desk
_{uketoru} 受け取る	领取 lǐngqǔ	receive
_{ukeru} 受ける 〔もらう〕	收到 shōudào	receive
_{ugokasu} 動かす	移动 yídòng	move
_{ugoki} 動き 〔動作〕	动作 dòngzuò	movement
〃 〔動向〕	动向 dòngxiàng	trend
_{ugoku} 動く	动 dòng	move
_{usagi} ウサギ	兔子 tùzi	rabbit
_{ushi} ウシ	牛 niú	cow, ox
_{ushinau} 失う	失去 shīqù	lose
_{ushiro} 後ろ	后面 hòu·miàn, 后边 hòubian	the back
_{uzu} 渦	漩涡 xuánwō	whirlpool

日	中	英
usui 薄い 〔厚さ〕	薄 báo	thin
〃 〔色・味〕	淡 dàn	light, weak
usetsusuru 右折する	右拐 yòuguǎi	turn right
uso 嘘	谎话 huǎnghuà	lie
uso o tsuku 嘘をつく	说谎 shuōhuǎng	lie
uta 歌	歌 gē	song
utau 歌う	唱 chàng	sing
utagai 疑い 〔嫌疑〕	嫌疑 xiányí	suspicion
〃 〔疑問〕	疑问 yíwèn	doubt
utagau 疑う 〔疑念〕	怀疑 huáiyí	doubt
uchi 内 〔内部〕	里面 lǐ·miàn, 里边 lǐbian	inside
uchi 家 〔住居〕	家 jiā	house, home
uchikina 内気な	腼腆 miǎn·tiǎn	shy
uchuu 宇宙	宇宙 yǔzhòu	universe
utsu 打つ	打 dǎ	hit
utsukushii 美しい	美丽 měilì	beautiful
utsusu 移す	移 yí	move
utsusu 写す 〔書き写す〕	抄 chāo	copy
〃 〔撮影〕	拍 pāi	take

訴える

日	中	英
_{uttaeru} 訴える〔告訴〕	控告 kònggào	sue
_{utsuru} 移る〔移動〕	转移 zhuǎnyí	move
_{ude} 腕	胳膊 gēbo	arm
_{udedokee} 腕時計	手表 shǒubiǎo	watch
_{udewa} 腕輪	手镯 shǒuzhuó	bracelet
_{udon} うどん	乌冬面 wūdōngmiàn	udon noodles
_{unagi} ウナギ	鳗鱼 mànyú	eel
_{unazuku} うなずく	点头 diǎntóu	nod
_{ubau} 奪う〔盗み取る〕	抢 qiǎng	rob
_{uma} ウマ	马 mǎ	horse
_{umai} うまい〔上手な〕	好 hǎo	good
_{umareru} 生まれる	出生 chūshēng	be born
_{umi} 海	大海 dàhǎi	sea
_{umibe} 海辺	海滨 hǎibīn	beach
_{umu} 産む〔出産〕	生 shēng	have, give birth to
_{umeru} 埋める	填 tián, 埋 mái	bury
_{uyamau} 敬う	敬重 jìngzhòng	respect
_{ura} 裏〔背後〕	背面 bèimiàn	the back
_{uragaesu} 裏返す	翻过来 fānguòlai	turn over

日	中	英
uragiru 裏切る	背叛 bèipàn	betray
uranai 占い	占卜 zhānbǔ	fortune-telling
urayamu うらやむ	羡慕 xiànmù	envy
uran ウラン	铀 yóu	uranium
uru 売る	卖 mài	sell
uruudoshi 閏年	闰年 rùnnián	leap year
urusai うるさい	吵闹 chǎonào	noisy
ureshii うれしい	高兴 gāoxìng	happy
ureru 売れる	卖出 màichū	sell
〃 〔よく売れる〕	畅销 chàngxiāo	sell well
uroko 鱗	鳞 lín	scale
uwagi 上着	外衣 wàiyī	jacket
uwasa 噂	传言 chuányán	rumor
un うん 〔返事〕	嗯 ng	yeah
un 運	运气 yùnqì	luck
unga 運河	运河 yùnhé	canal
unsoo suru 運送(する)	运送 yùnsòng	transport; transportation
unchin 運賃 〔旅客〕	车费 chēfèi	fare
unten suru 運転(する)	驾驶 jiàshǐ	drive; driving

運転手

日	中	英
運転手 (untenshu)	驾驶员 jiàshǐyuán	driver
運転免許証 (untenmenkyoshoo)	驾驶证 jiàshǐzhèng	driver's license
運動(する)〔身体の〕 (undoo suru)	运动 yùndòng	exercise
運動場 (undoojoo)	体育场 tǐyùchǎng	sports ground
運命 (unmee)	命运 mìngyùn	fate, destiny

え

日	中	英
絵 (e)	画儿 huàr	picture
柄 (e)	把儿 bàr	handle
エアコン (eakon)	空调 kōngtiáo	air conditioner
永遠 (ee'en)	永远 yǒngyuǎn	eternity
映画 (eega)	电影 diànyǐng	movie
映画館 (eegakan)	电影院 diànyǐngyuàn	movie theater
影響 (eekyoo)	影响 yǐngxiǎng	influence
英語 (eego)	英语 Yīngyǔ	English
栄光 (eekoo)	光荣 guāngróng	glory
エイズ (eizu)	艾滋病 àizībìng	AIDS
衛星 (eesee)	卫星 wèixīng	satellite
衛生 (eesee)	卫生 wèishēng	hygiene

エプロン

日	中	英
eezoo 映像	影像 yǐngxiàng	image
eeyuu 英雄	英雄 yīngxióng	hero
eeyo 栄誉	荣誉 róngyù	honor
eeyoo 栄養	营养 yíngyǎng	nutrition
egaku 描く〔線で〕	画 huà	draw
eki 駅	车站 chēzhàn	station
ekishoo 液晶	液晶 yèjīng	liquid crystal
ekitai 液体	液体 yètǐ	liquid
ekubo えくぼ	酒窝 jiǔwō	dimple
ekonomiikurasu エコノミークラス	经济舱 jīngjìcāng	economy class
ekorojii エコロジー	环保 huánbǎo	ecology
ejiputo エジプト	埃及 Āijí	Egypt
esukareetaa エスカレーター	自动扶梯 zìdòng fútī	escalator
eda 枝	树枝 shùzhī	branch
echiketto エチケット	礼节 lǐjié	etiquette
enerugii エネルギー	能源 néngyuán	energy
ehagaki 絵葉書	美术明信片 měishù míngxìnpiàn	postcard
ebi エビ	虾 xiā	shrimp, prawn
epuron エプロン	围裙 wéiqún	apron

383

絵本

日	中	英
ehon 絵本	图画书 túhuàshū	picture book
erai 偉い	伟大 wěidà, 了不起 liǎobuqǐ	great
erabu 選ぶ	选择 xuǎnzé	choose
eri 襟	领子 lǐngzi	collar
eru 得る	得到 dédào	get
erebeetaa エレベーター	电梯 diàntī	elevator
en 円　〔図形〕	圆 yuán	circle
〃　〔通貨〕	日元 rìyuán	yen
engan 沿岸	沿岸 yán'àn	coast
enki　suru 延期(する)	延期 yánqī	postpone; postponement
engi　suru 演技(する)	表演 biǎoyǎn	act; acting
engee 園芸	园艺 yuányì	gardening
engeki 演劇	戏剧 xìjù	drama
enko 縁故	关系 guānxi	connections
enjinia エンジニア	工程师 gōngchéngshī	engineer
enjo　suru 援助(する)	援助 yuánzhù	assist; assistance
enjiru 演じる	演 yǎn	play
enjin エンジン	发动机 fādòngjī	engine
enzetsu　suru 演説(する)	演说 yǎnshuō	make a speech; speech

日	中	英
ensoo suru 演奏(する)	演奏 yǎnzòu	perform; performance
enchoo suru 延長(する)	延长 yáncháng	extend, extension
endoo エンドウ	豌豆 wāndòu	pea
entotsu 煙突	烟筒 yāntong	chimney
enpitsu 鉛筆	铅笔 qiānbǐ	pencil

お

日	中	英
o 尾	尾巴 wěiba	tail
oi 甥 〔兄弟の息子〕	侄子 zhízi	nephew
〃 〔姉妹の息子〕	外甥 wàisheng	nephew
oishii おいしい	好吃 hǎochī, 好喝 hǎohē	good
oitsuku 追いつく	赶上 gǎnshang	catch up with
oiru オイル	油 yóu	oil
oo 王	王 wáng	king
ooen suru 応援(する) 〔声援〕	声援 shēngyuán	cheer
〃 〔支援〕	支援 zhīyuán	support
oogi 扇	扇子 shànzi	fan
ookoku 王国	王国 wángguó	kingdom
ooji 王子	王子 wángzǐ	prince

欧州

日	中	英
ooshuu 欧州	欧洲 Ōuzhōu	Europe
oojo 王女	公主 gōngzhǔ	princess
oojiru 応じる　〔答える〕	应对 yìngduì	answer
oodansuru 横断する	穿越 chuānyuè	cross
oodanhodoo 横断歩道	人行横道 rénxíng héngdào	crosswalk
oofukukippu 往復切符	往返票 wǎngfǎnpiào	round-trip ticket
oobee 欧米	欧美 Ōu-Měi	the West
ooyoo suru 応用(する)	应用 yìngyòng	apply; application
oeru 終える	完成 wánchéng	end; finish
oo'u 覆う	覆盖 fùgài	cover
ookami オオカミ	狼 láng	wolf
ookii 大きい	大 dà	big
ookisa　〔サイズ〕	大小 dàxiǎo	size
ookesutora オーケストラ	管弦乐团 guǎnxián yuètuán	orchestra
oosutoraria オーストラリア	澳大利亚 Àodàlìyà	Australia
ootobai オートバイ	摩托车 mótuōchē	motorcycle
oodoburu オードブル	冷盘 lěngpán	hors d'oeuvre
oobaa オーバー　〔服〕	外套 wàitào	overcoat
oobun オーブン	烤箱 kǎoxiāng	oven

日	中	英
大みそか (oomisoka)	除夕 chúxī	New Year's Eve
公の 〔公共の〕 (ooyakeno)	公共 gōnggòng	public
〃 〔公開の〕	公开 gōngkāi	public
丘 (oka)	山冈 shāngāng	hill
お母さん (okaasan)	妈妈 māma	mom
おかしい 〔滑稽な〕 (okashii)	可笑 kěxiào	funny
おかしい 〔普通でない〕 (okashii)	奇怪 qíguài	strange
犯す 〔罪を〕 (okasu)	犯 fàn	commit
お金 (okane)	钱 qián	money
小川 (ogawa)	小河 xiǎo hé	stream
掟 (okite)	规矩 guīju	law
置き時計 (okidokee)	座钟 zuòzhōng	clock
補う 〔損失を〕 (oginau)	补充 bǔchōng	make up for
お気に入りの (okiniirino)	喜欢的 xǐhuan de	favorite
起きる (okiru)	起来 qǐlái, 起床 qǐchuáng	get up, wake up
〃 〔生じる〕	发生 fāshēng	occur
置く (oku)	放 fàng	put
億 (oku)	亿 yì	one hundred million
臆病な (okubyoona)	胆小 dǎnxiǎo	cowardly, timid

贈り物

日	中	英
okurimono 贈り物	礼物 lǐwù	present
okuru 送る	寄 jì	send
〃　〔見送る〕	送 sòng	see ... off
okuru 贈る	赠送 zèngsòng	give
okureru 遅れる	迟 chí	be late
okosu 起こす　〔起床〕	叫醒 jiàoxǐng	wake (up)
okonai 行い	行为 xíngwéi	action
okonau 行う	进行 jìnxíng, 作 zuò	do, carry out
okoru 起こる	发生 fāshēng	happen
okoru 怒る	生气 shēngqì	get angry
osaeru 押さえる	压 yā	hold
osanai 幼い	幼小 yòuxiǎo	little
osameru 治める	治理 zhìlǐ	govern
oji おじ　〔父の兄〕	伯伯 bóbo	uncle
〃　〔父の弟〕	叔叔 shūshu	uncle
〃　〔母の兄弟〕	舅舅 jiùjiu	uncle
ojiisan おじいさん〔父方の祖父〕	爷爷 yéye	grandpa
〃　〔母方の祖父〕	姥爷 lǎoyé	grandpa
oshieru 教える	教 jiāo	teach

日	中	英
おしゃべり（する） oshaberi suru	聊天儿 liáotiānr	chat
汚職 oshoku	贪污 tānwū	corruption
押す osu	推 tuī	push
雄 osu	雄 xióng	male
オセアニア oseania	大洋洲 Dàyángzhōu	Oceania
お世辞 oseji	恭维话 gōngweihuà	flattery
汚染 osen	污染 wūrǎn	pollution
遅い〔時間〕 osoi	晚 wǎn	late
〃 〔速度〕	慢 màn	slow
襲う osou	袭击 xíjī	attack
恐らく osoraku	恐怕 kǒngpà	probably, perhaps
恐れ osore	畏惧 wèijù	fear
恐れる osoreru	害怕 hàipà	fear
オゾン ozon	臭氧 chòuyǎng	ozone
落ちる ochiru	落 luò, 掉 diào	fall
夫 otto	丈夫 zhàngfu	husband
お釣り otsuri	找钱 zhǎoqián	change
おでこ odeko	额头 étóu	forehead
音 oto	声音 shēngyīn	sound

お父さん

日	中	英
otoosan お父さん	爸爸 bàba	dad
otooto 弟	弟弟 dìdi	younger brother
otogibanashi おとぎ話	童话 tónghuà	fairy tale
otoko 男	男人 nánrén	man
otokonoko 男の子	男孩子 nán háizi	boy
otosu 落とす	掉 diào	drop
odosu 脅す	威胁 wēixié	threaten
otozureru 訪れる	访问 fǎngwèn	visit
ototoi おととい	前天 qiántiān	the day before yesterday
ototoshi おととし	前年 qiánnián	the year before last
otona 大人	成人 chéngrén	adult
odori 踊り	舞蹈 wǔdǎo	dance
odoru 踊る	跳舞 tiàowǔ	dance
odorokasu 驚かす	吓唬 xiàhu	surprise
odoroku 驚く	吃惊 chījīng	be surprised
onaka お腹	肚子 dùzi	stomach
onaji 同じ	一样 yíyàng	same
onara おなら	屁 pì	gas
oba おば〔父方のおば〕	姑母 gūmǔ	aunt

日	中	英
oba おば〔母方のおば〕	姨母 yímǔ	aunt
obaasan おばあさん〔父方の祖母〕	奶奶 nǎinai	grandma
〃〔母方の祖母〕	姥姥 lǎolao	grandma
obake おばけ	鬼 guǐ	ghost
ohayoo おはよう	早上好 Zǎoshang hǎo	Good morning.
obi 帯	带子 dàizi	belt
obieru おびえる	害怕 hàipà	be scared
ofisu オフィス	办公室 bàngōngshì	office
opera オペラ	歌剧 gējù	opera
oboeru 覚える	记住 jìzhù	memorize
oboreru 溺れる	溺水 nìshuǐ	drown
omawarisan お巡りさん	警察 jǐngchá	police officer
omutsu おむつ	尿布 niàobù	diaper
omedetoo おめでとう	恭喜 Gōngxǐ	Congratulations!
omoi 重い	重 zhòng	heavy
omoi 思い	思念 sīniàn	thought
omoidasu 思い出す	想起 xiǎngqǐ	remember
omoide 思い出	回忆 huíyì	memory
omou 思う	想 xiǎng	think

重さ

日	中	英
omosa 重さ	重量 zhòngliàng	weight
omoshiroi おもしろい〔知的に〕	有趣 yǒuqù	interesting
omocha おもちゃ	玩具 wánjù	toy
omote 表	表面 biǎomiàn	the face, the front
omona 主な	主要 zhǔyào	main
omoni 重荷〔負担〕	负担 fùdān	burden
oya 親〔両親〕	父母 fùmǔ	parents
oyasumi おやすみ	晚安 Wǎn'ān	Good night.
oyayubi 親指〔手の〕	大拇指 dà·muzhǐ	thumb
oyu お湯	热水 rèshuǐ	hot water
oyogu 泳ぐ	游泳 yóuyǒng	swim
oyoso およそ	大约 dàyuē	about
oranda オランダ	荷兰 Hélán	Holland
ori 檻	笼子 lóngzi	cage
oriibu オリーブ	橄榄 gǎnlǎn	olive
origami 折り紙	折纸 zhézhǐ	origami
oriru 降りる〔乗り物〕	下 xià	get off
orinpikku オリンピック	奥运会 Àoyùnhuì	the Olympic Games
oru 折る〔枝など〕	折 zhé	break

日	中	英
oru 折る　〔畳む〕	叠 dié	fold
orugan オルガン	风琴 fēngqín	organ
oree お礼	谢礼 xièlǐ, 致谢 zhìxiè	thanks
orenji オレンジ	橘子 júzi	orange
orenjijuusu オレンジジュース	橙汁 chéngzhī	orange juice
orokana 愚かな	愚蠢 yúchǔn	foolish
oroshiuri 卸売り	批发 pīfā	wholesale
owaru 終わる	结束 jiéshù	end
ongaku 音楽	音乐 yīnyuè	music
ongakuka 音楽家	音乐家 yīnyuèjiā	musician
onshitsu 温室	温室 wēnshì	greenhouse
onsee 音声	声音 shēngyīn	voice
onsen 温泉	温泉 wēnquán	hot springs
ondanna 温暖な	温暖 wēnnuǎn	warm, mild
ondo 温度	温度 wēndù	temperature
ondokee 温度計	温度计 wēndùjì	thermometer
onna 女	女人 nǚrén	woman
onnanoko 女の子	女孩子 nǚ háizi	girl
onryoo 音量	音量 yīnliàng	volume

日	中	英
か		
科^{ka} 〔学科〕	科 kē	department
課^{ka} 〔教科書〕	课 kè	lesson
蚊^{ka}	蚊子 wénzi	mosquito
ガ^{ga}	蛾子 ézi	moth
カーソル^{kaasoru}	光标 guāngbiāo	cursor
カーテン^{kaaten}	窗帘 chuānglián	curtain
カード^{kaado}	卡 kǎ	card
カートリッジ^{kaatorijji}	墨盒 mòhé	cartridge
カーニバル^{kaanibaru}	狂欢节 kuánghuānjié	carnival
カーブ^{kaabu}	转弯 zhuǎnwān	curve
カーペット^{kaapetto}	地毯 dìtǎn	carpet
ガールフレンド^{gaarufurendo}	女朋友 nǚpéngyou	girlfriend
会^{kai}	会 huì	meeting
階^{kai}	层 céng	floor
貝^{kai}	贝 bèi	shellfish
回^{kai}	次 cì	time
害^{gai}	损害 sǔnhài	harm

日	中	英
kaiin 会員	会员 huìyuán	member
kaigai 海外	海外 hǎiwài	overseas
kaikaku suru 改革(する)	改革 gǎigé	reform
kaigan 海岸	海岸 hǎi'àn	shore
gaikan 外観	外观 wàiguān	appearance
kaigi 会議	会议 huìyì	meeting
kaikyuu 階級	阶级 jiējí	class
kaikyoo 海峡	海峡 hǎixiá	strait, channel
kaigun 海軍	海军 hǎijūn	navy
kaiketsu suru 解決(する)	解决 jiějué	solve; solution
gaiken 外見	外表 wàibiǎo	appearance
kaiko suru 解雇(する)	解雇 jiěgù	dismiss; dismissal
kaigo suru 介護(する)	护理 hùlǐ	care for; care
kaigoo 会合	聚会 jùhuì	meeting
gaikoo 外交	外交 wàijiāo	diplomacy
gaikookan 外交官	外交官 wàijiāoguān	diplomat
gaikoku 外国	外国 wàiguó	foreign country
gaikokugo 外国語	外语 wàiyǔ	foreign language
gaikokujin 外国人	外国人 wàiguórén	foreigner

骸骨

日	中	英
gaikotsu 骸骨	尸骨 shīgǔ	skeleton
kaisaisuru 開催する	举办 jǔbàn	hold
kaishi suru 開始(する)	开始 kāishǐ	begin; start
kaisha 会社	公司 gōngsī	company
kaishain 会社員	公司职员 gōngsī zhíyuán	office worker
kaishaku suru 解釈(する)	解释 jiěshì	interpret; interpretation
gaishutsusuru 外出する	外出 wàichū	go out
gaishokusuru 外食する	在外吃饭 zàiwài chīfàn	eat out
kaisee suru 改正(する)	改正 gǎizhèng	revise; revision
kaisetsu suru 解説(する)〔論評〕	讲解 jiǎngjiě	comment; commentary
kaisetsusha 解説者	讲解员 jiǎngjiěyuán	commentator
kaizen suru 改善(する)	改善 gǎishàn	improve; improvement
kaisoo 海草	海菜 hǎicài	seaweed
kaidan 階段	楼梯 lóutī	stairs
kaidan 会談	会谈 huìtán	talks
kaichuudentoo 懐中電灯	手电筒 shǒudiàntǒng	flashlight
kaichoo 会長	会长 huìzhǎng	president
kaite 買い手	买方 mǎifāng	buyer
kaitee 改訂	修订 xiūdìng	revision

日	中	英
kaitekina 快適な	舒适 shūshì	comfortable
kaiten suru 回転(する)	转 zhuàn	turn
gaido ガイド	向导 xiàngdǎo	guide
kaitoo suru 回答(する)	回答 huídá	answer
kaitoo suru 解答(する)	解答 jiědá	answer
gaitoo 街灯	路灯 lùdēng	street light
gaidobukku ガイドブック	指南手册 zhǐnán shǒucè	guidebook
kainushi 飼い主〔ペットの〕	主人 zhǔrén	keeper
gainen 概念	概念 gàiniàn	concept
kaihatsu suru 開発(する)	开发 kāifā	develop; development
kaihi suru 回避(する)	回避 huíbì	avoid; avoidance
gaibu 外部	外部 wàibù	outside
kaifuku suru 回復(する)	恢复 huīfù	recover; recovery
kaibutsu 怪物	怪物 guàiwu	monster
kaimono 買い物	购物 gòuwù	shopping
kairaku 快楽	快乐 kuàilè	pleasure
kairyoo suru 改良(する)	改良 gǎiliáng	improve; improvement
kairo 回路〔電気の〕	电路 diànlù	circuit
kaiwa suru 会話(する)	会话 huìhuà	talk with; conversation

買う

日	中	英
買う (kau)	买 mǎi	buy
飼う (kau) 〔ペットを〕	饲养 sìyǎng	have
カウンセラー (kaunseraa)	咨询师 zīxúnshī	counselor
カウンター (kauntaa)	柜台 guìtái	counter
返す (kaesu)	还 huán	return
帰る (kaeru)	回 huí	come back, go back
返る (kaeru) 〔戻る〕	返回 fǎnhuí	return
変える (kaeru)	改变 gǎibiàn	change
換える (kaeru) 〔交換〕	换 huàn	change, exchange
カエル (kaeru)	青蛙 qīngwā	frog
顔 (kao)	脸 liǎn	face
画家 (gaka)	画家 huàjiā	painter
価格 (kakaku)	价格 jiàgé	price
科学 (kagaku)	科学 kēxué	science
化学 (kagaku)	化学 huàxué	chemistry
科学技術 (kagakugijutsu)	科学技术 kēxué jìshù	technology
科学者 (kagakusha)	科学家 kēxuéjiā	scientist
化学者 (kagakusha)	化学家 huàxuéjiā	chemist
かかと (kakato)	脚跟 jiǎogēn	heel

カクテル

日	中	英
kagami 鏡	镜子 jìngzi	mirror
kagayaku 輝く	闪耀 shǎnyào	shine
kaki カキ〔貝〕	牡蛎 mǔlì	oyster
kagi 鍵	钥匙 yàoshi	key
kakitome 書留	挂号 guàhào	registered mail
kagiru 限る	限定 xiàndìng	limit
kaku 書く	写 xiě	write
kaku 描く〔線で〕	画 huà	draw
kaku 搔く	挠 náo	scratch
kaku 核〔原子〕	核 hé	nucleus
kagu 嗅ぐ	闻 wén	smell
kagu 家具	家具 jiā·jù	furniture
gaku 額〔額ぶち〕	画框 huàkuàng	frame
gakushuu suru 学習(する)	学习 xuéxí	learn; learning
kakushin suru 確信(する)	确信 quèxìn	be convinced; conviction
kakusu 隠す	隐藏 yǐncáng	hide
gakusee 学生	学生 xuésheng	student
kakudai suru 拡大(する)	扩大 kuòdà	enlarge; enlargement
kakuteru カクテル	鸡尾酒 jīwěijiǔ	cocktail

399

角度

日	中	英
角度 (kakudo)	角度 jiǎodù	angle
格闘(する) (kakutoo suru)	格斗 gédòu	fight
獲得する (kakutokusuru)	获得 huòdé	acquire
確認(する) (kakunin suru)	确认 quèrèn	confirm; confirmation
楽譜 (gakufu)	乐谱 yuèpǔ	score
学部 (gakubu)	系 xì	faculty
革命 (kakumee)	革命 gémìng	revolution
確率 (kakuritsu)	概率 gàilǜ	probability
確立する (kakuritsusuru)	确立 quèlì	establish
隠れる (kakureru)	隐藏 yǐncáng	hide
影 (kage)	影子 yǐngzi	shadow
崖 (gake)	山崖 shānyá	cliff
過激な (kagekina)	过激 guòjī	radical
賭ける (kakeru)	打赌 dǎdǔ	bet
掛ける〔つるす〕(kakeru)	挂 guà	hang
過去 (kako)	过去 guòqù	past
かご (kago)	篮子 lánzi	basket
囲む (kakomu)	围 wéi	surround
傘 (kasa)	伞 sǎn	umbrella

化石

日	中	英
kasanaru 重なる	重叠 chóngdié	be piled up
kasaneru 重ねる	摞 luò	pile up
kazari 飾り	装饰品 zhuāngshìpǐn	decoration
kazaru 飾る	装饰 zhuāngshì	decorate
kazan 火山	火山 huǒshān	volcano
kashi 歌詞	歌词 gēcí	words
kaji 火事	火灾 huǒzāi	fire
kaji 家事	家务 jiāwù	housework
kashikoi 賢い	聪明 cōng·míng	wise, smart
kashimia カシミア	羊绒 yángróng	cashmere
kashu 歌手	歌手 gēshǒu	singer
kajuu 果汁	果汁 guǒzhī	fruit juice
kajiru かじる	咬 yǎo	bite
kasu 貸す	借出 jièchū	lend
kazu 数	数字 shùzì	number
gasu ガス	煤气 méiqì	gas
kaze 風	风 fēng	wind
kaze 風邪	感冒 gǎnmào	cold
kaseki 化石	化石 huàshí	fossil

401

稼ぐ

日	中	英
kasegu 稼ぐ	挣钱 zhèngqián	earn
kasetsu 仮説	假设 jiǎshè	hypothesis
kasoo suru 仮装(する)	化装 huàzhuāng	disguise
kazoeru 数える	数 shǔ	count
kazoku 家族	家人 jiārén	family
gasorin ガソリン	汽油 qìyóu	gas
gasorinsutando ガソリンスタンド	加油站 jiāyóuzhàn	gas station
kata 肩	肩膀 jiānbǎng	shoulder
kata 型	型号 xínghào	model
katai 固い	坚固 jiāngù	hard
katagaki 肩書き	头衔 tóuxián	title
katachi 形	形状 xíngzhuàng	form
katana 刀	刀 dāo	sword
katamari 塊	块 kuài	lump, mass
katamichi 片道	单程 dānchéng	one way
katamuku 傾く	倾斜 qīngxié	lean
kataru 語る	谈 tán	talk
katarogu カタログ	目录 mùlù	catalogue
kachi 価値	价值 jiàzhí	value

日	中	英
gachoo ガチョウ	鹅 é	goose
katsu 勝つ	赢 yíng	win
gakka 学科 〔科目〕	学科 xuékē	subject
gakkarisuru がっかりする	失望 shīwàng	be disappointed
gakki 学期	学期 xuéqī	term
gakkyuu 学級	年级 niánjí	class
kakko 括弧	括号 kuòhào	parenthesis
gakkoo 学校	学校 xuéxiào	school
gasshoo 合唱	合唱 héchàng	chorus
kasshoku 褐色	褐色 hèsè	brown
kassooro 滑走路	跑道 pǎodào	runway
katsute かつて	曾经 céngjīng	once
katsudoo 活動	活动 huódòng	activity
kappu カップ	杯子 bēizi	cup
kappuru カップル	情侣 qínglǚ	couple
gappee 合併	合并 hébìng	fusion
katsura かつら	假发 jiǎfà	wig
katee 家庭	家庭 jiātíng	home
katee 仮定	假设 jiǎshè	hypothesis

過程

日	中	英
katee 過程	过程 guòchéng	process
kategorii カテゴリー	范畴 fànchóu	category
kado 角	角 jiǎo	corner
kadona 過度な	过度 guòdù	excessive
kanashii 悲しい	伤心 shāngxīn	sad
kanashimi 悲しみ	悲哀 bēi'āi	sadness
kanashimu 悲しむ	悲伤 bēishāng	feel sad
kanada カナダ	加拿大 Jiānádà	Canada
kanazuchi 金づち	锤子 chuízi	hammer
kani カニ	螃蟹 pángxiè	crab
kane 金	钱 qián	money
kane 鐘	钟 zhōng	bell
kanetsusuru 加熱する	加热 jiārè	heat
kanemochi 金持ち	有钱人 yǒuqiánrén	rich person
kanoo 可能	可能 kěnéng	possible
kanojo 彼女	她 tā	she
kanojotachi 彼女たち	她们 tāmen	they
kaba カバ	河马 hémǎ	hippopotamus
kabaa カバー	罩子 zhàozi	cover

日	中	英
kabaa カバー〔本のカバー〕	封皮 fēngpí	book jacket
kabau かばう	庇护 bìhù	protect
kaban カバン〔革の〕	皮包 píbāo	(leather) bag
kahansuu 過半数	过半数 guòbànshù	majority
kabi カビ	霉 méi	mold
kabin 花びん	花瓶 huāpíng	vase
kabu 株〔株式〕	股票 gǔpiào	stock
kapuseru カプセル	胶囊 jiāonáng	capsule
kabunushi 株主	股东 gǔdōng	stockholder
kaburu かぶる〔頭に〕	戴 dài	put on
kafun 花粉	花粉 huāfěn	pollen
kafunshoo 花粉症	花粉症 huāfěnzhèng	hay fever
kabe 壁	墙壁 qiángbì	wall
kahee 貨幣	货币 huòbì	money
kabegami 壁紙	壁纸 bìzhǐ	wallpaper
kabocha カボチャ	南瓜 nánguā	pumpkin
gaman suru 我慢(する)	忍耐 rěnnài	have patience; patience
kami 紙	纸 zhǐ	paper
kami 髪	头发 tóufa	hair

神

日	中	英
kami 神	神 shén, 上帝 Shàngdì	god
kamigata 髪型	发型 fàxíng	hairstyle
kamisori カミソリ	剃刀 tìdāo	razor
kaminari 雷	雷 léi	thunder
kamu 噛む	嚼 jiáo	bite
gamu ガム	口香糖 kǒuxiāngtáng	gum
kame カメ	乌龟 wūguī	turtle
kamera カメラ	照相机 zhàoxiàngjī	camera
kameraman カメラマン	摄影师 shèyǐngshī	photographer
kamen 仮面	(假)面具 (jiǎ)miànjù	mask
gamen 画面	画面 huàmiàn	screen
kamo カモ	鸭子 yāzi	duck
kamoku 科目	科目 kēmù	subject
kamotsu 貨物	货物 huòwù	freight
kayumi かゆみ	痒 yǎng	itch
kayoobi 火曜日	星期二 xīngqī'èr	Tuesday
kara 殻	壳 ké	shell
karai 辛い	辣 là	hot
karaoke カラオケ	卡拉OK kǎlā-OK	karaoke

カレンダー

日	中	英
karashi 辛子	黄芥末 huángjièmo	mustard
karasu カラス	乌鸦 wūyā	crow
garasu ガラス	玻璃 bō·li	glass
karada 体	身体 shēntǐ	body
karate 空手	空手道 kōngshǒudào	karate
karano 空の	空 kōng	empty
kari (ga aru) 借り（がある）	欠债 qiànzhài	owe a debt; debt
kari 狩り	打猎 dǎliè	hunting
karifurawaa カリフラワー	菜花 càihuā	cauliflower
kariru 借りる	借 jiè, 租 zū	borrow
karu 刈る　〔頭髪を〕	剪 jiǎn, 剃 tì	cut
〃　〔草を〕	割 gē	mow
karui 軽い	轻 qīng	light
kare 彼	他 tā	he
karee カレー	咖喱 gālí	curry
gareeji ガレージ	车库 chēkù	garage
kareeraisu カレーライス	咖喱饭 gālífàn	curry and rice
karera 彼ら	他们 tāmen	they
karendaa カレンダー〔月毎の〕	月历 yuèlì	calendar

カロリー

日	中	英
karorii カロリー	卡路里 kǎlùlǐ, 热量 rèliàng	calorie
kawa 川	河 hé	river
kawa 皮　〔皮膚〕	皮 pí	skin
kawa 革　〔皮革〕	皮革 pígé	leather
kawaii かわいい	可爱 kě'ài	cute
kawakasu 乾かす	晾 liàng	dry
kawaku 乾く	干 gān	dry
kawase 為替	汇兑 huìduì	exchange
kawasereeto 為替レート	汇率 huìlǜ	exchange rate
kawara 瓦	瓦 wǎ	tile
kawaru 変わる	改变 gǎibiàn	change
kan 缶	罐 guàn	can
kan 勘	直觉 zhíjué	intuition
kan 管	管 guǎn	pipe, tube
kan 巻	卷 juàn	volume
kan 漢　〔王朝名〕	汉朝 Hàncháo	the Han Dynasty
gan ガン	癌症 áizhèng	cancer
kangae 考え	想法 xiǎng·fǎ	idea, thought
kangaeru 考える	考虑 kǎolǜ	think

感謝（する）

日	中	英
kankaku 感覚	感觉 gǎnjué	sense
kankaku 間隔	间隔 jiàngé	interval
kanki 換気	通风 tōngfēng	ventilation
kankisen 換気扇	换气扇 huànqìshàn	ventilator
kankyaku 観客	观众 guānzhòng	audience
kankyoo 環境	环境 huánjìng	environment
kankiri 缶切り	罐头起子 guàntou qǐzi	can opener
kankee 関係	关系 guān·xì	relation
kangee suru 歓迎（する）	欢迎 huānyíng	welcome
kankoo 観光	观光 guānguāng	sightseeing
kankookyaku 観光客	游客 yóukè	tourist
kankoku 韓国	韩国 Hánguó	South Korea
kangoshi 看護師	护士 hùshi	nurse
kansatsu suru 観察（する）	观察 guānchá	observe; observation
kanshi suru 監視（する）	监视 jiānshì	watch
kanji 感じ	感觉 gǎnjué	feeling
kanji 漢字	汉字 Hànzì	Chinese character
ganjitsu 元日	元旦 Yuándàn	New Year's Day
kansha suru 感謝（する）	感谢 gǎnxiè	thank; thanks

患者

日	中	英
患者 (kanja)	患者 huànzhě	patient
慣習 (kanshuu)	常规 chángguī	custom
干渉(する) (kanshoo suru)	干涉 gānshè	interfere; interference
鑑賞(する) (kanshoo suru)	欣赏 xīnshǎng	appreciate; appreciation
感情 (kanjoo)	感情 gǎnqíng	feeling
勘定(する)〔飲食の〕 (kanjoo suru)	结账 jiézhàng	pay the check; check
感じる (kanjiru)	感到 gǎndào	feel
関心 (kanshin)	兴趣 xìngqù	interest
完成(する) (kansee suru)	完成 wánchéng	complete; completion
関税 (kanzee)	关税 guānshuì	customs duty
関節 (kansetsu)	关节 guānjié	joint
間接的 (kansetsuteki)	间接 jiànjiē	indirect
感染(する) (kansen suru)	感染 gǎnrǎn	infect; infection
完全な〔完璧な〕 (kanzenna)	完全 wánquán	perfect
感想〔印象〕 (kansoo)	感想 gǎnxiǎng	impression
肝臓 (kanzoo)	肝脏 gānzàng	liver
観測(する) (kansoku suru)	观测 guāncè	observe; observation
簡体字 (kantaiji)	简体字 jiǎntǐzì	simplified Chinese characters
簡単な (kantanna)	简单 jiǎndān	easy

日	中	英
kanzume 缶詰	罐头 guàntou	can
kanten 観点	观点 guāndiǎn	point of view
kandoo suru 感動(する)	感动 gǎndòng	be moved; emotion
kantoku 監督　〔映画〕	导演 dǎoyǎn	director
kanton 広東	广东 Guǎngdōng	Guangdong
kantongo 広東語	广东话 Guǎngdōnghuà	Cantonese
kannen 観念	观念 guānniàn	idea, notion
kanpai suru 乾杯(する)	干杯 gānbēi	toast
kanban 看板	招牌 zhāopái	signboard
kanbyoo suru 看病(する)	护理 hùlǐ	nurse; nursing
kanfuu カンフー	功夫 gōngfu	kung fu
kanpekina 完璧な	完美 wánměi	perfect
kanpooyaku 漢方薬	中药 zhōngyào	Chinese medicine
kanryoosuru 完了する	结束 jiéshù	finish
kanren suru 関連(する)	关联 guānlián	be connected with; connection

き

ki 木　〔樹木〕	树木 shùmù	tree
kiiboodo キーボード	键盘 jiànpán	keyboard

黄色

日	中	英
黄色 (kiiro)	黄色 huángsè	yellow
キーワード (kiiwaado)	关键词 guānjiàncí	key word
消える (kieru)	消失 xiāoshī	disappear
記憶(する) (kioku suru)	记忆 jìyì	memorize; memory
気温 (kion)	气温 qìwēn	temperature
機械 (kikai)	机械 jīxiè, 机器 jī·qì	machine
機会 (kikai)	机会 jīhuì	opportunity
議会 (gikai)	议会 yìhuì	assembly
幾何学 (kikagaku)	几何学 jǐhéxué	geometry
企画 (kikaku)	计划 jìhuà	project
期間 (kikan)	期间 qījiān	period
器官 (kikan)	器官 qìguān	organ
危機 (kiki)	危机 wēijī	crisis
気球 (kikyuu)	气球 qìqiú	balloon
企業 (kigyoo)	企业 qǐyè	enterprise
基金 (kikin)	基金 jījīn	fund
飢饉 (kikin)	饥荒 jīhuāng	famine
聞く (kiku) 〔意識して〕	听 tīng	listen to
〃 〔尋ねる〕	问 wèn	ask

日	中	英
kiku 菊	菊花 júhuā	chrysanthemum
kigeki 喜劇	喜剧 xǐjù	comedy
kikenna 危険な	危险 wēixiǎn	dangerous
kigen 期限　〔締切〕	期限 qīxiàn	deadline
kigen 起源	起源 qǐyuán	origin
kikoo 気候	气候 qìhòu	climate
kikoo 気功	气功 qìgōng	qigong
kigoo 記号	记号 jìhào	sign
kikoeru 聞こえる	听见 tīngjiàn	hear
kiji 記事	报道 bàodào	article
gishi 技師	工程师 gōngchéngshī	engineer
gishiki 儀式	仪式 yíshì	ceremony
kisha 記者	记者 jìzhě	reporter
gijutsu 技術	技术 jìshù	technique
gijutsusha 技術者	技术员 jìshùyuán	engineer
kijun 基準	标准 biāozhǔn	standard
kishoo 気象	气象 qìxiàng	weather
kisu (suru する)	接吻 jiēwěn, 亲嘴 qīnzuǐ	kiss
kizu 傷	伤 shāng	injury

奇数

日	中	英
奇数 kisuu	奇数 jīshù	odd number
築く kizuku	建立 jiànlì	build
絆 kizuna	纽带 niǔdài	ties
規制(する) kisee suru	限制 xiànzhì	regulate; regulation
犠牲 gisee	牺牲 xīshēng	sacrifice
奇跡 kiseki	奇迹 qíjì	miracle
季節 kisetsu	季节 jìjié	season
気絶する kizetsusuru	昏厥 hūnjué	faint
偽善 gizen	伪善 wěishàn	hypocrisy
基礎 kiso	基础 jīchǔ	foundation
規則 kisoku	规则 guīzé	rule
北 kita	北方 běifāng	north
ギター gitaa	吉他 jítā	guitar
気体 kitai	气体 qìtǐ	gas
期待(する) kitai suru	期待 qīdài	expect; expectation
北朝鮮 kitachoosen	北朝鲜 Běicháoxiǎn	North Korea
汚い kitanai	肮脏 āngzāng	dirty
基地 kichi	基地 jīdì	base
議長 gichoo	议长 yìzhǎng, 主席 zhǔxí	chairperson

気前のよい

日	中	英
kichoona 貴重な	贵重 guìzhòng	precious, valuable
kichoohin 貴重品	贵重物品 guìzhòng wùpǐn	valuables
kizuku 気づく	注意到 zhùyìdào	notice
kikkuofu キックオフ	开球 kāiqiú	kickoff
kissaten 喫茶店	咖啡馆 kāfēiguǎn	coffee shop
kitte 切手	邮票 yóupiào	stamp
kitsune キツネ	狐狸 húli	fox
kippu 切符	票 piào	ticket
kinyuusuru 記入する	填写 tiánxiě	fill in
kinu 絹	丝绸 sīchóu	silk
kinenbi 記念日	纪念日 jìniànrì	anniversary
kinoo 昨日	昨天 zuótiān	yesterday
kinoo 機能	功能 gōngnéng	function
kinoko キノコ	蘑菇 mógu	mushroom
kibun 気分	心情 xīnqíng	mood
kibo 規模	规模 guīmó	scale
kiboo suru 希望(する)	希望 xīwàng	hope
kihon 基本	基本 jīběn	basis
kimaenoyoi 気前のよい	慷慨 kāngkǎi, 大方 dàfang	generous

415

気まぐれな

日	中	英
kimagurena 気まぐれな	浮躁 fúzào	capricious
kimari 決まり	規定 guīdìng	rule
kimaru 決まる	定 dìng	be decided
gimu 義務	义务 yìwù	duty
kimeru 決める	决定 juédìng, 定 dìng	decide
kimochi 気持ち	心情 xīnqíng	feeling
gimon 疑問	疑问 yíwèn	question
kyaku 客　　〔訪問客〕	客人 kè·rén	guest
gyaku 逆	相反 xiāngfǎn	the opposite
kyasshukaado キャッシュカード	提款卡 tíkuǎnkǎ	cash card
kyabetsu キャベツ	圆白菜 yuánbáicài	cabbage
kyanserusuru キャンセルする	取消 qǔxiāo	cancel
kyanpu キャンプ	露营 lùyíng	camping
kyuu 9	九 jiǔ	nine
kyuuka 休暇	假期 jiàqī	vacation
kyuukyuusha 救急車	救护车 jiùhùchē	ambulance
kyuukee suru 休憩(する)	休息 xiūxi	take a break; break
kyuukoo 急行　　〔列車〕	快车 kuàichē	express
kyuujitsu 休日	假日 jiàrì	holiday

416

日	中	英
吸収(する) kyuushuu suru	吸收 xīshōu	absorb; absorption
救助(する) kyuujo suru	营救 yíngjiù	rescue
求人 kyuujin	招聘 zhāopìn	job offer
宮殿 kyuuden	宫殿 gōngdiàn	palace
急な 〔緊急〕 kyuuna	急 jí	urgent
牛肉 gyuuniku	牛肉 niúròu	beef
牛乳 gyuunyuu	牛奶 niúnǎi	milk
急用 kyuuyoo	急事 jíshì	urgent business
休養(する) kyuuyoo suru	休养 xiūyǎng	rest
キュウリ kyuuri	黄瓜 huáng·guā	cucumber
給料 kyuuryoo	工资 gōngzī	salary
今日 kyoo	今天 jīntiān	today
行 gyoo	行 háng	line
脅威 kyooi	威胁 wēixié	threat
驚異 kyooi	惊异 jīngyì	wonder
教育 kyooiku	教育 jiàoyù	education
教員 kyooin	教师 jiàoshī	teacher
教科 kyooka	课程 kèchéng	subject
協会 kyookai	协会 xiéhuì	association

教会

日	中	英
kyookai 教会	教堂 jiàotáng	church
kyookai 境界	界线 jièxiàn	boundary
kyookasho 教科書	教科书 jiàokēshū, 课本 kèběn	textbook
kyookan suru 共感(する)	同感 tónggǎn	sympathize; sympathy
gyoogi 行儀	礼仪 lǐyí	manners
kyoogijoo 競技場	赛场 sàichǎng	stadium
kyookun 教訓	教训 jiàoxun	lesson
kyoogeki 京劇	京剧 Jīngjù	Beijing opera
kyoosanshugi 共産主義	共产主义 gòngchǎn zhǔyì	communism
kyooshi 教師	教师 jiàoshī	teacher
gyooji 行事	活动 huódòng	event
kyooshitsu 教室	教室 jiàoshì	classroom
kyooju 教授	教授 jiàoshòu	professor
gyoosee 行政	行政 xíngzhèng	administration
kyooseesuru 強制する	强制 qiángzhì	force
kyoosoo suru 競争(する)	竞争 jìngzhēng	compete; competition
kyoosoo 競走	赛跑 sàipǎo	race
kyoodai 兄弟	兄弟 xiōngdì	brother
kyoochoo suru 強調(する)	强调 qiángdiào	emphasize; emphasis

418

日	中	英
kyootsuuno 共通の	共通 gòngtōng	common
kyoudoutai 共同体	共同体 gòngtóngtǐ	community
kiyoona 器用な	灵巧 língqiǎo	skillful
kyoofu 恐怖	恐怖 kǒngbù	fear
kyoomi 興味	兴趣 xìngqù	interest
kyooyoo 教養	教养 jiàoyǎng	culture
kyooryuu 恐竜	恐龙 kǒnglóng	dinosaur
kyooryoku suru 協力(する)	合作 hézuò	cooperate; cooperation
kyooryokuna 強力な	强大 qiángdà	powerful
gyooretsu 行列	队列 duìliè	line
kyoowakoku 共和国	共和国 gònghéguó	republic
kyoka suru 許可(する)	许可 xǔkě	permit; permission
gyogyoo 漁業	渔业 yúyè	fishing industry
kyokusen 曲線	曲线 qūxiàn	curve
kyokutanna 極端な	极端 jíduān	extreme
kyokutoo 極東	远东 Yuǎndōng	the Far East
kyojin 巨人	巨人 jùrén	giant
kyonen 去年	去年 qùnián	last year
kyori 距離	距离 jùlí	distance

嫌う

日	中	英
嫌う (kirau)	讨厌 tǎoyàn	dislike
霧 (kiri)	雾 wù	fog
ギリシャ (girisha)	希腊 Xīlà	Greece
キリスト教 (kirisutokyoo)	基督教 Jīdūjiào	Christianity
キリスト教徒 (kirisutokyooto)	基督教徒 Jīdū jiàotú	Christian
規律 (kiritsu)	纪律 jìlǜ	discipline
切る (kiru)	切 qiē, 剪 jiǎn	cut
着る (kiru)	穿 chuān	put on
布 (kire)	布 bù	cloth
きれい (kiree) 〔美しい〕	漂亮 piàoliang	beautiful
〃 〔清潔〕	干净 gānjìng	clean
記録(する) (kiroku suru)	记录 jìlù	record
キログラム (kiroguramu)	公斤 gōngjīn	kilogram
キロメーター (kiromeetaa)	公里 gōnglǐ	kilometer
議論(する) (giron suru)	讨论 tǎolùn	discuss; discussion
気をつける (kiotsukeru)	小心 xiǎoxīn	be careful
金 (kin)	金子 jīnzi	gold
銀 (gin)	银子 yínzi	silver
金額 (kingaku)	金额 jīn'é	sum

区域

日	中	英
kinkyuuno 緊急の	紧急 jǐnjí	urgent
kingyo 金魚	金鱼 jīnyú	goldfish
kinko 金庫	保险柜 bǎoxiǎnguì	safe
ginkoo 銀行	银行 yínháng	bank
kinshi suru 禁止(する)	禁止 jìnzhǐ	prohibit; prohibition
kinjo 近所	附近 fùjìn	neighborhood
kinzoku 金属	金属 jīnshǔ	metal
kindai 近代	现代 xiàndài	modern times
kinchoo suru 緊張(する)	紧张 jǐnzhāng	be tense, be nervous; tension
kinniku 筋肉	肌肉 jīròu	muscle
kin'yuu 金融	金融 jīnróng	finance
kin'yoobi 金曜日	星期五 xīngqīwǔ	Friday
kinri 金利	利息 lìxī	interest rate

く

ku 句	词句 cíjù	phrase
guai 具合	情况 qíngkuàng	condition
kui 悔い	后悔 hòuhuǐ	regret
kuiki 区域	区域 qūyù	zone

空間

日	中	英
kuukan 空間	空间 kōngjiān	space
kuuki 空気	空气 kōngqì	air
kuugun 空軍	空军 kōngjūn	air force
kuukoo 空港	机场 jīchǎng	airport
guusuu 偶数	偶数 ǒushù	even number
guuzen 偶然	偶然 ǒurán	chance
kuufukuno 空腹の	饿 è, 饥饿 jī'è	hungry
kugatsu 9月	九月 jiǔ yuè	September
kugi 釘	钉子 dīngzi	nail
kusa 草	草 cǎo	grass
kusai 臭い	臭 chòu	smelly
kusari 鎖	锁 suǒ	chain
kusaru 腐る	腐烂 fǔlàn	go bad
kushi 櫛	梳子 shūzi	comb
kushami くしゃみ	喷嚏 pēntì	sneeze
kujoo 苦情	意见 yì·jiàn	complaint
kujira クジラ	鲸鱼 jīngyú	whale
kusuguttai くすぐったい	痒 yǎng	tickle
kusuri 薬	药 yào	medicine

422

日	中	英
kuse 癖	习惯 xíguàn	habit
gutaiteki 具体的	具体 jùtǐ	concrete
kudamono 果物	水果 shuǐguǒ	fruit
kuchi 口	嘴 zuǐ	mouth
kuchibiru 唇	嘴唇 zuǐchún	lip
kuchibeni 口紅	口红 kǒuhóng	lipstick
kuchoo 口調	语气 yǔqì	tone
kutsu 靴	鞋 xié	shoes
kutsuu 苦痛	痛苦 tòngkǔ	pain
kutsushita 靴下	袜子 wàzi	socks
kusshon クッション	垫子 diànzi	cushion
kutsurogu くつろぐ	休息 xiūxi	relax
kuni 国	国家 guójiā	country
kubaru 配る	分发 fēnfā	distribute
kubi 首	脖子 bózi	neck
kubikazari 首飾り	项链 xiàngliàn	necklace
kubinisuru 首にする	解雇 jiěgù	fire
kubiwa 首輪	项圈 xiàngquān	collar
kubetsu suru 区別(する)	区别 qūbié	distinguish; distinction

クマ

日	中	英
_{kuma} クマ	熊 xióng	bear
_{kumo} 雲	云 yún, 云彩 yúncai	cloud
_{kumo} クモ	蜘蛛 zhīzhū	spider
_{kumori} 曇り 〔曇天〕	阴天 yīntiān	cloudy weather
_{kurai} 暗い	黑暗 hēi'àn, 暗 àn	dark
_{guraundo} グラウンド	运动场 yùndòngchǎng	ground
_{kurage} クラゲ	海蜇 hǎizhé	jellyfish
_{kurasu} 暮らす	生活 shēnghuó, 过日子 guò rìzi	live
_{kurasu} クラス 〔学級〕	班 bān	class
〃 〔等級〕	等级 děngjí	class
_{gurasu} グラス	玻璃杯 bōlibēi	glass
_{kurabu} クラブ	俱乐部 jùlèbù	club
_{gurafu} グラフ	图表 túbiǎo	graph
_{kuraberu} 比べる	比较 bǐjiào	compare
_{guramu} グラム	克 kè	gram
_{kurayami} 暗闇	暗处 àn·chù	darkness
_{kuri} クリ 〔実〕	栗子 lìzi	chestnut
_{kuriininguten} クリーニング店	洗衣店 xǐyīdiàn	laundry
_{kuriimu} クリーム 〔食用〕	奶油 nǎiyóu	cream

日	中	英
kurikaesu 繰り返す	重复 chóngfù	repeat
kurisumasu クリスマス	圣诞节 Shèngdànjié	Christmas
kurikku suru クリック（する）	点击 diǎnjī	click
kurippu クリップ	曲别针 qūbiézhēn, 夹子 jiāzi	clip
kuru 来る	来 lái	come
guruupu グループ	小组 xiǎozǔ	group
kurushimu 苦しむ	感到痛苦 gǎndào tòngkǔ	suffer
kuruma 車	车 chē, 汽车 qìchē	car
kurejittokaado クレジットカード	信用卡 xìnyòngkǎ	credit card
kureyon クレヨン	蜡笔 làbǐ	crayon
kureru くれる　〔与える〕	给 gěi	give
kuro 黒	黑色 hēisè	black
kuroi 黒い	黑 hēi	black
guroobaruka グローバル化	全球化 quánqiúhuà	globalization
kuroji 黒字	盈余 yíngyú	surplus
kuwaeru 加える	加 jiā	add
kuwashii 詳しい　〔詳細な〕	详细 xiángxì	detailed
gunshuu 群衆	群众 qúnzhòng	crowd
kunren suru 訓練（する）	训练 xùnliàn	train; training

日	中	英
け		
毛 (ke)〔体毛〕	毛发 máofà	hair
芸 (gee)	技艺 jìyì	art
経営(する) (kee'ee suru)	经营 jīngyíng	manage; management
計画(する) (keekaku suru)	计划 jìhuà	plan
警官 (keekan)	警察 jǐngchá	police officer
経験(する) (keeken suru)	经验 jīngyàn	experience
傾向 (keekoo)	倾向 qīngxiàng	tendency
警告(する) (keekoku suru)	警告 jǐnggào	warn; warning
経済 (keezai)	经济 jīngjì	economy
経済学 (keezaigaku)	经济学 jīngjìxué	economics
警察 (keesatsu)	警察 jǐngchá	police
警察署 (keesatsusho)	公安局 gōng'ānjú	police station
計算(する) (keesan suru)	计算 jìsuàn	calculate; calculation
形式 (keeshiki)	形式 xíngshì	form
芸術 (geejutsu)	艺术 yìshù	art
芸術家 (geejutsuka)	艺术家 yìshùjiā	artist
携帯電話 (keetaidenwa)	手机 shǒujī	cellphone

日	中	英
keedo 経度	经度 jīngdù	longitude
keetokuchin 景徳鎮	景德镇 Jǐngdézhèn	Jingdezhen
keeba 競馬	赛马 sàimǎ	horse racing
keehi 経費	经费 jīngfèi	expense
keebetsusuru 軽蔑する	小看 xiǎokàn	despise
keehoo 警報	警报 jǐngbào	alarm
keemusho 刑務所	监狱 jiānyù	prison
keeyaku suru 契約(する)	(订)合同 (dìng)hétong	contract
keeyooshi 形容詞	形容词 xíngróngcí	adjective
keerin 桂林	桂林 Guìlín	Guilin
keeki ケーキ	蛋糕 dàngāo	cake
keesu ケース 〔容器〕	盒子 hézi	case
〃 〔例〕	案例 ànlì	case
geemu ゲーム	游戏 yóuxì	game
kega suru けが(する)	(受)伤 (shòu)shāng	be injured; injury
geka 外科	外科 wàikē	surgery
kegawa 毛皮	毛皮 máopí	fur
geki 劇	戏剧 xìjù	play
gekijoo 劇場	剧场 jùchǎng	theater

今朝

日	中	英
_{kesa} 今朝	今早 jīnzǎo	this morning
_{keshiki} 景色	风景 fēngjǐng	scenery
_{keshigomu} 消しゴム	橡皮 xiàngpí	eraser
_{keshoo} _{suru} 化粧(する)	化妆 huàzhuāng	put on makeup; makeup
_{keshoohin} 化粧品	化妆品 huàzhuāngpǐn	cosmetics
_{kesu} 消す〔明かりを〕	关 guān	turn out
〃 〔火を〕	灭 miè	put out
_{kechappu} ケチャップ	番茄酱 fānqiéjiàng	ketchup
_{ketsueki} 血液	血液 xuèyè	blood
_{ketsuekigata} 血液型	血型 xuèxíng	blood type
_{kekka} 結果	结果 jiéguǒ	result
_{kekkan} 欠陥	缺陷 quēxiàn	defect
_{ketsugi} 決議	决议 juéyì	resolution
_{ketsugisuru} 決議する	议决 yìjué	resolve
_{gekkyuu} 月給	月薪 yuèxīn	monthly salary
_{kekkyoku} 結局	结果 jiéguǒ, 最后 zuìhòu	after all
_{kekkon} _{suru} 結婚(する)	结婚 jiéhūn	marry, get married; marriage
_{kekkonshiki} 結婚式	婚礼 hūnlǐ	wedding
_{kessaku} 傑作	杰作 jiézuò	masterpiece

日	中	英
gesshuu 月収	月收入 yuèshōurù	monthly income
kesshoo 結晶	结晶 jiéjīng	crystal
kesshin suru 決心(する)	决心 juéxīn	decide; decision
kesseki suru 欠席(する)	缺席 quēxí	be absent; absence
ketsudan suru 決断(する)	决断 juéduàn	decide; decision
kettee suru 決定(する)	决定 juédìng	decide; decision
ketten 欠点	缺点 quēdiǎn	fault
keppakuna 潔白な	清白 qīngbái	innocent
geppu suru げっぷ(する)	打嗝儿 dǎgér	belch
getsuyoobi 月曜日	星期一 xīngqīyī	Monday
ketsuron 結論	结论 jiélùn	conclusion
kemuri 煙	烟 yān	smoke
kemono 獣	兽类 shòulèi	beast
geri 下痢	拉肚子 lā dùzi	diarrhea
keru 蹴る	踢 tī	kick
ken 券	票 piào	ticket
ken 県	县 xiàn	prefecture
ken 件	事情 shìqing	matter
gen 元 〔通貨〕	元 Yuán	yuan

429

元

日	中	英
元 〔王朝名〕 (gen)	元朝 Yuáncháo	the Yuan Dynasty
権威 (ken'i)	权威 quánwēi	authority
原因 (gen'in)	原因 yuányīn	cause
けんか(する)〔口論〕(kenka suru)	争吵 zhēngchǎo	quarrel
限界 (genkai)	极限 jíxiàn	limit
見学(する) (kengaku suru)	参观 cānguān	visit
玄関 〔入り口〕(genkan)	门口 ménkǒu	front door
研究(する) (kenkyuu suru)	研究 yánjiū	study
現金 (genkin)	现金 xiànjīn	cash
言語 (gengo)	语言 yǔyán	language
健康診断 (kenkooshindan)	体检 tǐjiǎn	checkup
健康な (kenkoona)	健康 jiànkāng	healthy
げんこつ (genkotsu)	拳头 quán·tóu	fist
検査(する) (kensa suru)	检查 jiǎnchá	inspect; inspection
現在 (genzai)	现在 xiànzài	the present
検索(する) (kensaku suru)	检索 jiǎnsuǒ	search
原子 (genshi)	原子 yuánzǐ	atom
現実 (genjitsu)	现实 xiànshí	reality
拳銃 (kenjuu)	手枪 shǒuqiāng	pistol

日	中	英
genshoo 現象	现象 xiànxiàng	phenomenon
genjoo 現状	现状 xiànzhuàng	the present situation
genshoo suru 減少(する)	减少 jiǎnshǎo	decrease
kensetsu suru 建設(する)	建设 jiànshè	construct; construction
kenzen 健全	健全 jiànquán	sound
gensoo 幻想	幻想 huànxiǎng	illusion
gendai 現代	当代 dāngdài	the present age
kenchiku suru 建築(する)	建筑 jiànzhù	build; architecture
kenchikuka 建築家	建筑师 jiànzhùshī	architect
kenbikyoo 顕微鏡	显微镜 xiǎnwēijìng	microscope
kenpoo 憲法	宪法 xiànfǎ	constitution
kenri 権利	权利 quánlì	right
genri 原理	原理 yuánlǐ	principle
genryoo 原料	原料 yuánliào	raw materials
kenryoku 権力	权力 quánlì	power

こ

ko 子	孩子 háizi	child
go 5	五 wǔ	five

恋

日	中	英
恋 (koi)	恋情 liànqíng	love
コイ (koi)	鲤鱼 lǐyú	carp
語彙 (goi)	词汇 cíhuì	vocabulary
恋する (koisuru)	恋爱 liàn'ài	love
恋人 (koibito)	对象 duìxiàng	lover
コイン (koin)	硬币 yìngbì	coin
行為 (kooi)	行为 xíngwéi	act, action
合意(する) (gooi suru)	同意 tóngyì	agree; agreement
幸運な (koounna)	幸运 xìngyùn	lucky
公園 (kooen)	公园 gōngyuán	park
講演(する) (kooen suru)	讲演 jiǎngyǎn	give a lecture; lecture
効果 (kooka)	效果 xiàoguǒ	effect
硬貨 (kooka)	硬币 yìngbì	coin
黄河 (kooga)	黄河 Huánghé	the Yellow River
後悔(する) (kookai suru)	后悔 hòuhuǐ	regret
公害 (koogai)	公害 gōnghài	pollution
郊外 (koogai)	郊区 jiāoqū	suburb
合格する〔試験に〕 (gookakusuru)	考上 kǎoshàng	pass
高価な (kookana)	贵 guì, 昂贵 ángguì	expensive

日	中	英
kookan suru 交換(する)	交换 jiāohuàn	exchange
koogi suru 講義(する)	讲课 jiǎngkè	give a lecture; lecture
koogi suru 抗議(する)	抗议 kàngyì	protest
kookishin 好奇心	好奇心 hàoqíxīn	curiosity
kookyoo 公共	公共 gōnggòng	public
koogyoo 工業	工业 gōngyè	industry
kookyookyoku 交響曲	交响曲 jiāoxiǎngqǔ	symphony
gookee suru 合計(する)	合计 héjì	total
koogeki suru 攻撃(する)	攻击 gōngjī	attack
kooken suru 貢献(する)	贡献 gòngxiàn	contribute; contribution
kookoo 高校	高中 gāozhōng	high school
kookoosee 高校生	高中生 gāozhōngshēng	high school student
kookoku 広告	广告 guǎnggào	advertisement
koosa 黄砂	黄沙 huángshā	yellow sand
kooza 口座	户头 hùtóu	account
koosasuru 交差する	交叉 jiāochā	cross
koosaten 交差点	十字路口 shízì lùkǒu	crossing
kooshi 孔子	孔子 Kǒngzǐ	Confucius
kooji 工事	工程 gōngchéng	construction (work)

公式

日	中	英
公式 (kooshiki)	官方 guānfāng	official
口実 (koojitsu)	借口 jièkǒu	pretext, excuse
広州 (kooshuu)	广州 Guǎngzhōu	Guangzhou
杭州 (kooshuu)	杭州 Hángzhōu	Hangzhou
交渉(する) (kooshoo suru)	交涉 jiāoshè	negotiate; negotiation
工場 (koojoo)	工厂 gōngchǎng	factory
行進(する) (kooshin suru)	行进 xíngjìn, 游行 yóuxíng	march
更新する (kooshinsuru)	更新 gēngxīn	renew
香辛料 (kooshinryoo)	调料 tiáoliào	spice
香水 (koosui)	香水 xiāngshuǐ	perfume
洪水 (koozui)	洪水 hóngshuǐ	flood
構成(する) (koosee suru)	构成 gòuchéng	compose; composition
光線 (koosen)	光线 guāngxiàn	ray
構造 (koozoo)	构造 gòuzào	structure
高速道路 (koosokudooro)	高速公路 gāosù gōnglù	expressway
交替(する) (kootai suru)	交替 jiāotì	change
紅茶 (koocha)	红茶 hóngchá	(black) tea
交通 (kootsuu)	交通 jiāotōng	traffic
交通事故 (kootsuujiko)	交通事故 jiāotōng shìgù	traffic accident

日	中	英
kootsuujuutai 交通渋滞	交通拥堵 jiāotōng yōngdǔ	traffic jam
kootsuushingoo 交通信号	红绿灯 hónglǜdēng	traffic light
kootee suru 肯定(する)	肯定 kěndìng	affirm; affirmation
kootee 皇帝	皇帝 huángdì	emperor
kooteki 公的	公家的 gōngjiā de	public
kootetsu 鋼鉄	钢铁 gāngtiě	steel
koodo 高度　　〔高さ〕	高度 gāodù	altitude
koodoo suru 行動(する)	行动 xíngdòng	act; action
gootoo 強盗	抢劫 qiǎngjié	robber
koonyuu suru 購入(する)	购买 gòumǎi	purchase
koohan 後半	后半部 hòubànbù	the second half
koofuku 幸福	幸福 xìngfú	happiness
koofun suru 興奮(する)	兴奋 xīngfèn	be excited; excitement
koohee 公平	公平 gōngpíng	fair
kooho 候補	候补 hòubǔ	candidate
goohooteki 合法的	合法 héfǎ	legal
goomanna 傲慢な	傲慢 àomàn	arrogant
koomuru 被る　　〔被害〕	蒙受 méngshòu	suffer
kouri 小売り	零售 língshòu	retail

効率

日	中	英
kooritsu 効率	效率 xiàolǜ	efficiency
kooritsuno 公立の	公立 gōnglì	public
gooritekina 合理的な	合理 hélǐ	rational
kooryo suru 考慮(する)	考虑 kǎolǜ	consider; consideration
kooron suru 口論(する)	争论 zhēnglùn	argue; argument
koe 声	声音 shēngyīn	voice
koeru 越える 〔横切る〕	越过 yuèguò	cross
koosu コース 〔道程〕	路线 lùxiàn	course, route
〃 〔学科の〕	学科 xuékē	course
koochi コーチ	教练 jiàoliàn	coach
koohii コーヒー	咖啡 kāfēi	coffee
koora コーラ	可乐 kělè	cola
koorasu コーラス	合唱 héchàng	chorus
koori 氷	冰 bīng	ice
kooru 凍る	冻 dòng	freeze
gooru ゴール	终点 zhōngdiǎn	goal, finish
goorukiipaa ゴールキーパー	守门员 shǒuményuán	goalkeeper
gokai suru 誤解(する)	误会 wùhuì	misunderstand; misunderstanding
kogasu 焦がす	烤煳 kǎohú	burn

日	中	英
gogatsu 5月	五月 wǔ yuè	May
kogitte 小切手	支票 zhīpiào	check
gokiburi ゴキブリ	蟑螂 zhāngláng	cockroach
kokyuu suru 呼吸(する)	呼吸 hūxī	breathe; breathing
kokyoo 故郷	故乡 gùxiāng	hometown
kogu 漕ぐ	划 huá	row
kokusai 国際	国际 guójì	international
kokuseki 国籍	国籍 guójí	nationality
kokudoo 国道	国道 guódào	national road
kokunai 国内	国内 guónèi	domestic
kokuhaku suru 告白(する)	表白 biǎobái	confess; confession
kokuban 黒板	黑板 hēibǎn	blackboard
kokufukusuru 克服する	克服 kèfú	overcome
kokumin 国民	国民 guómín	nation, people
kokuritsuno 国立の	国立 guólì	national
kokuren 国連	联合国 Liánhéguó	the United Nations
kogeru 焦げる	烧焦 shāojiāo	burn
koko ここ	这里 zhè·lǐ	here
gogo 午後	下午 xiàwǔ	afternoon

ココア

日	中	英
kokoa ココア	可可 kěkě	hot chocolate
kokonattsu ココナッツ	椰子 yēzi	coconut
kokonotsu 9つ	九个 jiǔ ge	nine
kokoro 心	心 xīn	heart
kokoromiru 試みる	尝试 chángshì	try
koshi 腰	腰 yāo	waist
koshoo コショウ	胡椒 hújiāo	pepper
koshoo 故障 〔機械の〕	故障 gùzhàng	breakdown
kojin 個人	个人 gèrén	individual
kosuru こする	摩擦 mócā	rub
kosee 個性	个性 gèxìng	personality
kozeni 小銭	零钱 língqián	change
gozen 午前	上午 shàngwǔ	morning
kotai 固体	固体 gùtǐ	solid
kodai 古代	古代 gǔdài	ancient times
kotae 答え	答案 dá'àn	answer
kotaeru 答える	回答 huídá	answer
kodama こだま	回声 huíshēng	echo
kochira こちら	这边 zhèbian	here

438

日	中	英
kotsu こつ	窍门 qiàomén	knack
kokka 国家	国家 guójiā	state
kokka 国歌	国歌 guógē	national anthem
kozukai こづかい	零用钱 língyòngqián	pocket money
kokki 国旗	国旗 guóqí	national flag
kokkyoo 国境	国境 guójìng	border
kokku コック	厨师 chúshī	cook
kokkeena 滑稽な	滑稽 huájī	funny
kossetsu suru 骨折(する)	骨折 gǔzhé	break a bone; fracture
kozutsumi 小包	包裹 bāoguǒ	package
kottoohin 骨董品	古董 gǔdǒng	antiques
koppu コップ	杯子 bēizi	cup
koteesuru 固定する	固定 gùdìng	fix
koten 古典	古典 gǔdiǎn	classic
koto 事	事情 shìqing	matter, thing
kotoshi 今年	今年 jīnnián	this year
kotozuke 言付け	口信 kǒuxìn	message
kotonaru 異なる	不同 bùtóng	different
kotoba 言葉　〔言語〕	语言 yǔyán	language

子ども

日	中	英
kodomo 子ども	孩子 háizi	child
kotowaza ことわざ	谚语 yànyǔ	proverb
kotowaru 断る	拒绝 jùjué	refuse
kona 粉	粉末 fěnmò	powder
kono この	这个 zhèige	this
konoaida この間	前几天 qián jǐ tiān	the other day
konogoro このごろ	最近 zuìjìn	these days
konomu 好む	喜欢 xǐhuan	like
gohan ご飯	米饭 mǐfàn	rice
kopii コピー 〔複写物〕	复印 fùyìn	copy
kopiiki コピー機	复印机 fùyìnjī	photocopier
kobushi こぶし	拳头 quántou	fist
kobosu こぼす	洒 sǎ	spill
goma ごま	芝麻 zhīma	sesame
komaasharu コマーシャル	广告 guǎnggào	commercial
komakai 細かい 〔微細な〕	细小 xìxiǎo	fine
komaru 困る	为难 wéinán	have a problem
gomi ごみ	垃圾 lājī	trash
gomibako ごみ箱	垃圾箱 lājīxiāng	trash can

日	中	英
komu 込む	拥挤 yōngjǐ	be crowded
gomu ゴム	橡胶 xiàngjiāo	rubber
komugi コムギ	小麦 xiǎomài	wheat
komugiko コムギ粉	面粉 miànfěn	wheat flour
kome コメ	大米 dàmǐ	rice
komento コメント	评语 píngyǔ	comment
koyoo suru 雇用(する)	雇用 gùyòng	employ; employment
koyomi 暦　〔日めくり〕	日历 rìlì	calendar
goraku 娯楽	娱乐 yúlè	amusement
koramu コラム	专栏 zhuānlán	column
koritsu suru 孤立(する)	孤立 gūlì	be isolated; isolation
gorufu ゴルフ	高尔夫球 gāo'ěrfūqiú	golf
kore これ	这个 zhèige	this
korekushon コレクション	收藏物 shōucángwù	collection
korogaru 転がる	滚 gǔn	roll
korosu 殺す	杀死 shāsǐ	kill
kowasu 壊す	弄坏 nònghuài	break
konki 根気	毅力 yìlì	patience
konkyo 根拠	根据 gēnjù	ground

コンクール

日	中	英
konkuuru コンクール	竞演会 jìngyǎnhuì	contest
konkuriito コンクリート	混凝土 hùnníngtǔ	concrete
kongetsu 今月	这个月 zhège yuè	this month
konsaato コンサート	音乐会 yīnyuèhuì	concert
konzatsusuru 混雑する	拥挤 yōngjǐ	be crowded
konshuu 今週	这个星期 zhège xīngqī	this week
konsento コンセント	插座 chāzuò	outlet
kondate 献立	食谱 shípǔ	menu
konchuu 昆虫	昆虫 kūnchóng	insect
kondo 今度　〔この次〕	下次 xiàcì	next time
kondoo suru 混同(する)	混淆 hùnxiáo	confuse; confusion
kondoomu コンドーム	避孕套 bìyùntào	condom
konna こんな	这样 zhèyàng	such
konnan na 困難(な)	困难 kùnnan	difficult; difficulty
konban 今晩	今晚 jīnwǎn	tonight
konbini コンビニ	便利店 biànlìdiàn	convenience store
konpyuutaa コンピューター	电脑 diànnǎo	computer
konma コンマ	逗号 dòuhào	comma
kon'ya 今夜	今晚 jīnwǎn	tonight

日	中	英
kon'yaku suru 婚約(する)	订婚 dìnghūn	be engaged to; engagement
kon'yakusha 婚約者　〔男〕	未婚夫 wèihūnfū	fiance
〃　〔女〕	未婚妻 wèihūnqī	fiancée
konran suru 混乱(する)	混乱 hùnluàn	confuse; confusion

さ

日	中	英
sa 差	差距 chājù	difference
saakasu サーカス	马戏 mǎxì	circus
saazu SARS	非典 fēidiǎn	SARS
saabaa サーバー	服务器 fúwùqì	server
saabisu サービス	服务 fúwù	service
saigai 災害	灾害 zāihài	disaster
saikaisuru 再会する	再会 zàihuì	meet again
saikaisuru 再開する	重新开始 chóngxīn kāishǐ	resume
saikin 最近	最近 zuìjìn	recently
saikin 細菌	细菌 xìjūn	bacteria
saikuringu サイクリング	自行车运动 zìxíngchē yùndòng	cycling
saiken suru 再建(する)	重建 chóngjiàn	reconstruct; reconstruction
saigo 最後	最后 zuìhòu	the last

サイコロ

日	中	英
サイコロ (saikoro)	色子 shǎizi	dice
財産 (zaisan)	财产 cáichǎn	fortune
祭日 (saijitsu)	节日 jiérì	holiday
採集(する) (saishuu suru)	采集 cǎijí	collect; collection
最初 (saisho)	最初 zuìchū, 第一 dìyī	first
最新の (saishinno)	最新 zuìxīn	newest, latest
サイズ (saizu)	尺寸 chǐ·cùn	size
財政 (zaisee)	财政 cáizhèng	finance
サイト〔WEB上の〕 (saito)	网站 wǎngzhàn	site
才能 (sainoo)	才能 cáinéng	talent
栽培(する) (saibai suru)	栽培 zāipéi	cultivate; cultivation
裁判(する) (saiban suru)	审判 shěnpàn	try; trial
裁判官 (saibankan)	法官 fǎguān	judge
裁判所 (saibansho)	法院 fǎyuàn	court
財布 (saifu)	钱包 qiánbāo	wallet
細部 (saibu)	细节 xìjié	detail
裁縫 (saihoo)	缝纫 féngrèn	sewing
細胞 (saiboo)	细胞 xìbāo	cell
採用する〔合格者を〕 (saiyoosuru)	录取 lùqǔ	adopt

日	中	英
zairyoo 材料	材料 cáiliào	material
sain suru サイン(する)〔署名〕	签名 qiānmíng	sign; signature
saka 坂	坡 pō	slope
sagasu 探す	找 zhǎo	look for
sakana 魚	鱼 yú	fish
sakaya 酒屋	酒铺 jiǔpù	liquor store
sagaru 下がる 〔低くなる〕	下降 xiàjiàng	fall, drop
saki 先 〔先端〕	尖端 jiānduān	tip, point
sagi 詐欺	诈骗 zhàpiàn	fraud
sagyoo suru 作業(する)	工作 gōngzuò	work
saku 柵	围栏 wéilán	fence
saku 咲く	开(花) kāi(huā)	bloom
saku 裂く	切开 qiēkāi, 分开 fēnkāi	tear
sakuin 索引	索引 suǒyǐn	index
sakugen suru 削減(する)	削减 xuējiǎn	cut
sakusha 作者	作者 zuòzhě	author
sakujo suru 削除(する)	删除 shānchú	delete; deletion
sakusen 作戦	作战 zuòzhàn, 对策 duìcè	operation
sakunen 昨年	去年 qùnián	last year

作品

日	中	英
sakuhin 作品	作品 zuòpǐn	work
sakubun 作文	作文 zuòwén	composition
sakura サクラ 〔木〕	樱花(树) yīnghuā(shù)	cherry tree
sakuranbo サクランボ	樱桃 yīngtáo	cherry
sake サケ	鲑鱼 guīyú	salmon
sakebu 叫ぶ	喊叫 hǎnjiào	cry
sakeru 避ける	躲避 duǒbì	avoid
sakeru 裂ける	撕裂 sīliè	tear
sageru 下げる	降低 jiàngdī	lower
sasaeru 支える	支撑 zhī·chēng	support
sasayaku ささやく	轻声私语 qīngshēng sīyǔ	murmur
saji さじ	小勺 xiǎosháo	spoon
sashie 挿絵	插图 chātú	illustration
sashidashinin 差出人	发信人 fāxìnrén	sender
sashimi 刺身	生鱼片 shēngyúpiàn	sashimi
zaseki 座席	座位 zuòwèi	seat
sasetsusuru 左折する	左拐 zuǒguǎi	turn left
sasou 誘う	邀请 yāoqǐng	invite
satsu 札	钞票 chāopiào	bill

日	中	英
_{zatsuon} 雑音	杂音 záyīn	noise
_{sakka} 作家	作家 zuòjiā	writer
_{sakkaa} サッカー	足球 zúqiú	soccer
_{sakkaku} 錯覚	错觉 cuòjué	illusion
_{sakkyoku suru} 作曲(する)	作曲 zuòqǔ	compose; composition
_{sakkyokuka} 作曲家	作曲家 zuòqǔjiā	composer
_{zasshi} 雑誌	杂志 zázhì	magazine
_{satsujin} 殺人	杀人 shārén	murder
_{zassoo} 雑草	杂草 zácǎo	weeds
_{zatsudan suru} 雑談(する)	聊天儿 liáotiānr	chat
_{satoo} 砂糖	砂糖 shātáng	sugar
_{sadoo} 茶道	茶道 chádào	tea ceremony
_{satoru} 悟る	领悟 lǐngwù	realize
_{saba} サバ	青花鱼 qīnghuāyú	mackerel
_{sabaku} 砂漠	沙漠 shāmò	desert
_{sabishii} 寂しい	寂寞 jìmò	lonely
_{sabetsu suru} 差別(する)	歧视 qíshì	discriminate; discrimination
_{sapootaa} サポーター〔防具の〕	护具 hùjù	athletic supporter
〃　〔人の〕	支援者 zhīyuánzhě	supporter

サボる

日	中	英
saboru サボる〔怠ける〕	偷懒 tōulǎn	be lazy
〃 〔授業を〕	逃学 táoxué	cut a class
samasu 冷ます	冷却 lěngquè	cool
samatageru 妨げる	妨碍 fáng'ài	prevent
samitto サミット	峰会 fēnghuì	summit
samui 寒い	冷 lěng	cold
sameru 覚める〔目が〕	醒来 xǐnglái	wake up
sameru 冷める	变凉 biànliáng	get cold
sayoonara さようなら	再见 Zàijiàn	Good-bye.
sara 皿	盘子 pánzi	plate
sarasu さらす	暴露 bàolù	expose
sarada サラダ	色拉 sèlā	salad
sarariiman サラリーマン	工薪族 gōngxīnzú	office worker
saru サル	猴子 hóuzi	monkey
saru 去る	离开 líkāi	leave
sawagashii 騒がしい	吵闹 chǎonào	noisy
sawagu 騒ぐ	闹 nào	make noise
sawayaka さわやか	清爽 qīngshuǎng	refreshing
sawaru 触る	摸 mō	touch

散歩（する）

日	中	英
san 3	三 sān	three
san 酸	酸 suān	acid
sanka suru 参加（する）	参加 cānjiā	participate in; participation
sankaku 三角	三角 sānjiǎo	triangle
sangatsu 3月	三月 sān yuè	March
sangyoo 産業	产业 chǎnyè	industry
sangurasu サングラス	太阳镜 tàiyángjìng	sunglasses
sango サンゴ	珊瑚 shānhú	coral
sankoo nisuru 参考（にする）	参考 cānkǎo	refer to; reference
zankokuna 残酷な	残酷 cánkù	cruel
sanshoo suru 参照（する）	参照 cānzhào	refer to; reference
sansee suru 賛成（する）〔同意〕	赞成 zànchéng, 同意 tóngyì	agree; agreement
sanseeu 酸性雨	酸雨 suānyǔ	acid rain
sanso 酸素	氧气 yǎngqì	oxygen
santakuroosu サンタクロース	圣诞老人 Shèngdàn lǎorén	Santa Claus
sandaru サンダル	凉鞋 liángxié	sandals
sandoitchi サンドイッチ	三明治 sānmíngzhì	sandwich
sanpatsu suru 散髪（する）	理发 lǐfà	have a haircut; haircut
sanpo suru 散歩（する）	散步 sànbù	take a walk; walk

さ

日	中	英
	し	
shi 4	四 sì	four
shi 市	市 shì	city
shi 死	死 sǐ	death
shi 詩	诗 shī	poem
ji 字	字 zì	letter, character
shiai 試合	比赛 bǐsài	match
shiawase na 幸せ(な)	幸福 xìngfú	happy; happiness
shiitsu シーツ	床单 chuángdān	sheet
shiidii CD	光盘 guāngpán	CD
shiiru シール	贴纸 tiēzhǐ	sticker
jiin 寺院	寺院 sìyuàn	temple
jiinzu ジーンズ	牛仔裤 niúzǎikù	jeans
jetto ジェット	喷气式 pēnqìshì	jet
shefu シェフ	厨师 chúshī	chef
shien suru 支援(する)	支援 zhīyuán	support
shio 塩	盐 yán	salt
shio 潮	潮 cháo	tide

日	中	英
shiokarai 塩辛い	咸 xián	salty
shikaeshi 仕返し	报复 bàofù	revenge
shikaku 四角	方形 fāngxíng	square
shikaku 資格	资格 zīgé	qualification
shikakui 四角い	方 fāng	square
shikashi しかし	可是 kěshì, 但是 dànshì	but
shikata 仕方	方法 fāngfǎ	way
shigatsu 4月	四月 sì yuè	April
shikaru 叱る	批评 pīpíng	scold
jikan 時間	时间 shíjiān	time
shiki 式　〔式典〕	典礼 diǎnlǐ	ceremony
shiki 四季	四季 sìjì	four seasons
jiki 時期	时期 shíqī	time, period
jiki 磁器	瓷器 cíqì	porcelain
shikii 敷居	门槛 ménkǎn	threshold
shikyuu 至急	火速 huǒsù, 赶快 gǎnkuài	right away
jigyoo 事業	实业 shíyè	business
shikinjoo 紫禁城	紫禁城 Zǐjìnchéng	the Forbidden City
shiku 敷く　〔広げる〕	铺 pū	spread

しぐさ

日	中	英
_{shigusa} しぐさ	动作 dòngzuò	gesture
_{shigeki} 刺激(_{suru}する)	刺激 cìjī	stimulate; stimulus
_{shiken} 試験	考试 kǎoshì	examination
_{shigen} 資源	资源 zīyuán	resources
_{jiken} 事件	事件 shìjiàn	case, affair
_{jiko} 事故	事故 shìgù	accident
_{shikoo} 思考	思考 sīkǎo	thought
_{jikoku} 時刻	时刻 shíkè	time
_{jigoku} 地獄	地狱 dìyù	hell
_{jikokuhyoo} 時刻表	时刻表 shíkèbiǎo	schedule
_{shigoto} 仕事(_{suru}する)	工作 gōngzuò	work
_{shisa} 示唆(_{suru}する)	启发 qǐfā	suggest; suggestion
_{jisa} 時差	时差 shíchā	time difference
_{jisatsu} 自殺(_{suru}する)	自杀 zìshā	commit suicide; suicide
_{shiji} 支持(_{suru}する)	支持 zhīchí	support
_{shiji} 指示(_{suru}する)	指示 zhǐshì	indicate; indication
_{jijitsu} 事実	事实 shìshí	fact
_{jishaku} 磁石	磁铁 cítiě	magnet
_{shishuu} 刺繍	刺绣 cìxiù	embroidery

日	中	英
jisho 辞書	词典 cídiǎn	dictionary
shijoo 市場	市场 shìchǎng	market
jijoo 事情	事由 shìyóu	circumstances
jishoku suru 辞職(する)	辞职 cízhí	resign; resignation
shijin 詩人	诗人 shīrén	poet
jishin 自信	信心 xìnxīn	confidence
jishin 地震	地震 dìzhèn	earthquake
shizukana 静かな	安静 ānjìng	quiet
shizuku しずく	水滴 shuǐdī	drop
shisutemu システム	系统 xìtǒng	system
shizumu 沈む 〔水中に〕	沉没 chénmò	sink
shisee 姿勢	姿势 zīshì	posture
shisen 四川	四川 Sìchuān	Sichuan
shizen 自然	自然 zìrán	nature
shisoo 思想	思想 sīxiǎng	thought
shison 子孫	子孙 zǐsūn	descendant
jisonshin 自尊心	自尊心 zìzūnxīn	pride
shita 下 〔下部〕	下面 xià·miàn, 下边 xiàbian	the bottom
shita 舌	舌头 shétou	tongue

時代

日	中	英
時代 (jidai)	时代 shídài	age
従う 〔服従〕 (shitagau)	服从 fúcóng	obey
下着 (shitagi)	内衣 nèiyī	underwear
親しい 〔親密な〕 (shitashii)	亲密 qīnmì	close
7 (shichi)	七 qī	seven
7月 (shichigatsu)	七月 qī yuè	July
試着する (shichakusuru)	试穿 shìchuān	try on
市長 (shichoo)	市长 shìzhǎng	mayor
視聴者 (shichoosha)	观众 guānzhòng, 受众 shòuzhòng	viewer
質 (shitsu)	质量 zhìliàng	quality
失業 (shitsugyoo)	失业 shīyè	unemployment
実業家 (jitsugyooka)	实业家 shíyèjiā	businessman
実験(する) (jikken suru)	实验 shíyàn	experiment
実現(する) (jitsugen suru)	实现 shíxiàn	realize; realization
実行(する) (jikkoo suru)	实行 shíxíng	put into practice; practice
実質の (jisshitsuno)	实际 shíjì	substantial
実践(する) (jissen suru)	实践 shíjiàn	practice
嫉妬(する) (shitto suru)	嫉妒 jídù	be jealous; jealousy
湿度 (shitsudo)	湿度 shīdù	humidity

日	中	英
jitsuni 実に	实在 shízài	really
jitsuwa 実は	其实 qíshí	in fact
shippai suru 失敗(する)	失败 shībài	fail; failure
shippo 尻尾	尾巴 wěiba	tail
shitsuboo suru 失望(する)	失望 shīwàng	be disappointed; disappointment
shitsumon suru 質問(する)	提问 tíwèn	ask a question; question
jitsuyootekina 実用的な	实用 shíyòng	practical
shitsuree 失礼	失礼 shīlǐ	impolite
shiteeseki 指定席	对号座 duìhàozuò	reserved seat
shitekisuru 指摘する	指出 zhǐchū	point out
shiten 支店	分店 fēndiàn	branch office
shiten 視点	观点 guāndiǎn	point of view
jiten 事典	百科全书 bǎikē quánshū	encyclopedia
jiden 自伝	自传 zìzhuàn	autobiography
jitensha 自転車	自行车 zìxíngchē	bicycle
shidoo suru 指導(する)	指导 zhǐdǎo	direct; direction
shidoosha 指導者	领导 lǐngdǎo	leader
jidoosha 自動車	汽车 qìchē	car
jidoohanbaiki 自動販売機	自动售货器 zìdòng shòuhuòqì	vending machine

品物

日	中	英
shinamono 品物	物品 wùpǐn	goods
shinu 死ぬ	死 sǐ	die
shihai suru 支配(する)	支配 zhīpèi	rule
shihainin 支配人	经理 jīnglǐ	manager
shibashiba しばしば	常常 chángcháng	often
shibafu 芝生	草坪 cǎopíng	lawn
shiharau 支払う	支付 zhīfù	pay
shibaru 縛る	绑 bǎng, 捆 kǔn	tie
shibireru しびれる	发麻 fāmá	become numb
shihee 紙幣	纸币 zhǐbì	bill
shiboo suru 死亡(する)	死亡 sǐwáng	die; death
shiboo 脂肪	脂肪 zhīfáng	fat
shiboru 絞る	拧 níng, 榨 zhà	squeeze
shihon 資本	资本 zīběn	capital
shihonshugi 資本主義	资本主义 zīběn zhǔyì	capitalism
shima 島	岛屿 dǎoyǔ	island
shima 縞	条纹 tiáowén	stripe
shimai 姉妹	姐妹 jiěmèi	sister
shimau しまう	收起来 shōuqǐlái	put away

456

日	中	英
shimaru 閉まる	关 guān	close
jimansuru 自慢する	炫耀 xuànyào	be proud of
shimi 染み	污渍 wūzì	stain
shimin 市民	市民 shìmín	citizen
jimu 事務	事务 shìwù	office work
jimusho 事務所	办公室 bàngōngshì	office
shimee 使命	使命 shǐmìng	mission
shimekiri 締め切り	截止 jiézhǐ	deadline
shimesu 示す 〔物を〕	出示 chūshì	show
〃 〔言葉などで〕	表示 biǎoshì	demonstrate
shimeru 閉める	关 guān，关闭 guānbì	close
jimen 地面	地面 dìmiàn	ground
shimo 霜	霜 shuāng	frost
shimon 指紋	指纹 zhǐwén	fingerprint
shaabetto シャーベット	果冰 guǒbīng	sherbet
shain 社員 〔従業員〕	公司职员 gōngsī zhíyuán	employee
shakai 社会	社会 shèhuì	society
shakaishugi 社会主義	社会主义 shèhuì zhǔyì	socialism
jagaimo ジャガイモ	土豆 tǔdòu	potato

市役所

日	中	英
shiyakusho 市役所	市政府 shìzhèngfǔ	city hall
jaguchi 蛇口	水龙头 shuǐlóngtóu	faucet
jakuten 弱点	弱点 ruòdiǎn	weak point
shakuhoo suru 釈放(する)	释放 shìfàng	release
jaketto ジャケット	夹克 jiākè	jacket
shako 車庫	车库 chēkù	garage
shazai suru 謝罪(する)	道歉 dàoqiàn	apologize; apology
shashoo 車掌	乘务员 chéngwùyuán	conductor
shashin 写真	照片 zhàopiàn	picture
jasumincha ジャスミン茶	茉莉花茶 mòlihuāchá	jasmine tea
shachoo 社長	总经理 zǒngjīnglǐ	president
shatsu シャツ	衬衫 chènshān	shirt
shakkin 借金	借款 jièkuǎn	debt
shakkuri suru しゃっくり(する)	打嗝儿 dǎgér	hiccup
shadoo 車道	车道 chēdào	roadway
shaburu しゃぶる	吮吸 shǔnxī	suck
shaberu しゃべる	说话 shuōhuà	talk
jamasuru 邪魔する	打搅 dǎjiǎo	disturb
jamu ジャム	果酱 guǒjiàng	jam

日	中	英
shawaa シャワー	淋浴 línyù	shower
janpaa ジャンパー	短上衣 duǎnshàngyī	jacket
shanhai 上海	上海 Shànghǎi	Shanghai
shanpan シャンパン	香槟酒 xiāngbīnjiǔ	champagne
shanpuu シャンプー	洗发液 xǐfàyè	shampoo
shu 種	种 zhǒng	species
shuu 週	周 zhōu	week
juu 10	十 shí	ten
juu 銃	枪 qiāng	gun
jiyuu 自由	自由 zìyóu	freedom
shuui 周囲　〔まわり〕	周围 zhōuwéi	surroundings
juuichigatsu 11月	十一月 shíyī yuè	November
shuukai 集会	集会 jíhuì	meeting
shuukaku suru 収穫(する)	收获 shōuhuò	harvest
juugatsu 10月	十月 shí yuè	October
shuukan 習慣	习惯 xíguàn	habit
shuukan 週刊	周刊 zhōukān	weekly
shuukyoo 宗教	宗教 zōngjiào	religion
juukee 重慶	重庆 Chóngqìng	Chongqing

十字

日	中	英
juuji 十字	十字 shízì	cross
shuushuu suru 収集(する)	收集 shōují	collect; collection
juusho 住所	地址 dìzhǐ	address
shuushokusuru 就職する	就业 jiùyè	get a job
shuujin 囚人	囚犯 qiúfàn	prisoner
juusu ジュース	果汁 guǒzhī	juice
juutai suru 渋滞(する)	堵车 dǔchē	be crowded; traffic jam
juudaina 重大な	重大 zhòngdà, 严重 yánzhòng	important
juutaku 住宅	住宅 zhùzhái	house, housing
shuudan 集団	集体 jítǐ	group
juutan じゅうたん	地毯 dìtǎn	carpet
shuuchuu suru 集中(する)	集中 jízhōng	concentrate; concentration
juuden suru 充電(する)	充电 chōngdiàn	charge
shuuto suru シュート(する)	射门 shèmén (サッカー), 投篮 tóulán (バスケットボール)	shoot; shot
juudoo 柔道	柔道 róudào	judo
juunigatsu 12月	十二月 shí'èr yuè	December
shuunyuu 収入	收入 shōurù	income
juubun 十分	充分 chōngfèn	enough
shuumatsu 週末	周末 zhōumò	weekend

手術 (する)

日	中	英
juumin 住民	居民 jūmín	inhabitant
juuyoosee 重要性	重要性 zhòngyàoxìng	importance
juuyoona 重要な	重要 zhòngyào	important
shuuri suru 修理 (する)	修理 xiūlǐ	repair
juuryoo 重量	重量 zhòngliàng	weight
juuryoku 重力	重力 zhònglì	gravity
jukai 珠海	珠海 Zhūhǎi	Zhuhai
shukan 主観	主观 zhǔguān	subjective
shugi 主義	主义 zhǔyì	principle
jukyoo 儒教	儒教 Rújiào	Confucianism
jugyoo 授業	功课 gōngkè	class
shukujitsu 祝日	节日 jiérì	holiday
shukushoo suru 縮小 (する)	缩小 suōxiǎo	reduce; reduction
jukusu 熟す	成熟 chéngshú	ripen
shukudai 宿題	作业 zuòyè	homework
shugo 主語	主语 zhǔyǔ	subject
jukoo 珠江	珠江 Zhūjiāng	the Pearl River
shusaisuru 主催する	主办 zhǔbàn	organize
shujutsu suru 手術 (する)	(做)手术 (zuò) shǒushù	operate; operation

461

首相

日	中	英
shushoo 首相	首相 shǒuxiàng	prime minister
shujin 主人 〔店など〕	主人 zhǔrén	master
〃 〔夫〕	丈夫 zhàngfu	husband
shujinkoo 主人公	主人公 zhǔréngōng	hero [heroine]
shudai 主題	主題 zhǔtí	subject
shudan 手段	手段 shǒuduàn	means
shussan suru 出産(する)	分娩 fēnmiǎn	give birth to; childbirth
shutchoo suru 出張(する)	出差 chūchāi	go on business; business trip
shuppatsu suru 出発(する)	出发 chūfā, 动身 dòngshēn	leave, start; departure
shuppan suru 出版(する)	出版 chūbǎn	publish; publication
shuppansha 出版社	出版社 chūbǎnshè	publishing company
shutsuryoku 出力 〔電算〕	输出 shūchū	output
shuto 首都	首都 shǒudū	capital
shufu 主婦	主妇 zhǔfù	housewife
shumi 趣味	爱好 àihào	hobby
shuyoo 主要	主要 zhǔyào	main
juyoo 需要	需要 xūyào	demand
shurui 種類	种类 zhǒnglèi	kind
shuwa 手話	手语 shǒuyǔ	sign language

462

日	中	英
瞬間 (shunkan)	瞬间 shùnjiān	moment
順序 (junjo)	顺序 shùnxù	order
純粋 (junsui)	单纯 dānchún	pure
順応(する) (junnoo suru)	顺应 shùnyìng	adapt oneself to; adaptation
順番 (junban)	顺序 shùnxù, 轮流 lúnliú	order, turn
準備(する) (junbi suru)	准备 zhǔnbèi	prepare; preparation
省 (shoo) 〔官庁〕	部门 bùmén	ministry
〃 〔中国の地方〕	省 shěng	province
章 (shoo)	章 zhāng	chapter
賞 (shoo)	奖 jiǎng	prize
使用(する) (shiyoo suru)	使用 shǐyòng	use
消化(する) (shooka suru)	消化 xiāohuà	digest; digestion
ショウガ (shooga)	姜 jiāng	ginger
紹介(する) (shookai suru)	介绍 jièshào	introduce; introduction
生涯 (shoogai)	终生 zhōngshēng	one's lifetime
障害 (shoogai)	障碍 zhàng'ài	obstacle
奨学金 (shoogakukin)	奖学金 jiǎngxuéjīn, 助学金 zhùxuéjīn	scholarship
小学生 (shoogakusee)	小学生 xiǎoxuéshēng	schoolchild
正月 (shoogatsu)	正月 zhēngyuè	the New Year

小学校

日	中	英
shoogakkoo 小学校	小学 xiǎoxué	elementary school
jooki 蒸気	蒸气 zhēngqì	steam
joogi 定規	尺子 chǐzi	ruler
jookyaku 乗客	乘客 chéngkè	passenger
shoogyoo 商業	商业 shāngyè	commerce
jookyoo 状況	情况 qíngkuàng	situation
shookyoku 消極	消极 xiāojí	negative
shoogeki 衝撃	冲击 chōngjī	shock
shoogen 証言	证词 zhèngcí	testimony
jooken 条件	条件 tiáojiàn	condition
shoogensuru 証言する	作证 zuòzhèng	testify
shooko 証拠	证据 zhèngjù	evidence
shoogo 正午	中午 zhōngwǔ	noon
shookooshu 紹興酒	绍兴酒 shàoxīngjiǔ	Shaoxing wine
jooshi 上司	上司 shàngsi	boss
jooshiki 常識	常识 chángshí	common sense
shoojikina 正直な	老实 lǎoshi	honest
shoojo 少女	少女 shàonǚ	girl
shoojoo 症状	症状 zhèngzhuàng	symptom

日	中	英
jooshoo suru 上昇(する)	上升 shàngshēng	rise
shooshin suru 昇進(する)	晋升 jìnshēng	be promoted; promotion
joozuna 上手な	好 hǎo, 高超 gāochāo	good
shoosetsu 小説	小说 xiǎoshuō	novel
shoosetsuka 小説家	小说家 xiǎoshuōjiā	novelist
shoozoo 肖像	肖像 xiàoxiàng	portrait
shootai suru 招待(する)	招待 zhāodài	invite; invitation
jootai 状態	状态 zhuàngtài	state, condition
jootatsusuru 上達する	进步 jìnbù	make progress
joodan 冗談	玩笑 wánxiào	joke
joodan o iu 冗談をいう	开玩笑 kāi wánxiào	joke
shoochoo suru 象徴(する)	象征 xiàngzhēng	symbolize; symbol
shooten 商店	商店 shāngdiàn	store
shooten 焦点	焦点 jiāodiǎn	focus
shoodoo 衝動	冲动 chōngdòng	impulse
shoodoku suru 消毒(する)	消毒 xiāodú	disinfect; disinfection
shoototsu suru 衝突(する)	冲撞 chōngzhuàng	collide; collision
shoonin 商人	商人 shāngrén	merchant
shoonin 証人	证人 zhèngrén	witness

情熱

日	中	英
joonetsu 情熱	热情 rèqíng	passion
shoonen 少年	少年 shàonián	boy
jooba suru 乗馬(する)	骑马 qí mǎ	ride a horse; horse riding
shoobai suru 商売(する)	(做)买卖 (zuò) mǎimai	do business; business
shoohi suru 消費(する)	消费 xiāofèi	consume; consumption
shoohisha 消費者	消费者 xiāofèizhě	consumer
shoohin 商品	商品 shāngpǐn	goods
shoobu 勝負 〔試合〕	比赛 bǐsài	game
〃 〔勝ち負け〕	胜负 shèngfù	victory or defeat
jooho suru 譲歩(する)	让步 ràngbù	concede; concession
joohoo 情報	信息 xìnxī	information
shoobooshi 消防士	消防队员 xiāofáng duìyuán	firefighter
joomyaku 静脈	静脉 jìngmài	vein
shoomee 照明	照明 zhàomíng	lighting
shoomee suru 証明(する)	证明 zhèngmíng	prove; proof
shoomeesho 証明書	证书 zhèngshū	certificate
shoomen 正面	正面 zhèngmiàn	the front
jooyaku 条約	条约 tiáoyuē	treaty
shooyu 醤油	酱油 jiàngyóu	soy sauce

日	中	英
shoorai **将来**	将来 jiānglái	future
shoori　shūru **勝利(する)**	胜利 shènglì	win; victory
shoorisha **勝利者**	胜者 shèngzhě	winner
shooryaku suru **省略(する)**	省略 shěnglüè	omit; omission
jo'oo **女王**	女王 nǚwáng	queen
shoki **書記**	书记 shūjì，文书 wénshū	secretary
jogingu **ジョギング**	跑步 pǎobù	jogging
shoku **職**	工作 gōngzuò	job
shokugyoo **職業**	职业 zhíyè	occupation
shokuji　suru **食事(する)**	吃饭 chīfàn	eat; meal
shokudoo **食堂**　〔飲食店〕	饭馆 fànguǎn	restaurant
〃　〔学校などの〕	食堂 shítáng	canteen
shokunin **職人**	工匠 gōngjiàng	craftsman
shokuhin **食品**	食品 shípǐn	food
shokubutsu **植物**	植物 zhíwù	plant
shokumotsu **食物**	食物 shíwù	food
shokuyoku **食欲**	食欲 shíyù	appetite
jogen　suru **助言(する)**	建议 jiànyì	advise; advice
joshu **助手**	助手 zhùshǒu	assistant

初心者

日	中	英
初心者 (shoshinsha)	初学者 chūxuézhě	beginner
女性 (josee)	女性 nǚxìng	woman
所帯 (shotai)	家庭 jiātíng	household
食器 (shokki)	餐具 cānjù	tableware
ショック (shokku)	冲击 chōngjī	shock
書店 (shoten)	书店 shūdiàn	bookstore
書道 (shodoo)	书法 shūfǎ	calligraphy
初歩 (shoho)	初步 chūbù	elementary
署名(する) (shomee suru)	签名 qiānmíng	sign; signature
女優 (joyuu)	女演员 nǚyǎnyuán	actress
所有者 (shoyuusha)	所有人 suǒyǒurén	owner
所有する (shoyuusuru)	拥有 yōngyǒu	possess
書類 (shorui)	文件 wénjiàn	documents
白髪 (shiraga)	白发 báifà	white hair
知らせ (shirase)	通知 tōngzhī	news
知らせる (shiraseru)	通知 tōngzhī	let … know
調べる (shiraberu)	调查 diàochá	check
尻 (shiri)	屁股 pìgu	bottom
知り合い (shiriai)	熟人 shúrén	acquaintance

日	中	英
シリーズ (shiriizu)	系列 xìliè	series
市立 (shiritsu)	市立 shìlì	municipal
私立 (shiritsu)	私立 sīlì	private
資料 (shiryoo)	资料 zīliào	materials
知る (shiru)	知道 zhīdao	know
汁 (shiru) 〔水分〕	汁液 zhīyè	juice
シルクロード (shirukuroodo)	丝绸之路 Sīchóu zhī lù	the Silk Road
印 (shirushi)	标记 biāojì	mark
白 (shiro)	白色 báisè	white
城 (shiro)	城楼 chénglóu	castle
素人 (shirooto)	外行 wàiháng	amateur
しわ (shiwa)	皱纹 zhòuwén	wrinkle
芯 (shin) 〔中心〕	芯 xīn	core
清 (shin) 〔王朝名〕	清朝 Qīngcháo	the Qing Dynasty
秦 (shin) 〔王朝名〕	秦朝 Qíncháo	the Qin Dynasty
進化(する) (shinka suru)	进化 jìnhuà	evolve; evolution
人格 (jinkaku)	人格 réngé	personality
シンガポール (shingapooru)	新加坡 Xīnjiāpō	Singapore
真空 (shinkuu)	真空 zhēnkōng	vacuum

神経

日	中	英
_{shinkee} 神経	神经 shénjīng	nerve
_{shinken} 真剣	认真 rènzhēn	serious
_{jinken} 人権	人权 rénquán	human rights
_{shinkoo} 信仰	信仰 xìnyǎng	faith
_{jinkoo} 人口	人口 rénkǒu	population
_{jinkoo} 人工	人工 réngōng	artificial
_{shinkoku suru} 申告(する)	申报 shēnbào	declare; declaration
_{shinkokuna} 深刻な	严重 yánzhòng	serious
_{shinshitsu} 寝室	寝室 qǐnshì	bedroom
_{shinjitsu} 真実	真相 zhēnxiàng	truth
_{shinja} 信者	信徒 xìntú	believer
_{shinju} 真珠	珍珠 zhēnzhū	pearl
_{jinshu} 人種	人种 rénzhǒng	race
_{shinjiru} 信じる	相信 xiāngxìn	believe
_{jinsee} 人生	人生 rénshēng	life
_{shinseki} 親戚	亲戚 qīnqi	relative
_{shinsetsuna} 親切な	热情 rèqíng	kind
_{shinsen} 深圳	深圳 Shēnzhèn	Shenzhen
_{shinsen} 新鮮	新鲜 xīnxiān	fresh

信頼（する）

日	中	英
_{shinzoo} 心臓	心脏 xīnzàng	heart
_{jinzoo} 腎臓	肾脏 shènzàng	kidney
_{shintai} 身体	身体 shēntǐ	body
_{shindaisha} 寝台車	卧铺 wòpù	sleeper car
_{shindan suru} 診断（する）	诊断 zhěnduàn	diagnose; diagnosis
_{shinchoo} 身長	身高 shēngāo	height
_{shinchoona} 慎重な	慎重 shènzhòng	careful
_{shindoo suru} 振動（する）	振动 zhèndòng	vibrate; vibration
_{shinnen} 新年	新年 xīnnián	the New Year
_{shinpai suru} 心配（する）	担心 dānxīn	be worried about; worry
_{shinpi} 神秘	神秘 shénmì	mystery
_{shinbun} 新聞	报纸 bàozhǐ	newspaper
_{shinpo suru} 進歩（する）	进步 jìnbù	progress
_{shinboo suru} 辛抱（する）	忍受 rěnshòu	be patient; patience
_{jinmingen} 人民元	人民币 rénmínbì	renminbi, RMB
_{shin'yuu} 親友	好朋友 hǎo péngyou	close friend
_{shin'yoo suru} 信用（する）	相信 xiāngxìn	trust
_{shin'yoo} 瀋陽	沈阳 Shěnyáng	Shenyang
_{shinrai suru} 信頼（する）	信赖 xìnlài	trust

471

真理

日	中	英
shinri 真理	真理 zhēnlǐ	truth
shinrigaku 心理学	心理学 xīnlǐxué	psychology
shinrui 親類	亲戚 qīnqi	relative
jinrui 人類	人类 rénlèi	the human race
shinwa 神話	神话 shénhuà	myth

す

日	中	英
su 巣	窝 wō	nest
su 酢	醋 cù	vinegar
zu 図	图表 túbiǎo	figure
suiee 水泳	游泳 yóuyǒng	swimming
suika スイカ	西瓜 xīguā	watermelon
suijun 水準	水平 shuǐpíng	level
suishoo 水晶	水晶 shuǐjīng	crystal
suisu スイス	瑞士 Ruìshì	Switzerland
suisen suru 推薦(する)	推荐 tuījiàn	recommend; recommendation
suiso 水素	氢 qīng	hydrogen
suisoku suru 推測(する)	推测 tuīcè	guess
suizokukan 水族館	水族馆 shuǐzúguǎn	aquarium

日	中	英
suitchi スイッチ	开关 kāiguān	switch
suitee suru 推定(する)	推定 tuīdìng	estimate
suidoosui 水道水	自来水 zìláishuǐ	tap water
suihanki 炊飯器	电饭锅 diànfànguō	rice cooker
suiheesen 水平線	水平线 shuǐpíngxiàn	horizon
suimin 睡眠	睡眠 shuìmián	sleep
suiyoobi 水曜日	星期三 xīngqīsān	Wednesday
suirishoosetsu 推理小説	推理小说 tuīlǐ xiǎoshuō	detective story
suu 吸う	吸 xī, 吮 shǔn	suck
suugaku 数学	数学 shùxué	mathematics
suuji 数字	数字 shùzì	figure
suutsu スーツ	西装 xīzhuāng	suit
suutsukeesu スーツケース	手提箱 shǒutíxiāng	suitcase
suupaamaaketto スーパーマーケット	超市 chāoshì	supermarket
suupu スープ	汤 tāng	soup
sukaato スカート	裙子 qúnzi	skirt
sukaafu スカーフ	围巾 wéijīn	scarf
suki 好き	喜欢 xǐhuan	like
sukii スキー	滑雪 huáxuě	skiing

過ぎる

日	中	英
過ぎる〔時間・場所〕	过去 guòqù, 经过 jīngguò	pass
直ぐ	立即 lìjí	at once
救う 〔救助〕	救助 jiùzhù	save
少ない 〔数〕	少 shǎo	few
少なくとも	至少 zhìshǎo	at least
スクリーン	屏幕 píngmù	screen
優れた	优秀 yōuxiù	excellent
スケート	滑冰 huábīng	skating
すごい〔素晴らしい〕	了不起 liǎobuqǐ	great
少し 〔程度〕	一点儿 yīdiǎnr	a little
過ごす 〔時〕	度过 dùguò	spend
寿司	寿司 shòusī	sushi
鈴	铃 líng	bell
涼しい	凉快 liángkuai	cool
進む	前进 qiánjìn	advance
スズメ	麻雀 máquè	sparrow
勧める 〔推奨〕	推荐 tuījiàn	recommend
スター	明星 míngxīng	star
スタート(する)〔出発〕	出发 chūfā	start

日	中	英
_{sutaato suru} スタート(する)〔開始〕	开始 kāishǐ	start
_{zutsuu} 頭痛	头疼 tóuténg	headache
_{suppai} 酸っぱい	酸 suān	sour, acid
_{suteeki} ステーキ	牛排 niúpái	steak
_{suteeji} ステージ	舞台 wǔtái	stage
_{sutekina} 素敵な	帅 shuài	wonderful
_{sudeni} 既に	已经 yǐjīng	already
_{suteru} 捨てる	扔 rēng, 丢弃 diūqì	throw away
_{sutereo} ステレオ	立体声 lìtǐshēng, 音响 yīnxiǎng	stereo
_{suto} スト	罢工 bàgōng	strike
_{sutoobu} ストーブ	炉子 lúzi	heater
_{sutokkingu} ストッキング	长筒袜 chángtǒngwà	stockings
_{sutoroo} ストロー	吸管 xīguǎn	straw
_{suna} 砂	沙子 shāzi	sand
_{zunoo} 頭脳	头脑 tóunǎo	brain
_{supai} スパイ	间谍 jiàndié	spy
_{subarashii} 素晴らしい	极好 jíhǎo	great
_{supiikaa} スピーカー	喇叭 lǎba	speaker
_{supuun} スプーン	勺子 sháozi	spoon

酢豚

日	中	英
酢豚 (subuta)	古老肉 gǔlǎoròu	sweet and sour pork
スペイン (supein)	西班牙 Xībānyá	Spain
全て (subete)	都 dōu, 全部 quánbù	all
滑る (suberu) 〔滑走〕	滑 huá	slide
スポーツ (supootsu)	体育 tǐyù, 运动 yùndòng	sport
ズボン (zubon)	裤子 kùzi	pants
スポンジ (suponji)	海绵 hǎimián	sponge
隅 (sumi)	角落 jiǎoluò	corner
炭 (sumi)	木炭 mùtàn	charcoal
住む (sumu)	住 zhù	live
スリッパ (surippa)	拖鞋 tuōxié	scuffs
する (suru) 〔行う〕	做 zuò	do
ずるい (zurui)	狡猾 jiǎohuá	cunning
鋭い (surudoi) 〔感覚が〕	敏锐 mǐnruì	sharp, keen
座る (suwaru)	坐 zuò	sit down

せ

日	中	英
背 (se) 〔背丈〕	个子 gèzi	height
性 (see) 〔性別〕	性别 xìngbié	sex

政治家

日	中	英
see 姓	姓 xìng	family name
zee 税	税 shuì	tax
seean 西安	西安 Xī'ān	Xi'an
seekaku 性格	性格 xìnggé	character
seekakuna 正確な	正确 zhèngquè	correct
seekatsu suru 生活(する)	生活 shēnghuó	live; life
zeekan 税関	海关 hǎiguān	customs
seeki 世紀	世纪 shìjì	century
seegi 正義	正义 zhèngyì	justice
seekyuu suru 請求(する)	索取 suǒqǔ, 要求 yāoqiú	request
seekyuusho 請求書	付款通知单 fùkuǎn tōngzhīdān	bill
zeekin 税金	税金 shuìjīn	tax
seeketsuna 清潔な	干净 gānjìng	clean
seegen suru 制限(する)	限制 xiànzhì	restrict; restriction
seekoo suru 成功(する)	成功 chénggōng	succeed; success
seesaku 政策	政策 zhèngcè	policy
seesan suru 生産(する)	生产 shēngchǎn	produce; production
seeji 政治	政治 zhèngzhì	politics
seejika 政治家	政治家 zhèngzhìjiā	politician

せ

477

正式な

日	中	英
seeshikina 正式な	正式 zhèngshì	formal
seeshitsu 性質	性质 xìngzhì	nature
seejitsuna 誠実な	诚实 chéngshí	sincere
seeshun 青春	青春 qīngchūn	youth
seesho 聖書	圣经 Shèngjīng	the Bible
seejoona 正常な	正常 zhèngcháng	normal
seeshin 精神	精神 jīngshén	spirit
seejin 成人	成人 chéngrén	adult
seeseki 成績	成绩 chéngjì	results, grade
zeetaku 贅沢	奢侈 shēchǐ	luxury
seechoo suru 成長(する)	成长 chéngzhǎng	grow; growth
seeto 生徒	学生 xuésheng	student
seedo 制度	制度 zhìdù	system
seetoo 政党	政党 zhèngdǎng	political party
seenen 青年	青年 qīngnián	young people
seenengappi 生年月日	出生年月日 chūshēng niányuèrì	date of birth
seehin 製品	产品 chǎnpǐn	product
seefu 政府	政府 zhèngfǔ	government
seefuku suru 征服(する)	征服 zhēngfú	conquer; conquest

日	中	英
seefuku 制服	制服 zhìfú	uniform
seebutsu 生物	生物 shēngwù	living thing
seebutsugaku 生物学	生物学 shēngwùxué	biology
seebetsu 性別	性別 xìngbié	sex
seehookee 正方形	正方形 zhèngfāngxíng	square
seemitsuna 精密な	精密 jīngmì	precise
seemee 生命	生命 shēngmìng	life
seemeehoken 生命保険	人寿保险 rénshòu bǎoxiǎn	life insurance
seeyaku 制約	限制 xiànzhì	restriction
seeyoo 西洋	西方 Xīfāng	the West
seetaa セーター	毛衣 máoyī	sweater
sekai 世界	世界 shìjiè	world
seki 席	座位 zuò·wèi	seat
seki せき	咳嗽 késou	cough
sekitan 石炭	煤 méi	coal
sekidoo 赤道	赤道 chìdào	equator
sekinin 責任	责任 zérèn	responsibility
sekiyu 石油	石油 shíyóu	oil
seken 世間 〔世の中〕	世界 shìjiè	the world

世代

日	中	英
sedai 世代	世代 shìdài	generation
sekkusu suru セックス(する)	性交 xìngjiāo	have sex; sex
sekken 石鹸	肥皂 féizào	soap
sesshoku suru 接触(する)	接触 jiēchù	contact
zettaini 絶対に	绝对 juéduì	absolutely
settoku suru 説得(する)	说服 shuōfú	persuade; persuasion
zetsuboo suru 絶望(する)	绝望 juéwàng	be despaired; despair
setsumee suru 説明(する)	说明 shuōmíng	explain; explanation
zetsumetsusuru 絶滅(する)	灭绝 mièjué	become extinct; extinction
setsuyaku suru 節約(する)	节约 jiéyuē	save; saving
senaka 背中	后背 hòubèi	back
sebiro 背広	西装 xīzhuāng	suit
semai 狭い　〔幅が〕	狭窄 xiázhǎi	narrow
semi セミ	蝉 chán	cicada
seminaa セミナー	研讨会 yántǎohuì	seminar
semeru 攻める	攻击 gōngjī	attack
semeru 責める	责备 zébèi	blame
semento セメント	水泥 shuǐní	cement
zerii ゼリー	果冻 guǒdòng	jelly

日	中	英
ゼロ (zero)	零 líng	zero
セロリ (serori)	芹菜 qíncài	celery
世話をする (sewaosuru)	照顾 zhàogù	take care of
千 (sen)	千 qiān	thousand
線 (sen)	线 xiàn	line
栓 (sen) 〔瓶の〕	塞子 sāizi	cork
繊維 (sen'i)	纤维 xiānwéi	fiber
選挙 (senkyo)	选举 xuǎnjǔ	election
先月 (sengetsu)	上个月 shàng ge yuè	last month
宣言(する) (sengen suru)	宣言 xuānyán	declare; declaration
専攻 (senkoo) 〔大学〕	专业 zhuānyè	major
洗剤 (senzai)	洗涤剂 xǐdíjì	detergent
先日 (senjitsu)	前几天 qián jǐ tiān	the other day
前日 (zenjitsu)	前一天 qián yī tiān	the previous day
選手 (senshu) 〔運動選手〕	选手 xuǎnshǒu	athlete
先週 (senshuu)	上周 shàngzhōu, 上个星期 shàng ge xīngqī	last week
選手権 (senshuken)	锦标赛 jǐnbiāosài	championship
センス (sensu)	感觉 gǎnjué	sense
先生 (sensee)	老师 lǎoshī	teacher

前線

日	中	英
zensen 前線	前线 qiánxiàn	front
senzo 先祖	祖先 zǔxiān	ancestor
sensoo 戦争	战争 zhànzhēng	war
zensoku 喘息	哮喘 xiàochuǎn	asthma
sentaa センター	中心 zhōngxīn	center
zentai 全体	全体 quántǐ	the whole
sentaku suru 選択(する)	选择 xuǎnzé	choose; choice
sentakuki 洗濯機	洗衣机 xǐyījī	washing machine
sentakusuru 洗濯する	洗 xǐ	do the washing
senchimeetaa センチメーター	公分 gōngfēn	centimeter
senden suru 宣伝(する)	宣传 xuānchuán	advertise; advertisement
sentoo 戦闘	战斗 zhàndòu	combat
sennuki 栓抜き	起子 qǐzi	bottle opener
zenhan 前半	前半 qiánbàn	the first half
zenbu 全部	全部 quánbù	all
senmon 専門	专门 zhuānmén	specialty
senmonka 専門家	专家 zhuānjiā	expert
senryoo suru 占領(する)	占领 zhànlǐng	occupy; occupation
senree 洗礼	洗礼 xǐlǐ	baptism

日	中	英
そ		
層 (soo)	层 céng	layer
宋 (soo) 〔王朝名〕	宋朝 Sòngcháo	the Song Dynasty
象 (zoo)	大象 dàxiàng	elephant
像 (zoo)	图像 túxiàng	image
騒音 (soo'on)	噪音 zàoyīn	noise
増加(する) (zooka suru)	增加 zēngjiā	increase
倉庫 (sooko)	仓库 cāngkù	warehouse
総合(する) (soogoo suru)	综合 zōnghé	synthesize; synthesis
相互の (soogono)	相互 xiānghù	mutual
操作(する)〔機械の〕 (soosa suru)	操作 cāozuò	operate; operation
捜査(する) (soosa suru)	搜查 sōuchá	investigate; investigation
葬式 (sooshiki)	葬礼 zànglǐ	funeral
掃除機 (soojiki)	吸尘器 xīchénqì	vacuum
掃除する (soojisuru)	打扫 dǎsǎo	clean
創造(する) (soozoo suru)	创造 chuàngzào	create; creation
想像(する) (soozoo suru)	想象 xiǎngxiàng	imagine; imagination
騒々しい (soozooshii)	吵闹 chǎonào	noisy

相対的

日	中	英
sootaiteki 相対的	相对 xiāngduì	relative
soodan suru 相談(する)	商量 shāngliang	consult; consultation
soochi 装置	装置 zhuāngzhì	device
sooritsu suru 創立(する)	创立 chuànglì	found; foundation
soosu ソース〔調味料〕	沙司 shāsī	sauce
sooseeji ソーセージ	香肠 xiāngcháng	sausage
zokusuru 属する	属于 shǔyú	belong to
sokudo 速度	速度 sùdù	speed
soko そこ	那里 nà·lǐ, 那儿 nàr	there
soko 底	底 dǐ	bottom
soshiki suru 組織(する)	组织 zǔzhī	organize; organization
soshite そして	而且 érqiě	and
soshuu 蘇州	苏州 Sūzhōu	Suzhou
sosen 祖先	祖先 zǔxiān	ancestor
sosogu 注ぐ	浇 jiāo, 注入 zhùrù	pour
sodatsu 育つ	成长 chéngzhǎng	grow up
sodateru 育てる〔子供を〕	养育 yǎngyù	bring up
sotsugyoo suru 卒業(する)	毕业 bìyè	graduate; graduation
sokkusu ソックス	袜子 wàzi	socks

484

日	中	英
sotchokuna 率直な	直率 zhíshuài	frank
sode 袖	袖子 xiùzi	sleeve
soto 外　〔外側〕	外面 wài-miàn, 外边 wàibian	the outside
sono その	那个 nèige	that, the
sonotoki その時	那时 nàshí	then
soba そば　〔近く〕	附近 fùjìn	near
〃　〔麺〕	荞麦面 qiáomàimiàn	soba noodles
sofu 祖父　〔父方〕	祖父 zǔfù	grandfather
〃　〔母方〕	外祖父 wàizǔfù	grandfather
sofaa ソファー	沙发 shāfā	sofa
sofutowea ソフトウェア	软件 ruǎnjiàn	software
sobo 祖母　〔父方〕	祖母 zǔmǔ	grandmother
〃　〔母方〕	外祖母 wàizǔmǔ	grandmother
soboku 素朴	素朴 sùpǔ	simple
someru 染める	染 rǎn	dye
soyokaze そよ風	微风 wēifēng	breeze
sora 空	天空 tiānkōng	sky
soru そる	剃 tì	shave
sore それ	那 nà	that, it

日	中	英
それぞれ (sorezore)	各自 gèzì	each
損(する) (son suru)	吃亏 chīkuī; 亏损 kuīsǔn	lose; loss
損害 (songai)	损坏 sǔnhuài	damage
尊敬(する) (sonkee suru)	尊敬 zūnjìng	respect
尊厳 (songen)	尊严 zūnyán	dignity
存在(する) (sonzai suru)	存在 cúnzài	exist; existence
損失 (sonshitsu)	损失 sǔnshī	loss
尊重する (sonchoosuru)	尊重 zūnzhòng	respect

た

日	中	英
田 (ta)	水田 shuǐtián	rice field
ダース (daasu)	打 dá	dozen
タイ 〔国名〕 (tai)	泰国 Tàiguó	Thailand
〃 〔魚〕	加级鱼 jiājíyú	bream
台 (dai)	台 tái	stand
題 (dai)	题目 tímù	title
体育 (taiiku)	体育 tǐyù	physical education
体育館 (taiikukan)	体育馆 tǐyùguǎn	gym
第一 (daiichi)	第一 dìyī	first

日	中	英
ダイエット(する) daietto suru	减肥 jiǎnféi	go on a diet; diet
対応(する) taioo suru	对应 duìyìng	correspond to; correspondance
体温 taion	体温 tǐwēn	body temperature
大学 daigaku	大学 dàxué	university
大学生 daigakusee	大学生 dàxuéshēng	college [university] student
大気 taiki	大气 dàqì	atmosphere
代金 daikin	货款 huòkuǎn	price
大工 daiku	木匠 mùjiang	carpenter
退屈する taikutsusuru	感到无聊 gǎndào wúliáo	be bored
退屈な taikutsuna	无聊 wúliáo	dull
体系 taikee	体系 tǐxì	system
体験(する) taiken suru	体验 tǐyàn	experience
太鼓 taiko	鼓 gǔ	drum
滞在(する) taizai suru	逗留 dòuliú	stay
対策 taisaku	对策 duìcè	measure
大使 taishi	大使 dàshǐ	ambassador
大使館 taishikan	大使馆 dàshǐguǎn	embassy
大事な daijina 〔重要な〕	重要 zhòngyào	important
大衆 taishuu	群众 qúnzhòng	the general public

体重

日	中	英
taijuu 体重	体重 tǐzhòng	weight
taishoo 対称	对称 duìchèn	symmetry
taishoo 対象	对象 duìxiàng	object
taishoo suru 対照(する)	对照 duìzhào	contrast
taishoku suru 退職(する)	退休 tuìxiū	retire; retirement
daijin 大臣	部长 bùzhǎng	minister
daizu 大豆	黄豆 huángdòu	soybean
taiseeyoo 大西洋	大西洋 Dàxīyáng	the Atlantic
taiseki 体積	体积 tǐjī	volume
taisetsuna 大切な	要紧 yàojǐn	important
taisoo 体操	体操 tǐcāo	gymnastics
daitai だいたい〔およそ〕	大概 dàgài	about
taidana 怠惰な	懒惰 lǎnduò	lazy
taidan suru 対談(する)	会谈 huìtán	talk
daitanna 大胆な	大胆 dàdǎn	bold
taitsu タイツ	紧身裤 jǐnshēnkù	tights
taitee たいてい〔通常〕	一般 yībān	usually
taido 態度	态度 tàidu	attitude
taitoona 対等な	对等 duìděng	equal

488

日	中	英
daitooryoo 大統領	总统 zǒngtǒng	president
daidokoro 台所	厨房 chúfáng	kitchen
daihyoo suru 代表(する)	代表 dàibiǎo	represent; representation
taipu タイプ 〔型〕	类型 lèixíng	type
taifuu 台風	台风 táifēng	typhoon
taiheeyoo 太平洋	太平洋 Tàipíngyáng	the Pacific
taihen たいへん〔非常に〕	非常 fēicháng	very
taiho suru 逮捕(する)	逮捕 dàibǔ	arrest
taihoku 台北	台北 Táiběi	Taipei
daimee 題名	标题 biāotí	title
daimeeshi 代名詞	代词 dàicí	pronoun
taiya タイヤ 〔車の〕	轮胎 lúntāi	tire
daiya ダイヤ 〔宝石〕	钻石 zuànshí	diamond
taiyoo 太陽	太阳 tàiyáng	the sun
tairiku 大陸	大陆 dàlù	continent
tairiseki 大理石	大理石 dàlǐshí	marble
tairitsu suru 対立(する)	对立 duìlì	oppose; opposition
dairiten 代理店	代理商 dàilǐshāng	agency
dairinin 代理人	代理人 dàilǐrén	agent

タイル

日	中	英
タイル (tairu)	瓷砖 cízhuān	tile
対話(する) (taiwa suru)	对话 duìhuà	talk; dialogue
台湾 (taiwan)	台湾 Táiwān	Taiwan
ダウンロード(する) (daunroodo suru)	下载 xiàzài, xiàzǎi	download
耐える 〔我慢〕 (taeru)	忍耐 rěnnài	bear
タオル (taoru)	毛巾 máojīn	towel
倒れる (taoreru)	倒 dǎo	fall
タカ (taka)	鹰 yīng	hawk, falcon
高い 〔高さ〕 (takai)	高 gāo	high
〃 〔値段〕	贵 guì	expensive
高さ (takasa)	高度 gāodù	height
耕す (tagayasu)	耕 gēng	cultivate
宝 (takara)	宝物 bǎowù	treasure
妥協(する) (dakyoo suru)	妥协 tuǒxié	compromise
タクシー (takushii)	出租车 chūzūchē	taxi
タケ (take)	竹子 zhúzi	bamboo
タケノコ (takenoko)	竹笋 zhúsǔn	bamboo shoot
タコ 〔海の〕 (tako)	章鱼 zhāngyú	octopus
足し算 (tashizan)	加法 jiāfǎ	addition

達成（する）

日	中	英
_{tasu} 足す〔加える〕	加 jiā	add
_{tasukaru} 助かる	得救 déjiù	be saved
_{tasukeru} 助ける〔助力〕	帮助 bāngzhù	help
_{tazuneru} 訪ねる	访问 fǎngwèn, 找 zhǎo	visit
_{tazuneru} 尋ねる〔質問〕	询问 xúnwèn	ask
_{tada} ただ〔無料〕	免费 miǎnfèi	free
_{tatakai} 戦い〔戦争〕	战争 zhànzhēng	war
_{tatakau} 戦う	斗争 dòuzhēng	fight
_{tataku} 叩く	敲打 qiāodǎ	hit
_{tadashii} 正しい	正确 zhèngquè	right, correct
_{tatamu} たたむ	叠 dié, 折 zhé	fold
_{tachidomaru} 立ち止まる	站住 zhànzhù	stop
_{tachiba} 立場	立场 lìchǎng	position
_{tatsu} 立つ	站 zhàn	stand
_{tatsu} 経つ〔時間が〕	经过 jīngguò	pass
_{takkyuu} 卓球	乒乓球 pīngpāngqiú	table tennis
_{dasshutsu suru} 脱出（する）	脱离 tuōlí	escape
_{tassuru} 達する	达到 dádào	reach
_{tassee suru} 達成（する）	完成 wánchéng	achieve; achievement

491

建物

日	中	英
tatemono 建物	建筑物 jiànzhùwù	building
tateru 建てる	建造 jiànzào	build
tatoeba 例えば	例如 lìrú	for example
tatoeru 例える	举例 jǔlì	compare
tana 棚	架子 jiàzi	shelf
tani 谷	山谷 shāngǔ	valley
tane 種	种子 zhǒngzi	seed
tanoshimi 楽しみ	乐趣 lèqù	pleasure
tanoshimu 楽しむ	享受 xiǎngshòu	enjoy
tanomu 頼む	拜托 bàituō	ask
tabi 旅	旅行 lǚxíng	trip
tabitabi たびたび	多次 duōcì	often
tabun 多分	大概 dàgài	probably
tabemono 食べ物	食物 shíwù	food
taberu 食べる	吃 chī	eat
tama 球　〔ボール〕	球 qiú	ball
tamago 卵	(鸡)蛋 (jī)dàn	egg
tamashii 魂　〔霊魂〕	灵魂 línghún	soul
damasu だます	欺骗 qīpiàn	deceive

探険(する)

日	中	英
tamatama たまたま	偶尔 ǒu'ěr	by chance
tamanegi タマネギ	洋葱 yángcōng	onion
damaru 黙る	沉默 chénmò	become silent
damu ダム	水库 shuǐkù	dam
tameiki ため息	叹气 tànqì	sigh
tamesu 試す	尝试 chángshì	try
tamerau ためらう	犹豫 yóuyù	hesitate
tameru 貯める	储蓄 chǔxù	save
tamotsu 保つ	保持 bǎochí	keep
tayori 便り	消息 xiāoxi	news
tayoru 頼る	依赖 yīlài	depend on
darairama ダライラマ	达赖喇嘛 Dálàilǎma	Dalai Lama
tariru 足りる	足够 zúgòu	be enough
dare 誰	谁 shéi	who
dan 段　〔階段〕	台阶 táijiē	step
tan'i 単位　〔履修の〕	学分 xuéfēn	credit
〃　〔計量の〕	单位 dānwèi	unit
dankai 段階	阶段 jiēduàn	stage
tanken suru 探険(する)	探险 tànxiǎn	explore; exploration

単語

日	中	英
_{tango} 単語	单词 dāncí	word
_{tanshuku suru} 短縮(する)	缩短 suōduǎn	shorten; shortening
_{tanjunna} 単純な	简单 jiǎndān	simple
_{tansho} 短所	短处 duǎnchu	shortcomings
_{tanjoo suru} 誕生(する)	诞生 dànshēng	be born; birth
_{tanjoobi} 誕生日	生日 shēng·rì	birthday
_{dansu suru} ダンス(する)	跳舞 tiàowǔ	dance; dancing
_{tanso} 炭素	碳 tàn	carbon
_{dantai} 団体	团体 tuántǐ	group
_{tanchoona} 単調な	单调 dāndiào	monotonous
_{tantee} 探偵	侦探 zhēntàn	detective
_{tanpakushitsu} タンパク質	蛋白质 dànbáizhì	protein
_{danboo} 暖房	暖气 nuǎnqì	heating

ち

日	中	英
_{chi} 血	血 xiě	blood
_{chii} 地位	地位 dìwèi	rank, position
_{chiiki} 地域	区域 qūyù	region, area
_{chiisai} 小さい	小 xiǎo	small

日	中	英
chiizu チーズ	奶酪 nǎilào	cheese
chiimu チーム	团队 tuánduì	team
chie 知恵	智慧 zhìhuì	wisdom
cheenten チェーン店	连锁店 liánsuǒdiàn	chain store
chekkuauto チェックアウト	退房 tuìfáng	check-out
chekkuin チェックイン	登记 dēngjì	check-in
chikai 近い	近 jìn	near
chigai 違い	差异 chāyì	difference
chikau 誓う	发誓 fāshì	swear
chigau 違う 〔異なる〕	不同 bùtóng	different
chikagoro 近頃	最近 zuìjìn	recently
chikashitsu 地下室	地下室 dìxiàshì	basement
chikazuku 近づく	接近 jiējìn	approach
chikatetsu 地下鉄	地铁 dìtiě	subway
chikamichi 近道	近路 jìnlù	shortcut
chikara 力	力量 lì·liàng	power
chikyuu 地球	地球 dìqiú	the earth
chigiru ちぎる 〔引き裂く〕	撕 sī	tear
chikin チキン	鸡肉 jīròu	chicken

チケット

日	中	英
チケット (chiketto)	票 piào	ticket
遅刻する (chikokusuru)	迟到 chídào	be late
知識 (chishiki)	知识 zhīshi	knowledge
地図 (chizu)	地图 dìtú	map
地帯 (chitai)	地带 dìdài	zone
父 (chichi)	父亲 fùqin	father
乳 (chichi)	奶 nǎi	milk
縮む (chijimu)	缩小 suōxiǎo	shrink
秩序 (chitsujo)	秩序 zhìxù	order
チップ (chippu) 〔心付け〕	小费 xiǎofèi	tip
〃 〔半導体〕	芯片 xīnpiàn	chip
知能 (chinoo)	智力 zhìlì	intelligence
地平線 (chiheesen)	地平线 dìpíngxiàn	horizon
チベット (chibetto)	西藏 Xīzàng	Tibet
地方 (chihoo) 〔地域〕	地方 dìfāng	region
茶 (cha)	茶 chá	tea
チャーハン (chaahan)	炒饭 chǎofàn	fried rice
茶色 (chairo)	茶色 chásè	brown
着陸(する) (chakuriku suru)	着陆 zhuólù	land; landing

注射（する）

日	中	英
chakku チャック	拉链 lāliàn	zipper
chanoma 茶の間	起居室 qǐjūshì	living room
chawan 茶わん　〔椀〕	碗 wǎn	bowl
chansu チャンス	机会 jīhuì	chance
channeru チャンネル	频道 píndào	channel
chanpion チャンピオン	冠军 guànjūn	champion
chuui suru 注意（する）〔留意〕	注意 zhùyì	pay attention to; attention
chuuoo 中央	中央 zhōngyāng	center
chuugakusee 中学生	中学生 zhōngxuéshēng	junior high school student
chuugakkoo 中学校	初中 chūzhōng	junior high school
chuukaryoori 中華料理	中国菜 zhōngguócài	Chinese food
chuuko 中古	二手 èrshǒu	used, second-hand
chuukoku suru 忠告（する）	忠告 zhōnggào	advise; advice
chuugoku 中国	中国 Zhōngguó	China
chuugokugo 中国語	汉语 Hànyǔ	Chinese
chuugokujin 中国人	中国人 Zhōngguórén	Chinese
chuushi suru 中止（する）	中止 zhōngzhǐ	stop; cancellation
chuujitsuna 忠実な	忠实 zhōngshí	faithful
chuusha suru 注射（する）	注射 zhùshè	inject; injection

497

駐車（する）

日	中	英
_{chuusha suru} 駐車（する）	停车 tíngchē	park; parking
_{chuushajoo} 駐車場	停车场 tíngchēchǎng	parking lot
_{chuushoo} 抽象	抽象 chōuxiàng	abstract
_{chuushoku} 昼食	午饭 wǔfàn	lunch
_{chuushin} 中心	中心 zhōngxīn	center
_{chuucho suru} 躊躇（する）	犹豫 yóuyù	hesitate; hesitation
_{chuutoo} 中東	中东 Zhōngdōng	the Middle East
_{chuudoku suru} 中毒（する）	中毒 zhòngdú	be poisoned; poisoning
_{chuunen} 中年	中年 zhōngnián	middle age
_{chuumoku suru} 注目（する）	注目 zhùmù	pay attention to; attention
_{chuumon suru} 注文（する）〔商品〕	订货 dìnghuò	order
〃 〔料理〕	点菜 diǎncài	order
_{choo} チョウ	蝴蝶 húdié	butterfly
_{choo} 腸	肠 cháng	bowels
_{chookoo} 長江	长江 Chángjiāng	the Yangtze River
_{chookoku suru} 彫刻（する）	雕刻 diāokè	sculpt; sculpture
_{choosa suru} 調査（する）	调查 diàochá	investigate; investigation
_{chooshi} 調子 〔状態〕	状态 zhuàngtài	condition
_{chooshuu} 聴衆	听众 tīngzhòng	audience

日	中	英
choosho 長所	长处 chángchu	strong point
choojoo 頂上	顶点 dǐngdiǎn	summit
chooshoku 朝食	早饭 zǎofàn	breakfast
choosen suru 挑戦(する)	挑战 tiǎozhàn	challenge
choohookee 長方形	长方形 chángfāngxíng	rectangle
choomiryoo 調味料	调料 tiáoliào	seasoning
choowa suru 調和(する)	协调 xiétiáo, 和谐 héxié	harmonize; harmony
chooku チョーク	粉笔 fěnbǐ	chalk
chokin suru 貯金(する)	存款 cúnkuǎn	save (money); savings
chokusetsu 直接	直接 zhíjiē	directly
chokusen 直線	直线 zhíxiàn	straight line
chokoreeto チョコレート	巧克力 qiǎokèlì	chocolate
chosakuken 著作権	版权 bǎnquán	copyright
chosha 著者	作者 zuòzhě	author
chokkaku 直角	直角 zhíjiǎo	right angle
chokki チョッキ	背心 bèixīn	vest
chokkee 直径	直径 zhíjìng	diameter
chotto ちょっと 〔程度〕	稍微 shāowēi	a little
chiri 塵	灰尘 huīchén	dust

地理

日	中	英
地理 (chiri)	地理 dìlǐ	geography
治療(する) (chiryoo suru)	治疗 zhìliáo	treat; treatment
散る (chiru) 〔花〕	凋谢 diāoxiè	fall
賃金 (chingin)	工资 gōngzī	wage
青島 (chintao)	青岛 Qīngdǎo	Qingdao
沈黙(する) (chinmoku suru)	沉默 chénmò	be silent; silence
陳列(する) (chinretsu suru)	陈列 chénliè	display

つ

日	中	英
追加(する) (tsuika suru)	追加 zhuījiā	add; addition
追求(する) (tsuikyuu suru)	追求 zhuīqiú	pursue; pursuit
追伸 (tsuishin)	又及 yòují	postscript
ついに (tsuini)	终于 zhōngyú	at last
通貨 (tsuuka)	货币 huòbì	currency
通行人 (tsuukoonin)	行人 xíngrén	passerby
通訳(する) (tsuuyaku suru)	翻译 fānyì	interpret; interpreter
通路 (tsuuro)	通道 tōngdào	passage
杖 (tsue)	拐杖 guǎizhàng	cane
使う (tsukau)	使用 shǐyòng	use

500

日	中	英
捕まえる (tsukamaeru)	抓住 zhuāzhù	catch
つかむ (tsukamu)	抓住 zhuāzhù	catch
疲れ (tsukare)	疲劳 píláo	fatigue
疲れる (tsukareru)	累 lèi	get tired
月 (tsuki) 〔天体〕	月亮 yuèliang	the moon
〃 〔月日〕	月(份) yuè (fèn)	month
次 (tsugi)	下一个 xià yī ge	next
着く (tsuku)	到达 dàodá	arrive
机 (tsukue)	桌子 zhuōzi	desk
作る (tsukuru)	做 zuò	make
点ける (tsukeru) 〔点灯〕	点 diǎn, 打开 dǎkāi	turn on
着ける (tsukeru) 〔身に〕	穿上 chuānshàng, 带上 dàishàng	put on
伝える (tsutaeru)	告诉 gàosu	tell
土 (tsuchi)	土 tǔ	dirt, soil
続く (tsuzuku)	继续 jìxù	continue
続ける (tsuzukeru)	继续 jìxù	continue
包む (tsutsumu)	包 bāo, 包装 bāozhuāng	wrap
勤める (tsutomeru)	工作 gōngzuò	work
綱 (tsuna)	绳索 shéngsuǒ	rope

常に

日	中	英
tsuneni 常に	总是 zǒngshì	always
tsuneru つねる	掐 qiā	pinch
tsuno 角	角 jiǎo	horn
tsuba つば　〔唾液〕	口水 kǒushuǐ, 唾沫 tuòmo	saliva
tsubasa 翼	翅膀 chìbǎng	wing
tsubame ツバメ	燕子 yànzi	swallow
tsubu 粒	粒 lì	grain
tsubusu 潰す	压碎 yāsuì	crush
tsubo 壺	罐子 guànzi	pot
tsuma 妻	妻子 qīzi	wife
tsumazuku 躓く	绊 bàn	stumble
tsumaranai つまらない	没趣 méiqù	boring
tsumari つまり　〔即ち〕	也就是说 yě jiùshì shuō	that is to say
tsumi 罪	罪 zuì	crime
tsumu 摘む	采 cǎi, 摘 zhāi	pick
tsume 爪	指甲 zhǐjia	nail
tsumetai 冷たい	冰冷 bīnglěng	cold
tsuyu 露	露水 lùshuǐ	dew
tsuyoi 強い	强 qiáng	strong

提供(する)

日	中	英
^{tsurai} 辛い	辛苦 xīnkǔ	hard
^{tsuri} 釣り	钓鱼 diàoyú	fishing
^{tsuriai} つり合い	相称 xiāngchèn	balance
^{tsurisen} 釣り銭	找的钱 zhǎo de qián	change
^{tsuru} ツル	鹤 hè	crane
^{tsuru} 釣る	钓 diào	fish
^{tsurusu} 吊す	吊 diào	hang
^{tsureteiku} 連れて行く	带去 dàiqù	take
^{tsuretekuru} 連れて来る	带来 dàilái	bring

て

日	中	英
^{te} 手	手 shǒu	hand
^{deau} 出会う	相遇 xiāngyù	meet
^{teean suru} 提案(する)	提议 tíyì; 提案 tí'àn	propose; proposal
^{tiishatsu} Tシャツ	T恤衫 T-xùshān	T-shirt
^{teekasuru} 低下する	下降 xiàjiàng	fall
^{teegi suru} 定義(する)	定义 dìngyì	define; definition
^{teekino} 定期の	定期 dìngqī	regular
^{teekyoo suru} 提供(する)	提供 tígōng	offer

503

抵抗(する)

日	中	英
抵抗(する) teekoo suru	抵抗 dǐkàng	resist; resistance
停止(する) teeshi suru	停止 tíngzhǐ	stop
提示(する) teeji suru	出示 chūshì	show; presentation
提出(する) teeshutsu suru	提交 tíjiāo	submit; presentation
定食 teeshoku	套餐 tàocān	set meal
訂正(する) teesee suru	更正 gēngzhèng	correct; correction
ティッシュ tisshu	纸巾 zhǐjīn	tissues
程度 teedo	程度 chéngdù	degree
ディナー dinaa	晚餐 wǎncān	dinner
データ deeta	数据 shùjù	data
データベース deetabeesu	数据库 shùjùkù	database
テープ teepu	胶带 jiāodài	tape
テーブル teeburu	桌子 zhuōzi	table
テーブルクロス teeburukurosu	桌布 zhuōbù	tablecloth
テーマ teema	主题 zhǔtí	theme
出かける dekakeru	出门 chūmén	go out
手紙 tegami	信 xìn	letter
敵 teki	敌人 dírén	enemy
適応(する) tekioo suru	适应 shìyìng	adapt; adaptation

504

日	中	英
dekigoto 出来事	事件 shìjiàn	event
tekisuto テキスト	教材 jiàocái	text
tekitoona 適当な〔適切な〕	适当 shìdàng	suitable
tekiyoo suru 適用(する)	适用 shìyòng	apply; application
deguchi 出口	出口 chūkǒu	exit
tekubi 手首	手腕 shǒuwàn	wrist
dezaato デザート	甜点 tiándiǎn	dessert
dezain suru デザイン(する)	设计 shèjì	design
dejitaru デジタル	数码 shùmǎ	digital
tesuuryoo 手数料	手续费 shǒuxùfèi	commission
tesuto suru テスト(する)〔試験〕	测试 cèshì	test
techoo 手帳	笔记本 bǐjìběn	notebook
tetsugaku 哲学	哲学 zhéxué	philosophy
tetsudau 手伝う	帮助 bāngzhù	help
tetsudoo 鉄道	铁路 tiělù	railway
tenisu テニス	网球 wǎngqiú	tennis
depaato デパート	百货大楼 bǎihuò dàlóu	department store
tebukuro 手袋	手套 shǒutào	gloves
demo デモ	游行 yóuxíng	demonstration

でも

日	中	英
でも〔しかし〕 *demo*	不过 bùguò	but
照らす *terasu*	照 zhào	light up
照る *teru*	照 zhào	shine
出る〔外出〕 *deru*	出门 chūmén	go out
テレビ *terebi*	电视机 diànshìjī	television
天〔空〕 *ten*	天空 tiānkōng	sky
点〔小さい印〕 *ten*	点 diǎn	dot
〃〔点数〕	分 fēn	point
天安門 *ten'anmon*	天安门 Tiān'ānmén	Tiananmen
店員 *ten'in*	店员 diànyuán	clerk
天気 *tenki*	天气 tiānqì	weather
伝記 *denki*	传记 zhuànjì	biography
電気 *denki*	电 diàn	electricity
電球 *denkyuu*	灯泡 dēngpào	light bulb
天気予報 *tenkiyohoo*	天气预报 tiānqì yùbào	weather forecast
転勤する *tenkinsuru*	调动工作 diàodòng gōngzuò	be transferred
典型的な *tenkeetekina*	典型 diǎnxíng	typical
天候 *tenkoo*	天气 tiānqì	weather
天国 *tengoku*	天堂 tiāntáng	Heaven

電話番号

日	中	英
dengon suru 伝言(する)	留言 liúyán	send word; message
tensai 天才	天才 tiāncái	genius
tenshi 天使	天使 tiānshǐ	angel
tenji suru 展示(する)	展示 zhǎnshì	exhibit; exhibition
denshino 電子の	电子 diànzǐ	electronic
denshimeeru 電子メール	电子邮件 diànzǐ yóujiàn	e-mail
densha 電車	电车 diànchē	train
tenjoo 天井	天花板 tiānhuābǎn	ceiling
denshirenji 電子レンジ	微波炉 wēibōlú	microwave oven
tenshin 天津	天津 Tiānjīn	Tianjin
densetsu 伝説	传说 chuánshuō	legend
dentaku 電卓	计算器 jìsuànqì	calculator
denchi 電池	电池 diànchí	battery
tento テント	帐篷 zhàngpeng	tent
dentoo 伝統	传统 chuántǒng	tradition
dentoo 電灯	电灯 diàndēng	electric light
tenrankai 展覧会	展览会 zhǎnlǎnhuì	exhibition
denwa suru 電話(する)	(打)电话 (dǎ) diànhuà	call; telephone
denwabangoo 電話番号	电话号码 diànhuà hàomǎ	telephone number

て

日	中	英
と		
戸 (to)	门 mén	door
度 (do)	度 dù	degree
ドア (doa)	门 mén	door
問い (toi)	问题 wèntí	question
ドイツ (doitsu)	德国 Déguó	Germany
トイレ (toire)	洗手间 xǐshǒujiān	bathroom
トイレットペーパー (toirettopeepaa)	手纸 shǒuzhǐ	toilet paper
問う (tou)	询问 xúnwèn	ask
塔 (too)	塔 tǎ	tower
唐 (too) 〔王朝名〕	唐朝 Tángcháo	the Tang Dynasty
どう (doo) 〔方法〕	怎么样 zěnmeyàng	how
胴 (doo) 〔胴体〕	躯干 qūgàn	trunk
銅 (doo)	铜 tóng	copper
同意(する) (dooi suru)	同意 tóngyì	agree; agreement
統一(する) (tooitsu suru)	统一 tǒngyī	unify; unification
陶器 (tooki)	陶瓷 táocí	pottery
投機(する) (tooki suru)	投机 tóujī	speculate; speculation

508

日	中	英
討議(する) toogi suru	讨论 tǎolùn	discuss; discussion
動機 dooki	动机 dòngjī	motive
同級生 dookyuusee	同学 tóngxué	classmate
道具 doogu	工具 gōngjù	tool
統計(する) tookee suru	统计 tǒngjì	compile statistics; statistics
動作 doosa	动作 dòngzuò	movement
倒産(する) toosan suru	倒闭 dǎobì	go bankrupt; bankruptcy
投資(する) tooshi suru	投资 tóuzī	invest; investment
当時 tooji	当时 dāngshí	then
動詞 dooshi	动词 dòngcí	verb
どうして〔なぜ〕 dooshite	为什么 wèi shénme	why
登場(する) toojoo suru	登场 dēngchǎng	appear; appearance
同情(する) doojoo suru	同情 tóngqíng	sympathize; sympathy
闘争(する) toosoo suru	斗争 dòuzhēng	fight
灯台 toodai	灯塔 dēngtǎ	lighthouse
到着(する) toochaku suru	到达 dàodá	arrive; arrival
とうとう〔ついに〕 tootoo	终于 zhōngyú	at last
道徳 dootoku	道德 dàodé	morals
盗難 toonan	盗窃 dàoqiè	theft

導入(する)

日	中	英
doonyuu suru 導入(する)	引进 yǐnjìn	introduce; introduction
toohyoo suru 投票(する)	投票 tóupiào	vote
toofu 豆腐	豆腐 dòufu	tofu
doofuusuru 同封する	附在信内 fù zài xìnnèi	enclose
doobutsu 動物	动物 dòngwù	animal
doobutsuen 動物園	动物园 dòngwùyuán	zoo
doomyaku 動脈	动脉 dòngmài	artery
toomeena 透明な	透明 tòumíng	transparent
toomorokoshi トウモロコシ	玉米 yùmǐ	corn
tooyoo 東洋	东方 Dōngfāng	the East
dooro 道路	道路 dàolù	road
tooroku suru 登録(する)	注册 zhùcè	register; registration
too 10(とお)	十个 shí ge	ten
tooi 遠い	远 yuǎn	far
toori 通り	马路 mǎlù	street
tooru 通る	经过 jīngguò	pass
tokai 都会	都市 dūshì, 城市 chéngshì	city
tokasu 溶かす	溶化 rónghuà	melt
toki 時	时光 shíguāng	time

と

溶ける

日	中	英
_{tokidoki} 時々	偶尔 ǒu'ěr	sometimes
_{toku} 得 〔利益〕	利益 lìyì	profit
_{toku} 徳	品德 pǐndé	virtue
_{toku} 解く 〔ほどく〕	解 jiě	undo
_{doku} 毒	毒 dú	poison
_{tokuina} 得意な 〔…が得意〕	拿手 náshǒu	be good at
_{dokusha} 読者	读者 dúzhě	reader
_{tokushuna} 特殊な	特殊 tèshū	special
_{dokusho suru} 読書(する)	读书 dúshū	read; reading
_{tokushoku} 特色	特色 tèsè	characteristic
_{dokushin} 独身	独身 dúshēn	single
_{dokusoosee} 独創性	独创性 dúchuàngxìng	originality
_{tokuchoo} 特徴	特征 tèzhēng	characteristic
_{tokuni} 特に	特别 tèbié	especially
_{tokubetsuna} 特別な	特别 tèbié	special
_{dokuritsu suru} 独立(する)	独立 dúlì	become independent; independence
_{tokee} 時計 〔置き時計〕	钟 zhōng	clock
〃 〔腕時計〕	表 biǎo	watch
_{tokeru} 溶ける	溶化 rónghuà	melt

と

どこ

日	中	英
doko どこ　〔場所〕	哪里 nǎ·lǐ, 哪儿 nǎr	where
tozan 登山	登山 dēngshān	mountain climbing
toshi 年　〔年齢〕	年 nián, 岁 suì	age
toshi 都市	城市 chéngshì, 都市 dūshì	city
toshokan 図書館	图书馆 túshūguǎn	library
tojiru 閉じる	关 guān, 关闭 guānbì	close
tochi 土地	土地 tǔdì	land
tokkyo 特許	专利 zhuānlì	patent
tokken 特権	特权 tèquán	privilege
totsuzen 突然	突然 tūrán	suddenly
dotto ドット	点 diǎn	dot
todoku 届く	达到 dádào	reach
todokeru 届ける	送到 sòngdào	deliver
tonari 隣	邻居 línjū	next-door
donaru 怒鳴る	喊叫 hǎnjiào	shout
dono どの	哪个 nǎge	which, what
tobu 飛ぶ　〔空を〕	飞 fēi	fly
tobu 跳ぶ　〔ジャンプ〕	跳 tiào	jump
tomato トマト	西红柿 xīhóngshì	tomato

日	中	英
tomaru 止まる	停 tíng, 停止 tíngzhǐ	stop
tomaru 泊まる	住宿 zhùsù	stay
tomi 富	财富 cáifù	wealth
tomeru 止める	停 tíng, 阻止 zǔzhǐ	stop
tomodachi 友だち	朋友 péngyou	friend
doyoobi 土曜日	星期六 xīngqīliù	Saturday
tora トラ	老虎 lǎohǔ	tiger
doraiyaa ドライヤー	吹风机 chuīfēngjī	dryer
torakku トラック〔自動車〕	卡车 kǎchē	truck
toranku トランク〔かばん〕	行李箱 xínglixiāng	trunk
toranpu トランプ	扑克 pūkè	cards
tori 鳥	鸟 niǎo	bird
toriinfuruenza 鳥インフルエンザ	禽流感 qínliúgǎn	bird flu
torikaeru 取り替える〔交換〕	更换 gēnghuàn	change, replace
torikakomu 取り囲む	围 wéi	surround
torikesu 取り消す	取消 qǔxiāo	cancel
toridasu 取り出す	取出 qǔchū	take out
torinozoku 取り除く	消除 xiāochú	remove
doryoku suru 努力(する)	努力 nǔlì	make an effort; effort

取る

日	中	英
toru 取る	拿 ná	take
toru 撮る 〔写真を〕	照 zhào	take
doru ドル	美元 měiyuán	dollar
toreeningu トレーニング	训练 xùnliàn	training
doresu ドレス	女礼服 nǚlǐfú	dress
doresshingu ドレッシング	调味汁 tiáowèizhī	dressing
doro 泥	泥 ní	mud
doroboo 泥棒	小偷 xiǎotōu	thief
tonkoo 敦煌	敦煌 Dūnhuáng	Dunhuang
donna どんな	什么样 shénmeyàng	what
tonneru トンネル	隧道 suìdào	tunnel

な

naisho 内緒	秘密 mìmì	secret
naifu ナイフ	刀子 dāozi	knife
naibu 内部	内部 nèibù	inside
naiyoo 内容	内容 nèiróng	content
naosu 治す 〔病気を〕	治疗 zhìliáo	cure
naosu 直す 〔修理〕	修理 xiūlǐ	repair

名付ける

日	中	英
naka 中　〔内部〕	里边 lǐbian, 里面 lǐ·miàn	inside
nagai 長い	长 cháng	long
nagasa 長さ	长度 chángdù	length
nakama 仲間	伙伴 huǒbàn	friend
nakami 中身	内容 nèiróng	contents
nagame 眺め	风景 fēngjǐng	view
nagameru 眺める	眺望 tiàowàng	look at
nagareru 流れる　〔水・川〕	流 liú	flow
naku 泣く	哭 kū	cry
nagusameru 慰める	安慰 ānwèi	comfort
nakusu なくす	失去 shīqù	lose
naguru 殴る	打 dǎ	hit
nageru 投げる	扔 rēng	throw
nashi ナシ	梨 lí	pear
nasu ナス	茄子 qiézi	eggplant
naze なぜ	为什么 wèi shénme	why
nazo 謎　〔不可解〕	谜 mí	mystery
natsu 夏	夏天 xiàtiān	summer
nazukeru 名付ける	取名 qǔmíng	name

夏休み

日	中	英
natsuyasumi 夏休み	暑假 shǔjià	summer vacation
nana 7	七 qī	seven
nanatsu 7つ	七个 qī ge	seven
nani 何	什么 shénme	what
napukin ナプキン〔食事用〕	餐巾纸 cānjīnzhǐ	napkin
〃〔生理用〕	卫生巾 wèishēngjīn	napkin
nabe 鍋	锅 guō	pan, pot
nama 生	生 shēng	raw
namae 名前	名字 míngzi	name
namakeru 怠ける	偷懒 tōulǎn	be lazy
namari 鉛	铅 qiān	lead
namari 訛り	口音 kǒuyīn	accent
nami 波	波浪 bōlàng	wave
namida 涙	眼泪 yǎnlèi	tear
nameru なめる	舔 tiǎn	lick
nayami 悩み	苦恼 kǔnǎo	worry
nayamu 悩む	烦恼 fánnǎo	be worried
narau 習う	学习 xuéxí	learn
narasu 鳴らす〔ベルを〕	鸣 míng	ring

日	中	英
narabu 並ぶ 〔一列に〕	排列 páiliè	stand in line
naraberu 並べる	摆 bǎi	arrange
naru なる 〔変化する〕	成为 chéngwéi	become
naru 鳴る 〔鐘などが〕	响 xiǎng	ring
nareru 慣れる	习惯 xíguàn	get used to
nawa 縄	绳子 shéngzi	rope
nankin 南京	南京 Nánjīng	Nanjing
nanji 何時	几点 jǐdiǎn	what time
nanmin 難民	难民 nànmín	refugee

に

ni 2	二 èr	two
nioi におい	气味 qìwèi	smell
niou におう	发臭 fāchòu	smell
nigai 苦い	苦 kǔ	bitter
nigatsu 2月	二月 èr yuè	February
niku 肉	肉 ròu	meat
nikumu 憎む	恨 hèn	hate
nigeru 逃げる	逃跑 táopǎo	run away

西

日	中	英
nishi 西	西方 xīfāng	west
niji 虹	彩虹 cǎihóng	rainbow
nisemono 偽物	假货 jiǎhuò	fake products
nichiyoobi 日曜日	星期日 xīngqīrì	Sunday
nikki 日記	日记 rìjì	diary
nihon 日本	日本 Rìběn	Japan
nihongo 日本語	日语 Rìyǔ, 日文 Rìwén	Japanese
nihonjin 日本人	日本人 Rìběnrén	Japanese
nimotsu 荷物	行李 xíngli	baggage
nyuugaku suru 入学(する)	入学 rùxué	enter; entrance
nyuusu ニュース	新闻 xīnwén	news
nyuuyooku ニューヨーク	纽约 Niǔyuē	New York
nyuuryoku suru 入力(する)	输入 shūrù	input
niru 似る	相似 xiāngsì	be like
niru 煮る	煮 zhǔ	boil
niwa 庭	院子 yuànzi	garden
niwakaame にわか雨	阵雨 zhènyǔ	shower
niwatori ニワトリ	鸡 jī	chicken
ninki 人気	人气 rénqì	popularity

日	中	英
ningyoo 人形	玩偶 wán'ǒu	doll
ningen 人間	人 rén	human being
ninshin suru 妊娠(する)	怀孕 huáiyùn	become pregnant; pregnancy
ninjin ニンジン	胡萝卜 húluóbo	carrot
nintai suru 忍耐(する)	忍耐 rěnnài	be patient; patience
ninniku ニンニク	大蒜 dàsuàn	garlic

ぬ

日	中	英
nuu 縫う	缝 féng	sew
nuku 抜く 〔引き抜く〕	拔 bá	pull out
nugu 脱ぐ	脱 tuō	take off
nuguu ぬぐう	擦 cā	wipe
nusumu 盗む	偷 tōu	steal
nuno 布	布 bù	cloth
numa 沼	沼泽 zhǎozé	marsh
nurasu 濡らす	弄湿 nòngshī	wet
nuru 塗る	涂 tú	paint
nurui ぬるい	温 wēn	lukewarm
nureru 濡れる	湿 shī	get wet

日	中	英
ね		

根 (ne)	根 gēn	root
値打ち (neuchi)	价值 jiàzhí	value
願い (negai)	愿望 yuànwàng	wish
願う (negau)	祈求 qǐqiú	wish
ネギ (negi)	葱 cōng	leek
ネクタイ (nekutai)	领带 lǐngdài	tie
ネコ (neko)	猫 māo	cat
ねじ (neji)	螺丝 luósī	screw
ねじる (nejiru)	拧 nǐng	twist
ネズミ (nezumi)	老鼠 lǎoshǔ	mouse
値段 (nedan)	价钱 jià·qián	price
熱 (netsu)	热 rè	heat
ネックレス (nekkuresu)	项链 xiàngliàn	necklace
熱する (nessuru)	加热 jiārè	heat
ネット (netto)	网 wǎng	net
熱湯 (nettoo)	热水 rèshuǐ	boiling water
値引き (nebiki)	减价 jiǎnjià	discount

日	中	英
眠い (nemui)	困 kùn	be sleepy
眠る (nemuru)	睡觉 shuìjiào	sleep
狙い (nerai) 〔目的〕	目标 mùbiāo	aim
狙う (nerau)	瞄准 miáozhǔn	aim at
寝る (neru) 〔睡眠〕	睡觉 shuìjiào	sleep
年 (nen)	年 nián	year
年金 (nenkin)	养老金 yǎnglǎojīn	pension
年収 (nenshuu)	年薪 niánxīn	annual income
粘土 (nendo)	胶泥 jiāoní	clay
燃料 (nenryoo)	燃料 ránliào	fuel
年齢 (nenree)	年龄 niánlíng	age

の

日	中	英
脳 (noo)	脑 nǎo	brain
農業 (noogyoo)	农业 nóngyè	agriculture
農民 (noomin)	农民 nóngmín	farmer
能率 (nooritsu)	效率 xiàolǜ	efficiency
能力 (nooryoku)	能力 nénglì	ability
ノート (nooto)	笔记本 bǐjìběn	notebook

のこぎり

日	中	英
のこぎり nokogiri	锯子 jùzi	saw
残る nokoru 〔留まる〕	留下 liúxià	stay
除く nozoku 〔除去〕	除去 chúqù	remove
望み nozomi 〔希望〕	希望 xīwàng	hope
望む nozomu	期望 qīwàng, 希望 xīwàng	hope
ノックする nokkusuru	敲 qiāo	knock
のど nodo	喉咙 hóu·lóng, 嗓子 sǎngzi	throat
のどが渇く nodo ga kawaku	口渴 kǒukě	be thirsty
上る noboru	上 shàng, 登 dēng	go up
のみ込む nomikomu	咽下 yànxià	swallow
飲み物 nomimono	饮料 yǐnliào	drink
飲む nomu	喝 hē	drink
乗り物 norimono	交通工具 jiāotōng gōngjù	vehicle
乗る noru	乘坐 chéngzuò	take, ride

は

日	中	英
葉 ha	叶子 yèzi	leaf
歯 ha	牙齿 yáchǐ	tooth
バー baa	酒吧 jiǔbā	bar

廃止（する）

日	中	英
baai 場合	场合 chǎnghé	case
baagen バーゲン	大减价 dàjiǎnjià	sale
baajon バージョン	版本 bǎnběn	version
paasento パーセント	百分之 bǎi fēn zhī	percent
paati パーティ	聚会 jùhuì	party
haadowea ハードウェア	硬件 yìngjiàn	hardware
haabu ハーブ	香草 xiāngcǎo	herb
hai はい	是 shì，对 duì	yes
hai 灰	灰 huī	ash
hai 肺	肺脏 fèizàng	lung
bai 倍	倍 bèi	double, times
haiiro 灰色	灰色 huīsè	gray
baiorin バイオリン	小提琴 xiǎotíqín	violin
haikyo 廃墟	废墟 fèixū	ruin
baikin ばい菌	细菌 xìjūn	germ
haikingu ハイキング	郊游 jiāoyóu	hiking
baiku バイク	摩托车 mótuōchē	motorcycle
haikee 背景	背景 bèijǐng	background
haishi suru 廃止（する）	废除 fèichú	abolish; abolishment

は

歯医者

日	中	英
haisha 歯医者	牙科医生 yákē yīshēng	dentist
haitatsu suru 配達(する)	发送 fāsòng	deliver; delivery
baiten 売店	售货亭 shòuhuòtíng, 小卖部 xiǎomàibù	stand
painappuru パイナップル	菠萝 bōluó	pineapple
haihiiru ハイヒール	高跟鞋 gāogēnxié	high heels
haiboku suru 敗北(する)	失败 shībài	be defeated; defeat
haiyuu 俳優	演员 yǎnyuán	actor
hairu 入る 〔中に〕	进入 jìnrù	come in, go in
pairotto パイロット	飞行员 fēixíngyuán	pilot
hae ハエ	苍蝇 cāngying	fly
haeru 生える 〔生育〕	生长 shēngzhǎng	grow
haka 墓	坟墓 fénmù	tomb
baka ばか	笨蛋 bèndàn	fool
hakai suru 破壊(する)	破坏 pòhuài	destroy; destruction
hagaki 葉書	明信片 míngxìnpiàn	postcard
hakase 博士	博士 bóshì	doctor
hakari はかり	秤 chèng	scale
hakaru 測る	测量 cèliáng	measure
haku 掃く	扫 sǎo	sweep

破産(する)

日	中	英
_{haku} 履く	穿 chuān	put on
_{haku} 吐く　〔嘔吐〕	吐 tù	vomit
_{hakusai} ハクサイ	白菜 báicài	Chinese cabbage
_{hakushu suru} 拍手(する)	鼓掌 gǔzhǎng	applaud; applause
_{hakujoosuru} 白状する	坦白 tǎnbái	confess
_{bakudan} 爆弾	炸弹 zhàdàn	bomb
_{bakuchiku} 爆竹	鞭炮 biānpào, 爆竹 bàozhú	firecracker
_{hakuchoo} ハクチョウ	天鹅 tiān'é	swan
_{bakuhatsu suru} 爆発(する)	爆炸 bàozhà	explode; explosion
_{hakubutsukan} 博物館	博物馆 bówùguǎn	museum
_{hakurankai} 博覧会	博览会 bólǎnhuì	exposition
_{hageshii} 激しい	激烈 jīliè	violent
_{baketsu} バケツ	水桶 shuǐtǒng	bucket
_{hagemasu} 励ます	鼓励 gǔlì	encourage
_{haken suru} 派遣(する)	派遣 pàiqiǎn	dispatch
_{hako} 箱	盒子 hézi	box
_{hakobu} 運ぶ	搬运 bānyùn	carry
_{hasami} はさみ	剪子 jiǎnzi	scissors
_{hasan suru} 破産(する)	破产 pòchǎn	go bankrupt; bankruptcy

は

橋

日	中	英
hashi 橋	桥 qiáo	bridge
hashi 箸	筷子 kuàizi	chopsticks
hashi 端　〔末端〕	末端 mòduān	end
haji 恥	羞耻 xiūchǐ	shame
hashigo はしご	梯子 tīzi	ladder
hajimaru 始まる	开始 kāishǐ	begin
hajimete 初めて	第一次 dì yī cì	for the first time
hajimeru 始める	开始 kāishǐ	begin
pajama パジャマ	睡衣 shuìyī	pajamas
basho 場所	地点 dìdiǎn	place
hashira 柱	柱子 zhùzi	pillar
hashiru 走る	跑 pǎo	run
basu バス	公交车 gōngjiāochē, 巴士 bāshì	bus
hazukashii 恥ずかしい	害羞 hàixiū	be ashamed
basukettobooru バスケットボール	篮球 lánqiú	basketball
hazusu 外す　〔取り外す〕	卸下 xièxià	take off
basutaoru バスタオル	浴巾 yùjīn	bath towel
basutee バス停	公交车站 gōngjiāo chēzhàn	bus stop
pasupooto パスポート	护照 hùzhào	passport

は

日	中	英
hazumu 弾む〔跳ね返る〕	反弹 fǎntán	bounce
pasuwaado パスワード	密码 mìmǎ	password
pasokon パソコン	电脑 diànnǎo	PC, personal computer
hata 旗	旗子 qízi	flag
hada 肌	皮肤 pífū	skin
bataa バター	黄油 huángyóu	butter
hadaka 裸	裸体 luǒtǐ	nude
hatake 畑	田地 tiándì, 旱田 hàntián	field
hataraku 働く	工作 gōngzuò	work
hachi ハチ	(蜜)蜂 (mì)fēng	bee
hachi 8	八 bā	eight
hachigatsu 8月	八月 bā yuè	August
hachimitsu 蜂蜜	蜂蜜 fēngmì	honey
batsu(bas)suru 罰 (する)	惩罚 chéngfá, 处罚 chǔfá	punish; punishment
hatsuon suru 発音(する)	发音 fāyīn	pronounce; pronunciation
bakkin 罰金	罚款 fákuǎn	fine
baggu バッグ	手包 shǒubāo	bag
hakken suru 発見(する)	发现 fāxiàn	discover; discovery
bassui suru 抜粋(する)	摘录 zhāilù	extract

発達(する)

日	中	英
発達(する) *hattatsu suru*	发达 fādá	develop; development
発展(する) *hatten suru*	发展 fāzhǎn	develop; development
発表(する) *happyoo suru*	发表 fābiǎo	announce; announcement
発明(する) *hatsumee suru*	发明 fāmíng	invent; invention
ハト *hato*	鸽子 gēzi	pigeon
パトカー *patokaa*	警车 jǐngchē	patrol car
パトロール(する) *patorooru suru*	巡逻 xúnluó	patrol
花 *hana*	花 huā	flower
鼻 *hana*	鼻子 bízi	nose
話 〔会話〕 *hanashi*	话 huà	talk
話し中 〔電話〕 *hanashichuu*	占线 zhànxiàn	busy
話す *hanasu*	说 shuō	speak, talk
放す 〔逃がす〕 *hanasu*	放走 fàngzǒu	let ... go
離す 〔分離〕 *hanasu*	分开 fēnkāi	separate
花束 *hanataba*	花束 huāshù	bouquet
鼻血 *hanaji*	鼻血 bíxuè	nosebleed
バナナ *banana*	香蕉 xiāngjiāo	banana
花火 *hanabi*	焰火 yànhuǒ, 烟火 yānhuo	fireworks
花婿 *hanamuko*	新郎 xīnláng	bridegroom

日	中	英
hanayome 花嫁	新娘 xīnniáng	bride
panikku パニック	恐慌 kǒnghuāng	panic
banira バニラ	香草 xiāngcǎo	vanilla
hane 羽　〔つばさ〕	翅膀 chìbǎng	wing
〃　〔羽毛〕	羽毛 yǔmáo	feather
bane バネ	弹簧 tánhuáng	spring
hanemuun ハネムーン	蜜月 mìyuè	honeymoon
haneru 跳ねる	蹦 bèng, 跳 tiào	jump
haha 母	母亲 mǔqīn	mother
haba 幅	宽度 kuāndù	width
habuku 省く　〔省略〕	省去 shěngqù	omit
haburashi 歯ブラシ	牙刷 yáshuā	tooth brush
baburu バブル	泡沫 pàomò	bubble
hamabe 浜辺	海边 hǎibiān	beach
hamigaki suru 歯磨き(する)	刷牙 shuāyá	brush one's teeth; tooth brushing
hamu ハム	火腿 huǒtuǐ	ham
bamen 場面	场面 chǎngmiàn	scene
hayai 早い	早 zǎo	early
hayai 速い	快 kuài	fast

速さ

日	中	英
^{hayasa} 速さ	速度 sùdù	speed
^{hayashi} 林	树林 shùlín	wood
^{hayaru} はやる 〔流行〕	流行 liúxíng	be in fashion
^{hara} 腹	肚子 dùzi	stomach
^{bara} バラ	玫瑰 méigui	rose
^{harau} 払う	支付 zhīfù	pay
^{baransu} バランス	平衡 pínghéng	balance
^{hari} 針	针 zhēn	needle
^{pari} パリ	巴黎 Bālí	Paris
^{haru} 春	春天 chūntiān	spring
^{haru} 貼る 〔のりで〕	贴 tiē	paste
^{harubin} ハルビン	哈尔滨 Hā'ěrbīn	Harbin
^{harumaki} 春巻き	春卷 chūnjuǎn	spring roll
^{hare} 晴れ 〔晴天〕	晴 qíng	fair weather
^{pareedo} パレード(^{suru}する)	游行 yóuxíng	parade
^{bareebooru} バレーボール	排球 páiqiú	volleyball
^{han} 班	班 bān, 组 zǔ	group
^{han} 版	版 bǎn	edition
^{ban} 晚	晚上 wǎnshang	evening

日	中	英
_{pan} パン	面包 miànbāo	bread
_{han'ee suru} 繁栄(する)	繁荣 fánróng	prosper; prosperity
_{hanga} 版画	版画 bǎnhuà	print
_{hangaa} ハンガー	衣架 yījià	hanger
_{hankachi} ハンカチ	手绢 shǒujuàn	handkerchief
_{panku} パンク〔タイヤ〕	爆胎 bàotāi	flat tire
_{bangumi} 番組〔テレビ〕	节目 jiémù	program
_{hanketsu suru} 判決(する)	判决 pànjué	judge; judgment
_{bangoo} 番号	号码 hàomǎ	number
_{hanzai} 犯罪	犯罪 fànzuì	crime
_{hansha suru} 反射(する)	反射 fǎnshè	reflect; reflection
_{pansuto} パンスト	连裤袜 liánkùwà	pantyhose
_{panda} パンダ	熊猫 xióngmāo	panda
_{hantai} 反対〔逆〕	相反 xiāngfǎn	the opposite
_{hantai suru} 反対(する)〔不同意〕	反对 fǎnduì	object; objection
_{hantaiji} 繁体字	繁体字 fántǐzì	traditional Chinese characters
_{handan suru} 判断(する)	判断 pànduàn	judge; judgment
_{pantsu} パンツ〔下着〕	内裤 nèikù	underpants
_{hantoo} 半島	半岛 bàndǎo	peninsula

ハンドバッグ

日	中	英
ハンドバッグ handobaggu	手提包 shǒutíbāo	handbag
ハンドル〔自動車〕 handoru	方向盘 fāngxiàngpán	steering wheel
ハンバーガー hanbaagaa	汉堡包 hànbǎobāo	hamburger
販売(する) hanbai suru	销售 xiāoshòu	sell; sale
万博 banpaku	世博会 shìbóhuì	expo, international exposition
パンフレット panfuretto	小册子 xiǎocèzi	brochure
半分 hanbun	一半 yībàn	half
反乱 hanran	叛乱 pànluàn	revolt
万里の長城 banrinochoojoo	万里长城 Wànlǐ Chángchéng	the Great Wall of China

ひ

火 hi	火 huǒ	fire
日〔太陽〕 hi	太阳 tàiyáng	the sun
〃〔月日〕	天 tiān, 日 rì	day
ピアノ piano	钢琴 gāngqín	piano
ピータン piitan	皮蛋 pídàn	century〔preserved〕egg
ピーナッツ piinattsu	花生 huāshēng	peanut
ピーマン piiman	青椒 qīngjiāo	bell pepper
ビール biiru	啤酒 píjiǔ	beer

532

日	中	英
higai 被害	受害 shòuhài	damage
higaisha 被害者	受害者 shòuhàizhě	victim
hikaku suru 比較(する)	比较 bǐjiào	compare; comparison
higashi 東	东方 dōngfāng	east
hikari 光	光 guāng	light
hikaru 光る	发亮 fāliàng	shine
hikantekina 悲観的な	悲观 bēiguān	pessimistic
hikizan 引き算	减法 jiǎnfǎ	subtraction
hikidashi 引き出し 〔家具〕	抽屉 chōuti	drawer
hikiwake 引き分け	平局 píngjú	draw game
hiku 引く 〔引っ張る〕	拉 lā	pull
hiku 弾く 〔楽器を〕	弹 tán, 拉 lā	play
hikui 低い 〔高さが〕	低 dī	low
hige ひげ	胡子 húzi	beard, mustache
higeki 悲劇	悲剧 bēijù	tragedy
higesori ひげそり	刮胡刀 guāhúdāo	razor
hiketsu 秘訣	秘诀 mìjué	secret
hikooki 飛行機	飞机 fēijī	airplane
hiza 膝	膝盖 xīgài	knee

ひ

533

ビザ

日	中	英
biza ビザ	签证 qiānzhèng	visa
piza ピザ	比萨饼 bǐsàbǐng	pizza
hiji ひじ	胳膊肘 gēbozhǒu	elbow
bijinesu ビジネス	商务 shāngwù	business
bijutsu 美術	美术 měishù	art
bijutsukan 美術館	美术馆 měishùguǎn	museum
hisho 秘書	秘书 mìshū	secretary
hijooguchi 非常口	紧急出口 jǐnjí chūkǒu	emergency exit
hisoka 密か	暗中 ànzhōng	secretly
hida ひだ	褶子 zhězi	pleat
hitai 額	额头 étóu	forehead
bitamin ビタミン	维生素 wéishēngsù	vitamin
hidari 左	左边 zuǒbian, 左面 zuǒ·miàn	left
hikkaku ひっかく	搔 sāo, 挠 náo	scratch
bikkurisuru びっくりする	吃惊 chījīng	be surprised
hizuke 日付	日期 rìqī	date
hikkosu 引っ越す	搬家 bānjiā	move
hitsuji ヒツジ	羊 yáng	sheep
hipparu 引っ張る	拉 lā	pull

日	中	英
hitsuyoo 必要	必要 bìyào	need
hitee　suru 否定(する)	否定 fǒudìng	deny; denial
bideokamera ビデオカメラ	摄像机 shèxiàngjī	video camera
hito 人	人 rén	person
bitoku 美徳	美德 měidé	virtue
hitogomi 人混み	人群 rénqún	crowd
hitoshii 等しい	相等 xiāngděng	equal
hitojichi 人質	人质 rénzhì	hostage
hitotsu 1つ	一个 yī ge	one
hitobito 人々	人们 rénmen	people
hitomi 瞳	瞳孔 tóngkǒng	pupil
hitori ひとり〔単独で〕	一个人 yī ge rén	alone
hinan　suru 非難(する)	谴责 qiǎnzé	criticize; criticism
hinan　suru 避難(する)	避难 bìnàn	take refuge; refuge
biniiru ビニール	塑料 sùliào	vinyl
biniirubukuro ビニール袋	塑料袋 sùliàodài	plastic bag
hiniku　ru 皮肉(る)	讽刺 fěngcì	make ironical remarks; irony
hinin　suru 避妊(する)	避孕 bìyùn	prevent conception; contraception
hineru ひねる	扭 niǔ	twist

火花

日	中	英
hibana 火花	火花 huǒhuā	spark
hihan suru 批判(する)	批评 pīpíng	criticize; criticism
hibi ひび	裂缝 lièfèng	crack
hihyoo suru 批評(する)	评论 pínglùn	criticize; criticism
hihyooka 批評家	评论家 pínglùnjiā	critic
hifu 皮膚	皮肤 pífū	skin
hima 暇 〔時間〕	空闲 kòngxián	time, spare time
himitsu 秘密	秘密 mìmì	secret
bimyoona 微妙な	微妙 wēimiào	delicate
hime 姫	公主 gōngzhǔ	princess
himee 悲鳴	惨叫 cǎnjiào	scream
himo ひも	绳子 shéngzi	string
hyaku 百	一百 yī bǎi	hundred
hiyake 日焼け	晒黑 shàihēi	tan
hiyasu 冷やす	冷却 lěngquè	cool
hyakkajiten 百科事典	百科全书 bǎikē quánshū	encyclopedia
hyakkaten 百貨店	百货店 bǎihuòdiàn	department store
hiyoo 費用	费用 fèiyong	expense
hyoo 表	表 biǎo	table

日	中	英
hyoo 票	选票 xuǎnpiào	vote
byoo 秒	秒 miǎo	second
biyooin 美容院	发廊 fàláng	beauty salon
byooin 病院	医院 yīyuàn	hospital
hyooka suru 評価(する)	评价 píngjià	evaluate; evaluation
byooki 病気	疾病 jíbìng	illness
hyoogen suru 表現(する)	表达 biǎodá, 表现 biǎoxiàn	express; expression
hyooshi 表紙　　〔本の〕	封面 fēngmiàn	cover
byoosha suru 描写(する)	描写 miáoxiě	describe; description
hyoojun 標準	标准 biāozhǔn	standard
hyoojoo 表情	表情 biǎoqíng	expression
byoodoona 平等な	平等 píngděng	equal
hyooban 評判	评价 píngjià	reputation
hyoohon 標本	标本 biāoběn	specimen
hyoomen 表面	表面 biǎomiàn	surface
hiyoko ヒヨコ	小鸡 xiǎojī	chick
hiraku 開く	打开 dǎkāi	open
hiratai 平たい	平坦 píngtǎn	flat
hiru 昼　　〔正午〕	中午 zhōngwǔ	noon

ビル

日	中	英
ビル	楼房 lóufáng, 大楼 dàlóu	building
昼寝 (hirune)	午睡 wǔshuì	nap
昼休み (hiruyasumi)	午休 wǔxiū	lunch break
ひれ (hire)	鱼鳍 yúqí	fin
比例 (hiree)	比例 bǐlì	proportion
広い (hiroi) 〔面積〕	宽广 kuānguǎng	large
拾う (hirou)	捡起 jiǎnqǐ	pick up
疲労(する) (hiroo suru)	疲劳 píláo	be tired; fatigue
広さ (hirosa) 〔面積〕	面积 miànjī	area
広場 (hiroba)	广场 guǎngchǎng	square
便 (bin) 〔飛行機〕	航班 hángbān	flight
瓶 (bin)	瓶 píng	bottle
ピン (pin)	别针 biézhēn	pin
ピンイン (pin'in)	拼音 pīnyīn	pinyin
敏感な (binkanna)	敏感 mǐngǎn	sensitive
ピンク (pinku)	粉红 fěnhóng	pink
貧困 (hinkon)	贫困 pínkùn	poverty
品質 (hinshitsu)	质量 zhìliàng	quality
ピント (pinto)	焦点 jiāodiǎn	focus

日	中	英
binboona 貧乏な	贫穷 pínqióng	poor

ふ

日	中	英
bu 部　　　〔部数〕	份 fèn	copy
faasutofuudo ファーストフード	快餐 kuàicān	fast food
fairu ファイル　〔電算〕	文件 wénjiàn	file
fasunaa ファスナー	拉链 lāliàn	zipper
fakkusu ファックス	传真 chuánzhēn	fax
fasshon ファッション	时装 shízhuāng	fashion
fan ファン　〔愛好者〕	迷 mí	fan
fuanna 不安な	不安 bù'ān	anxious
fianse フィアンセ〔女の〕	未婚妻 wèihūnqī	fiancée
〃　　　〔男の〕	未婚夫 wèihūnfū	fiancé
fuukee 風景	风景 fēngjǐng	scenery
fuushi 風刺	讽刺 fěngcì	satire
fuusui 風水	风水 fēngshuǐ	feng shui
fuusen 風船	气球 qìqiú	balloon
buutsu ブーツ	靴子 xuēzi	boots
fuutoo 封筒	信封 xìnfēng	envelope

夫婦

日	中	英
夫婦 (fuufu)	夫妇 fūfù, 夫妻 fūqī	couple
ブーム (buumu)	热潮 rècháo	boom
プール (puuru)	游泳池 yóuyǒngchí	pool
不運 (fuun)	背运 bèiyùn	bad luck
増える (fueru)	增加 zēngjiā	increase
フォーク (fooku)	叉子 chāzi	fork
フォルダー〔電算〕(forudaa)	文件夹 wénjiànjiā	folder
フォント (fonto)	字体 zìtǐ	font
深い (fukai)	深 shēn	deep
深さ (fukasa)	深度 shēndù	depth
不可能な (fukanoona)	不可能 bù kěnéng	impossible
フカヒレ (fukahire)	鱼翅 yúchì	shark fin
武器 (buki)	武器 wǔqì	weapon
普及(する) (fukyuu suru)	普及 pǔjí	spread
不況 (fukyoo)	萧条 xiāotiáo	depression
付近 (fukin)	附近 fùjìn	neighborhood
服 (fuku)	衣服 yīfu	clothes
吹く (fuku)	吹 chuī	blow
拭く (fuku)	擦 cā	wipe

不合理な

日	中	英
複雑な (fukuzatsuna)	复杂 fùzá	complicated
福祉 (fukushi)	福利 fúlì	welfare
副詞 (fukushi)	副词 fùcí	adverb
復習(する) (fukushuu suru)	复习 fùxí	review
復讐(する) (fukushuu suru)	复仇 fùchóu	take revenge; revenge
服従(する) (fukujuu suru)	服从 fúcóng	obey; obedience
複数 (fukusuu)	复数 fùshù	plural
複製(する) (fukusee suru)	复制 fùzhì	reproduce; reproduction
服装 (fukusoo)	服装 fúzhuāng	clothes, dress
腹痛 (fukutsuu)	肚子痛 dùzi tòng	stomachache
含む (fukumu)	包含 bāohán	contain
覆面 (fukumen)	蒙面 méngmiàn	mask
ふくらむ (fukuramu)	膨胀 péngzhàng	swell
袋 (fukuro)	袋子 dàizi	bag
不景気 (fukeeki)	不景气 bù jǐngqì	recession
不潔な (fuketsuna)	不干净 bù gānjìng	dirty
不幸 (fukoo)	不幸 búxìng	misfortune
不公平な (fukooheena)	不公平 bù gōngpíng	unfair
不合理な (fugoorina)	不合理 bù hélǐ	unreasonable

ふ

541

ブザー

日	中	英
ブザー (buzaa)	蜂鸣器 fēngmíngqì	buzzer
負債 (fusai)	负债 fùzhài	debt
不在 (fuzai)	不在 bùzài	absence
無事 (buji)	平安无事 píng'ān wúshì	safely
不思議な〔奇妙な〕(fushigina)	奇怪 qíguài	strange
不純な (fujunna)	不纯 bùchún	impure
負傷(する) (fushoo suru)	负伤 fùshāng	get injured; injury
侮辱(する) (bujoku suru)	侮辱 wǔrǔ	insult
不信 (fushin)	不相信 bù xiāngxìn	distrust
不正 (fusee)	不正当 bù zhèngdàng	injustice
防ぐ (fusegu)	防止 fángzhǐ	prevent
不足(する) (fusoku suru)	不足 bùzú	be short of; shortage
ふた〔鍋の〕(futa)	盖子 gàizi	lid
ブタ (buta)	猪 zhū	pig
舞台 (butai)	舞台 wǔtái	stage
双子 (futago)	双胞胎 shuāngbāotāi	twins
再び (futatabi)	再次 zàicì	again
2つ (futatsu)	两个 liǎng ge	two
負担(する) (futan suru)	负担 fùdān	bear; burden

不便な

日	中	英
fudan 普段	平时 píngshí	usual〔normal〕times
futsuuno 普通の〔平凡〕	一般 yībān	ordinary
bukka 物価	物价 wùjià	prices
butsukaru ぶつかる	碰 pèng	hit
bukkyoo 仏教	佛教 Fójiào	Buddhism
fukken 福建	福建 Fújiàn	Fujian
busshitsu 物質	物质 wùzhì	matter
futtoosuru 沸騰する	沸腾 fèiténg	boil
butsuri 物理	物理 wùlǐ	physics
fude 筆	毛笔 máobǐ	writing brush
futoi 太い	粗 cū	thick
budoo ブドウ	葡萄 pú·táo	grape
futoru 太る	胖 pàng	get fat
fune 船	船 chuán	ship, boat
buhin 部品	零件 língjiàn	part
bubun 部分	部分 bùfen	part
fuhee 不平	不满 bùmǎn	complaint
fuheeoiu 不平を言う	发牢骚 fā láo·sāo	complain
fubenna 不便な	不方便 bù fāngbiàn	inconvenient

ふ

父母

日	中	英
fubo 父母	父母 fùmǔ	parents
fuman 不満	不满 bùmǎn	discontent
fuyasu 増やす	增加 zēngjiā	increase
fuyu 冬	冬天 dōngtiān	winter
fuyukaina 不愉快な	不快 búkuài	unpleasant
fuyuyasumi 冬休み	寒假 hánjià	winter vacation
fuyoona 不要な	不需要 bù xūyào	unnecessary
puraido プライド	自尊心 zìzūnxīn	pride
furaidochikin フライドチキン	炸鸡 zhájī	fried chicken
furaidopoteto フライドポテト	炸薯条 zháshǔtiáo	French fries
furaipan フライパン	煎锅 jiānguō	frying pan
buraindo ブラインド	百叶窗 bǎiyèchuāng	blind
burausu ブラウス	女衬衫 nǚchènshān	blouse
burashi ブラシ	刷子 shuāzi	brush
burajaa ブラジャー	胸罩 xiōngzhào	bra
burajiru ブラジル	巴西 Bāxī	Brazil
purasu suru プラス(する)	加 jiā; 正 zhèng	add; plus
purasuchikku プラスチック	塑料 sùliào	plastic
purattohoomu プラットホーム〔駅〕	站台 zhàntái	platform

日	中	英
furansu フランス	法国 Fǎguó	France
burando ブランド	名牌 míngpái	brand
furi 不利	不利 búlì	disadvantage
furikaeru 振り返る	回头 huítóu	look back
purintaa プリンター	打印机 dǎyìnjī	printer
furu 振る	摇 yáo	shake
furu 降る	下 xià	fall
furui 古い	老 lǎo, 旧 jiù	old
furueru 震える	颤抖 chàndǒu	shake
bureeki ブレーキ	闸 zhá	brake
purezento プレゼント	礼物 lǐwù	present
fureru 触れる	接触 jiēchù	touch
furo 風呂	浴池 yùchí	bath
puro プロ	专业 zhuānyè	professional
buroochi ブローチ	胸针 xiōngzhēn	brooch
puroguramu プログラム	程序 chéngxù	program
furonto フロント 〔受付〕	服务台 fúwùtái	front desk
fun 分	分 fēn	minute
bun 文	句子 jùzi	sentence

ふ

雰囲気

日	中	英
fun'iki 雰囲気	气氛 qìfēn	atmosphere
bunka 文化	文化 wénhuà	culture
bungaku 文学	文学 wénxué	literature
bunkatsu suru 分割(する)	分割 fēngē	divide; division
bunshi 分子	分子 fēnzǐ	molecule
funshitsu suru 紛失(する)	丢失 diūshī	lose; loss
bunshoo 文章	文章 wénzhāng	sentence
funsui 噴水	喷泉 pēnquán	fountain
bunsuu 分数	分数 fēnshù	fraction
bunseki suru 分析(する)	分析 fēnxī	analyze; analysis
buntai 文体	文体 wéntǐ	style
buntan suru 分担(する)	分担 fēndān	share
bunpoo 文法	语法 yǔfǎ	grammar
bunboogu 文房具	文具 wénjù	stationery
bunmyaku 文脈	上下文 shàngxiàwén	context
bunmee 文明	文明 wénmíng	civilization
bun'ya 分野	领域 lǐngyù	field
bunri suru 分離(する)	分离 fēnlí	separate; separation
bunrui suru 分類(する)	分类 fēnlèi	classify; classification

ふ

日	中	英
bunretsu suru 分裂(する)	分裂 fēnliè	divide; division

ヘ

日	中	英
pea ペア	对 duì	pair
hee 塀	围墙 wéiqiáng	wall
heeki 兵器	武器 wǔqì	weapon
heekin 平均	平均 píngjūn	average
heeshi 兵士	士兵 shìbīng	soldier
heejitsu 平日	平日 píngrì	weekday
heetensuru 閉店する	关门 guānmén	close
heehoo 平方	平方 píngfāng	square
heebonna 平凡な	平凡 píngfán	ordinary
heeya 平野	平原 píngyuán	plain
heewa 平和	和平 hépíng	peace
beekon ベーコン	培根 péigēn	bacon
peeji ページ	页 yè	page
pekin 北京	北京 Běijīng	Beijing
pekindakku 北京ダック	北京烤鸭 běijīng kǎoyā	Peking Duck
heso へそ	肚脐 dùqí	navel

下手な

日	中	英
hetana 下手な	笨拙 bènzhuō	poor
bessoo 別荘	別墅 biéshù	villa
beddo ベッド	床 chuáng	bed
petto ペット	宠物 chǒngwù	pet
heddohon ヘッドホン	(头戴式)耳机 (tóudàishì) ěrjī	headphones
heddoraito ヘッドライト	车头灯 chētóudēng	headlight
betonamu ベトナム	越南 Yuènán	Vietnam
hebi ヘビ	蛇 shé	snake
heya 部屋	房间 fángjiān	room
heru 減る	减少 jiǎnshǎo	decrease
beru ベル	门铃 ménlíng	bell
beruto ベルト	腰带 yāodài	belt
herupu ヘルプ 〔電算〕	帮助 bāngzhù	help
herumetto ヘルメット	头盔 tóukuī	helmet
berurin ベルリン	柏林 Bólín	Berlin
pen ペン	笔 bǐ	pen
henka suru 変化(する)	变化 biànhuà	change
benkai suru 弁解(する)	辩解 biànjiě	excuse
penki ペンキ	油漆 yóuqī	paint

日	中	英
benkyoo suru 勉強(する)	学习 xuéxí	study
henken 偏見	偏见 piānjiàn	prejudice
bengo suru 弁護(する)	辩护 biànhù	defend; defense
henkoo suru 変更(する)	变更 biàngēng	change
bengoshi 弁護士	律师 lǜshī	lawyer
henji suru 返事(する)	答复 dáfù	answer
benjo 便所	厕所 cèsuǒ	bathroom
pendanto ペンダント	垂饰 chuíshì	pendant
benchi ベンチ	长椅 chángyǐ	bench
henna 変な	奇怪 qíguài	strange
henpin suru 返品(する)	退货 tuìhuò	return
benrina 便利な	方便 fāngbiàn	convenient

ほ

日	中	英
ho 歩	步 bù	step
hoikooroo 回鍋肉	回锅肉 huíguōròu	twice cooked pork
hoo 法	法律 fǎlǜ	law
boo 棒	棍 gùn	stick
booee suru 防衛(する)	防卫 fángwèi	defend; defense

貿易

日	中	英
貿易 (booeki)	贸易 màoyì	trade
望遠鏡 (booenkyoo)	望远镜 wàngyuǎnjìng	telescope
崩壊(する) (hookai suru)	崩溃 bēngkuì	collapse
方角 (hoogaku)	方向 fāngxiàng	direction
放課後 (hookago)	放学后 fàngxuéhòu	after school
ほうき (hooki)	扫帚 sàozhou	broom
方言 (hoogen)	方言 fāngyán	dialect
冒険(する) (booken suru)	冒险 màoxiǎn	venture; adventure
方向 (hookoo)	方向 fāngxiàng	direction
報告(する) (hookoku suru)	报告 bàogào	report
奉仕(する) (hooshi suru)	服务 fúwù	serve; service
帽子 (booshi)	帽子 màozi	hat
防止(する) (booshi suru)	防止 fángzhǐ	prevent; prevention
報酬 (hooshuu)	报酬 bàochou	reward
方針 (hooshin)	方针 fāngzhēn	policy
宝石 (hooseki)	宝石 bǎoshí	jewel
放送(する) (hoosoo suru)	广播 guǎngbō	broadcast; broadcasting
包装(する) (hoosoo suru)	包装 bāozhuāng	wrap; wrapping
法則 (hoosoku)	法则 fǎzé	law

日	中	英
hootai 包帯	绷带 bēngdài	bandage
hoochoo 包丁	菜刀 càidāo	kitchen knife
hootee 法廷	法庭 fǎtíng	court
hoodoo suru 報道(する)	报道 bàodào	report
bootoo 冒頭	开头 kāitóu	beginning
boodoo 暴動	暴动 bàodòng	riot
boofuu'u 暴風雨	暴风雨 bàofēngyǔ	rainstorm
hoohoo 方法	方法 fāngfǎ	way
hoomon suru 訪問(する)	访问 fǎngwèn	visit
hooritsu 法律	法律 fǎlǜ	law
booryoku 暴力	暴力 bàolì	violence
hoorensoo ホウレンソウ	菠菜 bōcài	spinach
hoeru 吠える	叫 jiào	bark
hoo ほお	脸颊 liǎnjiá	cheek
booifurendo ボーイフレンド	男朋友 nánpéngyou	boyfriend
hoosu ホース	管子 guǎnzi	hose
boonasu ボーナス	奖金 jiǎngjīn	bonus
hoomupeeji ホームページ	主页 zhǔyè	homepage, website
booru ボール	球 qiú	ball

ボールペン

日	中	英
boorupen ボールペン	圆珠笔 yuánzhūbǐ	ballpoint pen
bokushingu ボクシング	拳击 quánjī	boxing
poketto ポケット	口袋 kǒudài	pocket
hoken 保険	保险 bǎoxiǎn	insurance
hogo suru 保護(する)	保护 bǎohù	protect; protection
bogo 母語	母语 mǔyǔ	mother tongue
hokoosha 歩行者	行人 xíngrén	pedestrian
hokori 誇り	自豪 zìháo	pride
hokori ほこり	灰尘 huīchén	dust
hoshi 星	星星 xīngxing	star
hoshii 欲しい	想要 xiǎngyào	want
boshuu suru 募集(する)	征集 zhēngjí	recruit; recruitment
hoshoo suru 保証(する)	保证 bǎozhèng	guarantee
hosu 干す	晾 liàng	dry
posutaa ポスター	海报 hǎibào	poster
posuto ポスト 〔郵便〕	邮筒 yóutǒng	mailbox
hosoi 細い	细 xì	thin
hozon suru 保存(する)	保存 bǎocún	preserve; preservation
hotategai ホタテ貝	扇贝 shànbèi	scallop

日	中	英
botan ボタン	扣子 kòuzi	button
bochi 墓地	墓地 mùdì	graveyard
hochikisu ホチキス	订书机 dìngshūjī	stapler
hossa gaokoru 発作（が起こる）	发作 fāzuò	have an attack; attack
hottodoggu ホットドッグ	热狗 règǒu	hot dog
hoteru ホテル	宾馆 bīnguǎn	hotel
hodoo 歩道	人行道 rénxíngdào	sidewalk
hodoku 〔結び目を〕 ほどく	解开 jiěkāi	undo
hotondo ほとんど	大部分 dàbùfen	almost
hone 骨	骨头 gǔtou	bone
honoo 炎	火焰 huǒyàn	flame
hohoemi ほほえみ	微笑 wēixiào	smile
borantia ボランティア	志愿者 zhìyuànzhě	volunteer
horu 掘る	挖掘 wājué	dig
hon 本	书 shū	book
honkon 香港	香港 Xiānggǎng	Hong Kong
honshitsu 本質	本质 běnzhì	essence
honjitsu 本日	今日 jīnrì	today
hontoo 本当	真的 zhēnde	really

本能

日	中	英
本能 honnoo	本能 běnnéng	instinct
ポンプ ponpu	泵 bèng	pump
翻訳(する) hon'yaku suru	翻译 fānyì	translate; translation

ま

日	中	英
マーガリン maagarin	植物黄油 zhíwù huángyóu	margarine
マーケット maaketto	市场 shìchǎng	market
麻雀 maajan	麻将 májiàng	mahjong
麻婆豆腐 maaboodoofu	麻婆豆腐 mápó dòufu	mapo doufu
毎朝 maiasa	每天早上 měitiān zǎoshang	every morning
マイク maiku	麦克风 màikèfēng	microphone
迷子になる maigoninaru	迷路 mílù	get lost
毎週 maishuu	每周 měizhōu	every week
毎月 maitsuki	每月 měiyuè	every month
マイナス(する) mainasu suru	减 jiǎn; 负 fù	subtract; minus
毎日 mainichi	每天 měitiān	everyday
毎年 mainen	每年 měinián	every year
毎晩 maiban	每天晚上 měitiān wǎnshang	every evening
マウス mausu 〔電算〕	鼠标 shǔbiāo	mouse

日	中	英
mae 前　〔前部〕	前面 qián·miàn, 前边 qiánbian	front
makao マカオ	澳门 Àomén	Macau
makaseru 任せる	委托 wěituō	leave
magaru 曲がる	拐 guǎi, 转弯 zhuǎnwān	turn
maku 幕	幕 mù	curtain
makura 枕	枕头 zhěntou	pillow
maguro マグロ	金枪鱼 jīnqiāngyú	tuna
makeru 負ける	输 shū	lose
mageru 曲げる	弄弯 nòngwān	bend
mago 孫　〔男の〕	孙子 sūnzi	grandson
〃　〔女の〕	孙女 sūnnǚ	granddaughter
masatsu 摩擦	摩擦 mócā	friction
majimena まじめな	认真 rènzhēn	serious
masu 増す	增多 zēngduō	increase
masu 鱒	鳟鱼 zūnyú	trout
mazu まず　〔最初に〕	首先 shǒuxiān	first
mazui まずい　〔味が〕	不好吃 bù hǎochī	bad
mazushii 貧しい	贫穷 pínqióng	poor
mazeru 混ぜる	混合 hùnhé	mix

また

日	中	英
mata また 〔再び〕	又 yòu	again
mada まだ	还 hái	still, yet
matawa または	或是 huòshì	or
machi 街	城镇 chéngzhèn	city, town
machiaishitsu 待合室	等候室 děnghòushì	waiting room
machigai 間違い	错误 cuòwù	mistake
machigaeru 間違える	做错 zuòcuò	make a mistake
matsu 待つ	等 děng	wait
matsu マツ	松树 sōngshù	pine
matsuge まつげ	睫毛 jiémáo	eyelash
massaaji マッサージ	按摩 ànmó	massage
massuguna まっすぐな	笔直 bǐzhí	straight
mattaku 全く 〔完全に〕	全然 quánrán, 完全 wánquán	quite
matchi マッチ	火柴 huǒchái	match
mattoresu マットレス	床垫 chuángdiàn	mattress
matsuri 祭り	节 jié	festival
mato 的	靶子 bǎzi	target
mado 窓	窗户 chuānghu	window
madoguchi 窓口	窗口 chuāngkǒu	counter

日	中	英
マナー (manaa)	礼节 lǐjié	manners
学ぶ (manabu)	学习 xuéxí	learn
間に合う (maniau)	来得及 láidejí	be in time
まね(する) (mane suru)	模仿 mófǎng	imitate; imitation
招く (maneku)	邀请 yāoqǐng	invite
麻痺(する) (mahi suru)	麻痹 mábì	be paralyzed; paralysis
まぶた (mabuta)	眼皮 yǎnpí	eyelid
マフラー (mafuraa)	围巾 wéijīn	scarf
魔法 (mahoo)	魔法 mófǎ	magic
ママ (mama)	妈妈 māma	mom
マメ (mame)	豆子 dòuzi	bean
まもなく (mamonaku)	不久 bùjiǔ	soon
守る 〔防衛〕 (mamoru)	守护 shǒuhù	defend
麻薬 (mayaku)	毒品 dúpǐn	drug
眉毛 (mayuge)	眉毛 méimao	eyebrow
迷う 〔道に〕 (mayou)	迷路 mílù	get lost
マラソン (marason)	马拉松 mǎlāsōng	marathon
丸 (maru)	圈 quān	circle
丸い (marui)	圆 yuán	round

日	中	英
稀 (mare)	稀少 xīshǎo	rare
回る (mawaru) 〔回転〕	转 zhuàn	turn around
万 (man)	万 wàn	ten thousand
満員(になる) (man'in ni naru)	满员 mǎnyuán	be full; full
漫画 (manga)	漫画 mànhuà	comic book
満足(する) (manzoku suru)	满足 mǎnzú	be satisfied; satisfaction
真ん中 (mannaka)	正中 zhèngzhōng	the middle
万年筆 (mannenhitsu)	钢笔 gāngbǐ	fountain pen

み

日	中	英
見える (mieru) 〔人が主語〕	看见 kànjiàn	see
磨く (migaku)	磨 mó	polish
見かけ (mikake)	外观 wàiguān	appearance
味方 (mikata)	伙伴 huǒbàn	friend
見方 (mikata) 〔観点〕	看法 kànfǎ	point of view
幹 (miki)	树干 shùgàn	trunk
右 (migi)	右边 yòubian, 右面 yòu·miàn	right
ミサイル (misairu)	导弹 dǎodàn	missile
短い (mijikai)	短 duǎn	short

日	中	英
mijukuna 未熟な	不成熟 bù chéngshú	immature
mishin ミシン	缝纫机 féngrènjī	sewing machine
mizu 水	水 shuǐ	water
mizuumi 湖	湖 hú	lake
mizugi 水着	游泳衣 yóuyǒngyī	swimsuit
mise 店	商店 shāngdiàn	store
miseenen 未成年	未成年人 wèichéngniánrén	minor
miseru 見せる	给…看 gěi…kàn	show
mitasu 満たす〔一杯にする〕	充满 chōngmǎn	fill
michi 道	路 lù, 道路 dàolù	road
mitsukeru 見つける	找到 zhǎodào	find
mittsu 3つ	三个 sān ge	three
mitsudo 密度	密度 mìdù	density
mitomeru 認める〔真実を〕	承认 chéngrèn	admit
midori 緑	绿色 lǜsè	green
minato 港	港口 gǎngkǒu	harbor
minami 南	南方 nánfāng	south
minamoto 源	根源 gēnyuán	source
minikui 醜い	丑 chǒu	ugly

ミネラルウォーター

日	中	英
ミネラルウォーター mineraruwootaa	矿泉水 kuàngquánshuǐ	mineral water
身振り miburi	动作 dòngzuò	gesture
身分証明書 mibunshoomeesho	身份证 shēnfènzhèng	ID card
見本 mihon	样品 yàngpǐn	sample
耳 mimi	耳朵 ěrduo	ear
脈 myaku	脉搏 màibó	pulse
土産 〔プレゼント〕 miyage	礼品 lǐpǐn	present
〃 〔旅の〕	土特产 tǔtèchǎn	souvenir
名字 myooji	姓 xìng	family name
未来 mirai	未来 wèilái	future
ミリメートル mirimeetoru	毫米 háomǐ	millimeter
魅力 miryoku	魅力 mèilì	charm
見る 〔意識して〕 miru	看 kàn	look
ミルク miruku	牛奶 niúnǎi	milk
明 〔王朝名〕 min	明朝 Míngcháo	the Ming Dynasty
民主主義 minshushugi	民主主义 mínzhǔ zhǔyì	democracy
民主的な minshutekina	民主 mínzhǔ	democratic
民族 minzoku	民族 mínzú	race, people
ミント minto	薄荷 bòhe	mint

日	中	英
みんな *minna*	大家 dàjiā	everybody

む

日	中	英
無意識 *muishiki*	无意识 wúyì·shí	unconsciousness
ムード *muudo*	气氛 qìfēn	atmosphere
迎える〔歓迎〕 *mukaeru*	迎接 yíngjiē	welcome
昔〔かつて〕 *mukashi*	以前 yǐqián	long ago
無関心 *mukanshin*	不关心 bù guānxīn	indifference
向き〔方向〕 *muki*	方向 fāngxiàng	direction
向く〔体を向ける〕 *muku*	向 xiàng	turn
むく〔皮を〕 *muku*	剥 bāo	peel
報いる〔報酬〕 *mukuiru*	报答 bàodá	reward
無限の *mugenno*	无限 wúxiàn	infinite
無罪 *muzai*	无罪 wúzuì	innocence
虫 *mushi*	虫 chóng	insect
無視する *mushisuru*	无视 wúshì	ignore
虫歯 *mushiba*	虫牙 chóngyá	tooth decay
矛盾(する) *mujun suru*	矛盾 máodùn	be contradictory; contradiction
蒸す〔料理〕 *musu*	蒸 zhēng	steam

日	中	英
難しい (muzukashii)	难 nán	difficult
息子 (musuko)	儿子 érzi	son
結ぶ (musubu)	连结 liánjié	tie
娘 (musume)	女儿 nǚ'ér	daughter
無責任 (musekinin)	不负责任 bù fù zérèn	irresponsibility
無駄 (muda)	浪费 làngfèi, 徒劳 túláo	waste, useless
無知 (muchi)	无知 wúzhī	ignorance
6つ (muttsu)	六个 liù ge	six
胸 (mune)	胸 xiōng	chest
村 (mura)	村庄 cūnzhuāng	village
紫 (murasaki)	紫色 zǐsè	purple, violet
村人 (murabito)	村里人 cūnlirén	villager
無理な (murina) 〔できない〕	不可能 bù kěnéng	impossible
群れ (mure)	群 qún	group

め

日	中	英
目 (me)	眼睛 yǎnjing	eye
姪 (mee) 〔兄弟の娘〕	侄女 zhínǚ	niece
〃 〔姉妹の娘〕	外甥女 wàishengnǚ	niece

日	中	英
meesaku 名作	名作 míngzuò	masterpiece
meeshi 名刺	名片 míngpiàn	business card
meeshi 名詞	名词 míngcí	noun
meeshin 迷信	迷信 míxìn	superstition
meejin 名人	名手 míngshǒu	master
meebo 名簿	名册 míngcè	list
meeyo 名誉	名誉 míngyù	honor
meeree suru 命令(する)	命令 mìnglìng	order
meewaku suru 迷惑(する)	麻烦 máfan	be troubled; trouble
meekaa メーカー	厂家 chǎngjiā	maker
meetaa メーター〔計量器〕	仪表 yíbiǎo	meter
meetoru メートル 〔単位〕	米 mǐ	meter
megane めがね	眼镜 yǎnjìng	glasses
megami 女神	女神 nǚshén	goddess
mekuru めくる〔ページを〕	翻 fān	turn
mezamashidokee 目覚まし時計	闹钟 nàozhōng	alarm clock
mesu 雌	雌性 cíxìng	female
mezurashii 珍しい	罕见 hǎnjiàn	rare
medaru メダル	奖牌 jiǎngpái	medal

めったに

日	中	英
めったに (mettani)	很少 hěn shǎo	rarely
メニュー (menyuu)	菜单 càidān	menu
めまい (memai)	头晕 tóuyūn	dizziness, vertigo
メモ(する) (memo suru) 〔短い記録〕	笔记 bǐjì	take notes; note
メモリー (memorii) 〔電算〕	内存 nèicún	memory
メロディー (merodii)	旋律 xuánlǜ	melody
メロン (meron)	甜瓜 tiánguā	melon
麺 (men)	面条 miàntiáo	noodles
免疫 (men'eki)	免疫 miǎnyì	immunity
免許 (menkyo)	执照 zhízhào	license
免税店 (menzeeten)	免税店 miǎnshuìdiàn	duty free shop
面積 (menseki)	面积 miànjī	area
面接(する) (mensetsu suru)	面试 miànshì	interview
面子 (mentsu)	面子 miànzi	face
メンバー (menbaa)	成员 chéngyuán	member

も

日	中	英
も (mo) 〔もまた〕	也 yě	too, also
もう (moo) 〔すでに〕	已经 yǐjīng	already

日	中	英
mooke 儲け	利润 lìrùn	profit
mookeru 儲ける〔金儲け〕	赚钱 zhuànqián	make money
mooshikomi　suru 申し込み(する)	报名 bàomíng	apply; application
moosugu もうすぐ	马上 mǎshàng	soon
moofu 毛布	毛毯 máotǎn	blanket
moeru 燃える	燃烧 ránshāo	burn
mootaa モーター	发动机 fādòngjī	motor
mokugekisha 目撃者	目击者 mùjīzhě	witness
mokuji 目次	目录 mùlù	table of contents
mokuteki 目的	目的 mùdì	purpose
mokutekichi 目的地	目的地 mùdìdì	destination
mokuhyoo 目標	目标 mùbiāo	aim, goal
mokuyoobi 木曜日	星期四 xīngqīsì	Thursday
moguru 潜る	潜入 qiánrù	dive
mokee 模型	模型 móxíng	model
moshi もし	如果 rúguǒ	if
moji 文字	文字 wénzì	letter
moshimoshi もしもし	喂 wéi	hello
mochiageru 持ち上げる	举起 jǔqǐ	lift

用いる

日	中	英
mochiiru 用いる	使用 shǐyòng	use
mochikaeri 持ち帰り	帯走 dàizǒu	takeout
mochinushi 持ち主	物主 wùzhǔ	owner
mochiron もちろん	当然 dāngrán	of course
motsu 持つ	拿 ná, 帯 dài	have
motteiku 持って行く	拿走 názǒu	take
mottekuru 持ってくる	拿来 nálái	bring
moderu モデル〔ファッション〕	模特儿 mótèr	model
modosu 戻す	归还 guīhuán	return
motozuku 基づく	根据 gēnjù	be based on
motomeru 求める〔要求〕	请求 qǐngqiú	ask
modoru 戻る	返回 fǎnhuí	return
mono 物	东西 dōngxi	thing
monogatari 物語	故事 gùshi	story
momo モモ〔果実〕	桃子 táozi	peach
momo もも〔脚〕	大腿 dàtuǐ	thigh
moyasu 燃やす	烧 shāo	burn
moyoo 模様	花样 huāyàng	pattern
moyoosu 催す	举办 jǔbàn	hold

日	中	英
もらう〔得る〕 *morau*	得到 dédào	get
森 *mori*	森林 sēnlín	wood, forest
漏れる〔水・ガス〕 *moreru*	漏 lòu	leak
門 *mon*	大门 dàmén	gate
文句〔不平〕 *monku*	意见 yì·jiàn	complaint
文句を言う *monkuoiu*	抱怨 bàoyuàn	complain
モンゴル *mongoru*	蒙古 Měnggǔ	Mongolia
問題〔質問〕 *mondai*	问题 wèntí	question, problem

や

日	中	英
矢 *ya*	箭 jiàn	arrow
やかん *yakan*	水壶 shuǐhú	kettle
ヤギ *yagi*	山羊 shānyáng	goat
焼きそば *yakisoba*	炒面 chǎomiàn	chow mein
野球 *yakyuu*	棒球 bàngqiú	baseball
約 *yaku*	大约 dàyuē	about
焼く〔燃やす〕 *yaku*	烧 shāo	burn
〃 〔あぶる〕	烤 kǎo	roast
訳す *yakusu*	翻译 fānyì	translate

約束(する)

日	中	英
yakusoku suru 約束(する)	约会 yuēhuì, 约定 yuēdìng	promise
yakuwari 役割	职责 zhízé	role
yakedo suru やけど(する)	烧伤 shāoshāng	burn
yasai 野菜	蔬菜 shūcài	vegetables
yasashii 易しい	容易 róngyì	easy
yasashii 優しい 〔親切〕	温柔 wēnróu	kind
yashinau 養う 〔扶養〕	扶养 fúyǎng	support
yashin 野心	野心 yěxīn	ambition
yasui 安い	便宜 piányi	cheap
yasumu 休む 〔休息する〕	休息 xiūxi	rest
yasee 野生	野生 yěshēng	wild
yaseru やせる	瘦 shòu	lose weight
yachin 家賃	房租 fángzū	rent
yakkyoku 薬局	药房 yàofáng	drugstore
yattsu 8つ	八个 bā ge	eight
yatto やっと	终于 zhōngyú	at last
yatou 雇う	雇用 gùyòng	employ
yane 屋根	房顶 fángdǐng	roof
yabanna 野蛮な	野蛮 yěmán	barbarous

日	中	英
yaburu 破る 〔裂く〕	弄破 nòngpò	tear
yama 山	山 shān	mountain
yami 闇	黑暗 hēi'àn	darkness
yameru 止める 〔中止〕	停止 tíngzhǐ	stop
yameru 辞める 〔去る〕	辞去 cíqù	leave
yawarakai 柔らかい	柔软 róuruǎn	soft

ゆ

日	中	英
yu 湯	热水 rèshuǐ	hot water
yuiitsu 唯一	唯一 wéiyī	only
yuigon 遺言	遗嘱 yízhǔ	will
yuui 優位	优势 yōushì	advantage
yuuenchi 遊園地	游乐园 yóulèyuán	amusement park
yuukai suru 誘拐(する)	诱拐 yòuguǎi	kidnap; kidnapping
yuugaina 有害な	有害 yǒuhài	harmful
yuugata 夕方	傍晚 bàngwǎn	evening
yuuki 勇気	勇气 yǒngqì	courage
yuukoo 友好	友谊 yǒuyì	friendship
yuukoona 有効な	有效 yǒuxiào	valid

有罪

日	中	英
有罪 (yuuzai)	有罪 yǒuzuì	guilt
優秀な (yuushuuna)	优秀 yōuxiù	excellent
友情 (yuujoo)	友情 yǒuqíng, 友谊 yǒuyì	friendship
夕食 (yuushoku)	晚饭 wǎnfàn	dinner
友人 (yuujin)	朋友 péngyou	friend
優先(する) (yuusen suru)	优先 yōuxiān	have priority; priority
郵便 (yuubin)	邮件 yóujiàn	mail
郵便局 (yuubinkyoku)	邮局 yóujú	post office
郵便番号 (yuubinbangoo)	邮政编码 yóuzhèng biānmǎ	zip code
有名な (yuumeena)	有名 yǒumíng	famous
ユーモア (yuumoa)	幽默 yōumò	humor
幽霊 (yuuree)	鬼魂 guǐhún	ghost
ユーロ (yuuro)	欧元 ōuyuán	euro
誘惑(する) (yuuwaku suru)	诱惑 yòuhuò	tempt; temptation
床 (yuka)	地板 dìbǎn	floor
雪 (yuki)	雪 xuě	snow
湯気 (yuge)	热气 rèqì	steam
輸出(する) (yushutsu suru)	出口 chūkǒu	export
ゆすぐ (yusugu)	涮洗 shuànxǐ	rinse

ゆ

570

日	中	英
yusuru 揺する	晃动 huàngdòng	shake
yusoo suru 輸送(する)	运输 yùnshū	transport; transportation
yutaka 豊か	富裕 fùyù	rich
yukkuri ゆっくり	慢慢儿 mànmānr	slowly
yudetamago ゆで卵	煮鸡蛋 zhǔjīdàn	boiled egg
yuderu ゆでる	煮 zhǔ	boil
yunyuu suru 輸入(する)	进口 jìnkǒu	import
yubi 指	手指 shǒuzhǐ	finger
yubiwa 指輪	戒指 jièzhi	ring
yumi 弓	弓 gōng	bow
yume 夢	梦 mèng	dream
yume o miru 夢を見る	做梦 zuòmèng	dream
yuri ユリ	百合 bǎihé	lily
yurusu 許す　〔許可〕	允许 yǔnxǔ	permit
yureru 揺れる	摇晃 yáo·huàng	shake

よ

| yo
世　〔世界〕 | 世界 shìjiè | the world |
| yoi
良い | 好 hǎo | good |

酔う

日	中	英
酔う〔酒に〕 *you*	醉 zuì	get drunk
用意(する) *yooi suru*	准备 zhǔnbèi	prepare; preparation
容易な *yooina*	容易 róngyì	easy
要因 *yooin*	主要原因 zhǔyào yuányīn	factor
容疑者 *yoogisha*	嫌疑人 xiányírén	suspect
陽気な〔人が〕 *yookina*	开朗 kāilǎng	cheerful
要求(する) *yookyuu suru*	要求 yāoqiú	demand
幼児 *yooji*	幼儿 yòu'ér	little child
様子〔外見〕 *yoosu*	样子 yàngzi	look
容積 *yooseki*	容积 róngjī	capacity
要素 *yooso*	要素 yàosù	element
幼稚な〔未熟〕 *yoochina*	幼稚 yòuzhì	childish
幼稚園 *yoochien*	幼儿园 yòu'éryuán	kindergarten
要点 *yooten*	要点 yàodiǎn	the point
洋服 *yoofuku*	西服 xīfú	clothes
羊毛 *yoomoo*	羊毛 yángmáo	wool
要約(する) *yooyaku suru*	概括 gàikuò	sum up, summarize; summary
ようやく *yooyaku*	终于 zhōngyú	at last
容量 *yooryoo*	容量 róngliàng	capacity

日	中	英
ヨーグルト (yooguruto)	酸奶 suānnǎi	yogurt
ヨーロッパ (yooroppa)	欧洲 Ōuzhōu	Europe
余暇 (yoka)	余暇 yúxiá	leisure
預金(する) (yokin suru)	存款 cúnkuǎn	deposit
翌月 (yokugetsu)	第二个月 dì èr ge yuè, 下个月 xià ge yuè	the next month
浴室 (yokushitsu)	浴室 yùshì	bathroom
翌日 (yokujitsu)	第二天 dì èr tiān	the next day
翌週 (yokushuu)	下周 xiàzhōu	the next week
浴槽 (yokusoo)	浴缸 yùgāng	bathtub
欲望 (yokuboo)	欲望 yùwàng	desire
横切る (yokogiru)	横穿 héngchuān	cross
汚す (yogosu)	弄脏 nòngzāng	make dirty
横になる (yokoninaru)	躺 tǎng	lie down
汚れる (yogoreru)	脏 zāng	get dirty
予算 (yosan)	预算 yùsuàn	budget
予想(する) (yosoo suru)	预料 yùliào	expect; expectation
欲求 (yokkyuu)	欲望 yùwàng	desire
4つ (yottsu)	四个 sì ge	four
ヨット (yotto)	游艇 yóutǐng	yacht

酔っぱらい

日	中	英
酔っぱらい (yopparai)	醉鬼 zuìguǐ	drunkard
予定 (yotee)	计划 jìhuà	plan, schedule
世の中 (yononaka)	世上 shìshàng	the world
呼ぶ (yobu)	叫 jiào	call
予報(する) (yohoo suru)	预报 yùbào	forecast
予防(する) (yoboo suru)	预防 yùfáng	prevent; prevention
読む (yomu)	读 dú, 看 kàn	read
予約(する) (yoyaku suru)	订 dìng, 预约 yùyuē	reserve; reservation
夜 (yoru)	晚上 wǎnshang, 夜晚 yèwǎn	night
喜び (yorokobi)	喜悦 xǐyuè	pleasure
喜ぶ (yorokobu)	高兴 gāoxìng	be pleased
世論 (yoron)	舆论 yúlùn	public opinion
弱い (yowai)	弱 ruò	weak
弱さ (yowasa)	弱点 ruòdiǎn	weakness
弱る (yowaru)	变弱 biànruò	get weak

ら

ラーメン (raamen)	（日式）拉面 (Rìshì) lāmiàn	ramen noodles
ライオン (raion)	狮子 shīzi	lion

日	中	英
raigetsu 来月	下个月 xià ge yuè	next month
raishuu 来週	下周 xiàzhōu, 下个星期 xià ge xīngqī	next week
rainen 来年	明年 míngnián	next year
raibaru ライバル	对手 duìshǒu	rival
rakuen 楽園	乐园 lèyuán	paradise
rakugaki 落書き	胡乱涂的画 húluàn tú de huà	graffiti
rakuna 楽な〔気楽〕	轻松 qīngsōng	easygoing
〃 〔簡単な〕	容易 róngyì	easy
raketto ラケット	球拍 qiúpāi	racket
rasa ラサ	拉萨 Lāsà	Lhasa
rajio ラジオ	收音机 shōuyīnjī	radio
rasen らせん	螺旋 luóxuán	spiral
rakkasuru 落下する	落下 luòxià	fall
rakkantekina 楽観的な	乐观 lèguān	optimistic
raberu ラベル	标签 biāoqiān	label
rankingu ランキング	排名 páimíng	ranking
ranpu ランプ	灯 dēng	lamp
ranboona 乱暴な	粗鲁 cū·lǔ	violent
ran'yoo suru 乱用(する)	滥用 lànyòng	abuse

り

日	中	英
リーグ (riigu)	联盟 liánméng	league
利益 (rieki)	利益 lìyì	profit
理解(する) (rikai suru)	理解 lǐjiě	understand; understanding
陸 (riku)	陆地 lùdì	land
陸軍 (rikugun)	陆军 lùjūn	the army
利口な (rikoona)	伶俐 líng·lì	smart
利己的 (rikoteki)	自私 zìsī	selfish
離婚(する) (rikon suru)	离婚 líhūn	divorce
リサイクル (risaikuru)	再利用 zàilìyòng	recycling
利子 (rishi)	利息 lìxī	interest
リス (risu)	松鼠 sōngshǔ	squirrel
リスク (risuku)	风险 fēngxiǎn	risk
リスト (risuto)	名单 míngdān	list
リズム (rizumu)	节奏 jiézòu	rhythm
理性 (risee)	理性 lǐxìng	reason
理想 (risoo)	理想 lǐxiǎng	ideal
率 (ritsu)	率 lǜ	rate

日	中	英
リットル rittoru	公升 gōngshēng	liter
立方 rippou	立方 lìfāng	cube
リハーサル rihaasaru	排练 páiliàn	rehearsal
理髪師 rihatsushi	理发师 lǐfàshī	barber
理髪店 rihatsuten	理发馆 lǐfàguǎn	barbershop
リボン ribon	丝带 sīdài	ribbon
リモコン rimokon	遥控器 yáokòngqì	remote control
竜 ryuu	龙 lóng	dragon
理由 riyuu	理由 lǐyóu	reason
流行(する) ryuukoo suru	流行 liúxíng	be in fashion; fashion
利用(する) riyoo suru	利用 lìyòng	use
利用者 riyoosha	用户 yònghù	user
量 ryoo	量 liàng	quantity
猟 ryoo	打猎 dǎliè	hunting
漁 ryoo	打鱼 dǎyú	fishing
両替(する) ryoogae suru	兑换 duìhuàn	exchange
料金 ryookin	费用 fèiyong	charge
猟師 ryooshi	猎人 lièrén	hunter
漁師 ryooshi	渔夫 yúfū	fisherman

領収書

日	中	英
領収書 (ryooshuusho)	发票 fāpiào	receipt
両親 (ryooshin)	父母 fùmǔ, 双亲 shuāngqīn	parents
良心 (ryooshin)	良心 liángxīn	conscience
領土 (ryoodo)	领土 lǐngtǔ	territory
料理(する) (ryoori suru)	(做)菜 (zuò)cài	cook; cooking
緑茶 (ryokucha)	绿茶 lǜchá	green tea
旅行(する) (ryokoo suru)	旅行 lǚxíng	travel
旅行者 (ryokoosha)	游客 yóukè	tourist
離陸(する) (ririku suru)	起飞 qǐfēi	take off; takeoff
履歴書 (rirekisho)	履历书 lǚlìshū	résumé
理論 (riron)	理论 lǐlùn	theory
リンク (rinku) 〔電算〕	链接 liànjiē	link
リンゴ (ringo)	苹果 píngguǒ	apple
隣人 (rinjin)	邻居 línjū	neighbor
倫理 (rinri)	伦理 lúnlǐ	ethics

る

日	中	英
類義語 (ruigigo)	近义词 jìnyìcí	synonym
留守 (rusu) 〔外出中〕	不在 bù zài	be out

日	中	英

れ

ree 例	例子 lìzi	example
reegai 例外	例外 lìwài	exception
reezooko 冷蔵庫	冰箱 bīngxiāng	refrigerator
reeboo 冷房	冷气 lěngqì	air conditioning
reenkooto レインコート	雨衣 yǔyī	raincoat
reesu レース〔布〕	花边 huābiān	lace
〃 〔競走〕	竞赛 jìngsài	race
reeru レール	轨道 guǐdào	rail
rekishi 歴史	历史 lìshǐ	history
reji レジ	收银台 shōuyíntái	cashier
reshiito レシート	收据 shōujù	receipt
reshipi レシピ	食谱 shípǔ	recipe
resutoran レストラン	餐厅 cāntīng	restaurant
resuringu レスリング	摔交 shuāijiāo	wrestling
retasu レタス	生菜 shēngcài	lettuce
retsu 列	队列 duìliè	line
ressha 列車	列车 lièchē	train

579

レッスン

日	中	英
レッスン (ressun)	课程 kèchéng	lesson
レバー〔食材〕(rebaa)	肝儿 gānr	liver
〃 〔器材〕	手杆 shǒugǎn	lever
レベル (reberu)	水平 shuǐpíng	level
レポート(する) (repooto / suru)	报告 bàogào	report
レモン (remon)	柠檬 níngméng	lemon
恋愛(する) (ren'ai / suru)	(谈)恋爱 (tán)liàn'ài	love
煉瓦 (renga)	砖 zhuān	brick
練習(する) (renshuu / suru)	练习 liànxí	practice
レンズ (renzu)	镜头 jìngtóu	lens
連想(する) (rensoo / suru)	联想 liánxiǎng	associate; association
レンタカー (rentakaa)	租赁汽车 zūlìn qìchē	rental car
連邦 (renpoo)	联邦 liánbāng	federation
連盟 (renmee)	联盟 liánméng	league
連絡(する)〔接触〕(renraku / suru)	联络 liánluò	contact

ろ

日	中	英
廊下 (rooka)	走廊 zǒuláng	corridor
老人〔総称〕(roojin)	老人 lǎorén	the elderly

日	中	英
ロウソク (roosoku)	蜡烛 làzhú	candle
労働(する) (roodoo suru)	劳动 láodòng	work; labor
労働者 (roodoosha)	工人 gōngrén	worker
浪費(する) (roohi suru)	浪费 làngfèi	waste
ロースト (roosuto)	烤 kǎo	roast
ロープ (roopu)	绳子 shéngzi	rope
ローマ (rooma)	罗马 Luómǎ	Rome
6 (roku)	六 liù	six
録音(する) (rokuon suru)	录音 lùyīn	record; recording
録画(する) (rokuga suru)	录像 lùxiàng	record; video recording
6月 (rokugatsu)	六月 liù yuè	June
ロケット (roketto)	火箭 huǒjiàn	rocket
ロシア (roshia)	俄罗斯 Éluósī	Russia
ロッカー (rokkaa)	存放柜 cúnfàngguì	locker
ロバ (roba)	驴 lú	donkey
ロブスター (robusutaa)	龙虾 lóngxiā	lobster
ロボット (robotto)	机器人 jī·qìrén	robot
論じる (ronjiru)	讨论 tǎolùn	discuss
論説 (ronsetsu)	评论 pínglùn	editorial

ロンドン

日	中	英
rondon ロンドン	伦敦 Lúndūn	London
ronri 論理	逻辑 luóji	logic

わ

日	中	英
waishatsu ワイシャツ	衬衫 chènshān	shirt
wairo 賄賂	贿赂 huìlù	bribe
wain ワイン	葡萄酒 pú·táojiǔ	wine
wakai 若い	年轻 niánqīng	young
wakai suru 和解（する）	和解 héjiě	be reconciled; reconciliation
wakasu 沸かす	烧开 shāokāi	boil
wakamono 若者　〔総称〕	年轻人 niánqīngrén	young people
wakaru 分かる	明白 míngbai	understand
wakareru 別れる　〔離別〕	分别 fēnbié	leave
waku 枠	框架 kuàngjià	frame
waku 沸く　〔湯が〕	沸腾 fèiténg	boil
wakusee 惑星	行星 xíngxīng	planet
wakuchin ワクチン	疫苗 yìmiáo	vaccine
wake 訳　〔理由〕	原因 yuányīn	reason
wakeru 分ける　〔分割〕	分配 fēnpèi	divide

日	中	英
わざと (wazato)	故意 gùyì	on purpose
ワシ (washi)	鹫 jiù, 雕 diāo	eagle
忘れる (wasureru)	忘记 wàngjì	forget
綿 (wata)	棉 mián	cotton
話題 (wadai)	话题 huàtí	topic
私 (watashi)	我 wǒ	I, me
私たち (watashitachi)	我们 wǒmen	we, us
渡る 〔横断〕 (wataru)	渡过 dùguò	cross
わら (wara)	稻草 dàocǎo	straw
笑う (warau)	笑 xiào	laugh
割合 〔比率〕 (wariai)	比例 bǐlì	proportion
割り算 (warizan)	除法 chúfǎ	division
割引 (waribiki)	打折 dǎzhé	discount
割り引く (waribiku)	减价 jiǎnjià	discount
割る 〔壊す〕 (waru)	打碎 dǎsuì	break
悪い (warui)	坏 huài	bad
ワルツ (warutsu)	华尔兹 huá'ěrzī	waltz
割れる (wareru)	碎 suì, 破 pò	break
湾 (wan)	湾 wān, 海湾 hǎiwān	bay

三宅登之(みやけ　たかゆき)
東京外国語大学教授。専門は中国語学。
『中日辞典〈第2版〉』(小学館・北京商務印書館)編集委員。

プログレッシブ トライリンガル
中日英・日中英辞典

2010年3月 1 日　初版第1刷発行
2025年2月15日　　第2刷発行

監　修　三宅登之
編　集　小学館外国語辞典編集部
発行者　石川和男
発行所　株式会社　小学館
　　　　〒101-8001 東京都千代田区一ツ橋2-3-1
　　　　電話　編集03-3230-5170
　　　　　　　販売03-5281-3555
印刷所　共同印刷株式会社
製本所　株式会社　若林製本工場

インフォーマント／李軼倫
編集・校正／菅原都記子
編集協力／千賀由佳　田村美樹
データ作成／藤野隆一(小学館電子編集室)
装丁・レイアウト／堀渕伸治◎tee graphics

造本には十分注意しておりますが、
印刷、製本など製造上の不備がございましたら
「制作局コールセンター」(フリーダイヤル 0120-336-340)にご連絡ください。
(電話受付は、土・日・祝日を除く9:30〜17:30)
®〈日本複写権センター委託出版物〉
本書を無断で複写(コピー)することは、
著作権法上の例外を除き、禁じられています。
本書をコピーされる場合は、事前に日本複写権センター(JRRC)の許諾を受けてください。
JRRC〈http://www.jrrc.or.jp　e-mail:info@jrrc.or.jp　電話03-3401-2382〉

★ 小学館の辞書公式ウェブサイト「ことばのまど」
https://kotobanomado.jp/
© Shogakukan 2010
Printed in Japan　　ISBN978-4-09-506612-7